Guía Turística **Argentina**

Producción editorial y textos: Marta Salinas
Asistente de producción: Martina Ferrer
Diseño y diagramación: Digma Diseño
Ilustraciones: Oscar Correa

ISBN 950-02-6355-6

Queda hecho el depósito que establece la ley N° 11.723
Primera edición de Editorial El Ateneo
© 2001, LIBRERAS YENNY S.A.
Patagones 2463 Buenos Aires (C1282ACA), Argentina
Tel: (54 11) 4942-9002 - Fax: (54 11) 4308-4199
e-mail: editorial@elateneo.com

La presente publicación se ajusta a la cartografía oficial
establecida por el Poder Ejecutivo Nacional
a través del Instituto Geográfico Militar, Ley 22963,
y fue aprobada por Expte. GG0 2647/5, noviembre de 2000.

IMPRESO EN LA ARGENTINA

gentina

Guía Turística

Ⓐ *Editorial El Ateneo*

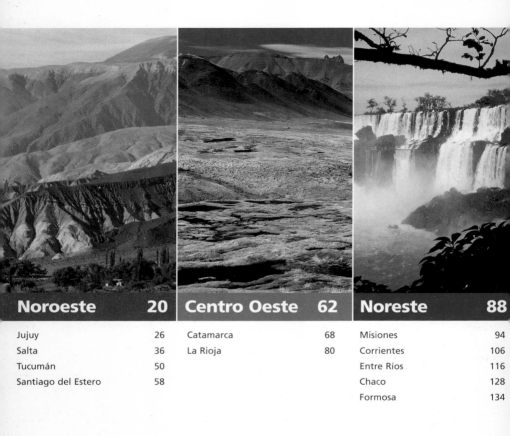

Noroeste 20

Jujuy 26
Salta 36
Tucumán 50
Santiago del Estero 58

Centro Oeste 62

Catamarca 68
La Rioja 80

Noreste 88

Misiones 94
Corrientes 106
Entre Ríos 116
Chaco 128
Formosa 134

Indice

Cuyo 138

Mendoza 144
San Juan 158
San Luis 170

Centro 176

Córdoba 182
Santa Fe 196
La Pampa 206
Ciudad de Buenos Aires 210
Buenos Aires 249

Patagonia 264

Neuquén 272
Río Negro 282
Chubut 294
Santa Cruz 306
Tierra del Fuego,
Antártida e Islas
del Atlántico Sur 320

Argentina, el país 10
Datos útiles 332
Indice de localidades 350

La Guía

La Argentina es un país muy extenso, pleno de atractivos naturales, culturales e históricos de una gran diversidad; tratar de abarcarlos a todos en una sola guía sería imposible. Esta propuesta, en un tamaño "pocket", manuable y de no excesivo peso, fue pensada para ofrecer al viajero en su contenido una selección de los lugares turísticos más relevantes del país y los puntos de mayor interés a visitar. Para ello cuenta con un mapa completo de la Argentina como un panorama general de situación geográfica, seis mapas de regiones con las provincias que la comprenden e ilustraciones con las especies más destacadas de fauna y flora de cada una de ellas. Incluye además mapas con los circuitos recomendados y los sitios de mayor realce del recorrido. Las capitales muestran un plano de las mismas donde están marcados los lugares de importancia a conocer y las oficinas de turismo donde recabar toda la información necesaria. Los textos, relatados a manera de un viaje, son el apoyo para ir adentrándose en cada paisaje. Como complemento, una sección de datos útiles con información fundamental para el viajero, así como también detalladas menciones sobre la gastronomía, artesanía y las festividades de cada provincia, que son parte de su cultura y elemento imprescindible para disfrutar a fondo de un viaje por la Argentina.

Los destinos se describen en el texto principal, con los principales lugares de interés destacados.

Fauna y flora
Seis ilustraciones que ejemplifican los ambientes más representativos.

Datos útiles
Organizados por provincia, brindan los datos indispensables sobre gastronomía, festividades, artesanías, etc.

Mapas regionales

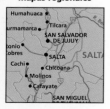

Circuitos

Ciudades

● **Cada región está identificada por un color.** Cada página indica a cuál pertenece y en qué provincia está el circuito propuesto.

taurante. En *Puerto Mineral* se encuentra una importante fábrica de celulosa y papel Kraft, el Complejo Papel Misionero.

PUERTO RICO

Fundada en 1919 por un colono alemán, un banquero brasileño y un sacerdote jesuita, su nombre hace mención a la importante riqueza de la zona. Hoy es una pujante ciudad, cuya economía –como en otros puntos de la ruta–, está relacionada a la producción agrícola-ganadera. En el lugar se puede visitar el *Museo de Raíces de Puerto Rico*, enfrente del cual se encuentra la *Iglesia de San Alberto Magno*, y frente a la plaza San Martín la *Capilla de San Miguel*, Monumento Histórico. En el centro está la Hostería Suiza, un buen lugar para descansar con un buen almuerzo.

MONTECARLO

Su origen es de 1919, y es famosa productora de orquídeas. Todos los años en el mes de octubre se realiza en el lugar *La Fiesta Nacional de la Orquídea y Fiesta Provincial de la Flor*. En ella se llegan a exponer alrededor de 1.400 variedades de flores.

Montecarlo es además un importante centro de producción agroforestal, con una gran variedad de cultivos, y la zona cuenta con una serie de fábricas de celulosa y cartón, terciados y aserraderos.

Una visita interesante es el *Orquideario*, vivero productor de orquídeas donde se puede seguir todo el proceso y las técnicas empleadas para su producción.

En el Centro Cívico están el *Museo Histórico-Arqueológico* y *Biblioteca*, y un poco más adelante el *Laberinto* y *Parque Juan Vortisch*. Aquí se realizan las fiestas Nacionales de la Orquídea y de la Flor.

En sus alrededores, Montecarlo cuenta con una serie de agradables playas con remansos. También está el *Zoo-Bal-Park*, un complejo privado propiedad de Federico Kruse, quien ha logrado reunir en su zoológico especies de la fauna autóctona como yaguaretés, tapires, venados, catíes y felinos salvajes de la región. El lugar cuenta con un estanque con peces de la zona y una bella pileta natural.

Típico carro de bueyes misioneros

del Paraná

...rga a te parque de 19 hectáreas de campos y bosques con gran profusión de urundayes.

... entra Unos kilómetros más adelante está la estación de peaje de Santa Ana, allí sale un camino hacia la primera de las ruinas.

...araná, *(Ver recuadro.)*

...afía de ...esuiti-

...idas de
...precio- **JARDIN AMERICA**
...el colo- La ciudad, fundada en 1946, ostenta la particularidad de poseer 17 iglesias, de las cuales sólo tres son católicas, y 28 cultos diferentes, conviviendo armónicamente entre sus habitantes colectividades de diferentes países del planeta, con un importante grupo japonés entre ellas. Desde a...

...ompañía llega a Aristóbulo del Valle y la RN... conecta con el río Uruguay.
...u puer- A 2 km están los *Saltos del Tab...*
...ico, el ár- bella cascada de unos 10 m de alto...
al Belgra- da de selva, con campings alreded...
...torización pileta natural que forma la caída.
...del pueblo Un poco más adelante está el *S...*
...de la Peni- *piovi*, una caída de 20 m de anch...
funciona un balneario, con confite...
...a el Parque
...ndidad. En
...icuentra es-

La Puna

Argentina

Fauna y flora de la Argentina

La región

Dentro del sistema andino la región del noroeste argentino es de gran complejidad, con grandes variables en su conformación, alturas y climas. Las elevadas planicies de la Puna jujeña, a más de 3.000 metros, la zona montañosa de Salta con sus imponentes cumbres –precordilleranas y andinas–, los valles intermedios y la sorprendente región selvática subtropical, las llanuras, los verdes cerros y valles tucumanos, hasta llegar a los extensos llanos de Santiago del Estero, de clima tropical, son el cambiante hábitat donde convive una rica variedad de fauna y flora.

1. Flamenco Andino
2. Avoceta Andina
3. Chorlito Andino
4. Agujilucho Común
5. Ñandú Petiso
6. Vicuña
7. Tola
8. Keú Andino
9. Tolilla
10. Cardón
11. Flechilla

Datos útiles

Moneda

Desde hace ya unos añ... Argentina mantiene la paridad cambiaria con el dólar. En las zonas de cambian las comisiones d... transacción puede hac... oscilar en centavos la cti lo que la diferencia en... Cambio dólar-peso sien... será ínfima. La moneda... los EE.UU es aceptada e... casi todos los negocios siempre con el señor un... dólar, un peso y no ten... dificultades en usarle la trata de billetes chicos) hora de pagar un café, hasta un taxi. La capital... todo el país cuenta con una amplia red de cajer... automáticos, de diferen... entidades bancarias, donde retirar dinero y hacer transacciones las 24 horas del día.

Propinas

En la Argentina la consunción en cafés y restaurantes no incluyen servicio, por lo que la propina está institucionalizada. Aunq... cifra queda a voluntad d... consumidor, lo habitual un mínimo de 10 a 15% lo facturado. Los taxis o... exactamente lo que marc reloj, aunque a común redondear la cifra del costo del viaje, dejando los centavos para el taxista.

Comunicaciones

En la capital y en todo el país existe una red de cabinas telefónicas, llamadas locutorios, desde donde poder hacer llamadas nacionales e internacionales con tarifas normales, extendiéndose menores que desde los hoteles. Sorprenderá encontrar uno en plena Puna o en un pueblito de la Patagonia. Los

modernizando, construyendo nuevas estaciones, algunas con negocios de comida, locales con ropa y accesorios, casas de música, cajeros automáticos y hasta bancos.

Horarios

Buenos Aires, la ciudad que jamás duerme, tiene también sus reglas en cuanto a horario. Por regla general los comercios abren a las 10 h y cierran a las 20 h, de lunes a viernes. Los sábados, al estilo inglés, de 10 a 13 h, pero hay excepciones. Por

Feriados Nacionales

1º enero - Año Nuevo
marzo/abril - Semana Santa
1º mayo - Día del Trabajo
25 mayo - Aniversario del Primer Gobierno Patrio
10 junio –Día de las Islas Malvinas y sector Antártico
20 junio - Día de la Bandera
9 julio - Día de la Independencia Nacional
17 agosto - Aniversario de la Muerte del Gral. San Martín
12 octubre - Día de la Raza
8 diciembre - Día de la Inmaculada Concepción
25 diciembre - Navidad

...bidas piezas de platería colonial como fuentes, jarras y pequeños objetos combinados con asta, en elaborados trabajos, especialmente en hebillas para cinturones y rastras. El cuero crudo se trabaja con trenzados.
Los telares de la región son famosos, especialmente en tramas originales como el barracán y el picote, y al tradicional poncho salteño, rojo con guardas negras.
En madera, sobresalen las máscaras de los indios chané y los trabajos de los wichís, que realizan figuras

Del 15 al 31 de enero se festejan la Fiesta de Tilcara, el Carnaval, Semana Santa y el descanso de la Virgen de Copacabana.

HUMAHUACA
• **Información Turística**
Tucumán esquina Jujuy (4630)
Tel: (0388) 7421011
• **Restaurantes**
Cachorraya, Colonial
y La Hostería.

LA QUIACA
• **Información Turística**
Pellegrini esquina Rivadavia (4650) - Tel: (0387) 5422261

FESTIVIDADES
Día de la Virgen y Señor del Milagro, 15 de septiembre, Día del General Güemes (desfile tradicionalista), 17 de junio.

TURISMO EN ESTANCIAS
• **Turismo San Lorenzo**
Tel: (0387) 4921707
Correo electrónico: aon_lorihsen@hsmart.com.ar

TREN A LAS NUBES
• **En Salta:**
Caseros 431

Argentina, el país

Argentina, el país   **10-19**

Un poco de historia	10
Geografía	14
Clima	14
Población	14
Economía	14
Panorama cultural	15
Deportes	18
Argentinos por el mundo	18

Argentina: el país

UN POCO DE HISTORIA

El territorio que hoy conocemos como la Argentina estuvo habitado desde hace miles de años por numerosas tribus indígenas. Fueron muchas y diferentes culturas las que dejaron sus huellas en el territorio: guaraníes, comechingones, pampas, puelches, patagones, onas, araucanos y querandíes, y una fuerte influencia incaica en el noroeste del país. Juan Díaz de Solís, buscando una salida al Pacífico, fue el primer español que arribó a estas tierras descubriendo el Río de la Plata en 1516.

Pedro de Mendoza, acompañado de su hermano y 1.000 hombres llegó al río de la Plata en 1536 y fundó un fuerte con el nombre de Santa María del Buen Ayre, el que fue abandonado cinco años más tarde debido a la belicosidad de los indios de la zona. En 1580 Juan de Garay, quien fundó Santa Fe en 1573, puso los cimientos definitivos de la actual ciudad de Buenos Aires. En el período colonial, el territorio argentino comenzó siendo una amplia gobernación perteneciente al Virreinato del Perú.

Los jesuitas desarrollaron una decisiva labor misionera y colonizadora en el norte del Chaco, el alto Paraná y la zona de Misiones, creando poblaciones en varias partes del centro y noreste del país. En 1613 se funda la Universidad de Córdoba del Tucumán, y en 1617 se crea la Gobernación del Río de la Plata. Con la expulsión de los jesuitas en 1767, la naciente economía argentina sufre un duro revés. Se suma a esto el avance de los portugueses desde Brasil, lo que lleva a la corona española a darle a la gobernación un carácter más sólido. En 1776 se establece el Virreinato del Río de la Plata, cuyo primer virrey fue don Pedro de Cevallos.

En 1806 tropas británicas, al mando del general Beresford, se apoderan de Buenos Aires durante un mes y medio, provocando la reacción de las fuerzas locales que, al mando de Santiago de Liniers, logran la rendición del enemigo el 12 de agosto de 1806. Al año siguiente los ingleses intentan una nueva invasión comandada por el general Whitelocke. La intentona tiene un aparente éxito, pero el 5 de julio, en una heroica defensa, con la participación de los habitantes de la ciudad, acaudillados por el alcalde Martín de Alzaga, obligan a la capitulación de los invasores.

Vencidos los británicos, el pueblo, reunido en cabildo abierto, pide la destitución del virrey Sobremonte por su cobarde actuación frente al enemigo, eligiendo a Liniers en su reemplazo.

Este es el comienzo de la sublevación contra España. Los motivos fueron muchos y complejos, entre ellos el deseo de romper el monopolio comercial inherente al régimen colonial, la confusión de poderes y el resentimiento de los criollos contra los funcionarios españoles. A esto se sumó el protagonismo de una nueva generación, que enviada a formarse en casas de estudios europeas, conocieron los pensamientos de filósofos franceses, la francmasonería y la revolución norteamericana, volviendo con ideas renovadoras.

En 1810 se abre un nuevo período en la historia de la Argentina, el de la independencia. El 25 de mayo de ese año, el pueblo, reunido, exige la destitución del virrey y se crea la Primera Junta de Gobierno integrada por criollos. El Primer Triunvirato se organizó en 1811 y en 1816 el Congreso se reúne en Tucumán donde proclamó la independencia. Mientras tanto las principales ciudades del incipiente país se constituían como provincias. El general José de San Martín emprendió el cruce de los Andes y liberó del dominio realista a Chile (1818) y Perú (1821).

Los hombres que llevaron a cabo la Revolución de Mayo pensaron que su principal misión era dotar al país de una Constitución, la cual fue promulgada en 1819, resultando unitaria y centralista. En el mismo año, en Santa Fe se elabora la primera Constitución provincial, que ratificaba jurídicamente la autonomía provincial frente al centralismo propuesto por los bonaerenses. Esto creó una antinomia entre provincianos y porteños, federales y unitarios, que duró por muchos años. Entre 1825 y 1827 se reunió un Congreso

Constituyente, promulgando una Constitución unitaria y antidemocrática como la de 1819, lo que acentuó la discordia entre unitarios y federales.

Las disputas entre provincianos y porteños y los intereses de los comerciantes bonaerenses estuvieron a punto de llevar al país al borde de una guerra civil.

En 1829 el gobernador de Buenos Aires, Juan Manuel de Rosas, federalista, logró hacerse del poder tras derrotar al general Paz, jefe de los unionistas. Su gobierno se prolongó por veinte años en dos períodos, donde fue notorio su autoritarismo y tiranía, si bien logró imponer el orden en el país y afianzar el régimen federal. Tras repetidas insurrecciones al poder de Rosas, el gobernador de Entre Ríos, el general Justo José de Urquiza, unido al Uruguay, Brasil, Paraguay y la provincia de Corrientes, logra la victoria en la batalla de Caseros en 1852, derrotando al dictador. En 1853 se promulga una Constitución de carácter federal y Urquiza es nombrado presidente.

Con él se inicia la organización nacional, pero su gobierno fue amenazado por Buenos Aires, separándose de la Confederación, y declarando la guerra al resto de la nación.

La invasión por parte de Paraguay de la provincia de Corrientes, en 1865, llevó a que Brasil, Uruguay y la Argentina crearan la Triple Alianza contra esa nación.

"Cabildo abierto del 22 de mayo de 1810", boceto de J. M. Blanes

A partir de 1850 la Argentina se había incorporado al sistema mundial como productora de materias primas alimenticias, teniendo su actividad orientada a la agropecuaria, lo que a su vez le daría fama como centro ganadero en el mundo.

Las presidencias de la segunda mitad del siglo XIX posibilitaron la organización definitiva del Estado nacional. El general Mitre llega al poder en 1861 luego de la batalla de Pavón. No obstante su filiación, su gobierno fue un seguidor de la política federalista, y fiel defensor de la Constitución Nacional de 1853. Domingo Faustino Sarmiento impulsó la instrucción pública y la administración estatal, y Nicolás Avellaneda llevó a cabo importantes victorias contra los indios del sur del país.

La consolidación se efectuó acabando con los particularismos políticos locales e incluyendo importantes realizaciones como la laicización del Registro Civil, la expansión del territorio nacional, así como también la promoción de la inmigración prominentemente europea, la primera de ellas entre 1886 y 1889.

Las dos presidencias del general Julio A. Roca se caracterizaron por el desarrollo de las obras públicas, y la solución al problema de la capitalidad, creando el territorio federal de Buenos Aires, con La Plata como capital de la provincia. No obstante, Roca centralizó el poder bajo una aparente legalidad y democracia. En 1890 se produce una crisis económica, que da lugar a una revuelta popular. Con los presidentes Figueroa Alcorta y Roque Sáenz Peña comienza el principio del fin de la oligarquía, y la vuelta a la libertad política, objetivos que perseguía la Unión Cívica Radical, nuevo partido político.

La economía del país siguió avanzando, coincidiendo con la segunda gran ola inmigratoria. Se instalan frigoríficos, continúa el tendido de ferrocarriles, así como la instalación de casas bancarias y compañías de seguros, como hitos característicos del gran crecimiento que se refleja principalmente en Buenos Aires, que así deja de ser la Gran Aldea, para convertirse en floreciente ciudad.

En el país se conoció una época de relativa normalidad constitucional, bajo las dos presidencias de Hipólito Yrigoyen, si bien los principios democráticos de su gobierno no lograron modificar sustancialmente la estructura socioeconómica instalada y la corrupción administrativa, lo que motivó una serie de golpes de Estado, finalizando por el encabezado por el general Uriburu, que logra derrocar al gobierno constitucional, coincidiendo con la crisis económica del año 1929.

La prosperidad se acabó con la depresión norteamericana de la década del treinta, y Uriburu tiene que hacer frente a la oposición declarada de sindicatos y universidades, que se rebelaron contra la orientación conservadora y antidemocrática de su

Puerto de Buenos Aires.
Hotel de
los Inmigrantes

Raúl Alfonsín

Carlos S. Menem

Fernando de la Rúa

gobierno. Los presidentes Justo y Castillo, que le suceden, continúan con la corrupción política, el fraude electoral y el acentuado conservadurismo, lo que provoca la revolución del 4 de junio de 1943 contra el gobierno de Castillo. El período coincide con el inicio de un proceso de expansión y desarrollo industrial apoyado en la sustitución de importaciones.

Luego del gobierno dictatorial del general Ramírez, donde se disuelven el Congreso y los partidos políticos, gobernando por decreto ley, y el corto período de Farrell, accede al poder el coronel Juan Domingo Perón, apoyado por los sindicatos. Es la Nueva Argentina, favorecida por grandes reservas de dinero, acumulado por la venta de exportaciones de productos durante la Segunda Guerra Mundial. Su esposa Eva Duarte fue una figura popular y poderosa, que en los hechos compartió las responsabilidades del gobierno hasta 1952. Tras su muerte, en 1955 Perón fue depuesto debido a su política económica sin resultados. Sucesivos gobiernos civiles fueron incapaces de controlar la inflación general. Entre ellos se destacan, por su carácter constitucional, el mandato de Arturo Frondizi y el de Arturo Illia, que salió triunfador en las elecciones de 1963. Fue derrocado en 1966 por el general Onganía, que suprimió los partidos políticos y disolvió el Congreso Nacional.

Hasta 1973 se sucedieron gobiernos militares. La situación social siguió empeorando, lo que obligó al general Lanusse a llamar a elecciones democráticas en 1973, resultando vencedor el candidato peronista Héctor Cámpora. Se inicia un período de gobierno civil inestable que incluyó su dimisión para facilitar una breve tercera presidencia de Perón, que retornó al país tras 18 años de exilio. El 1º de julio de 1974 muere, y es sustituido por su viuda María Estela Martínez de Perón, que ocupaba el cargo de vicepresidente. Desde el 24 de marzo de 1976, con el golpe de Estado presidido por el general Videla, el país entra en un período de inseguridad, a causa del ejercicio de la violencia por parte del Estado y actos de terrorismo, sumado a la grave crisis económica. La junta militar que se hizo con el control del país en 1976 recibió la condena internacional cuando miles de oponentes al régimen fueron arrestados o desaparecieron. La guerra de Malvinas, en el año 1982, sucedió dentro de este marco.

A partir del 10 de diciembre 1983, momento en que Raúl Alfonsín accede a la presidencia, el país retoma la democracia y vuelve a la normalidad institucional. En 1989, siguiendo con el proceso de democratización, Carlos Saúl Menem, de extracción justicialista, obtiene un amplio triunfo en las elecciones, y ejerce por diez años dos mandatos presidenciales. El gobierno estableció un plan para afrontar la crisis económica, uniéndose a Brasil, Paraguay y Uruguay para formar el MERCOSUR, que en 1995 firmó un acuerdo de cooperación con la Unión Europea. En octubre de 1999, con una alianza política opositora del peronismo, gana las elecciones Fernando de la Rúa.

GEOGRAFIA

La República Argentina limita al norte con Paraguay y Bolivia; al este, con el océano Atlántico, Uruguay y Brasil; al oeste con Chile, y al sur con Chile y el océano Atlántico.

Está constituida por cuatro grandes regiones. Al oeste la cordillera de los Andes con el pico culminante del Aconcagua de 6.969 msnm, flanqueda por la precordillera. Dos extensas áreas mesetarias: al noroeste la Puna, y al sur la Patagonia. La mesopotamia, recorrida por los ríos Paraná-río de la Plata y sus afluentes Paraguay, Uruguay, Pilcomayo y el Salado. Las grandes llanuras de Chaco y la pampa se extienden por más de la mitad del territorio, que con la vegetación dominante de la pradera herbácea, especialmente en la llanura pampeana, dio origen a una tradicional explotación agropecuaria.

Ficha Técnica

Nombre oficial: República Argentina

Superficie: 2.791.810 km² (continental sudamericana)
                      969.464 km² (antártica)
                      3.867 km² (islas australes)
Total: 3.761.274 km²

Población: 36.600.000 habitantes (argentinos)

Densidad: 11,7 h./ km² (sector continental)

Tasa de natalidad: 19,9   por mil
Tasa de mortalidad: 7,6   por mil

Capital: Buenos Aires

Ciudades principales: Córdoba, Rosario, La Plata, Mar del Plata, Mendoza, San Miguel de Tucumán, Santa Fe, Resistencia, Corrientes

Religión: catolicismo (90,9%)

Idioma: español

Moneda: peso

Forma de Estado: república federal

Renta anual per cápita: 8.030 dólares

División administrativa: 23 provincias + 1 distrito federal

CLIMA

El país ofrece una gran variación climática. Es templado como corresponde a su latitud, pero con influencias regionales. En el norte es semidesértico con importantes diferencias de temperaturas entre el día y la noche; en las costas el clima es oceánico, con lluvias que disminuyen rápidamente hacia el interior. La pampa árida envuelve a otra húmeda, próxima al mar. La Patagonia, el extremo sur y las cumbres andinas poseen un clima polar.

POBLACION

La Argentina es, después de Brasil, el país con mayor población de América del Sur. Su crecimiento demográfico fue muy rápido después de las inmigraciones europeas de los siglos XIX y XX. Entre 1840 y 1940 los inmigrantes llegados al país sumaban 7.400.000. A pesar de esto el país está poco poblado y con un desigual reparto. El 86,2% de la población vive en las ciudades. La mayor concentración la tiene el Gran Buenos Aires, con 13.000.000 de habitantes. Mayoritariamente blanca –el número de indígenas amerindios no llega a 30.000–, la población profesa la religión católica.

ECONOMIA

La época de mayor auge económico en la Argentina fue durante el lapso comprendido entre los años 1888 y 1929, debido a la creciente demanda mundial de alimentos. La crisis de 1929 aceleró el proceso de industrialización del país, no obstante esto, la principal actividad económica sigue siendo la agricultura y la ganadería. Fundamentalmente cerealista, es una importante

productora de trigo, maíz, avena, cebada, sorgo, soja, papas, tabaco, frutas, algodón y vino. La ganadería está representada por bovinos, ovinos y caballos. Con sustanciales riquezas mineras, cuya extracción está en proceso de crecimiento, posee importantes yacimientos de petróleo, plomo, hierro y gas natural. Los sobresalientes recursos pesqueros y las industrias alimentarias, textil, papelera, automotriz, petroquímica y mecánica, junto a las materias primas, especialmente cereales, carne, soja, lana y cuero, constituyen sus principales exportaciones.

PANORAMA CULTURAL

Buenos Aires concentra casi la tercera parte de la población del país; es inevitable a la hora de hacer un panorama cultural del mismo que la capital sea el eje de las principales actividades. Sin embargo, muchas de las ciudades y capitales de provincias cuentan con una movida propia de gran interés, y son un semillero de artistas de diferentes actividades que nutre permanentemente los espectáculos porteños.

Espectáculos

Famosa por su vida nocturna, Buenos Aires ofrece todo el año una amplia gama de conciertos, recitales, shows y espectáculos de todo tipo. La información más completa se puede encontrar en los suplementos sobre el tema de los principales diarios del país, con fechas y horarios al día. Los dos matutinos más importantes, "Clarín" y "La Nación", sacan los viernes, a manera de revista, dos suplementos: *La Guía* y *Vía Libre*, donde encontrarán el listado total y los detalles de todo lo referente a la noche porteña.

Música clásica

La capital porteña ha tenido siempre una intensa vida cultural, y la música clásica y el ballet han ocupado un importante espacio en la programación anual de sus teatros. El privilegio de contar con una sala como la del Teatro Colón, una de las más prestigiosas del mundo, aporta ya un ingrediente fundamental para contar con los más grandes intérpretes internacionales del momento en cada temporada. En general los grandes conciertos, la ópera y el ballet están instalados en el Colón, pero la ciudad cuenta además con otras salas donde escuchar música clásica como el Teatro Coliseo, el Auditorio Belgrano y el Teatro Municipal General San Martín. La innegable pasión por lo clásico lo evidencia la exis-

Santa Fe.
Explotación ganadera

Julio Bocca y el
Ballet Argentino

Maximiliano Guerra

Pág. anterior:
Extracción de petróleo
en Comodoro Rivadavia,
Santa Cruz.

tencia de una serie de asociaciones y fundaciones musicales, como el Mozarteum Argentino, la Asociación Wagneriana, Harmonía, la Academia Bach y Festivales Musicales que, además de tener sus ciclos exclusivos en el Colón, son en general responsables de la llegada de los más grandes artistas y grupos musicales del mundo a Buenos Aires.

El Teatro Colón, nuestro primer coliseo, ofrece sus temporadas entre los meses de abril y noviembre, aunque existe también una temporada de verano, desde ya con una programación más modesta. Si bien algunos ciclos, como la lírica, funcionan por un sistema de abono anual, así como también los conciertos de la Orquesta Sinfónica Nacional, es posible comprar los sobrantes de cada función. Las plateas son caras, y el resto de las buenas ubicaciones también, pero siempre se puede optar por las plateas altas, o el "paraíso", cuyos precios son accesibles, y la visión de la monumental sala desde lo alto, sumada a su proverbial acústica es un espectáculo imperdible.

Jorge Luis Borges

Literatura

La literatura ocupa en la Argentina un lugar preponderante, esto lo corrobora la gran cantidad de librerías con que cuenta Buenos Aires y las principales capitales del país. Recorrerlas permanentemente es uno de los pasatiempos preferidos de los argentinos.

Escritores como Jorge Luis Borges, Julio Cortázar, Ernesto Sabato, Manuel Puig, Adolfo Bioy Casares, Victoria Ocampo y Osvaldo Soriano han sido traducidos a varios idiomas.

Borges es sin duda una figura literaria reconocida internacionalmente. Su erudito lenguaje, presente en sus cuentos y poemas, hacen a veces inaccesible su lectura a personas no familiarizadas con los autores clásicos. Sabato exploró en sus novelas *Sobre héroes y tumbas* y *El túnel* el perfil psicológico y las obsesiones de los porteños, pero aunque vivió la mayor parte de su vida en París, fue Cortázar en sus cuentos y en su novela *Rayuela*, quien dibujó acaba-

Adolfo Bioy Casares
Ernesto Sábato

damente el carácter argentino. Algunos de sus relatos sirvieron de inspiración de guiones cinematográficos, como "Blow Up", un filme icono de los años 60. Manuel Puig, cuyas novelas *El beso de la mujer araña* y *Boquitas pintadas*, también fueron llevadas al cine, mostró en sus trabajos el rol ambiguo de la cultura popular argentina. El más popular de los novelistas contemporáneos, el tempranamente desaparecido Osvaldo Soriano, escribió novelas como *Cuarteles de invierno* y *Una sombra ya pronto serás*, con claves costumbristas y políticas del país, donde el humor está siempre presente.

En los últimos años el país ha seguido generando notables autores, con sostenido ritmo de producción de títulos, que nutren a las importantes editoriales y librerías con que cuenta el país. La importancia de la industria está presente en la Feria del Libro, encuentro internacional de gran relevancia en la materia, que se lleva a cabo todos los años en el mes de abril.

Cine

Los argentinos han sido, y son, fanáticos del cine. Prueba de ello son las monumentales salas que nacieron en los años 30, algunas de las cuales aún perduran, aunque la gran mayoría han sido convertidas en teatros o utilizadas con otros fines. En esos años se comenzó a montar una importante industria cinematográfica, de gran suceso en los países de habla hispana. Fue la época de los "teléfonos blancos", principalmente livianas comedias al estilo Hollywood, con lujosos decorados, donde divas como Zully Moreno, Mecha Ortiz, Delia Garcés, Olga Zubarry y Mirtha Legrand, entre otras, impusieron su sello. En 1939 la Argentina producía 50 películas al año. Poco después aparecían directores como Lucas Demare, Mario Soffici, Leopoldo Torre Ríos y Hugo del Carril, comenzando a tocar temas de contenido social. En los años 60 con importantes filmes de Torre Nilsson, Rodolfo Kuhn, David Kohon, Leonardo Favio, Héctor Olivera y Manuel Antín, entre otros, que mostraban problemáticas cotidianas del país, el cine argentino levanta vuelo.

Luego de una época de inactividad durante los gobiernos militares, y a pesar de los limitados recursos económicos de la época, surgen realizadores como María Luisa Bemberg, quien es nominada al Oscar por su película *"Camila"*, y Luis Puenzo, que logra la codiciada estatuilla con *"La historia oficial"*. Surgen directores como Sergio Renán, Carlos Sorín, Eliseo Subiela, Marcelo Piñeyro, Rodolfo Arista-

Cine argentino, afiche.

rain, Eduardo Mignogna y Ricardo Agresti, imponiendo sus diferentes estilos.

Actualmente el cine nacional ha emprendido un interesante camino, con una generación de jóvenes directores y actores, cuyos trabajos son reconocidos y premiados en importantes festivales de cine internacionales, permanentemente.

Pintura

La pintura argentina, cuya importante producción se puede ver en el Museo Nacional de Bellas Artes, cuenta con obras de relevantes artistas, algunos del siglo XIX, como Cándido López, cuyos extraordinarios óleos relatan minuciosamente en imágenes la guerra con el Paraguay, pero la época de oro comenzó a principios del siglo XX con pintores, muchos de ellos formados en Europa. Los más destacados son Eduardo Sívori, cuyas obras sobresalen por el manejo del color; el admirable paisajista Fernando Fader; Della Valle, que se inspiró en la vida y el paisaje bonaerense; Bernaldo de Quirós y su fuerte impresionismo; Ernesto de la Cárcova, maestro del realismo social, y Quinquela Martín, que supo reflejar el paisaje de La Boca. Nuevas tendencias llegaron con Pettoruti, Vidal, Maldonado, Raquel Forner, Spilimbergo y Xul Solar. En los años 60 aparece el movimiento Nueva Figuración, formado por Rómulo Macció, Luis Felipe Noé, Ernesto Deira y Carlos de la Vega, configurando la avanzada de una nueva estética. El escultor argentino más

"Figura femenina", (detalle) de Lino Spilimbergo, M.N.B.A.

Astor Piazzola

notable es sin duda Rogelio Yrurtia, cuyo grupo escultórico Canto al Trabajo sobresale recorriendo el barrio de San Telmo.

El panorama de la pintura argentina actual está presente en las innumerables galerías de arte que pueblan el centro de Buenos Aires, especialmente en los alrededores de Plaza San Martín y Recoleta. Todos los años, en Buenos Aires durante el mes de mayo se lleva a cabo ArteBa, una importante feria internacional del arte donde exponen los mejores pintores del país, participando además importantes galerías de arte nacionales e internacionales.

Teatro

Buenos Aires cuenta con una activa vida teatral comparable a otras grandes capitales del mundo. Ya a fines del siglo XIX la familia Podestá llenaba los teatros de Buenos Aires y La Plata. En esa época florecieron autores costumbristas, como Roberto Payró, Florencio Sánchez y Gregorio de Laferrere. Legendarios actores como Luis Sandrini y Lola Membrives aparecieron en escena y famosos escritores europeos como Federico García Lorca y Jean Cocteau exploraron el panorama teatral de la ciudad. En los años 60 la actividad teatral se acrecentó con la apertura de salas de teatro, como el Payró y el IFT, donde los grupos del llamado teatro independiente montaron piezas de innovadores escritores como Juan Carlos Gené, Carlos Gorostiza, Griselda Gambaro y Roberto Cossa, entre otros, y surgen actores de la talla de Alfredo Alcón, Norma Aleandro, Federico Luppi, Héctor Alterio y Pepe Soriano. Es la época de la gran movida cultural promovida por el Instituto Di Tella, donde aparecen artistas y propuestas de espectáculos de avanzada. Simultáneamente se inaugura el Teatro Municipal General San Martín, con tres importantes salas donde se programan ininterrumpidamente puestas en escena de obras nacionales y extranjeras. Aún sigue siendo un prestigioso lugar donde se puede ver lo mejor del teatro a precios populares.

La importante actividad teatral, con una amplia oferta desde teatro clásico, piezas de

Norma Aleandro y Alfredo Alcón

Guillermo Vilas

Diego A. Maradona

Gabriela Sabatini

vanguardia, comedias musicales, café conciertos, teatro de revistas y espectáculos unipersonales puede constatarse leyendo la página correspondiente en los diarios porteños.

DEPORTES

El fútbol es el deporte más popular del país. Los días de partidos fundamentales, logra virtualmente paralizar el país. El sueño de muchos chicos que comienzan a gambetear la pelota en sus barrios, es jugar en primera, y llegar a ser Maradona, que desde su humilde origen alcanzó a ser un mito reconocido mundialmente. También las carreras de autos, especialmente la Fórmula Uno, el boxeo y el tenis promueven una gran pasión. Todos recuerdan a Juan Manuel Fangio, quíntuple campeón del mundo, Carlos Monzón, quien le arrebató, el título mundial de pesos medianos a Nino Benvenuti en 1970, y las notables actuaciones de Guillermo Vilas y Gabriela Sabatini en los circuitos internacionales.

El rugby, con la famosa selección nacional Los Pumas, y el golf gozan de gran popularidad, así como el básketbol que ha tomado últimamente un gran auge teniendo ya dos jugadores argentinos en la mítica NBA estadounidense. En las olimpíadas de Sydney sobresalieron el hockey femenino en césped y la navegación a vela, obteniendo sendas medallas. Pero quizás en polo, un deporte de elites, la Argentina mantiene permanentemente un rol protagónico. El país posee la mayor cantidad de jugadores de 10 de hándicap del mundo.

ARGENTINOS POR EL MUNDO

La cultura argentina tiene embajadores reconocidos internacionalmente. En teatro, los directores Alfredo Arias, Jorge Lavelli y Claudio Segovia, junto a la actriz Marilú Marini, todos surgidos de la movida vanguardista del Di Tella, tienen un lugar destacado desde hace años en la escena francesa. Músicos clásicos como Daniel Baremboin, Martha Argerich, Bruno Gelber y el tenor José Cura, forman parte de importantes temporadas de las principales salas del mundo. El prestigioso American Ballet cuenta con el talento de los bailarines Julio Bocca y Paloma Herrera en su elenco permanente. La música popular con la folklorista Mercedes Sosa, y el tango de la mano de bandoneonistas como Saluzzi, Marconi y Mederos, pasean permanentemente por los escenarios europeos, así como Lalo Schiffrin, quien vive en California desde hace años, sigue siendo el elegido para ponerle la música a importantes producciones cinematográficas de Hollywood.

En arquitectura, el tucumano César Pelli y Rafael Vignoli han realizado descollantes obras en diferentes lugares del mundo. Al primero se deben las famosas torres "Las Petronas" en Kuala Lampur (Indonesia), las más altas del mundo.

Imposible pasar por alto el aporte de humoristas como Copi, ya desaparecido, Quino, Mordillo y últimamente Maitena, cuyos trabajos, que aparecen en las principales publicaciones de diversos países, reflejan el reconocido humor argentino.

Noroeste

Introducción y mapa   22
Flora y fauna de la Argentina   24

Jujuy   **26-35**
San Salvador de Jujuy   26
Quebrada de Humahuaca   29
Abra Pampa, Casabindo
  y La Quiaca   33

Salta   **36-49**
Salta (capital)   36
Valles Calchaquíes   40
Quebrada del Toro   46

Tucumán   **50-57**
San Miguel de Tucumán   50
Circuito Chico   53
Tafí del Valle   55

Santiago del Estero   **58-61**
Santiago del Estero   58
Termas de Río Hondo   59
La Banda   60

Noroeste

El noroeste argentino ofrece una de las combinaciones más ricas de paisajes de la Argentina. La cordillera y su sobrecogedora grandeza, cerros de impensables gamas de colores, y verdes intensos en valles donde un inesperado microclima los invade de una flora subtropical. Secas inmensidades en pleno altiplano y la magia de pueblitos perdidos olvidados por la civilización y tradiciones atesoradas durante siglos.

En esta región que encierra las provincias de Jujuy, Salta, Tucumán y Santiago del Estero, sorprenderá la magia de la alta Puna, a más de 3.000 msnm, con sus caminos de cauces de ríos, las ruinas de culturas olvidadas, y la vastedad de un entorno ascético, con alguna típica iglesita junto a un caserío, de cuando en cuando. Una soledad conmovedora, interrumpida levemente por la vida silvestre que habita en sorprendentes paisajes junto a los testimonios de las raíces más antiguas del país.

JUJUY

La intensa sequedad de la Puna, las coloridas quebradas pobladas de iglesias y el verde de las intrincadas selvas es sólo una parte del paisaje de Jujuy.

Su territorio es un invalorable testimonio de la historia del país. La provincia y sus habitantes fueron testigos, a través de los años, de las luchas de sus primitivos pobladores contra el avance de los conquistadores y de innumerables batallas de los ejércitos patriotas.

SALTA

La provincia está conformada por paisajes únicos, donde conviven en armonía las grandes superficies desoladas, características de la Puna, con quebradas, valles y ríos que se encienden con el verde intenso de las selvas. Estas zonas de frondosa vegetación fueron transitadas por los calchaquíes y los ejércitos libertadores de la patria. Salta constituye una porción importante de la historia argentina y es a la vez una invitación a la aventura.

TUCUMAN

En la región que fue la puerta hacia el Alto Perú se relacionaron viejas y ricas culturas. Las huellas de estos pueblos aún se pueden apreciar entre el verde del paisaje. Cuna de la independencia de la República Argentina, Tucumán engendró además raíces literarias y artísticas que perduran a través del paso del tiempo. Su geografía se eleva a través de cerros y montañas, donde la lluvia y los cursos de agua riegan el "Jardín de la República".

SANTIAGO DEL ESTERO

Conocida como "madre de ciudades", ya que desde aquí partieron las expediciones fundacionales más importantes de la época de la colonia, Santiago del Estero surgió enlazada con las vías de comunicación entre el Perú y el Río de la Plata. Pueblo de arraigadas tradiciones, de escritores y poetas, en sus vastas planicies semiáridas, surcadas por los ríos Dulce y Salado, sobresalen las famosas aguas termales presentes en Río Hondo y su emblemática música, la chacarera.

Fauna y flora de la Argentina

La Puna

La región

Dentro del sistema andino la región del noroeste argentino es de gran complejidad, con grandes variables en su conformación, alturas y climas. Las elevadas planicies de la Puna jujeña, a más de 3.000 msnm; la zona montañosa de Salta con sus imponentes cumbres –precordilleranas y andinas–, los valles intermedios y la sorprendente región selvática subtropical; las llanuras, los verdes cerros y valles tucumanos, hasta llegar a los extensos llanos de Santiago del Estero, de clima tropical, son el cambiante hábitat donde convive una rica variedad de fauna y flora.

1. **Flamenco Andino**

2. **Avoceta Andina**

3. **Chorlito Andino**

4. **Aguilucho Común**

5. **Ñandú Petizo**

6. **Vicuña**

7. **Tola**

8. **Keú Andino**

9. **Tolilla**

10. **Cardón**

11. **Flechilla**

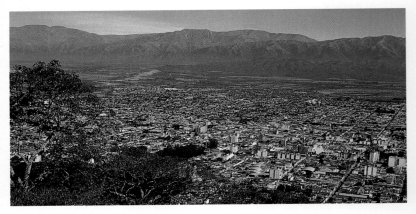

San Salvador de Jujuy

S. S. de Jujuy
Casa de Gobierno

Arriba:
San Salvador de Jujuy.
Vista de la capital

San Salvador de Jujuy, la capital de la provincia, es conocida desde tiempos remotos como *"la tacita de plata"*. Tal vez esta denominación resulta de la conjunción de su pequeño tamaño y su ubicación en la entrada al valle de Jujuy.

La fundación definitiva de la ciudad la realizó Francisco Argañaraz y Murguía, el 19 de abril de 1593. La historia de San Salvador de Jujuy estuvo marcada por las guerras de la Independencia y por los enfrentamientos con Bolivia, que junto con el éxodo masivo de 1812 devastaron la capital y redujeron la población estable a sólo 3.000 habitantes en 1869. En la actualidad, con una población sesenta veces mayor, la ciudad ha crecido sin perder el encanto particular de su entorno de casas bajas, iglesias y campanarios, escoltados por los cerros de Zapla y las cumbres nevadas del Chañi. Recorrer la *"tacita de plata"* significa transitar un florido paraíso de ceibos, tarcos y lapachos.

❶ Plaza General Belgrano

Es el epicentro de la ciudad. Originalmente Plaza Mayor y luego Plaza de Armas, con el paso del tiempo se convirtió en una plaza dominada por el verde, con doble fila de naranjos y caminos transversales que convergen en el centro, donde se encuentra la estatua del general Belgrano.

❷ Cabildo (MHN)

Desde sus balcones, el 25 de mayo de 1812, el general Manuel Belgrano mostró al pueblo jujeño y al ejército del Alto Perú la bandera recién creada.

La primera estructura, muy precaria, debió ser apuntalada en 1851. Doce años después, un movimiento telúrico sacudió la ciudad y la dañó, razón por la cual fue necesario reconstruir el Cabildo.

Hacia 1872 fue ampliado y a principios del siglo XX sirvió de base al regimiento 20. Actualmente sus instalaciones albergan a la Policía de la Provincia.

❸ Iglesia Catedral de Jujuy

El edificio original se hizo en 1611, pero el cuerpo principal se terminó en 1765. En 1812, en el presbiterio de la iglesia, el general Manuel Belgrano hizo bendecir la bandera nacional.

Tiene una estructura neoclásica y es uno de los principales atractivos turísticos de la ciudad. En su interior se destacan las capillas de la Virgen del Rosario Blanco y Paypaya, la patrona de Jujuy, de indudable procedencia quiteña o española. Según la documentación, su devoción data desde 1618.

Una de las mejores joyas del arte colonial de Hispanoamérica que se encuentra en el país es el púlpito de la Iglesia Catedral. Trabajado en madera de ñandubay y cedro, es una obra del barroco español que se encuentra tallado con una profusión de imágenes basadas en las escrituras. Su dorado de legítima hoja de oro de ley brilla a la luz del templo y aún se conserva en buen estado, a pesar del tiempo transcurrido.

❹ Iglesia y Convento de la Orden de los Franciscanos (MHN)

La primera iglesia franciscana fue levantada en 1599 y demolida en 1683. Reconstruida en 1689, fue nuevamente demolida, sin explicación aparente, en 1925. Dos años más tarde culminaron los trabajos de la tercera y actual iglesia.

De estilo corintio clásico, la construcción tiene tres naves y siete altares. En su interior se conservan imágenes de madera tallada y policromada de antigua data.

Como en el caso de la Catedral, el púlpito es la pieza más interesante de todo su equipamiento. Se supone que fue tallado por los nativos entre 1620 y 1630 bajo la dirección de los frailes. Los motivos de su talla están inspirados sobre modelos cuzqueños, lo que le otorga una gran riqueza ornamental.

El convento posee además el *Museo de Arte Religioso* que exhibe obras del siglo XVII traídas de Cuzco y de Chuquisaca, además de innumerables piezas de altísimo valor. La Iglesia y el Convento de la Orden de los Franciscanos es otra maravilla del arte religioso que se puede apreciar en Jujuy.

❺ Museo Histórico Provincial (MHN)

Fácilmente reconocible por su fachada colonial, con ventanas enrejadas y puertas de dos hojas, la edificación fue levantada a mano. En su interior tiene lunas de espejos en las salas y sillas tapizadas con sangre de mil toros. La casa que perteneció a Ramón Alvarado tiene tres patios, en uno de los cuales en 1841 se produjo la muerte del general Juan

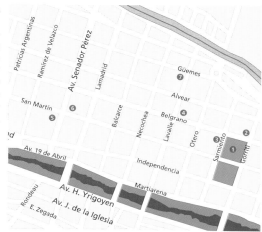

San Salvador de Jujuy. Plano de la ciudad

Galo Lavalle. En sus siete salas exhibe actualmente importante documentación, antiguas armas, mobiliario, pinturas y estandartes que forman parte de la historia del país.

Entre sus principales atractivos se encuentra la hermosa corona de plata del pucará de Abra Pampa y una interesante muestra del vestido del siglo XIX donada por la familia Saravia.

❻ Capilla de Santa Bárbara

Se estima que su fundación se realizó en 1777. Las características de la edificación avalan esta teoría, ya que mantiene el estilo de las construcciones religiosas del siglo XVIII, con una torre de tres cuerpos y una nave central de 20 m de largo. En su interior hay una interesante colección de pinturas del siglo XVII, con una serie de la vida de la Virgen y de Jesús Niño.

❼ Museo Arqueológico Provincial

En el espacio de cuatro salas se exponen piezas de piedra, se brinda información general y se exhiben objetos de cerámica primitiva originaria del departamento de Santa Catalina, de San Pedro y Yaví, así como también piezas de Humahuaca y de Tilcara. El lugar se complementa con un pequeño mercado artesanal donde los visitantes pueden encontrar objetos de gran belleza.

Más información

Secretaría de Turismo
Urquiza 354 (S. S. de Jujuy)
Tel: (0388) 454-0388
y 422-1326
Fax: 422-1325
Horario: Todos los días
de 7 a 20
Correo electrónico:
setjujuy@imagine.com.ar

Alrededores de San Salvador de Jujuy

Hotel Alto La Viña

El establecimiento, perteneciente al municipio de Jujuy, posee un encanto especial, ya que desde sus galerías se disfruta una vista privilegiada que abarca todo el valle, la ciudad, el comienzo de la quebrada de Humahuaca y al fondo el nevado de Chañi, generalmente cubierto de nubes durante la mañana.

Si bien tiene servicio de bar, restaurante, piscina, cancha de tenis y sala de convenciones, el lugar presenta cierto abandono.

Altos Hornos Zapla

En este complejo siderúrgico creado por el general Manuel Savio se realizó, en 1945, la primera colada de arrabio. Está compuesto por cuatro hornos que elaboran el hierro colado, una planta de acería con dos hornos eléctricos, tres convertidores que fabrican acero y una planta de laminado que produce barras comerciales y aceros especiales empleados en la industria bélica. El complejo pertenece a la Dirección Nacional de Fabricaciones Militares.

Termas de Reyes – Lagunas de Yala

Enclavado en la montaña, a 1.800 metros sobre el nivel del mar, se levanta el complejo termal *Hotel Termas de Reyes*. El edificio, en forma de U, con tres plantas donde se distribuyen cincuenta habitaciones rodeadas de galerías, paredes blancas y techos de tejas, es una versión en gran escala de las construcciones del período virreinal. Legendario lugar, conocido por los incas, posee aguas ricas en sales minerales que emergen a temperaturas que oscilan entre los 52°C y 58°C. Las aguas termales ofrecidas por el hotel se pueden disfrutar en una piscina ubicada al aire libre o en baños individuales.

Al seguir por el camino de montaña se llega, luego de recorrer pocos kilómetros, a las **lagunas de Yala**. En estas lagunas de altura se deposita el agua de las vertientes y se practica la pesca de truchas y pejerreyes.

El entorno es magnífico, la vegetación perfuma el ambiente con aroma a menta, y el paisaje está integrado por nogales, ciruelos y duraznos.

Se puede hacer una parada en la laguna **El Rodeo**, donde una sencilla hostería invita al viajero a tomarse un descanso, y visitar la laguna privada **El Desaguadero**, donde está instalada una estación de piscicultura y un criadero de truchas.

Yala es una villa veraniega muy pintoresca, con hermosas casas instaladas a la vera del río. En sus proximidades se encuentra el Parque Provincial **Potrero de Yala**, ubicado a una altura de 1.444 metros sobre el nivel del mar y a sólo 14 km de la capital, desde donde se accede por una moderna y rápida autopista.

Alrededores de San Salvador de Jujuy

Quebrada de Humahuaca

Al salir de la capital, por la ruta nacional N° 9, se llega a la travesía de mayor atractivo turístico de la provincia de Jujuy. La **quebrada de Humahuaca** ocupa la parte central de la provincia y comunica las altas mesetas del macizo andino meridional con los valles y llanuras del sur. El camino serpentea a una altura de aproximadamente 4.000 metros sobre el nivel del mar en **Ojo de Agua**, y baja hasta los 1.200 metros sobre el nivel del mar en San Salvador de Jujuy.

El río Grande la acompaña en casi la totalidad de los 170 km de su trayecto, que incluye el paso por los pueblos de **Yala, Lozano y León**, este último de gran valor histórico, ya que fue escenario de combates por la emancipación nacional.

Desde León la vegetación que cubre los cerros comienza a disminuir hasta desaparecer. Es entonces cuando se ve la roca viva erosionada de las laderas, que en una amplia gama de colores combina con las caprichosas formas de los cardones.

La ruta en ascenso llega a Volcán, donde se puede observar una laguna de aguas transparentes.

Hacia el norte se encuentra **Tumbaya**, un típico caserío quebradeño con un puñado de construcciones de adobe y templos religiosos. La iglesia de *Nuestra Señora de los Dolores* y *Nuestra Señora de la Candelaria* existe desde el siglo XVII y es la primera de una serie de parroquias de la región edificadas bajo el estilo andaluz mudéjar, de gruesos muros y una única torre. La iglesia de Tumbaya muestra en su interior valiosas pinturas y un retablo dedicado a Nuestra Señora de la Aparecida. En sus cercanías se puede conocer la *Hacienda Tumbaya Grande*, un antiguo caserón colonial que sirvió de cuartel general al Ejército Auxiliar del Alto Perú durante la guerra de la Independencia.

Unos pocos kilómetros hacia el norte, en una de las quebradas laterales, se asienta el pueblo de Purmamarca que tiene como marco al espectacular cerro de los siete colores.

Purmamarca.
Cerro de los siete colores

Telares jujeños

Pueblo de Purmamarca

PURMAMARCA

Purmamarca fue un tramo secundario del camino del inca que continuaba su recorrido atravesando toda la quebrada con escalas en Tilcara, Calete, Yacoraite y Rodero.

Detenido en el tiempo, el pueblo ofrece un marco escénico único, rodeado por los cerros Morado y Verde y con el cerro de los siete colores de fondo. La paz de las calles del caserío es apenas quebrada por el movimiento de los puestos de artesanías, donde se consiguen pucos, ollas, tejidos y se puede observar a algún coplero recitando sus versos bajo un viejísimo algarrobal.

Frente a la plaza está la *iglesia de Santa Rosa*, levantada en el siglo XVII. Su sencillo interior conserva la imagen de vestir de Santa Rosa original de la época.

Al retomar la ruta nacional Nº 9 se llega a la **Posta de Hornillos**, otro lugar histórico de la provincia que es hoy el *Museo del Transporte*. En la primitiva casa de postas, construida por Gregorio Alvarez Prado en el siglo XVIII, descansaron Belgrano, Rondeau y Viamonte.

El próximo pueblo es **Maimará**, con una superficie pequeña donde se condensa un fuerte atractivo. Sus coloridas laderas, llamadas "la paleta del pintor", fascinan a los viajeros. Del otro lado del río se conserva un antiguo molino de más de 150 años de antigüedad que aún funciona. Como una visión irreal aparecen, blancas y suspendidas en el cerro, las cruces del cementerio local.

Al transitar un corto trecho se llega a Tilcara, una majestuosa superficie dominada por el Pucará, la antigua fortaleza indígena y actual centro arqueológico de gran importancia.

TILCARA

Tilcara es una de las villas veraniegas preferida por los jujeños. De gran relevancia turística, la zona combina una cantidad de puntos de interés con las festividades locales, como el carnaval, famoso en todo el país por la particularidad de la ceremonia, y los festejos de Semana Santa, que incluyen el impactante descenso de la Virgen de Copacabana.

La gran atracción de Tilcara es el **Pucará**, pero sin duda el *Museo Arqueológico*, el más importante del noroeste argentino, es una visita imperdible. Este establecimiento exhibe en sus ocho salas –cada una dedicada a diferentes culturas– piezas de gran valor arqueológico e histórico. Entre las más valiosas se encuentra un cuerpo momificado hallado en San Pedro de Atacama que aún conserva su vestimenta y los objetos que la acompañaban.

Tilcara no es sólo rica en lo referente a su cultura, sus atractivos naturales son muchos y muy variados. Al ascender por los escarpados senderos de montaña es posible conocer la **Garganta del Diablo** y disfrutar de las magníficas vistas del entorno.

Hacia el norte se encuentra **Huacalera**. Un poco antes de llegar al pueblo, un monolito blanco señala el cruce con el *trópico de Capricornio*.

Por Huacalera pasaron las diezmadas legiones del general Lavalle que llevaban hacia Bolivia los restos de su jefe. Allí pasaron la noche, y fue el escritor Ernesto Sabato, en su libro *Sobre héroes y tumbas*, quien cuenta con gran maestría literaria el histórico episodio. El poblado cuenta con una capilla fundada en 1655.

Un poco más al norte está **Uquía**. En este pueblo se puede apreciar la *iglesia de San Francisco de Paula (MHN)* edificada en el siglo XVII. En su interior se destaca el retablo más antiguo de la región, articulado en dos pisos con un excelente trabajo en oro.

Las paredes de este testimonio de la arquitectura colonial están cubiertas de pinturas de arcángeles cuzqueños.

El caserío, donde el lento paso del tiempo se sacude solamente por el fervor de los festejos religiosos, se encuentra a pocos kilómetros de Humahuaca.

HUMAHUACA

Sumergida en el pasado, con sus coloridas calles estrechas y adoquinadas, iluminadas por los faroles de hierro de las esquinas, está Humahuaca, el gran final del circuito. Ubicado a 2.940 metros sobre el nivel del mar, es el punto de transición de la quebrada hacia la puna.

En el lugar donde hoy se encuentra Humahuaca primitivamente existió un tambo incaico. A principios del siglo XVII, Juan Ochoa de Zárate fundó allí la encomienda de Humahuaca.

El Pucará

La fortaleza más importante de la región se encuentra ubicada en la cima de una colina. La ciudad indígena prehispánica fue recuperada a principios del siglo XIX por el arqueólogo Juan Ambrosetti, que era director del Museo Etnográfico de Buenos Aires. La obra fue continuada por su discípulo, Salvador Benedetti, en 1932. En el amplio predio de 15 ha que ocupaba el poblado se reconstruyeron viviendas, corrales, sepulcros, calles y senderos. Las edificaciones eran de piedra con techos planos de torta de barro. Dos grandes piedras marcan la entrada al pueblo. La espectacularidad del entorno impacta la mirada. Recorrer las estrechas sendas trazadas hace más de quinientos años en el conmovedor silencio de la ciudad vacía es una experiencia única. Antes de salir del lugar se encuentra el Museo Botánico de Altura, donde se puede ver un jardín de cactáceas, la flora típica de la región.

El pueblo ya existía como tal en 1596 y funcionaba como una prolongación del asentamiento prehispánico.

Por su privilegiada ubicación en el camino hacia el Alto Perú, el lugar tuvo un importante papel en los combates de la guerra de la Independencia.

Imponente en su basamento de roca y hierro, el *Monumento a la Independencia* domina el paisaje. Al iniciar el trayecto la consigna es llegar a la ciudad antes del mediodía, para recibir la bendición tutelar de *san Francisco Solano* a las 12, cuando se asoma puntualmente todos los días desde la torre de la Municipalidad.

La *Iglesia Catedral de Nuestra Señora de la Candelaria y San Antonio*, el primer santuario parroquial, existe desde fines del siglo XVI. Al igual que la catedral de Til-

Datos útiles

Obtenga más información sobre esta provincia en la página

335

Humahuaca.
Vista desde el
Monumento de la
Independencia

cara, su frente cuenta con dos torres. El equipamiento del interior es de gran valor. En él se encuentran dos retablos, importantes pinturas y piezas de imaginería de los siglos XVII y XVIII.

Otras atracciones de la zona son el *Museo Arqueológico Municipal* y *el Museo del Carnaval Norteño*. Las celebraciones carnestolendas tienen una gran importancia, así como también la fiesta de la chicha y de la copla, antiguos rituales en los que se mezcla lo religioso con lo pagano. Todo es juego y alegría en las carpas, donde se baila al son del erke y de las cajas y se adora al pujllay con el estímulo de una abundante cantidad de bebida.

Tradiciones y ritos jujeños

Los habitantes de la quebrada y la puna mantienen vivos sus fiestas y ritos ancestrales. Los lazos que unen estas celebraciones con el ayer son misteriosos y cautivantes. Todavía se mantienen intactos mitos como el de Coquena, protector de las vicuñas, y el de Supay y sus embrujos, que lanza un salvaje ulular cuando el viento blanco azota las quebradas.

Las tradiciones perduran en la profunda fe de los lugareños. Las ofrendas del día de las almas, la ceremonia del multiplico, las mingas de las cosechas o de las siembras, las cacharpayas o fiestas de despedida y el carnaval son testimonios de la intensidad con que siguen en pie las creencias.

Uno de los rituales más antiguos del pueblo jujeño es el misachico, la procesión que se anuncia al son de bombos, erkes y bombas de estruendo para honrar a un santo en su día. La gente se moviliza desde su morada hasta la iglesia donde se celebra la misa. Esta es una costumbre muy añeja que aún perdura en los lejanos pueblos de la quebrada.

Abra Pampa, Casabindo y La Quiaca

En dirección a Abra Pampa comienza el faldeo de Azul Pampa, que asciende hasta los 3.730 metros sobre el nivel del mar, dejando espectaculares vistas hacia el este. Allí comienza la transición hacia la puna. Luego de recorrer 62 km se llega a **Tres Cruces**, situado a 3.707 metros sobre el nivel del mar. En este pequeño poblado se encuentra la **Mina Aguilar**, uno de los yacimientos de plomo, plata y zinc más importantes de América latina. A las "bocaminas", ubicadas a más de 5.000 msnm, se accede a través de un camino de cornisa pavimentado.

Al dejar atrás Tres Cruces, a los 3 km de andar se entra en la Puna. El próximo pueblo es Abra Pampa, la capital de la puna. A sus espaldas quedan las montañas y una extensa meseta poblada de tolas, que según el imaginario popular esconden la huidiza figura de Coquena, el guardián de las vicuñas.

Fundada en 1883 como nueva capital de Cochinoca, Abra Pampa es conocida como "la Siberia argentina", denominación que define claramente el aspecto inhóspito del lugar. En la zona se han plantado olmos siberianos para mitigar las rigurosas temperaturas de la región.

Antes de llegar a La Quiaca, al este y al oeste de la ruta se pueden realizar interesantes excursiones a los recónditos pueblos de la puna, muchos de los cuales parecen desolados durante la mayor parte del año, pero cuando celebran sus fiestas patronales congregan a cientos de personas provenientes de los caseríos más distantes.

Dos de los pueblos más antiguos de la Puna son **Casabindo y Cochinoca**. En dirección a Casabindo el camino pasa por la estación del Instituto Nacional de Tecnología Agropecuaria (INTA), donde se experimenta la cría de vicuñas en semilibertad, y es posible apreciar la belleza de estos camélidos de tan preciado pelo.

Casabindo formó parte de una etapa del camino del inca en su paso hacia los Valles Calchaquíes. Por más de doscientos años fue un importante polo minero durante el siglo XVIII. En el siglo siguiente el agotamiento de las minas de oro determinó su regresión poblacional y económica.

En el pueblo se encuentra la importante iglesia de la *Asunción (MHN)*, construida a fines del siglo XVII. Su estructura edilicia fue realizada por tres artífices traídos especialmente para techar el edificio en bóveda de medio punto de piedra sobre gruesos muros de adobe. Su interior es particularmente interesante, en él se destaca una serie de ángeles militares de elaborada composición. El 15 de agosto se celebra la fiesta de la Asunción de la Virgen, encabezada por cuatro ángeles representados por promesantes ataviados con plumas que apartan a otro con cabeza de res que personifica al diablo. La procesión es

La Quiaca

acompañada por bandas musicales, campanadas y bombas de estruendo. La particularidad de la festividad es su cierre, cuando se realiza el *"toreo de la vincha"*. El que acepta el desafío debe arrebatar la cinta con monedas de plata de la cabeza del toro y ofrecérsela a la Virgen.

Al volver por el camino hacia Abra Pampa se llega a **Cochinoca**. Sus valiosas minas lo convirtieron en el poblado más importante de la Puna, que llegó a dejar atrás a Humahuaca, pero al igual que Casabindo, fue perdiendo relevancia a medida que se agotaron los recursos de la mina.

El pueblo asombra por su arboleda y tiene dos puntos que concentran la atracción: la *capilla de Santa Bárbara*, original del siglo XIX, y la *iglesia de Nuestra Señora de la Candelaria*, donde se encuentra un lienzo de la Virgen de la Almudena. La construcción de la iglesia y los retablos fue encargada por Juan José Campero y su esposa, Juana Clemencia de Obando, entre 1682 y 1693. El patrimonio pictórico del lugar es de gran interés. Entre la colección se destacan dos magníficas imágenes de la Virgen atribuidas a Mateo Pisarro.

LA QUIACA

Rumbo al norte, la llegada a La Quiaca asombra al turista. El paisaje y la quietud de los poblados de la quebrada y la puna desaparecen para dar paso a una ciudad de modernos edificios y amplias avenidas situadas en un entorno árido y sin vegetación. Como típica ciudad fronteriza, su movimiento es continuo.

La playa y los galpones del ferrocarril dividen la ciudad en dos. Un lado está dedicado a la atención de los turistas. En él se encuentran los hoteles, la terminal de ómnibus, el hospital, la iglesia y el cuartel de la gendarmería. Del otro lado están la Municipalidad y el mercado, que generan trajinar permanente durante todo el día, lo que le da un especial colorido al lugar.

El Puente Internacional comunica con la ciudad boliviana de **Villazón**, donde vale la pena realizar una corta visita para conocer su parte céntrica, caracterizada por la gran variedad de tejidos de alpaca y artesanías de cerámica.

Los que llegan a La Quiaca en octubre pueden participar de la *Manca Fiesta* o la *Fiesta de las Ollas*, una celebración única en el país que se desarrolla año tras año desde hace siglos. Los nativos del lugar y las personas provenientes desde regiones lejanas canjean sus objetos de alfarería y sus prendas textiles. El trueque se acompaña con una abundante cantidad de comida típica y chicha.

Mercado en La Quiaca. Chalas y variedad de ajíes

Otros circuitos

Salinas Grandes, Susques, Paso de Jama (Chile)

Al salir de Purmamarca en dirección a San Antonio de los Cobres, se puede realizar un excepcional recorrido que termina en el Paso de Jama, en la frontera con Chile.

Adentrarse en la puna es el pasaporte para conocer paisajes imponentes ubicados a 4.170 metros sobre el nivel del mar, en el abra de Potrerillos. A 5 km del cruce con la ruta nacional Nº 40 el camino se interna en la gran superficie desértica de las **Salinas Grandes**. El aire es tan seco y puro que los colores del entorno alcanzan una profundidad asombrosa y se combinan con los espejismos que produce la refractación del sol sobre la sal. El paisaje, casi lunar, es de una soledad sobrecogedora.

En plena puna el panorama es de extensas planicies y pastizales bajos donde se pueden ver pequeñas manadas de vicuñas. Al llegar a la quebrada del Mal Paso el camino vuelve a atravesar paisajes intrincados que cruzan repetidas veces el trópico de Capricornio. En las cercanías se encuentra **Susques**, un importante centro minero de la puna de Atacama durante fines del siglo XVIII. El territorio de Susques perteneció sucesivamente a Bolivia y a Chile antes de que el arbitraje indicara su pertenencia al

Jujuy.
Salinas Grandes

suelo argentino. El pueblo cuenta con una iglesia de típica arquitectura puneña, cuya única diferencia la establece su techo de paja y su torre. En su interior se exponen pinturas de concepción ingenua.

En el circuito es posible ver caravanas de burros cargados con panes de sal y tola que atraviesan las laderas por las sendas.

Paso de Jama

Antes de llegar al cruce con Chile vale la pena desviarse e internarse en la quebrada de Taire, desde donde se puede apreciar la planicie que rodea a Susques. Hacia el oeste se observa la salina de Olaroz, rodeada por pequeñas lagunas habitadas por flamencos. En la zona también se pueden ver vicuñas corriendo por las planicies.

Luego de 60 km se llega al **Paso de Jama.** Este viaje se realiza en la modalidad de turismo aventura. Se aconseja realizar el trayecto por lo menos con dos vehículos. Tener la precaución de combinar la salida con los horarios de ómnibus de servicio regular es muy importante, ya que el circuito carece de todo tipo de servicios.

Del lado chileno se puede llegar al espectacular salar de Atacama y al bello oasis de San Pedro de Atacama.

Reservas Nacionales y Provinciales

Laguna de Pozuelos (MN)
Está emplazada en plena puna jujeña, en una superficie que abarca los departamentos de Yaví, Rinconada y Santa Catalina. Laguna de Pozuelos fue declarada Reserva de la Biosfera por la UNESCO por formar un ecosistema de gran riqueza biológica. La reserva, con una extensión de 16.224 hectáreas, es un monumento natural de gran belleza. En su centro se encuentra el espejo de agua, que es el área más protegida. La fauna de la laguna está integrada por más de treinta especies de aves y contiene la principal población de flamencos grandes, una variedad muy poco común. Es aconsejable el uso de prismáticos y teleobjetivos para apreciar todos los aspectos de la reserva y poder fotografiarlos.

Parque Nacional Calilegua
Ubicado en el departamento de Ledesma, sobre el faldeo oriental de las sierras de Calilegua, el parque se extiende sobre 76.000 hectáreas donadas por la empresa Ledesma para preservar este importante sector de las selvas de montaña. La mayor parte de su superficie está cubierta por la vegetación conocida como "yunga", que se encuentra fta los 500 metros sobre el nivel del mar. Las selvas montanas llegan hasta los 1.800 metros sobre el nivel del mar y los bosques montanos hasta los 2.500. Desde allí hasta las cumbres, ubicadas a 3.000 msnm, se extiende la pradera alpina.
De difícil acceso, como en el caso del Parque Nacional Baritú de Salta, en el Parque Nacional Calilegua es posible encontrarse con paisajes de gran belleza. Su flora y fauna se mantienen en su estado original. No es raro cruzarse con manadas de huemules del norte, tapires, lobitos de río y yaguaretés.
Se puede acampar en un área disponible para tal fin situada en las cercanías del río San Lorenzo.

Salta (capital)

La ciudad de Salta, capital de la provincia, es sin duda, una de las más bellas del país. Llamada "la linda", posee una gran variedad de construcciones coloniales que tienen como marco de fondo la cordillera.

La capital de la provincia de Salta es el polo turístico más rico de la región del Noroeste. Su fundación fue llevada a cabo en el año 1582 por el licenciado Hernando de Lerma –gobernador y Justicia Mayor de la Provincia de Tucumán– siguiendo instrucciones del virrey de Toledo. En esos años comenzaron a construirse el Cabildo, la Iglesia Mayor y el convento de San Francisco.

El encanto de la ciudad reside en el resultado armónico producido por la combinación de los importantes edificios de la época virreinal, valiosos ejemplos de las construcciones del siglo XIX, y su entorno natural. El empeño de los salteños por preservar el equilibrio del relieve con la arquitectura neocolonial, que sobresale como un esquema típico de muchos de los edificios de la ciudad, ha dado muy buenos resultados y es su característica más fuerte.

Un clima seco, con agradables temperaturas se vive durante todo el año. Los días suelen ser templados y las noches frescas.

Visitada permanentemente por turistas nacionales e internacionales, Salta ofrece todas las comodidades de una ciudad moderna: buena hotelería, restaurantes de comidas típicas regionales y con platos de la cocina internacional y una infraestructura de servicios turísticos muy bien desarrollada.

La capital salteña es la puerta hacia el turismo de circuitos clásicos como los Valles Calchaquíes, la quebrada del Toro y el Tren a las Nubes. También se puede acceder a la cercana provincia de Jujuy para visitar la quebrada de Humahuaca.

❶ Cabildo (MHN)

Ubicado frente a la plaza principal, la vista de sus recovas presentes en las dos plantas y la torre coronada con una veleta transporta al visitante al ambiente del siglo XVII. El Cabildo salteño fue construido en 1626 y restaurado por el arquitecto Buschiazzo en 1942. En la actualidad es el cabildo mejor conservado del país. El complejo cuenta con tres patios y alberga en su interior al Museo Histórico del Norte, uno de los más importantes de la región. Con diez salas en la planta baja y seis en la planta superior, donde se encuentra la gran Sala Capitular, el museo exhibe valiosas piezas históricas, religiosas y arqueológicas.

❷ Iglesia y Convento de San Francisco (MHN)

Levantada en el siglo XVIII, esta imponente

Nuestra Señora del Milagro

Más información

Secretaría de Turismo
Buenos Aires 93, Salta
Tel: (0387)4310950/640
L a V de 8 a 21
S, D y feriados: 9 a 20
Temporada alta: 8 a 22
Correo electrónico:
tursalta@salnet.com.ar
En Internet:
www.turismosalta.com

Salta.
Vista del Cabildo

Salta.
Plano de la ciudad

Iglesia y Convento
de San Francisco

construcción envuelta de colores terracota
y marfil posee en un costado la torre campanario más alta de América latina, cuya
dimensión alcanza los 70 m. Su sobresaliente ornamentación caracteriza a la edificación como una de las estructuras más interesantes de la ciudad. La fachada del
atrio ofrece un aspecto escenográfico, enmarcado por originales cortinados recogi-
dos por cordones, realizados en estuco. El
diseño interior es imponente: contiene va-
liosísimas piezas religiosas y la figura del
santo patrono del templo en tamaño natural, realizada a fines del siglo XVIII, con la
cabeza coronada por una aureola peruana,
obra de Felipe Rivera.

❸ Iglesia y Convento
de San Bernardo (MHN)

En 1582 se erigió el edificio primitivo,
que fue luego destruido por un terremoto.
La segunda etapa se terminó en 1723. Por
decisión del Cabildo se construyó en 1782
un hospital para que estuviera a cargo de
los hermanos bethlemitas. La actual entrada, abierta en 1846, presenta una magnífica puerta tallada en madera de cedro y realizada en 1762, que perteneció a la familia
Cámara. En 1844 se instalaron las religiosas carmelitas en sus cuatro claustros, lo
que impide la visita turística por su interior.

Desfile tradicionalista

La colorida manifestación tradicionalista salteña se lleva a cabo el 17 de junio, fecha en la cual, durante 1821 murió el general Martín Miguel de Güemes, el legendario caudillo salteño protagonista de las campañas de Belgrano y San Martín, contra las tropas realistas. Este último lo designó jefe de la vanguardia patriota. Güemes fue nombrado gobernador, y luego derrocado. Tras una red de intrigas que lo envolvió, el 7 de junio lo hirieron mortalmente. Aferrado a su caballo galopó hasta la quebrada de la Horqueta, donde murió después de 10 días de agonía.
El Desfile Tradicionalista convoca cada año al pie del cerro San Bernardo a miles de gauchos que llegan a la capital salteña desde los más apartados parajes de la provincia. Desde allí marchan vestidos a la antigua usanza, con ponchos y monteras. Es costumbre que el 16, víspera de los festejos, los jinetes se reúnan alrededor de los "fogones", donde tocan la guitarra, cantan y matean, esperando la mañana siguiente.

❹ Catedral de Salta (MHN)

La catedral salteña, levantada en 1855, es famosa por albergar en su interior las capillas de la Virgen y al Señor de los Milagros, dos imágenes pertenecientes a los siglos XVII y XVIII, respectivamente. Todos los años estas imágenes son veneradas en la Fiesta del Milagro, durante la semana del 6 al 14 de septiembre, con procesiones a las que acuden creyentes de la provincia, del país y del extranjero.

Monumento al general Martín Miguel de Güemes

Gaucho salteño con monteras

❺ Casa Leguizamón (MHN)

El importante edificio colonial de dos plantas con fachada de color rosado fue edificado en 1806. El atractivo balcón de hierro que recorre toda la planta alta y el pretil que oculta el tejado es una obra de arte. En el interior de la casa se conserva una colección de mobiliario de época conservado en su forma original.

❻ Museo Casa de Uriburu (MHN)

Sobre la calle Caseros, una de las más antiguas casas de Salta erigida en 1773, perteneció al general José Evaristo Uriburu, ex presidente de la Nación. Con un balcón que sobresale en su fachada y un florido patio con una escalera exterior, es hoy Museo de la Casa, Usos y Costumbres.

Iglesia de Nuestra Señora de la Candelaria de la Viña (MHN)

Perteneciente a principios del siglo XVII, la imagen que se venera en el templo religioso es originaria de Coimbra, Portugal. La iglesia, que se terminó de construir en 1884, tiene un importante retablo de tres pisos. Parte de su interior está revestido por azulejos de particular atractivo.

Alrededores de Salta

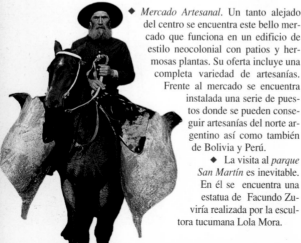

◆ *Mercado Artesanal.* Un tanto alejado del centro se encuentra este bello mercado que funciona en un edificio de estilo neocolonial con patios y hermosas plantas. Su oferta incluye una completa variedad de artesanías. Frente al mercado se encuentra instalada una serie de puestos donde se pueden conseguir artesanías del norte argentino así como también de Bolivia y Perú.
◆ La visita al *parque San Martín* es inevitable. En él se encuentra una estatua de Facundo Zuviría realizada por la escultora tucumana Lola Mora.

◆ Llegar al *Monumento del General Martín Miguel de Güemes* y después visitar el *cerro San Bernardo* es una experiencia fascinante. A través del telesférico se alcanza la cima del cerro, desde donde se observa una magnífica vista de la ciudad.
◆ Por la ruta provincial Nº 28, a unos 15 km se encuentra la villa veraniega de **San Lorenzo**, un población serrana, con una gran infraestructura compuesta por restaurantes y hoteles ubicados en un paisaje dominado por un intenso color verde.

Otros lugares para visitar

ANTIGUA RUTA 9

Este circuito les permite a los amantes del turismo aventura internarse en caminos bastante complejos, sobre todo durante el verano. Los pilotos de 4x4 se entusiasman con el camino por la cantidad de desafíos que encuentran en el trayecto. Se trata de rutas muy poco transitadas durante la estación de las lluvias -verano-, con vados muy complicados. Debido a las variadas e imprevistas dificultades que se presentan, es necesario ir en compañía de un guía o de un baquiano. La propuesta asegura mucha diversión durante el manejo, combinada con el descubrimiento de un paisaje rico en su cerrada vegetación. La vista incluye cerros que muestran toda la gama de verdes y quebradas donde el río Juramento invita a un baño reparador y a la práctica del canotaje. El camino va desde el poblado de El Jardín, situado casi en el límite con la provincia de Tucumán, hasta Coronel Moldes, localidad vecina al dique Cabra Corral. Durante el trayecto se ven, a lo lejos, las antiguas estancias y fincas de Pampa Grande. También se puede visitar, en el pueblo de Guachipas, una zona con pinturas rupestres.

DIQUE CABRA CORRAL

El Complejo Hidroeléctrico está ubicado en la garganta natural de Cabra Corral. En el lugar convergen todos los ríos de los Valles Calchaquíes con los ríos Rosario y Arias, provenientes del norte, en la confluencia del río Guachipas. La construcción de esta obra monumental comenzó en 1965 y se terminó en 1978. La presa General Belgrano, de 100 m de alto y 500 m de longitud, fue realizada con tierra y roca compacta. El lago, de costas irregulares y una superficie aproximada de 10.000 hectáreas, crea una zona turística de gran belleza junto con el magnífico entorno de cerros que lo rodean. Cerca del puente que atraviesa el lago hay una serie de puestos donde se puede disfrutar de un menú con pejerreyes recién pescados acompañados por las famosas empanadas y los vinos de la región. Es el lugar favorito de los salteños para practicar toda clase de deportes acuáticos. Hay paseos en lancha y catamaranes para apreciar el paisaje desde el agua. En el sitio están ubicadas una gran cantidad de villas, casas de fin de semana y un lujoso hotel de cinco estrellas.

Dique Cabra Corral
Antigua ruta 9

Valles Calchaquíes

Antigua casa de
Chicoana

Arriba:
Valles Calchaquíes.
Parque Nacional
los Cardones

CHICOANA

Al salir de la ciudad de Salta, transitando 49 km por la RP 33, se llega a Chicoana, un encantador pueblito conocido como "el portal a los valles". Fue fundado por Gonzalo de Abreu en 1577. En torno a su plaza central se encuentra la iglesia del pueblo y varias construcciones de estilo colonial, cada una con frondosos jardines. La Hostería de Chicoana tiene un patio con exuberante vegetación y está rodeada de galerías. Esta posada es un lugar ideal para disfrutar del silencio y la quietud del entorno a la vez que se degusta el original menú para la zona, integrado por truchas frescas traídas de un importante vivero cercano.

Cardones

CUESTA DEL OBISPO

La entrada está ubicada en la **quebrada de Escoipe**, nombre del río que la atraviesa. Muy estrecha, encerrada por altos paredones, sorprende por lo verde de los cerros que dan la bienvenida al viajero al comienzo del circuito. Este verde va cambiando de tonalidad a medida que el camino sube y la quebrada transforma su dirección y cruza el río a través de vados. A partir del paraje **El Maray** comienza el ascenso de la cuesta. Buena parte del camino es de cornisa y su ritmo está determinado por curvas y contracurvas. El paisaje que queda en el plano inferior es cada vez más lejano e imponente. Al final del recorrido se llega a Piedra del Molino, que ubicado a más de 3.600 metros sobre el nivel del mar es el punto más alto del camino. Allí la ermita con la Virgen del Valle invita a detenerse y perder la mirada ante la inmensidad de los valles, dejándose invadir por el panorama de deslumbrante belleza. A 1,5 km de allí se encuentra el empalme cuyo rumbo está dirigido al **valle Encantado**, un paisaje que une extraordinarias formaciones dominada por colores contrastantes, un ojo de agua y antiguas pictografías. El lugar no es de fácil acceso a causa de la falta de indicadores, y en épocas de lluvias se recomienda no ingresar, debido a que el camino es muy resbaladizo.

CACHI

En la ruta nacional Nº 40, después de atravesar la **Pampa de Tintín**, el **Parque Nacional Los Cardones y Payogasta**, se llega a **Cachi**, un pueblo ubicado en pleno Valle Calchaquí.

Cachi es uno de los testimonios preexistentes a la colonización española y declarado "de interés, histórico, arqueológico y arquitectónico". Está situado a 157 km de Salta, a 2.200 metros sobre el nivel del mar. Sus primeros moradores fueron los indios chicoanas. El origen del pueblo se remonta a la hacienda perteneciente a don Felipe de Aramburu. Cachi fue fundada en 1670 por don Gonzalo de Abreu.

La plaza es el núcleo del pueblo alrededor del cual es posible ver antiguas casonas que conservan su estilo original. Estas edificaciones fueron construidas con los materiales típicos de la zona: piedra bola, adobe, madera de cardón y paja. Las estrechas calles empedradas de Cachi integran un trazado irregular y poseen veredas sobreelevadas y discontinuas. En sus esquinas aún se conservan los faroles de hierro de la época colonial.

La *iglesia de San José (MHN)* fue el oratorio de la familia Aramburu. Las características arquitectónicas del templo corresponden al siglo XVIII. Aunque su restauración se llevó a cabo en 1947, se conservó en su fachada la espadaña que remata en tres campanarios. En su interior sobresale la nave central y dos capillas laterales. Los materiales utilizados en su estructura, el inusual piso de madera y la combinación en los arcos de mampostería sobre los que apoyan tablas de madera de cardón, son originales. En una de las capillas transversales hay una interesante imagen vestida del Nazareno perteneciente al siglo XVIII.

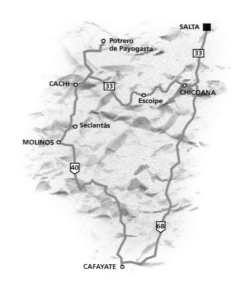

Cachi.
Esquina colonial

Molino de Cachi
Adentro

Seclantás.
La ruta de los artesanos

Potrero de Payogasta

Dos kilómetros más adelante del pueblo de Payogasta, por la ruta nacional Nº 40, se accede al camino que lleva hasta este imponente testimonio de la cultura indígena. Declarado Monumento Histórico Nacional, la reserva arqueológica de origen incaico es conocida como "la Pequeña Cuzco de los Valles Calchaquíes". Su origen es del siglo XV, y entre sus construcciones se encuentra una "kallanka" –centro comunitario–, un "tambo" –centro administrativo– y un "ushunu" –lugar destinado a la adoración–, junto a dos recintos circulares de 7 m de diámetro con anchas paredes de piedra tosca que desafían los vientos de la región.

El exterior que alberga la iglesia está integrado por los diáfanos cielos calchaquíes y el Nevado de Cachi como telón de fondo, vista que invita a un largo paseo por el lugar.

Ubicado en una de las casas del recorrido se encuentra el *Museo Arqueológico* que fue creado en los años 70 por un grupo de arqueólogos. El museo brinda una certera información sobre la historia, los objetos y los materiales presentes en la zona que fueron encontrados en sucesivas excavaciones científicas realizadas por los mismos arqueólogos que lo fundaron.

El *Mercado Artesanal Municipal*, vecino al museo, ofrece artesanías típicas del lugar, cerámicas y tejidos realizados por los habitantes de los valles.

Alrededor de la plaza hay varios hoteles, cafecitos y restaurantes sencillos. Los viajeros más exigentes pueden ir a la Hostería del Automóvil Club Argentino. Ubicada en la ladera del cerro, es un agradable lugar para dormir plácidamente y disfrutar de una excelente cocina típica. El lugar, propiedad de una antigua familia lugareña (los Wayar), ofrece además una completa variedad de quesos de vaca y de cabra de la producción de su tambo. La hostería cuenta con pocas habitaciones, razón por la cual es imprescindible realizar las reservas con anticipación.

A unos 9 km de la hostería está el *Molino de Cachi*, un lugar rodeado de un extraordinario paisaje que la familia Durand convirtió en refinada posada, conservando el antiguo molino original en su interior.

Mina de Don Otto.
Valle de Tonco

Hostería Provincial
de Molinos

MOLINOS

Rumbo a Molinos, por la ruta nacional
Nº 40, aproximadamente a 20 km sale la
ruta provincial Nº 42 que se dirige a
Seclantás, "la ruta de los artesanos". La visita merece la pena. A la vera del camino se
encuentran las típicas construcciones de
adobe de sorprendentes gamas rosadas,
producto del tratamiento que les hace al te-
ñirlas con sangre de buey. Los tirantes,
puertas, ventanas y hasta los muebles del
interior de las viviendas están hechos en
madera de cardón. En sus patios y galerías
es posible ver a los tejedores dedicados a la
confección de mantas y ponchos en los
mismos telares y con las mismas técnicas
que utilizaban sus antepasados.

Al volver a transitar el camino hasta la
ruta nacional Nº 40 se llega a **Molinos**, la
población más preciada de los Valles
Calchaquíes.

Curiosamente apartada, ubicada al oeste
del río Calchaquí, Molinos perteneció desde comienzos del siglo XVII a don Diego
Díaz Gómez, cuya hija se casó con el general Domingo Isasmendi, importante personaje de la historia salteña. Teniente gobernador, Isasmendi combatió contra los indígenas chaqueños e instaló su feudo en el
lugar, consolidando de esta manera su dominio en el valle. Sus posesiones pasaron

Iglesia de San Pedro
Nolasco de los Molinos

por varias generaciones de herederos, hasta que en 1989, la casa-hacienda se convirtió en la Hostería Provincial de Molinos. El
sitio es una excepcional construcción con
galerías elevadas que rodean un patio central. Durante todo el año recibe viajeros de
diversas partes del mundo, quienes disfru-
tan de las comodidades del hotel con un
entorno único.

Como complemento, enfrente de la
casona se encuentra la *iglesia San Pedro Nolasco de los Molinos*, a la cual
se puede ingresar solamente en compañía de su encargado. La construcción,
que data del siglo XVII, deslumbra
por su equilibrado diseño exterior integrado por volu-
minosas torres. Su in-
terior es original y
está en un perfecto
estado de conser-

Bodegas y viñedos

Hay diferentes versiones acerca del arribo de la vid a la provincia de Salta, la más probable es que el fruto fue traído del Alto Perú por los monjes misioneros, que vieron en estas tierras el lugar ideal para comenzar a producir vino. Cafayate es el principal centro productor de la provincia y, según parece, también es la zona vitivinícola más alta del mundo. El 70 por ciento de la producción de uva de los valles se concentra allí. La característica de su altitud –1.700 metros sobre el nivel del mar– le da una amplitud térmica y una excepcional pureza al aire, aspecto fundamental para lograr cepajes de calidad. La variedad más cultivada es el torrontés riojano, aunque en los viñedos de la zona también se incluyen variedades de uva blanca y negra, como el chardonnnay, cabernet sauvignon, malbec y merlot. La uva blanca torrontés, de la familia de las malváceas, identificable por su sabor y aroma frutal, que es la más característica de la

Argentina y en especial de la zona de los Valles, se ha transformado en un tipo único en el mundo.

Las bodegas más importantes instaladas en la zona son Etchart, que actualmente es propiedad de la Pernord-Ricard; Michel Torino-La Rosa, perteneciente al Grupo Peñaflor; Cavas de Santa María, Domingo Hermanos, y San Pedro de Yacochuya de la familia Etchart, antiguos propietarios de la bodega que aún lleva su nombre. Los Etchart fueron quienes invitaron al conocido enólogo francés Michel Rolland, artífice del gran cambio de la vitivinicultura en la Argentina. La región cuenta con los viñedos más altos del mundo ubicados en Colomé, en el departamento de Molinos, donde la bodega de la familia Dávalos alberga sus vinos a más de 2.300 metros sobre el nivel del mar.

vación. En el retablo mayor está ubicada la imagen de vestir de san Pedro Nolasco, de probable origen peruano, perteneciente al siglo XVII, sobre cuya cabeza se posa una espléndida corona de plata.

El pueblito, cuyo nacimiento se produjo en 1659, es un lugar privilegiado donde aún es posible ver a las lugareñas montando sus burros de costado, a la antigua usanza. Además tiene una atmósfera de lugar perdido en el tiempo y en el espacio.

En Molinos también se puede ver un criadero de vicuñas, y un centro de tejidos de telar con una producción de refinados barracanes y mantas que se venden al público.

CAFAYATE

A 195 km de Salta y a 1.660 metros sobre el nivel del mar está **Cafayate**, situado en la unión de los valles Santa María y Calchaquí con la quebrada de las Conchas. Importante concentración de origen indígena y misión hasta fines del siglo XVIII, el trazado definitivo de Cafayate se llevó a cabo recién en 1840.

El lugar se caracteriza por sus casas bajas, con una mezcla de estilos colonial y barroco finisecular. En el típico trazado en damero, con la plaza en el centro, se destaca la *Iglesia Catedral* construida a fines del siglo XIX por el arquitecto catalán Pedro Coll. Es la única iglesia del país con cinco naves paralelas. Los colores vivos de su interior y las tallas y muebles neogóticos se complementan con una valiosa iconografía hispánica. En el lugar se venera la Virgen del Rosario, patrona de la ciudad.

En torno a la *plaza 20 de Febrero*, donde está instalado el Mercado Artesanal, hay confiterías, restaurantes y casas de artículos regionales.

Cafayate posee una interesante población de artesanos que se dedican a trabajar la plata, razón por la cual es un lugar ideal para comprar objetos realizados en este metal. Se los encuentra de diferentes diseños pertenecientes al estilo colonial.

Otra de las particularidades de la ciudad es la presencia de grandes tinajas, inspira-

Seclantás.
Iglesia de Nuestra
Señora del Carmen

das en las vasijas que usaban las antiguas bodegas de la zona.

En el centro de la ciudad hay dos museos: el *Arqueológico*, que exhibe una interesante muestra de la cultura calchaquí, y el *Museo de la Vitivinicultura*, industria íntimamente ligada a la economía de la región. Cafayate es el único lugar del mundo donde se cultiva la uva torrontés, de la cual se elabora el famoso vino blanco de sabor frutal, ideal para acompañar las exquisitas empanadas salteñas.

Los alrededores de Cafayate ofrecen paseos de gran interés arqueológico, como las *grutas del Suri* y de *Los Guanacos*, la gruta pintada de *Santa Bárbara* y la piedra grabada de los *Números*, así como también los petroglifos de *Las Flechas*. Además se pueden observar importantes pinturas rupestres ubicadas en la cueva de *San Isidro*.

En las cercanías de la ciudad, por la ruta nacional Nº 68 se accede a paseos que recorren imponentes paisajes, como *Los Médanos*, una inmensa superficie con importantes elevaciones de arena blanca. Más adelante asombran al espectador moles de caprichosas formas, hasta llegar a *Los Castillos*, imponentes formaciones rocosas que dibujan grandes torres en distintos tonos de rojo.

Quebrada del Toro

Esta ruta, la RN51, lleva directamente hasta Chile por el Paso de Sico, y acompaña durante buena parte del trayecto al famoso *Tren a las Nubes*.

Dejando atrás el valle de Lerma por *Campo Quijano*, el camino va adentrándose en la quebrada y en su primer tramo es de un intenso verdor, que en el verano se mancha por el rojo de los ceibos en flor.

Dicen los lugareños que el nombre de la quebrada se debe a que por muchos años fue una ruta de arrieros que hacía el camino a Chile, usando las zonas bajas del valle como lugar de engorde del ganado, aunque otros aseguran que la voz "toro" sería de origen indio y que significa "agua barrosa".

El paisaje es de gran imponencia, proporcionada por los cerros que encajonan la ruta, siempre en cambiantes colores y formas.

En el kilómetro 25 y luego de cruzarse con el viaducto El Toro, se atraviesa **Chorrillos**, ya a 2.111 msnm. El lugar, que debe su nombre a las pequeñas caídas de agua que caen de las montañas, ofrece un sencillo comedor y una típica capilla dedicada a la Virgen del Valle.

El paisaje ha ido cambiando imperceptiblemente y comienza la transición hacia la puna. Aparecen ya las cactáceas, fieles exponentes de la zona, especialmente el cardón candelabro, y también especies propias de la región, como churquis, tuscas, espinillos y algunos algarrobos o molles aguaribay.

Llamado antiguamente El Gólgota, el próximo punto es la estación *Ingeniero Maury* en homenaje al creador de la extraordinaria obra ferroviaria que acompaña a la quebrada. En los alrededores del lugar existe una finca desde la que se puede hacer un ascenso por una de las laderas hasta el Sillón del Inca, una superposición de rocas en forma de silla donde dicen descansó el inca en su descenso desde el norte.

La belleza del panorama circundante es imponente, creando una increíble paleta de colores, sobre erosiones conoidales.

En el kilómetro 43 sale una huella consolidada que lleva al *Yacimiento Arqueológico Incahuasi*.

La próxima estación es *Gobernador Solá*, y aquí el paisaje se ensancha y la sinfonía de color del paisaje continúa en un crescendo de grandiosidad, mezclando sus cerros verdes y rojos intensos con pálidos pasteles. En *El Alfarcito*, kilómetro 77, se puede acceder a un puesto sanitario y un modesto comedor donde tomar un refrigerio, antes de llegar a **Santa Rosa de Tastil**.

Datos útiles

Obtenga más información sobre esta provincia en la página

335

Quebrada del Toro

El Tren
a las Nubes

Este es un circuito, tal vez único
en el mundo, donde el viajero
se adentra en la mayor cordillera
del planeta, recorriendo
deslumbrantes paisajes que lo llevan
desde el valle de Lerma hasta la seca
inmensidad de la Puna, una meseta
de más de 3.500 msnm, pasando por
pueblos de gran riqueza histórica y
arqueológica y pequeños poblados
andinos.

La magnífica obra de ingeniería
ferroviaria imaginada con audacia por
el ingeniero Richard Fòntaine Maury,
recorre 217 km en un trayecto que
combina puentes, túneles, zigzags,
rulos y viaductos hasta La Polvorilla,
descomunal estructura de hierro y
remaches, de 1.600 toneladas que en
sus 224 m de vía peraltada, suspende
el tren a 63 m de altura. La ilusión
es casi real: el tren vuela en la
imponencia de la Puna a 4.200 msnm.

Santa Rosa de Tastil.
Ruinas

SANTA ROSA DE TASTIL

Este asentamiento indígena es de gran importancia arqueológica.

Es una ciudad preincaica y fue descubierta en 1903 por Eric Boman, y reconstruida por un equipo de la Universidad Nacional de La Plata en 1967.

Instalada en una importante elevación que domina el valle, ocupa 12 hectáreas y en los años 1300 y 1400 tuvo 2.500 habitantes.

Desde allí la vista al entorno es sobrecogedora. Las ruinas y el silencio del lugar parecen suspendidos en el tiempo. El yacimiento tiene edificios en forma circular, llamados "cistas", y fueron construidos en piedra sin argamasa, con muros de un metro de espesor. La planificación de la ciudad se puede adivinar en las diferentes unidades habitacionales y en las calles que las separan. El "camino del inca" pasaba por el medio de las construcciones.

Al pie del yacimiento se encuentra el

San Antonio de los
Cobres

Museo de Sitio, que depende del Museo Antropológico de Salta, y exhibe restos encontrados en el lugar. El cuidador del museo guía las visitas a las ruinas.

En **Abra del Muñano**, ya en plena puna a 4.050 msnm, el ferrocarril corre bajo el camino, y los paisajes son deslumbrantes, con las blancas crestas de los nevados de Chañi, Acay y Quera al fondo.

El **abra del Acay** con más de 4.970 msnm, el paso de ruta más alto del mundo, queda a la izquierda y se llega por el empalme con la RN40 que lleva a La Poma.

Continuando por la RN51, 1 km más adelante se llega a **San Antonio de los Cobres**.

SAN ANTONIO DE LOS COBRES

Este pueblo, cabecera de la Puna, está a 3.774 msnm y rodeado de cerros, donde sobresalen los imponentes cascos de los nevados de Chañi y de Acay. Es una antigua población de casas bajas, en un paisaje

de gran sequedad, azotada permanentemente por el viento.

En sus calles se mezclan los lugareños ofreciendo sus artesanías, especialmente tejidos de vicuña y llama, y un trajinar de camionetas 4x4, lo que hace adivinar la intensa actividad minera de la región. Una confortable hostería de moderna arquitectura sobresale en el lugar, ya que lamentablemente San Antonio de los Cobres posee una mínima infraestructura hotelera para un lugar que es el paso obligado para emprender desde allí una amplísima variedad de circuitos turísticos de aventura.

Desde la estación del ferrocarril, retomando la RN51 se llega al *Viaducto La Polvorilla*. Desde el camino se puede apreciar en toda su magnitud esta notable obra de ingeniería. Suspendido a 63 m sobre el cañadón, el viaducto curvo, construido en la década del 30, es el final del trayecto del Tren a las Nubes.

San Antonio de los Cobres es el punto de partida de interesantes paseos. Algunos relativamente cortos como a las aguas termales de **Pompeya**, **Incahuali** o hacia las **Salinas Grandes**. Como travesías importantes están las *abras de Muñano* (4.045 msnm) o el *abra de Chorrillos* (4.650 msnm), este último el paso más alto de todo el trayecto hacia el **Paso de Sico**, frontera con Chile.

Parques Nacionales de Salta

PARQUE NACIONAL EL REY
Este parque es el más representativo de la selva subtropical andina, conocida también como "yunga". Su principal interés lo concentra la importante variedad de flora y fauna que contiene el área protegida.
El parque está ubicado a más de 900 msnm, pero incluye cumbres que duplican esta altura. Delimitado por dos sierras: la Del Crestón del Gallo y la del Piquete es un gran anfiteatro natural.
El paisaje cambiante lo va delimitando su flora. En las zonas bajas, el bosque chaqueño con chañares, talas y algarrobos. Ascendiendo comienzan a aparecer árboles de mayor talla: laureles, tipas y quinas pertenecientes a la selva de transición y ya en plena selva montana, en un entorno neblinoso y umbrío, con un entramado de lianas y líquenes que se funden con laureles, cedros y nogales de más de 20 m de altura el paisaje es de una misteriosa belleza.
Hay también una gran variedad de fauna. Algunas de las principales especies que pueblan el parque son: coaties, tapires, pecaríes de collar labiado, pumas, zorros, monos, corzuelas, tucanes, cóndores y águilas.

PARQUE NACIONAL BARITU
Este parque es casi inaccesible, y esto –que es su gran dificultad– lo ha preservado de la mano del hombre, convirtiéndolo en el más bello. Los amantes del turismo aventura podrán intentar el camino por el puente que cruza el río Bermejo hacia Bolivia y reingresar a terrritorio argentino por Los Toldos.
La vegetación es selvática y existen especies exclusivas como los helechos arborescentes, una palmera con espinas en el tronco, y la maroma que crece sobre los árboles envolviéndolos con sus raíces hasta matarlos. Hay sectores húmedos y elevados donde crecen pinares y selvas de mirtáceas como el mato y el arrayán guayabo.
Entre la fauna sobresalen el yaguareté, el puercoespín arborícola, el mono caí, el perezozo de tres dedos, el oso de anteojos, el gato onza y el osito lavador.

PARQUE NACIONAL LOS CARDONES
Este Parque Nacional que aún está en proyecto, está situado en la ruta a los Valles Calchaquíes, camino a Cachi. La RN33 va adentrándose en el parque y el paisaje comienza a ser cada vez más sorprendente. A ambos lados del camino comienzan a aparecer los cardones que, como dice la leyenda popular, "son indios vigilando los valles y cerros". A medida que se avanza, la presencia de estos imponentes ejemplares, algunos centenarios, maravillan al viajero en la gran profusión de diferentes y caprichosas formas, desperdigados en una inmensa vastedad rodeada de cerros. El parque abarca alrededor de 70.000 ha, y la fauna que acompaña a la región es principalmente de vicuñas, guanacos, pumas, zorro colorado, tarucas, gato montés, comadreja, quirquincho, lagarto ututo, etc.

Cardón

San Miguel de Tucumán

La más pequeña de las provincias argentinas es a la vez una de las más pobladas. Conocida como "el jardín de la República", es fácil descifrar el origen de esta denominación, basta con transitar su capital al comienzo de la primavera, cuando los naranjos en flor invaden con su perfume los paseos, los rosados lapachos estallan en la plaza San Martín y la paleta de colores se completa en la calle Bolívar con el azul de los lapachos en flor.

San Miguel de Tucumán, la capital de la provincia, fue fundada en 1565 por Diego de Villarroel. En 1685 se la trasladó a su actual ubicación por orden del gobernador Fernando de Mendoza y Mate de Luna. Su pasado está fuertemente ligado a la historia y la cultura de la República, ya que en su suelo se proclamó la independencia de la Argentina. A mediados del siglo XIX la provincia comenzó a desarrollarse con los primeros ingenios de azúcar, monocultivo que, complementado con la llegada del ferrocarril, rigió la economía de la región durante muchos años.

En la actualidad es el núcleo más importante del noroeste argentino. Su población, que alcanza los 600.000 habitantes, la convierte en una de las ciudades de provincia más activas. Al visitarla llama la atención del viajero la intensa actividad de sus calles, donde el movimiento de transeúntes es constante desde que sale el sol.

Más información

Secretaría de Turismo
San Martín 251 1°
S.M. de Tucumán
Tel (0381) 4210165
Todos los días de 8 a 13
En internet:
www.turismotucuman.com

San Miguel de Tucumán. Casa de Gobierno

Los tres siglos de historia de la capital tucumana se pueden apreciar en los alrededores de la plaza Independencia.

❶ **Plaza Independencia**

Originalmente fue una plaza seca hasta mediados del siglo XIX, cuando en 1857 se la transformó en una plaza jardín. Entre el exuberante y abigarrado conjunto de árboles más representativos de la provincia sobresale la Estatua de la Libertad, obra de la famosa escultora tucumana Lola Mora. También se puede observar en la plaza el monolito que indica el lugar donde en 1841 se clavó en una pica la cabeza de Marco Avellaneda, líder del pronunciamiento tucumano contra Juan Manuel de Rosas.

❷ **Iglesia Catedral (MHN)**

La iglesia original fue construida en 1685. Sobre el mismo solar se reedificó la estructura actual que fue inaugurada en 1856. En la ocasión fray Mamerto Esquiú pronunció un famoso sermón. Su fachada exhibe dos torres de cúpulas acebolladas con reminiscencia oriental. El interior, de tres naves, es de estilo neoclásico. La iglesia aún conserva la cruz fundacional.

❸ Casa de la Independencia (MHN)

La propiedad de Francisca Bazán de Larguía fue el escenario donde se desarrolló el acto más relevante de la historia de la República Argentina. Allí se proclamó la Independencia de las Provincias Unidas del Río de la Plata el 9 de julio de 1816. Durante la segunda presidencia de Roca, la construcción fue demolida, pero se conservó la sala donde se llevó a cabo el acto dentro de un pabellón vidriado. Posteriormente, el arquitecto Buschiazzo realizó la reconstrucción total de la casa basándose en fotos y planos originales.

La Secretaría de Turismo organiza en el lugar un espectáculo de luz y sonido que relata los acontecimientos históricos que rodearon la declaración de la Independencia.

❹ Museo Histórico Provincial Nicolás Avellaneda (MHN)

La construcción, registrada como el primer edificio de dos pisos del noroeste argentino, fue el lugar de nacimiento de Nicolás Avellaneda. Su montaje data de principios del siglo XIX. En las diferentes salas que la integran se conservan más de 15.000 piezas originales, testimonios de la historia provincial. El museo cuenta con salas destinadas al patrimonio arqueológico y en la planta alta, la sala Lola Mora atesora los retratos de los gobernadores realizados por la excepcional artista. También se exhiben importantes colecciones de numismática, mobiliarios y objetos del siglo XIX, una biblioteca, y la colección del doctor Miguel Alfredo Nougués.

San Miguel de Tucumán.
Casa histórica

San Miguel de Tucumán.
Cúpula de la Catedral

Lola Mora

Nació el 17 de noviembre de 1866 en La Candelaria, provincia de Tucumán, con el nombre de Dolores Mora y Vega. Transgrediendo las normas de la época, escandalizó a los tucumanos al cambiar los encajes y el bordado por el buril y el cincel para trabajar la arcilla, la piedra y el mármol. Su talento pudo más que las reglas, y con sus primeras exposiciones el mundo artístico de la provincia comenzó a hablar de la desconocida Lola Mora, nombre que eligió y que nunca abandonó. A pesar de ser una artista genial, nunca fue reconocida oficialmente como tal sino sólo como curiosidad por ser una mujer escultora.

Su bella obra La Fuente de las Nereidas fue un ejemplo de la incomprensión que la acompañó durante toda su vida. En 1903 fue emplazada en Buenos Aires, donde actualmente se encuentra la avenida Leandro N. Alem, pero la moralidad de la obra fue objetada, y una custodia policial tuvo que protegerla de los agresores. En 1918 la obra fue trasladada a la Costanera Sur, donde aún hoy permanece. Lola Mora murió muy pobre y sola, el 7 de junio de 1936.

Rioja
Jujuy
Ayacucho
Chacabuco
Buenos Aires
Plaza H. Yrigoyen
9 de Junio
Av. Central
Las Heras
Entre Ríos
Moreno

Las Piedras
San Lorenzo
C. Álvarez
24 de Septiembre
San Martín
Mendoza
Córdoba

Plaza Alberdi
Catamarca
Salta
Junín
Maipú
Muñecas
25 de Mayo
Laprida
Rivadavia

La Madrid
Gral. Paz

Plaza Independencia

Monteagudo
Balcarce

San Juan
Santiago
Corrientes

San Miguel de Tucumán.
Plano de la ciudad

de la batalla de Tucumán. En la iglesia se conserva la venerada imagen de la Virgen de las Mercedes junto a banderas realistas tomadas en diferentes batallas y la valiosa imagen del Señor de la Salud, considerada milagrosa.

❻ Iglesia y Convento de San Francisco (MHN)

De una espléndida atmósfera y gran calidad de realización, el interior del edificio que ocupó la Compañía de Jesús fue reemplazado en 1887 por una construcción posterior a la original. La estructura de la iglesia muestra una fachada sin torres, con reminiscencias itálicas, detrás de la cual aparece una imponente cúpula azulejada.

Otros puntos de interés para visitar son: el *Museo Casa de los Patricios Tucumanos*, el *Museo Etnográfico*, el *Museo Provincial de Bellas Artes*, el *Museo Iramain* y el *Museo de Ciencias Naturales Miguel Lillo*.

❺ Iglesia de Nuestra Señora de la Merced (MHN)

El edificio donado por Alfredo Guzmán, fue construido en 1950. La obra de estilo neoclásico alberga en su interior testimonios

Cultura y periodismo

El principio de la literatura tucumana está ligado a dos nombres: Juan Bautista Alberdi y Gregorio Aráoz de Lamadrid. La prosa y el pensamiento de Alberdi constituyen uno de los testimonios más lúcidos de las letras tucumanas y un importante referente de la cultura nacional. A principios del siglo XX se creó el grupo "del centenario", que nació junto con la creación de la Universidad de Tucumán en el año 1914, y dominó la escena cultural tucumana. En 1937, del Departamento de Filosofía de la Universidad surgió un grupo de jóvenes profesores integrado por Enrique Anderson Imbert, Marcos Morínigo, Eugenio Pucciarelli y Aníbal Sánchez Reulet, cuya influencia llegó a trascender las fronteras del país. Sus brillantes cátedras inspiraron la creación de la revista "Cántico", órgano capital de la "generación del 40", y luego la formación del grupo "La Carpa", cuyos integrantes pertenecían todos a las provincias del noroeste argentino y habían estudiado en la Facultad de Filosofía y Letras de Tucumán. Entre sus miembros se encuentran importantes nombres ligados a la cultura argentina. Es imposible dejar de asociar al diario "La Gaceta de Tucumán" con la trascendencia de las letras tucumanas. El periódico, fundado por Alberto García Hamilton en 1912, fue y es una de las empresas periodísticas más prestigiosas del país. Su reconocida sección cultural tuvo las características de una revista literaria con integrantes de la talla de Arturo Alvarez Sosa, Julio Ardiles Gray, Hugo Ramón Foguet, Tomás Eloy Martínez y Víctor Massuh, entre otros.

Circuito Chico

Este atractivo paseo combina una travesía por la zona residencial de los alrededores de la capital hacia los cerros tucumanos y sus famosos verdes paisajes, y el gran espejo de agua de El Cadillal.

VILLA NOUGUES-DIQUE EL CADILLAL

Este atractivo paseo incluye una travesía por la zona residencial de los alrededores de la capital hacia los cerros tucumanos y el gran espejo de agua de El Cadillal.

El camino hacia Villa Nougués es acompañado en su paulatino ascenso por un marco de tipas, lapachos y jacarandás. En el trayecto se encuentra la Quinta Guillermina que perteneció a doña Guillermina Leston de Guzmán, quien donó su casa de estilo *art deco* a la provincia. La propiedad está rodeada de lomas, arroyos y un parque con numerosos exponentes de la flora autóctona y otros de especies exóticas.

Más adelante están **Villa Marcos Paz** y la imponente sierra San Javier, que aparece en el camino con todo su esplendor. Allí se puede visitar la *Reserva de Flora y Fauna de Horco Molle*.

Antes de llegar a la villa se puede hacer un desvío hacia el Cristo Redentor, una figura realizada en una escala impresionante,

obra del escultor tucumano Juan Carlos Iramain que fue inaugurada en 1942. Su silueta, iluminada durante la noche, se puede apreciar desde la ciudad de San Miguel de Tucumán. Además, en el lugar donde está instalada la obra se puede disfrutar de una excelente vista panorámica.

A 35 km de la capital está **Villa Nougués**, una villa veraniega de fines del siglo XIX que perteneció a Luis F. Nougués. Instalada en la cumbre del cerro, a 1.200 metros sobre el nivel del mar, alberga una pequeña cantidad de habitantes y turistas en un conjunto de construcciones residencial de estilo muy armónico. Posee una hostería con un bar-restaurante donde se puede apreciar el entorno mientras se saborea la excelente pastelería casera. El lugar cuenta también con una pintoresca capilla de estilo gótico.

Un poco más adelante se encuentra el **Ingenio San Pablo**, que aunque se fundó en 1827 se mantuvo en actividad hasta hace poco tiempo. En su época más productiva

Dique el Cadillal

llegó a tener una población estable de 4.500 habitantes, 1.300 casas de mampostería, iglesia, hospital, baños públicos, escuela, biblioteca, centro social y área de deportes.

EL CADILLAL

Por la ruta nacional Nº 9, luego de recorrer 17 km de autopista, se llega al dique **El Cadillal**. La represa da origen a un embalse de 11 km de largo. Enmarcada por verdes cerros, es el lugar favorito de los tucumanos para practicar toda clase de deportes náuticos. Sobre el lago, donde abundan los pejerreyes, se encuentran clubes de pesca. Antes de llegar al murallón de contención y la central hidroeléctrica está el anfiteatro con capacidad para 800 personas, desde donde se puede disfrutar de excelente vista al espejo de agua. Cerca, sobre las márgenes del río Loro, bajo una reparadora sombra de árboles, hay lugares para acampar o hacer picnic.

Al continuar por la ruta nacional Nº 9, que actualmente tiene un solo carril, se transita por caminos ondulantes donde la vegetación comienza a ralear. Este trayecto pasa por los poblados de **Raco** y **Siambón**. En las cercanías se encuentra el *Monasterio Benedictino*, cuyo edificio, con la gris austeridad característica de la orden, tiene en su entrada un puesto de venta de productos de reconocida calidad como dulces de fruta, de leche, y miel. Al seguir por la ruta se llega al **Potrero de Tablas**, donde se puede visitar una pintoresca capilla. Después, por la misma ruta se llega a la fábrica Papel de Tucumán, una de las más importantes del país, y la iglesia de *San José de Lules*, donde en 1670 los jesuitas comenzaron a cultivar y procesar la caña de azúcar.

Tafí del Valle a Colalao del Valle

Por la RP 38 se llega a Tafí del Valle, uno de los circuitos más espectaculares de la provincia de Tucumán a través de la selva de montaña que tiñe al paisaje de diversos tonos de verde.

Apenas recorridos 20 km, se llega a **Lules**, un poblado típicamente cañero instalado en una quebrada entre dos grandes montañas, rodeado de manantiales y vertientes que desaguan en el río del mismo nombre. El paisaje tiene diferentes tonos intensos de verde que tapizan las cumbres y las laderas de la zona. En las proximidades se encuentra la capilla jesuítica de San José de Lules, cuyo túnel, que comienza en lo que fue el altar mayor, generó una serie de leyendas populares que la asocian con fantasmas y con un fabuloso tesoro nunca hallado. Actualmente se pueden recorrer las ruinas y su entorno silencioso.

Más adelante comienzan los **Valles Calchaquíes**. El paisaje es cada vez más enmarañado y el camino gira sobre sí mismo. A medida que se va avanzando aparecen vestigios de la selva subtropical donde se pueden observar exponentes de distintas especies como el laurel, diferentes arbustos, helechos, tipas, lapachos, el cebil y el timbo-pacará. Paulatinamente la selva subtropical se hace más cerrada y la ruta se interna por la *quebrada del río Los Sosa*. Al seguir por el camino comienza un recorrido de cornisa con curvas cerradas y hermosas vistas de la quebrada y de la *reserva natural Los Sosa*, de 890 hectáreas, que protege este sector de selva de montaña.

Inesperadamente la exuberancia de la vegetación desaparece y se llega al extraordinario paisaje del *valle de Tafí*, con cerros de suaves curvas cubiertos por diferentes tonos de verde. Allí se puede ver un paisaje de matices pasteles, cuya suavidad es cortada sólo por el azul intenso del *dique La Angostura*. Desde las alturas se puede apreciar el panorama integrado por los cuatro valles: *el Tafí, de las Carreras, El Potrerillo y El Mollar*, en medio de los cuales se encuentra el cerro El Pelado, que como su nombre lo indica, carece de todo tipo de vegetación.

Datos útiles

Obtenga más información sobre esta provincia en la página

336

San Miguel de Tucumán. Valle del Tafí

Tafí del Valle

Abajo:
Parque de los Menhires

Alrededor del *lago La Angostura* se encuentran tres pequeños poblados, *El Mollar, Las Carreras y Tafí del Valle*. Antes de llegar a la entrada al pueblo está el acceso al Parque de los Menhires con los monolitos de piedra de la cultura tafí.

TAFI DEL VALLE

El pueblo está estructurado sobre un trazado irregular y tiene clima semiárido templado, con promedio de lluvias de 450 mm anuales que se producen en su mayoría durante la temporada estival. Sus calles adoquinadas suben y bajan alrededor de la plaza central, poblada de sauces y crotaeus con sus bayas rojas que dan un toque de especial colorido al paisaje. El pasado está presente a través de las viejas casonas y los faroles que en las noches del valle le permiten al visitante viajar con la imaginación hacia épocas pasadas.

Tafí es conocida por las casi permanentes formaciones de nubes que coronan sus montañas.

En el lugar se puede visitar el *Museo Histórico La Banda*, donde se conservan el convento y la capilla jesuítica del siglo XVIII, el conjunto arquitectónico más valioso de Tafí. En las catorce salas del complejo se atesora un importante patrimonio cultural. También se puede visitar la *Reserva Arqueológica La Bolsa*, el único museo arqueológico de la zona de carácter privado, que guarda restos de la cultura tafí, unidades habitacionales y una aldea de comienzos de la era cristiana.

Al salir de Tafí del Valle, hacia el límite con la provincia de Salta se llega a la máxima altura del recorrido, el *abra del Infiernillo*, cuya cumbre está a 3.032 metros sobre el nivel del mar. Allí el camino comienza a bajar y el paisaje cobra la fisonomía típica de los Valles Calchaquíes. Aparecen los cardones y se abre el panorama del valle enmarcado por las sierras de Quilmes y los pequeños oasis verdes de las zo-

Fiesta de la Pachamama

Asociada a los rituales de la fertilidad, la Pachamama o Madre Tierra es venerada en todo el noroeste argentino. En Amaichá la fiesta cobra un significado especial y los importantes festejos coinciden con los tres días de carnaval, aunque suelen durar una semana entera. La gente que llega desde diferentes lugares del valle se reúne en la plaza con sus quioscos precarios armados con palos y toldos de jarilla. Como una suerte de feria, se venden productos regionales, comidas típicas y vino. El sonido plañidero de los joyjoy, coplas anónimas intercaladas con gritos y acompañadas por la percusión de las cajas, suena hasta la madrugada, y los bailes tradicionales acompañan la fiesta.

El último día se elige una anciana que representa a la Pachamama. A caballo o en un carro tirado por bueyes, lujosamente ataviada, acompañada por la Ñusta, Yastay y el Pujllay, espíritu alegre del carnaval en forma de fauno, la mujer ofrece vino de la nueva cosecha a la gente y recibe el saludo y reconocimiento del pueblo y de las autoridades.

Ruinas de Quilmes

Es uno de los asentamientos indígenas prehispánicos más importantes. Habitado por los calchaquíes desde el año 800, a mediados del siglo XVII contaba ya con una población de 3.000 habitantes que trabajaban unas 30 ha en su zona urbana, y otras 10.000 personas que residían en el territorio que se encontraba bajo su control. Los lugareños poseían un alto grado de organización social y económica, lo que les permitió resistir las distintas acometidas de los conquistadores. Fue Quilmes el último baluarte ante el avance español, pero finalmente los calchaquíes fueron doblegados al aislarlos de sus cultivos y del agua.

En el año 1665, tras numerosos combates con los conquistadores, el entonces gobernador de Tucumán, Mercado y Villacorta, los desterró. Unas 260 familias fueron deportadas a la provincia de Buenos Aires y recorrieron el camino de 1.200 km a pie, para finalmente instalarse y posteriormente extinguirse en la reducción Exaltación de la Cruz, actual localidad de Quilmes, a 20 km de la Capital Federal de la República Argentina.

El extraordinario emplazamiento de la ciudadela, ubicada a 1.850 metros sobre el nivel del mar, posee dos fortalezas, una situada al norte y otra al sur, que les permitía controlar todo el valle. En la falda de la montaña está la zona residencial, con unas cien construcciones habitacionales de piedra superpuesta sin argamasa, zonas comunales destinadas a la molienda y otras a la producción. Los visitantes podrán ver canales,

calles, senderos y patios, y al sur, una represa construida en piedra. Se distinguen también los canchones aterrazados para aprovechar los recursos del suelo y el agua.

Tras siglos de abandono, las ruinas fueron reconstruidas a fines de la década del 70. El Museo de Sitio del Lugar exhibe numerosas piezas encontradas en las excavaciones.

La llegada a las fortalezas demanda de un gran esfuerzo y óptimas condiciones físicas, pero vale la pena intentarlo, porque desde allí el panorama de las ruinas y la vista al valle son grandiosos.

El circuito de los valles de Tucumán culmina con la visita a **Colalao del Valle**, una pequeña localidad desde donde se puede acceder en un corto trayecto a **El Pichao**. Este pintoresco pueblo ofrece al turista tejidos de buena calidad y deliciosos dulces caseros. Desde allí, a través de un camino complicado se llega al yacimiento arqueológico de El Pichao, cuyas características son parecidas a las ruinas de Quilmes, aunque su antigüedad es mayor, ya que se estima su origen en el año 500.

nas pobladas. En el camino está **Ampimpa**, un pequeño caserío, y se llega a **Amaichá del Valle**. En 1716 una cédula real otorgó la posesión de 90.000 hectáreas al cacique Francisco Chapurfe en nombre de la comunidad que habitaba la zona. Por más de dos siglos, sus descendientes fueron dueños de estas tierras y las administraron mediante una sociedad, la Comunidad Amaichá, única organización indígena de este tipo en todo el noroeste argentino. El pueblo, constituido por nueve manzanas centrales, debió haberse organizado hacia fines del siglo XVIII. Alrededor de su bonita plaza están los edificios públicos, la iglesia de una nave y torre y una serie de comedores muy sencillos que ofrecen la tradicional cocina

de los valles: humita durante el verano, locro en invierno y empanadas a lo largo de todo el año. El menú se acompaña por vino patero, especialidad de la zona.

La festividad más importante de **Amaichá** es la fiesta de la Pachamama, que coincide con los tres días de carnaval, aunque los festejos duran una semana.

Saliendo del pueblo merece una visita a Casa de Piedra, un centro de ventas de artesanías con buenas cerámicas, y tapices de gran calidad elaborados por el señor Cruz, cuyo trabajo ha logrado cierto renombre internacional.

A 13 km, en la ruta nacional N° 40 se avistan los primeros vestigios de las **Ruinas de Quilmes** *(ver recuadro)*.

Santiago del Estero (capital)

Santiago del Estero es la ciudad más antigua de la República Argentina. Su primera fundación, realizada en 1550, estuvo a cargo de Núñez del Prado, quien la bautizó *El Barco*. Al año siguiente su emplazamiento cambió dos veces de lugar debido a un conflicto jurisdiccional. El 25 de julio de 1553, Francisco de Aguirre fundó de manera definitiva la ciudad de Santiago del Estero junto al río Dulce. Desde allí partieron las expediciones fundadoras de Córdoba, Tucumán, Salta, Jujuy, La Rioja y Catamarca, lo que le valió ser reconocida como la "madre de ciudades".

En 1570 se instaló en la ciudad el primer obispado y la primera catedral del país, y posteriormente, en 1611, el primer seminario.

A pesar de que las sucesivas inundaciones, terremotos y luchas internas arrasaron con gran parte de la arquitectura colonial original, la ciudad conserva testimonios de su importante pasado como protagonista y testigo de la historia del país.

Termas de Río Hondo.
Casino

❶ **Iglesia Catedral**

Luego de la creación del Obispado del Tucumán en 1570, el papa Pío V autorizó la construcción de la primera catedral de la ciudad. La obra comenzó a realizarse en cuatro oportunidades y nunca fue terminada debido al traslado del Obispado y del Seminario a la provincia de Córdoba. En 1868 se produjo el quinto intento de construc-

ción. En su interior, la imagen de la Virgen del Carmen preside el altar mayor.

❷ **Convento, templo
y celda de San Francisco Solano**

Este grupo de construcciones religiosas conserva reliquias del paso de los padres de la orden franciscana que llegaron en 1566 desde Perú al territorio argentino. Hacia 1592, con la llegada del padre Francisco Solano al convento, se incentivó la construcción de la segunda iglesia, cuya estructura original data de fines del siglo XIX. La celda capilla, originalmente realizada con adobe y paja, ha sido restaurada y se conservaron las puertas de algarrobo. Allí se encuentran la casulla y el manípulo utilizados por san Francisco Solano, no así su violín con el que se dedicaba a catequizar al pueblo.

❸ **Museo de Arte Sacro
San Francisco Solano**

La institución conserva en su interior joyas sacras de los siglos XVII, XVIII y XIX pertenecientes a templos y capillas de la orden franciscana. También se encuentran en la colección del museo objetos personales que utilizó el santo en su paso por la provincia.

❹ **Iglesia de Santo Domingo**

Sobre los restos de las construcciones de un convento y una ermita que los primeros dominicos que se asentaron en la región mandaron a construir en 1550, se levanta la iglesia actual que data de 1881. Esta obra inconclusa actualmente cuenta solamente con una torre campanario. En su interior se conserva una réplica del *Santo Sudario*, de gran valor por su antigüedad y su exactitud. Es un lienzo de mediados del siglo XVI, regalo de los reyes Felipe II e Isabel de Valois a la capital de la provincia de Tucumán.

❺ **Museo Histórico de la Provincia**

El edificio donde está instalado el museo es una construcción de 1820. Las salas abar-

Catedral Santiago
del Estero.
Grabado antiguo

Santiago del Estero. Plano de la ciudad

can distintos temas relacionados con la historia de la provincia: Colonial, siglo XIX, de los Gobernadores y de la Autonomía.

Otros sitios de interés
- Iglesia de la Merced.
- Teatro 25 de Mayo.
- Museo Arqueológico Emilio y Duncan Wagner.

ALREDEDORES DE SANTIAGO

Parque Aguirre
Inaugurado en 1904, el parque que rodea el río Dulce exhibe en su centro la estatua de Francisco Aguirre, el fundador de la ciudad. En su superficie están ubicados el balneario Misky Mayu, que tiene piletas y zonas para acampar, y el Jardín Zoológico, un parque autóctono que se complementa con clubes y juegos para niños. Sobre la avenida que marca su límite hay una serie de bares y confiterías donde se pueden saborear humitas y empanadas al son de la chacarera.

La Banda
Situada a la vera del río Dulce, cerca de las termas y a 7 km de la capital, la ciudad de La Banda alberga aproximadamente a 80.000 habitantes. El río es atravesado por el puente carretero y ferroviario instalado en una atractiva estructura metálica. El puente fue un obsequio que entregó Alemania a modo de reparación por los dos buques argentinos hundidos durante la Primera Guerra Mundial, cuando la Argentina desempeñaba un papel neutral.

La ciudad tiene un hipódromo, una serie de clubes y el Golf Club. Uno de los paseos más interesantes es la visita al dique Los

La chacarera

Esta importante creación musical del folklore nacional nació como música para danzar. Los compases de 6x8 y 3x4, combinados entre sí, forman un sincopado ritmo. Se originó en Santiago del Estero, con innegables raíces hispánicas. En 1850 ya se tenían noticias de la chacarera. Fue mencionada por Florencio Sal en su libro *Tucumán a mediados del siglo* editado en 1913, y por Leopoldo Lugones como "naciendo en una región donde aún la lengua española era casi desconocida", ya que el primer idioma del campesinado santiagueño era el quechua. El gran cultor del nuevo ritmo fue don Andrés Chazarreta, famoso músico folklorista, estudioso de la música y las tradiciones, así como compositor y autor de dos libros de coreografías de danzas nacionales. En su Casa Museo se conservan sus pertenencias, como la guitarra y el poncho que solía usar en sus presentaciones, así como discos, fotos y recuerdos de su prolífica vida artística.

Quiroga, construido en 1934. Su estructura cuenta con una represa de derivación del río Dulce, 32 compuertas, un canal de fuga y una central hidroeléctrica que genera 2.000 kw. En su espejo de agua se pueden practicar deportes náuticos y disfrutar de los balnearios naturales. La pesca de dorados, sábalos, tarariras y bogas es abundante, y aunque no hay restricciones, de diciembre a marzo rige una semiveda controlada por la Policía Lacustre, que no permite la extracción de más de dos piezas de dorado por pescador.

Termas de Río Hondo

Al transitar por la ruta del río Dulce, a 65 km de Santiago del Estero se encuentran las termas de Río Hondo, un importante centro termal ubicado a 250 metros sobre el nivel del mar. Su excelente clima se mantiene durante todo el año con una temperatura media de 21°C, lo que lo convierte en un solicitado centro de turismo invernal.

Las "milagrosas aguas calientes" *(Yacu Rapaj)* eran conocidas por los incas y los aborígenes de la región como fuentes curativas de los males físicos y lugar de reposo para los espíritus cansados y enfermos. Se supone que las "aguas del sol" *(Inti Yacu)* fueron descubiertas por los sacerdotes incas antes de la llegada de los españoles al continente, pero recién a principios del siglo XX comenzaron a explotarse como centro termal. En esa época, los visitantes se trasladaban en carruajes y se alojaban en las postas de las inmediaciones. En 1910 aparecieron los primeros hospedajes y un centro comercial justo cuando comenzó la construcción de un ramal ferroviario que hoy no existe más.

El área de Río Hondo es la manifestación más sobresaliente de una amplia región con hidrotermalismo subterráneo. Sus aguas son alcalinas, bicarbonatadas, cloradas y sulfatadas. A temperaturas que oscilan entre los 30°C y 75°C, las aguas emergen a través de pequeñas fracturas y fallas y se cargan de minerales y sales en las rocas de la corteza terrestre. Contienen pequeñas cantidades de minerales en estado iónico –cargados de energía eléctrica–, lo que les da una gran fuerza de penetración en el organismo.

La terapia por baños termales o crenoterapia es recomendada para tratamientos de enfermedades reumáticas, cardiovasculares, geriátricas, alérgicas y del sistema nervioso, como el estrés.

Los hoteles de la zona disponen de instalaciones que aprovechan la red de distribución de agua termal de la ciudad. Casi todos tienen el servicio de aguas termales en las habitaciones y en piscinas cubiertas o ubi-

Más información

Dirección Provincial de Turismo
Libertad 417
Santiago del Estero
Tel: (0385) 4214243;
0800-50428
L a V de 8.30 a 12
y de 17 a 21
Correo electrónico:
casasgo@netline.net.ar

Santiago del Estero.
Presa y embalse
de río Hondo

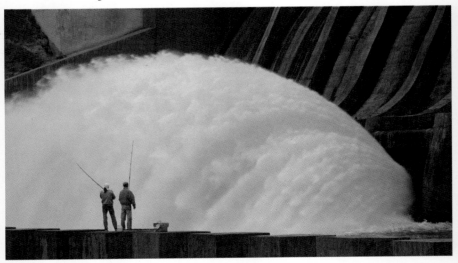

Artesanías santiagueñas

Uno de los aspectos más atractivos de la provincia lo constituye su variada artesanía, entre la que se destaca la cestería. Desde hace años se lleva a cabo la Fiesta Nacional del Canasto, un encuentro que reúne a los artesanos cesteros más importantes de la región que se instalan en las termas. La fiesta, que combina las exhibiciones con música, bailes y comidas típicas, es una buena oportunidad para conocer las obras más representativas de la región. La típica artesanía santiagueña es de origen centenario y está realizada en paja brava, cogollo de palmera, chala de maíz y unquillo. El artesano a veces camina hasta 5 km adentrándose en los montes para conseguir los elementos que luego utiliza en sus creaciones.

La tejeduría se puede apreciar en los alrededores de los ríos Salado y Dulce. Colchas, mantas, fajas y otras prendas son realizadas en rústicos telares, con motivos autóctonos, en lana de oveja, llama, guanaco o algodón. En Ojo de Agua se concentran los artesanos del cuero. Allí se pueden conseguir lazos, bozales, elementos de arreos de caballo y prendas de vestir de la indumentaria gaucha.

Quizás la más notable de las artesanías que se realizan en la provincia es la manufactura de una gran variedad de instrumentos musicales, testimonio de la profunda relación del pueblo con la música. Entre los instrumentos de cuerda se pueden conseguir guitarras, charangos, violines y mandolinas. Sin duda, el instrumento musical más representativo de la provincia es el famoso bombo santiagueño.

cadas al aire libre. Otros establecimientos asocian actividades recreativas y las comodidades de un hotel con el servicio de una clínica. Existen también instituciones médicas especializadas en la aplicación de la terapia termal, como el Instituto del Reumatismo y la Clínica Termal de Río Hondo.

El casco urbano de la región está integrado por el *Casino Provincial*; el *Mercado Artesanal de Especies*; el *parque Martín Miguel de Güemes*, con su pileta de natación; el parque de *Agua Santa*, el único lugar donde brotan aguas minerales frías; *La Olla*, exclusiva vertiente natural, donde el agua mineral emerge de manera espontánea, y un balneario y camping municipal con piletones de fondo de arena.

Embalse de Río Hondo

Al salir de la ciudad y recorrer 4 km se encuentra el dique y presa **Embalse de Río Hondo**. Inaugurada en 1967 con el fin de atenuar las crecidas y mejorar el riego de la región, esta obra hidráulica tiene una capacidad de embalse de 2.013 Hm^3. El espejo de agua, que cubre 33.000 hectáreas, es alimentado por los ríos Grande, Medina y Marapa.

La obra se complementa con la **Central Hidroeléctrica de Río Hondo**. A través de su terraplén se accede a la base del paredón, desde donde se puede apreciar una excelente vista del conjunto. En las proximidades de la central se encuentran el **parque Llajta**, que cuenta con una gran pileta de aguas termales, y **Villa Río Hondo**, donde la leyenda popular afirma que están las huellas de Francisco Solano debido a la marca con forma de sandalia que hay en una roca. A su lado se puede ver una antigua iglesia vacía que aún conserva su campanario.

Hacia el sur, en el límite con Córdoba, se encuentran **Villa Ojo de Agua** y **Sumampa**, regiones naturalmente ricas por sus cerros de abundante vegetación, arroyos y vertientes con un clima ideal. También se puede visitar Villa La Punta, sobre la sierra de Guasayán, que ofrece magníficos paisajes de cerros y quebradas.

Datos útiles

Obtenga más información sobre esta provincia en la página

336

Centro Oeste

Introducción y mapa   64
Flora y fauna de la Argentina   66

Catamarca   **68-77**
San Fernando del
  Valle de Catamarca   68
Andalgalá, Belén, Londres   71
Antofagasta de la Sierra   74
Paso de San Francisco   76

Circuito de las capillas   78

La Rioja   **80-87**
La Rioja (capital)   80
Pueblos de la costa   83
Chilecito y
  Valle de Famatina   86

Centro Oeste

En un marco de singulares contrastes, La Rioja y Catamarca compar-
ten un entorno marcado por montañas, llanuras, valles y quebradas;
grandes y verdes extensiones junto a ocres sequedades, pobladas por
típicos pueblitos donde las tejedoras en sus telares dibujan historias
contadas por sus ancestros, y el tiempo parece haberse detenido.

Los paisajes se mezclan con la riqueza de sus notables olivares y el oro de
importantes minas, junto a extraordinarios yacimientos arqueológicos que son
parte de la historia de la humanidad y reservas naturales donde convive la fauna
autóctona. Tierra de caudillos y montoneras, la conquista está presente en los
restos de poderosos mayorazgos, junto a
pedazos de la historia y la tradición de la
región, plasmada en las innumerables
iglesias que pueblan los caminos, testimonio de la profunda fe de este pueblo.

CATAMARCA

En una región montañosa y árida, los valles surcan las ciudades y abrazan paisajes con horizontes infinitos. Catamarca se caracteriza por mantener una fuerte raigambre indígena. Es una provincia que vive en sus tradiciones resabios de una rica historia que está presente en los tejidos y en las artesanías de origen centenario, así como también en la intensa fe de sus habitantes. Testimonio de esto es la gran cantidad de iglesias que posee la provincia, en las que reina la venerada Virgen del Valle.

LA RIOJA

En una provincia en la que conviven diversos paisajes contrastantes, las Sierras Pampeanas se encuentran como islas en medio de extensas llanuras, sus costas, campos y bolsones y las blancas inmensidades de los salares se enfrentan a las altas cumbres de la Cordillera Frontal. Los paisajes están asentados sobre una tierra con fuertes tradiciones, donde la mitología autóctona se mezcla con las historias de los caudillos en una zona de oasis pletóricos de vides y olivares.

El monte

La región

La zona geográfica ofrece considerables contrastes donde sobresalen los paisajes de Catamarca que por el Oeste y Norte están cubiertos de montañas, quebradas y amplios valles, bordeando la cordillera de los Andes; apareciendo hacia el Sur las suaves ondulaciones de las Sierras Pampeanas, con sectores manchados por el intenso verdor de su flora. La accidentada topografía de La Rioja presenta altas sierras y colinas teñidas con los diversos colores de sus plantaciones sobre el ocre característico del paisaje, que en los grandiosos farallones de Talampaya cobran una dimensión espectacular.

1. Jote Cabeza Roja

2. Ñacurutú

3. Loica

4. Aguila Coronada

5. Martinetas Copetonas

6. Puma

7. Chiguanco

8. Jarillas

9. Algarrobo Blanco

10. Piquillín

San Fernando del Valle de Catamarca. Catedral Basílica y Santuario de Nuestra Señora del Valle

Más información

Secretaría de Turismo
Gral. Roca (1ª cuadra),
loc. 1 - S.F.V. Catamarca
Tel / Fax: (03833)
437593/94
L a V de 8 a 13
y de 14 a 21
S,D y feriados de 9 a 13
y de 16 a 20
Correo electrónico:
turismocatamarca@cedeconet.com.ar

San Fernando del Valle de Catamarca

El 5 de julio de 1683, don Fernando de Mendoza de Mate de Luna fundó en el valle central la ciudad de San Fernando del Valle de Catamarca, utilizando esta última palabra que en quechua significa "fortaleza en la falda".

Catamarca es una atractiva capital de provincia, con una importante arquitectura determinada especialmente por las construcciones del siglo XIX.

San Fernando del Valle de Catamarca. Vista de la capital

❶ Plaza 25 de Mayo

La Plaza 25 de Mayo ofrece en sus paseos la vista de una frondosa arboleda de añosos palos borrachos, tipas, palmeras y naranjos, que enfrentan las fachadas de la Catedral y de la Casa de Gobierno.

En el centro de este espacio que fue la plaza mayor de la ciudad se encuentra la estatua del General San Martín. Desde allí, a través de plataformas sucesivas se asciende a las escalinatas de la Iglesia Catedral.

❷ Catedral Basílica y Santuario de Nuestra Señora del Valle (MHN)

El sitio religioso privilegiado de la ciudad atesora en su interior la venerada imagen de la Virgen del Valle de Catamarca, cuyas celebraciones, misas y procesiones se realizan cada año el 8 de diciembre y 15 días después de Pascua.

La Catedral fue diseñada en 1859 por el arquitecto milanés Luis Caravati, responsable de varias construcciones religiosas de la provincia. El edificio, declarado Monumento Histórico Nacional, cuenta con un amplio interior de estilo romano con tres

San Fernando del Valle de Catamarca. Plano de la ciudad

Imagen de la Virgen del Valle de Catamarca

Iglesia Catedral. Interior

naves, una importante cúpula y el camarín de la Virgen, ubicado detrás del presbiterio.

La iglesia posee valiosas obras pictóricas y un importante púlpito de madera y oro a la hoja, obra del religioso italiano fray Luis Giorgi, responsable de la construcción de la iglesia de San Francisco.

Al lado de la Catedral se pueden observar el Obispado Viejo, la sede del Poder Judicial y la Casa de Gobierno, construcciones creadas por Caravati que forman un espacio arquitectónico destacado por su fuerte influencia italiana.

❸ Colegio de Nuestra Señora del Huerto

La institución educativa más antigua de Catamarca fue inicialmente un orfanato para niñas fundado por la familia Villagrán en

1776. Siete años más tarde, en 1783, se creó el Colegio de las Carmelitas. El actual edificio fue inaugurado en 1809.

❹ Casa del Gobernador Julio Herrera

Destacado jurista catamarqueño, autor de la Reforma del Código Penal Argentino. La construcción es un claro exponente del estilo itálico que posee, a la manera de un pequeño *palazzo*, un patio interior rodeado de galerías que conserva la ambientación de su época.

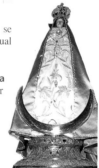

Otros lugares para visitar

Archivo y Museo Histórico de la Provincia

En una bella casona de estilo señorial construida por el arquitecto Caravati funciona actualmente el museo que tiene una sala dedicada a los gobernadores de Catamarca.

Seminario Conciliar

Es una magnífica obra característica de Caravati que cuenta con torres revestidas de azulejos *pas de calais*. Posee una valiosa colección de arte religioso y una talla de madera de San Juan Bautista del siglo XVIII.

Museo de Bellas Artes Laureano Brizuela

En homenaje al pintor propulsor del arte catamarqueño se creó la colección de pinturas que comprende más de 150 obras. Entre los artistas que la integran se encuentran Quinquela Martín, Guillermo Butler, Emilio Caraffa, Francisco Vidal, Carlos Alonso y, por supuesto, Laureano Brizuela.

Cuesta del Portezuelo

Al salir de la capital por la ruta nacional Nº 38, a 18 km comienza el ascenso a la Sierra de Ancasti –nombre que significa "nido de águilas"–, por la Cuesta del Portezuelo, un impresionante camino que descubre a su paso los paisajes entre los que se puede ver el Valle de Catamarca desde las alturas. En semejante escenario es imposible evitar que resuene en los oídos la vieja zamba de Polo Giménez: "Desde la Cuesta del Portezuelo, mirando abajo parece un sueño...". La escarpada falda de la sierra de Ancasti es un murallón colosal que hace millones de años transformó esta sierra levantándola hasta los 1.680 metros sobre el nivel del mar. Los diferentes miradores permiten contemplar los distintos paisajes, cada uno de ellos con una belleza particular. En los últimos kilómetros de la subida el camino es de cornisa y bordea precipicios abruptos, razón por la cual es necesario transitarlo bajo la conducción de un chofer con experiencia en este tipo de caminos.

Al llegar a la cumbre, donde termina el pavimento y el viento sopla sin cesar, la temperatura es 10°C menor que en el valle. Desde allí, una vasta altiplanicie baja suavemente hacia la provincia de Santiago del Estero.

❺ Iglesia de San Francisco (MHN)

Esta obra del arquitecto italiano Luis Giorgi contiene en su atrio la estatua de fray Mamerto Esquiú, conocido como "el orador de la Constitución". Construida en 1882 e inaugurada en 1905, la Iglesia de San Francisco conserva la celda del padre Esquiú y su corazón, que se encuentra en una urna de vidrio. El diseño interior del templo es de estilo itálico, tiene importantes molduras de cornisa, arcadas y remata su ornamentación con una importante bóveda sostenida por muros de gran espesor. Al convento que se encuentra en el interior de la Iglesia de San Francisco se accede por el atrio. Los restos del claustro colonial originarios del siglo XVII, época que corresponde al asentamiento de los franciscanos en la ciudad, fueron conservados. En esa estructura edilicia funcionó la primera escuela para varones de la provincia de Catamarca.

❻ Museo Arqueológico "Sala Adán Quiroga" (MHN)

Dentro del Complejo Cultural Esquiú de la orden franciscana se encuentra la extraordinaria colección arqueológica reunida por el padre fray Salvador Narváez. Los objetos corresponden a las etapas agroalfarera y precerámica de las culturas Cóndor-Huasi, Alamito, Ciénaga, Samaritana y Belén, y sus orígenes varían entre los años 500 y 1500.

La institución cultural comprende además otros cinco museos: el de Historia Colonial, el de Historia Natural, el de Iconografía, el de Filatelia y el Esquiú.

Andalgalá, Belén, Londres

La distancia entre Catamarca y Andalgalá es de 228 km, que se pueden atravesar visitando lugares recónditos de una intensa belleza agreste en el marco de los nevados del Aconquija.

Al salir de la capital por la ruta provincial Nº 1 hacia el norte, faldeando la sierra del Potrerillo, comienza el ascenso por la Cuesta de Higuerillas, a 1.500 metros sobre el nivel del mar y a continuación por la Cuesta de Singuil. Este camino de las cuestas se abre enfrentando vistas únicas de las sierras de Ambato-Manchao, con el impresionante cerro El Manchao de 4.500 metros sobre el nivel del mar, de fondo y hacia el lado opuesto extensas superficies integradas por salares y desiertos.

Desde **Singuil**, la ruta se adentra en un camino sinuoso con rumbo norte, donde se encuentran zonas de cultivos que salpican el paisaje con múltiples colores. En las Cumbres de Narváez es posible ver llamas en el descenso hacia Andalgalá. En la lejanía la impresionante silueta de los **Nevados del Aconquija** se recorta contra cielos de un azul intenso.

ANDALGALA

El pueblo de Andalgalá está asentado en un territorio que fue habitado antiguamente por bravíos diaguitas y calchaquíes, tribus que resistieron con persistencia la colonización hispánica. Fue fundado en 1658 por el general Francisco de Nieva y Castilla. Rodeado de antiguas estancias, Andalgalá generó en sus alrededores una serie de poblados agrícolas como Choya, Chaquiago, Husán y Malli.

El pueblo tiene una encantadora plaza central rodeada de naranjos y plátanos que invitan al descanso. Frente a la plaza, la silueta neogótica de su iglesia contrasta con la imagen de los nevados del Aconquija. Además, se puede visitar el Museo Arqueológico Provincial, la Casa Cisneros y el Museo Privado Malli, que posee una importante colección arqueológica de la región.

Mayorazgo de Huasán

Esta estancia, cuyos orígenes se remontan al siglo XVII, llegó a tener 30.000 hectáreas, extendiéndose hasta los Nevados del Aconquija.

La Hacienda sigue conservando su nombre histórico, y a principios del siglo XX el destacado investigador Samuel Lafone Quevedo realizó importantes hallazgos arqueológicos en la zona. Esos hallazgos integran hoy parte de las colecciones del Museo de la Plata.

Cadena del Aconquija

Valle del Aconquija

A través de la Municipalidad del lugar se pueden realizar safaris fotográficos, actividades de caza y pesca y visitas guiadas al Pucará del Aconquija.

Pucará del Aconquija

Este importante yacimiento arqueológico fue declarado **Parque Arqueológico Nacional**. Su superficie de 250 km^2 se caracteriza por la extrema aridez de su suelo. En el interior del parque se encuentran ubicadas, en una altiplanicie de difícil acceso, las imponentes ruinas del Pucará, construidas a 2.300 metros sobre el nivel del mar. Entre sus restos aún quedan muros de pirca –algunos de 4 m de altura y 3.000 de extensión–, viviendas, depósitos y sectores de culto. Durante el siglo XV funcionó una importante fortaleza prehispánica.

BELEN

Bordendo las faldas del Aconquija, a 52 km de Andalgalá, se encuentra la ciudad de **Belén**. Esta zona es famosa por sus tejidos realizados en telar y por su producción agrícola, especialmente de nuez, comino, pimiento, maíz, olivos y frutales. El principal atractivo de la ciudad de Belén es el paisaje que la rodea, que posee una gran belleza armónica.

La Patrona de la ciudad es Nuestra Señora de Belén, cuya imagen se eleva en las alturas de un cerro próximo.

La superficie donde actualmente se encuentra la ciudad de Belén fue planeada con los propósitos misioneros. El 20 de diciembre de 1681 el presbítero Olmos donó sus tierras y colocó la Iglesia de Nuestra Señora de Belén como centro religioso y vecinal de la zona.

La privilegiada ubicación de Belén, situada camino al Alto Perú, a Tucumán y a Chile, ayudó a su desarrollo. Su crecimiento fue tal que a mediados del siglo XVII reemplazó a Londres como cabeza de curato y obtuvo su iglesia, donada por Juan de Castro y Hoyo. Un rumor acompaña al templo en el trascurso de los años: cuentan los habitantes que el amoblamiento de la iglesia era tan lujoso que en 1775 cuando

La región ofrece una gran variedad de paseos, entre los más importantes están Las Estancias y el Pucará del Aconquija.

Las Estancias

Este circuito ofrece la visita a un conjunto de poblaciones del valle del Aconquija: Buena Vista, El Alamito, Aconquija, El Lindero, El Charquiadero y Las Juntas, entre otras. Con un excepcional clima que casi nunca supera los 20°C en verano, la zona tiene una perfecta combinación de paisajes y espacios destinados al descanso. En Las Estancias se encuentran regiones contrastantes que van desde zonas de una gran sequedad, hasta la húmeda selva tropical en la Cuesta del Clavillo.

El área fue un populoso asentamiento aborigen prehispánico, lo que se puede comprobar en el yacimiento arqueológico **El Alamito**, dedicado a la cultura diaguita de 2.000 años de antigüedad. Las piezas escultóricas pertenecientes a esta cultura pueden apreciarse en el Museo Arqueológico Adán Quiroga de Catamarca y en el Municipal Malli de Andalgalá.

se incendió, "un arroyo de plata derretida corrió por debajo de su puerta".

Museo Provincial Cóndor-Huasi

El ex Museo Privado Eduardo Cura es el tercero más importante de la Argentina y reúne más de 5.000 piezas arqueológicas de excepcional nivel pertenecientes a la cultura diaguita. La más importante colección que se exhibe en el museo está realizada en cerámica.

Las piezas arqueológicas corresponden a cuatro períodos de la cultura agroalfarera diaguita. En las vitrinas de la institución se encuentran piezas asombrosas que poseen figuras antropomorfas y zoomorfas que comprenden el período inicial, 300 a.C. hasta el 1500 d.C.

Iglesia de Nuestra Señora de Belén

Fue inaugurada en 1905. De estilo neoclásico, en su aspecto exterior resalta su fachada con frontispicio, las columnas, la torre campanario y la particular escalera ubicada junto al pórtico de acceso. El 6 de enero se conmemora a la patrona de la iglesia con una procesión y festejos locales.

LONDRES

A 15 km de Belén se llega a Londres. Fundada por Pérez de Zurita en 1558, Londres fue bautizada así en honor de María Tudor, esposa inglesa de Felipe II, rey de España. Desde Londres salían caminos hacia los Valles Calchaquíes que se empalmaban a las rutas que se dirigían al Alto Perú.

Iglesia de la Inmaculada Concepción (MHN)

Frente a la plaza Hipólito Yrigoyen se encuentra la Iglesia de la Inmaculada Concepción, con su doble torre campanario, una larga nave central y una bella galería, exponentes de la arquitectura de la época colonial presente en toda la provincia.

Iglesia de San Juan Bautista

De mediados del siglo XVIII, conserva en su interior la antigua imagen del Santo Patrono de Londres. Frente a ella, en la pla-

za José Eusebio Colombres, se realiza todos los años, durante tres noches de febrero, el Festival Provincial de la Nuez.

En las cercanías se encuentran las Ruinas de Shinkal, un yacimiento integrado por 70 recintos, plazas y cerros ceremoniales. En él tuvo lugar el asedio final de Londres que se llevó a cabo en el Gran Alzamiento Calchaquí en 1632.

Las teleras

Un paseo infaltable y una de las atracciones más importantes de la zona es la visita a los talleres donde trabajan las artesanas frente a sus telares. Su labor se lleva a cabo con lana de camélidos de la región que se utiliza en sus colores naturales o teñidos con cortezas de nogal y retortuño, entre otras.

Las tejedoras o "belichas", como se las llama a estas artesanas, son parte del paisaje catamarqueño y se las puede ver en cualquier recorrido frente a sus telares, a la sombra de una enramada tejiendo los dibujos que la historia les dicta con técnicas heredadas de las antiguas culturas indígenas. En toda la provincia se encuentran piezas textiles elaboradas en telar: ponchos, chales, chalinas, colchas y mantas. Las diferencias entre los diseños y tejidos son impuestas por las regiones. En Belén, donde habita una de las principales concentraciones de tejedoras, se trabaja la lana, especialmente de llama, alpaca, guanaco u oveja, en sus colores originales o teñidas con elementos naturales como la corteza de nogal o el retortuño, lo que produce una gran variedad de tonos amarronados. En Fiambalá, en cambio, la especialidad son los bordados con motivos de flores multicolores que se aplican sobre la trama de telar. En Santa María todavía perduran los diseños con rayas de colores intensos.

Antofagasta de la Sierra

Paisaje de Antofagasta
de la Sierra

Rumbo a Antofagasta de la Sierra, la ruta se encamina hacia la Puna catamarqueña. Más elevada y de proporciones más estrechas que la del noroeste, al transitar por esta ruta se pueden observar paisajes de intensos contrastes. El cuadro está compuesto por espectaculares salares que culminan en blancos horizontes, cerros y volcanes imponentes, lagunas y negros campos de lava matizados por sectores de vegas de color verde y zonas con aguas termales.

Después de atravesar la **Quebrada de Hualfín** por la ruta nacional Nº 40 el camino se bifurca. La misma ruta se dirige a Santa María, un camino que continúa hacia los **Valles Calchaquíes**. En ese trayecto se puede tomar la dirección hacia la ruta provincial Nº 43, a través de la cual se llega, antes del cruce de las rutas, a una zona de aguas termales. Allí, a 2.000 metros sobre el nivel del mar, se encuentran **Las Aguas de Dionisio**, pero las opciones no se acaban. Los Nacimientos tienen una vista privilegiada hacia los cerros rojizos ubicados a 2.300 metros sobre el nivel del mar. Vale la pena disfrutar de las particularidades que ofrecen cada uno de los lugares donde se encuentran las aguas termales. En **Villavil** las termas están rodeadas por los áridos fal-

deos del cerro Hualfín. Las aguas de la región brotan de la tierra a temperaturas que oscilan entre los 24°C y los 60°C.

Luego de la **Cuesta de Indalecio Pachado**, el camino bordea el río Villavil, donde se puede observar un salto de agua de 10 m. Luego el río sigue su cauce entre verdes vegas donde pastan los animales de la región. Al pasar por **Los Nacimientos de San Antonio**, la ruta se enfrenta a la **Cuesta de Randolfo** que asciende por un camino de zigzag hasta los 4.800 metros sobre el nivel del mar. Los paisajes que ofrece el camino permiten observar desde una vista privilegiada la **Sierra del Cajón** y las **Sierras de Laguna Blanca**. Al descender por un circuito de intrincadas curvas hacia La Blanca se accede a la **Reserva Natural de Vida Silvestre Laguna Blanca**, donde la caza está prohibida y controlada. En la extensa reserva, que llega hasta las provincias de San Juan y La Rioja, se preservan las principales especies de fauna y flora de la región. En una visita es posible ver manadas de vicuñas, suris (ñandúes) alejándose velozmente, y mansas llamas pastando.

El camino sigue su ascenso hacia la sie-

Datos útiles

Obtenga más
información sobre
esta provincia
en la página

337

Turismo aventura

Antofagasta de la Sierra es el lugar ideal como punto de partida para los amantes del turismo aventura. Allí se brindan extraordinarias propuestas destinadas para espíritus libres y mentes abiertas. Para llevar a cabo casi todas las ofertas es necesario ir con un baquiano o con un guía.

Los Nacimientos
Es un caserío típico de la puna donde se conserva una iglesia jesuítica con tirantes y travesaños de cardón.

Yacimientos arqueológicos
El circuito recorre Campo Alumbreras, Ruinas de Coyparcito y Paicuqui

Minas abandonadas
Se brindan interesantes excursiones a las minas de ónix, mica y oro.

Volcán Alumbreras
Los establecimientos turísticos ofrecen varias opciones para visitarlo. Para concretar algunas de ellas, como escalar el volcán que tiene un cráter de 300 m de diámetro, hace falta un equipo especial. Otro paseo que se puede realizar en el volcán Alumbreras es visitar su laguna, donde se puede observar los flamencos en un sitio pleno de rica-rica, una hierba aromática con la que se hace el típico té puneño.
Los viajeros más entusiastas pueden hacer una excursión al volcán que dura un

día, en el transcurso del cual se puede ver un gran pucará, ruinas, huesos y restos de cacharros. La zona es uno de los más importantes campos de petroglifos de América del Sur, donde se pueden hallar pinturas con motivos de llamas, hombres danzantes y dibujos geométricos.
También se pueden organizar excursiones para visitar los volcanes en mula, conocer el géiser, al que sólo se puede acceder tras recorrer un largo trayecto en un vehículo 4x4, y expediciones de pesca en las cercanías de la localidad de Paicuqui, donde se pueden hallar truchas arco iris.

rra de **Laguna Blanca**, cuya cima a menudo se encuentra nevada. El fondo del paisaje está ocupado por el cerro Galán con una altura de 6.000 metros sobre el nivel del mar, un volcán cuyo cráter de 40 km de diámetro es el más grande del mundo. El camino pasa por la Laguna Blanca y continúa su ascenso hasta **Pasto Ventura**, a 4.000 metros sobre el nivel del mar. Desde allí comienza el descenso que se realiza a través de una zona de vegas por donde pastan burros, ovejas y llamas.

Reserva Provincial
Laguna Blanca

Desde el portezuelo de **Pampa Ventura** se llega al *Valle de Carachipampa*, que lleva a **Antofagasta de la Sierra**. Ya los caminos precolombinos la surcaron, y durante la colonia fue una ruta transitada por mulas que cargaban la sal y la lana desde **Antofagasta** hasta **Fiambalá** o **Tinogasta**. La vista del horizonte se interrumpe por las siluetas de los negros volcanes que se recor-

Paso de San Francisco

tan en contraste con el cielo. Si bien se puede observar una decena de volcanes, los más sobresalientes son los que constituyen el par conocido como Los Negros de la Laguna, que tuvieron un pasado de fuerte actividad.

Antes de cruzar el río Punilla que riega el oasis de Antofagasta de la Sierra hay una laguna con flamencos que sorprende la mirada.

ANTOFAGASTA DE LA SIERRA
Es un típico pueblo de la puna. Sus calles de tierra permiten circular por un pequeño oasis poblado de álamos y tamarindos que no logran atenuar el desértico entorno. Antofagasta significa "casa del sol". Y por lo visto, al sol le tocó habitar en pleno corazón de la meseta. Los pobladores se mantienen con una economía de subsistencia, centrada principalmente en pequeñas quintas donde cultivan trigo, maíz, papa y cebollas, complementada con la cría de ovejas, con cuya lana fabrican excelentes artesanías textiles.

Cerca de Antofagasta, en el Cerro de la Cruz, el 8 de diciembre se llevan a cabo las procesiones a San José y a la Virgen de Loreto. El 1º de noviembre los habitantes de la zona se juntan a celebrar la colorida Fiesta de los Muertos.

Paso de San Francisco

Rumbo a Tinogasta, a 275 km de la capital catamarqueña, se llega a la frontera con Chile, a través del Paso de San Francisco. El recorrido, que trepa hasta los 4.800 msnm, recorre deslumbrantes paisajes de una gran belleza.

Antes de llegar a Tinogasta, el camino pasa por distintos pueblos ubicados en una región de gran importancia histórica: Alpasinche, Cerro Negro, con su iglesia declarada monumento nacional, y Copacabana.

TINOGASTA
La ciudad cabecera del departamento –cuyo nombre significa en quechua "reunión de pueblos"– fue fundada en 1713. Tinogasta es una ciudad viñatera por excelencia. Las primeras vides registradas en la zona datan del siglo XVIII, y allí se encuentran las principales bodegas de vinos regionales.

En la ruta provincial Nº 45, el camino recorre el valle del río Aubacán y pasa por las termas de **La Aguadita**, en un pintoresco paisaje de quebradas, y por **El Puesto**, un caserío con viñedos y teleras trabajando en sus telares que tiene un atractivo y un oratorio colonial. Al seguir por la ruta provincial Nº 45 se llega a **Anillaco**, el casco de lo que fue uno de los más importantes mayorazgos antiguos.

Antes de llegar a Fiambalá se encuentra la iglesia de San Pedro (MHN), levantada en 1770. En su interior se pueden apreciar valiosos óleos y antiguas imágenes.

FIAMBALA

La región por donde pasó Diego de Almagro en 1535 es actualmente la más importante del municipio y funciona como el centro de servicios de la zona. Su principal producción es la vid. Las teleras del lugar constituyen uno de los principales atractivos. Son famosas por realizar bordados en lana de flores multicolores que agregan a la trama que sale de los telares con diseños propios, trasmitidos de generación en generación, de una innegable influencia española.

A 12 km de Fiambalá, en una quebrada ubicada a 2.000 msnm, se encuentran las termas de Fiambalá, cuyas aguas salen a la superficie a 53,8°C. Desde aquí hasta el cruce con Chile hay cuatro horas de viaje aproximadamente. La travesía pasa por grandes superficies y estrechos cañones, mientras la ruta asciende por pendientes suaves y múltiples curvas. Después de ver una pintoresca quebrada en Las Angosturas, la ruta se interna en un paisaje cordillerano con valles como el del Chaschuil, con un fondo de cerros de delicadas curvas.

El camino atraviesa paisajes áridos de gran belleza que tienen de fondo la cordillera de San Buenaventura, que marca el límite austral de la Puna. En la cordillera de San Buenaventura se pueden ver las sorprendentes manchas amarillas de las vegas de Coirón, donde es posible ver pastar a los guanacos. En la proximidad de la frontera, las imponentes alturas de los cerros Incahuasi –6.638 metros sobre el nivel del mar– y el San Francisco –6.016 metros sobre el nivel del mar– llaman la atención hasta al viajero más experimentado.

Al llegar a La Gruta se encuentra el puesto de Gendarmería Nacional, y a 21 km de una importante subida, el Paso de San Francisco se levanta a 4.830 msnm. Desde ahí se puede acceder a la Puna de Atacama, o andar 17 km más hasta la Laguna Verde, un bellísimo espejo de agua de color intenso.

La fiebre del oro

Rica en yacimientos mineros, Catamarca ya era conocida por los indígenas de la región. La arqueología ha demostrado que desde el año 800 de nuestra era trabajaban el oro y la plata que utilizaban en piezas ornamentales.

En 1860 comenzó la explotación de Minas Capillitas llegando a obtener 2.200 toneladas de oro, plata y cobre anuales, lo que originó una gran actividad minera en Andalgalá. Tras años de una irregular explotación, el antiguo yacimiento minero se dedicó exclusivamente a la extracción de rodocrosita o Rosa del Inca, una piedra semipreciosa única en el mundo.

A mediados del siglo pasado se comienza a explotar los Yacimientos Mineros Aguas de Dionisio (YMAD), produciendo alrededor de 600 kg de oro anuales, siendo hasta el momento la más importante productora argentina de oro.

Bajo de La Alumbrera, una sociedad integrada por capitales australianos y canadienses, juntamente con YMAD, propietaria de la mina, emprendieron un joint venture en 1998 para extraer oro y cobre. La colosal obra precisó de 6.000 operarios para su construcción y actualmente produce 22 t de oro y 190 t de cobre al año, generando cerca de U\$S 30 millones anuales en beneficios y royalties para la provincia. Es la primera productora de oro de América del Sur.

El descubrimiento de importantes vetas de oro y otros minerales han originado nuevos proyectos como Agua Rica, Antofalla Este y Laguna Verde, hoy en proceso de exploración. Estos últimos yacimientos están a más de 4.000 msnm.

La ruta de las capillas

Este circuito, que comprende 90 km entre la ida y la vuelta, es un recorrido ideal para visitar una serie de iglesias históricas ubicadas en pueblos antiguos del pintoresco valle de Catamarca.
En La Rioja, el departamento de Chilecito conserva un valioso patrimonio de arte sacro colonial en sus templos de simple y original arquitectura, con tallas y ajuar para el culto religioso.

CATAMARCA

• San Isidro Labrador

Se encuentra en el pueblo de San Isidro, cuyo origen se remonta a 1668. Inaugurada en 1873, exhibe un gran trabajo de artesanos italianos en la construcción de sus interiores y de las tres cúpulas recubiertas con azulejos *pas de calais*, características de la obra de Caravati.

• Iglesia de Villa Dolores

Fue levantada en 1847 en el pueblo del mismo nombre. Su fachada presenta dos espadañas –muros con campanario– de neta influencia colonial proveniente del Alto Perú. Posee una atractiva colección de pintura e imaginería.

• San Antonio de Padua

En San Antonio, una antigua población de origen indígena cuyo nombre original era Alpatauca, está ubicada la iglesia, cuyo primer edificio se construyó en 1802. La fachada clásica es de un diseño original, con la espadaña separada de la entrada principal. En su interior conserva una hermosa imagen vestida de la Virgen del Carmen.

• San José de Piedra Blanca

Situada en el pueblo de San José –donde nació fray Mamerto Esquiú en 1826 en una humilde casa que aún se conserva– está la iglesia que se construyó a fines del siglo XVIII. Su bella fachada recuerda los frentes realizados por el jesuita Blanqui en Córdoba y diferentes lugares del país. Detrás de la iglesia sale un sendero que llega hasta el Monumento de Fray Mamerto Esquiú, desde donde se pueden disfrutar vistas panorámicas del valle.

• Iglesia del Señor de los Milagros

Cercana a la Iglesia de San José de Piedra Blanca está la parroquia más antigua de la región. Su construcción comenzó en 1793. En ella fue bautizado fray Mamerto Esquiú, y aún se conserva la pila bautismal original. Su construcción constituye un modelo repetido de la arquitectura colonial del noroeste argentino que conserva la gracia y encanto del estilo. En su fresco interior se encuentran importantes muestras de imaginería. Cinco kilómetros al norte se llega al Dique Las Pirquitas, un espléndido espejo de agua, con bellísimas vistas que pueden apreciarse desde su cerro Mirador.

• San José
Cerca de Las Pirquitas, en La Puerta, cabecera del departamento de Ambasto, está la Iglesia de San José, construida a fines del siglo XIX. En un armonioso edificio de dos plantas con una torre campanario circular, pueden observarse los cambios arquitectónicos producidos durante el transcurso del siglo.

• Capilla de Nuestra Señora del Rosario
Antes de regresar a Catamarca, la experiencia merece realizar un desvío para conocer esta bella iglesia que se encuentra aislada del circuito. Allí el general Belgrano hizo bendecir la bandera cuando se dirigía rumbo al Alto Perú.
La construcción es de 1715, aunque el campanario se agregó posteriormente. Nuestra Señora del Rosario es una nueva muestra de la iglesia norteña, levantada en muros de canto rodado y barro. En el altar está entronizada la imagen de la Virgen del Rosario, una pequeña talla de origen chuquisaqueño del Alto Perú.

LA RIOJA
• Iglesia de la Inmaculada de Malligasta
Construida en el siglo XVIII y refaccionada en una importante obra posterior, el templo conserva la valiosa imagen de la Virgen de 1,50 m de altura con sus atributos de plata. Aquí se celebran las fiestas del Niño Alcalde y de San Nicolás, el 31 de diciembre.

• Capilla de San Buenaventura de Vichigasta
Esta original iglesia levantada sobre la antigua Capilla de la Misión Jesuítica Lamma del siglo XVII atesora una importante imagen del Santo Patrono.

• Vicente Ferrer de Nonogasta
De fines del siglo XVIII, la construcción religiosa ubicada en medio de un pintoresco entorno de viñedos, guarda entre otras valiosas muestras la imagen del Cristo de la Paciencia.

• Iglesia de Santa Rosa de Anguinán
A 6 km de Chilecito se encuentra esta iglesia construida en 1784. En un dintel labrado una inscripción reza "esta es casa de oración y no de murmuración". En su interior conserva una importante exhibición de imaginería colonial.

• Capilla de Santa Clara de Asís de Los Sarmientos
De 1764, la institución perteneció a la merced de la familia Sarmiento. Con formas sencillas y una bonita torre campanario, la capilla alberga en su fresco interior una bella imagen de la Santa Patrona.

• San Nicolás de Bari
A 4 km de Los Sarmientos esta iglesia del siglo XVIII posee un extraordinario retablo tallado en madera y dorado a la hoja, obra de las misiones jesuíticas de la provincia de Misiones.

• Capilla de Nuestra Señora de la Merced en La Puntilla
Sitio frecuentado por ilustres pintores, la Capilla posee una importante colección de antiguas tallas y la reproducción de un óleo de Bartolomé Murillo.

• Capilla de San Sebastián de Sañogasta
En lo que fue el más grande mayorazgo de La Rioja, perteneciente a la familia Brizuela y Doria, se encuentra esta capilla con tallas antiguas, campanas realizadas por artesanos de la región, y una valiosa imagen de San Sebastián de factura indígena del siglo XVI.

La Rioja. Vista de la capital

La Rioja (capital)

Iglesia Catedral de La Rioja

La capital de la provincia enfrenta la sierra de Velazco hacia el norte y se pierde en un extenso llano hacia el sur.

Es parte del grupo de ciudades más antiguas del país y fue fundada por Juan Ramírez de Velazco el 20 de marzo de 1591, con el nombre de su pueblo natal, La Rioja, en Castilla la Vieja.

La zona donde actualmente se erige la capital fue el único centro urbano de la provincia hasta finalizar el siglo XIX, conservó el estilo de ciudad colonial en sus edificios y en las grandes casonas de floridos patios, pertenecientes a las antiguas familias del lugar. En 1894, un devastador terremoto destruyó la ciudad y en los escombros quedó gran parte de su imagen original. Es poco lo que se pudo recuperar, pero la historia y las costumbres riojanas, junto a un gran sentido localista, consiguieron imprimirle a la ca-

pital un estilo particular, especialmente instalado en la calidez de sus habitantes.

❶ Plaza 25 de Mayo

Originalmente Plaza Mayor y sitio elegido por Juan Ramírez de Velazco para realizar la ceremonia de la fundación de la ciudad. Durante la colonia fue una plaza seca, centro de ceremonias cívicas, religiosas y comerciales. La más importante se conserva hasta hoy y es la de Tinkunaco. Se celebra los 31 de diciembre al mediodía, y es una combinación de tradiciones religiosas e indígenas.

Exuberante y fresca, con restaurantes y cafés, y los principales edificios en su entorno, es el centro neurálgico de la capital, y tradicional lugar de encuentro de los riojanos.

❷ Iglesia Catedral

La iglesia original fue destruida por el terremoto de 1894 y en su lugar se levantó el edificio que el arquitecto Juan B. Arnaldi realizó en 1910. De un original eclecticismo, combinó el frente bizantino con

agudos campanarios góticos y un interior de innegable influencia del barroco itálico. El camarín que guarda la imagen del obispo negro San Nicolás de Bari, una talla en nogal peruana del siglo XVII, es una valiosa obra del arquitecto florentino Orestes Morganti. El santo es el Patrono Titular de La Rioja y se celebran dos fiestas anuales en su honor, en julio y en diciembre.

❸ Casa de Gobierno

Una pincelada de las típicas construcciones coloniales, con techo de tejas y gran portón. Inaugurada en 1937, como parte de la reconstrucción del paisaje capitalino, junto a la estación del ferrocarril, el reemplazo del antiguo empedrado por pavimento.

❹ Iglesia de la Merced

En el mismo solar mercedario que ocupó en 1591, se conservan las ruinas de la iglesia primitiva que desapareció como consecuencia del terremoto de 1894. La actual es de principios del siglo XX.

❺ Iglesia de Santo Domingo (MHN)

Unico testimonio del pasado colonial de la ciudad, la iglesia es el edificio más antiguo del país. Por encargo del hijo del fundador de la ciudad, Pedro Ramírez de Ve-

lasco, en 1623 se construyó la contundente estructura de piedra, con puertas de algarrobo, cuyo dintel tiene un bello tallado realizado por indios de la encomienda de Famatina. En su interior se conservan valiosas piezas de imaginería de la época.

❻ Iglesia de San Francisco

El convento existe desde 1593, y fue sede de la primera orden franciscana que se instaló en La Rioja.

En 1727 recibió la visita de Francisco Sánchez Solano, quien llegó a la región como custodio de la orden en Tucumán, pasando seis meses en La Rioja, donde su presencia pacificadora en la sublevación indígena y su acción evangelizadora se consideran fundamentales. Es el primer santo americano, canonizado por el papa Benedicto XIII como San Francisco Solano.

La Rioja.
Casa de Gobierno

Más información

Secretaría de Turismo
Improtur
Av. Perón y Urquiza
Tel/Fax: (03822) 42883
y 427351
L a S de 8 a 13
y de 16 a 21
D de 9.30 a 12
www.larioja.gov.ar/turismo

La Rioja.
Plano de la ciudad

Se lo relaciona con la festividad de Tinkunaco, y en el lugar se conservan restos de su celda y un añoso naranjo que, cuentan, plantó el santo.

❼ Museo Arqueológico Inca Huasi

En la misma manzana del convento está ubicado este museo que pertenece a la orden franciscana desde 1926. Con el fin de preservar el patrimonio arqueológico de la provincia, fray Bernardino Gómez fundó el museo que reúne importantes piezas indígenas precolombinas de la región y también objetos de épocas posteriores, entre ellos el altar mayor de la catedral destruida por el terremoto de 1894.

❽ Museo Histórico de La Rioja

Es un museo particular, que conserva en su interior una notable colección de muebles, objetos y documentos. En el conjunto sobresale, por su importancia, una matriz para acuñar monedas, de origen inglés. Esto se asocia a la autonomía provincial, que autorizó a La Rioja a acuñar su propia moneda. Entre 1820 y 1826, la provincia acuñó moneda de alta ley con minerales de Famatina. Bajo la presidencia de Rivadavia, con la creación del Banco Central en 1836, la Casa de Moneda de La Rioja desapareció.

Facundo Quiroga

❾ Mercado Artesanal

En una casona de fines del siglo XIX, de típico estilo italiano, se encuentra la exposición y venta de una gran variedad de la artesanía riojana en cestería, telar, cerámica, cuero, plata y madera.

El mercado está controlado por una institución que promueve y protege a los artesanos, cuyas piezas están identificadas con su nombre.

❿ Museo Folklórico

Casona típica, de 1850, con sombreadas galerías y rodeando el patio, antigua propiedad de la familia Pazos. La exhibición está organizada en salas, que reúnen piezas de la cultura y tradición. Entre ellas la Tinkunaco, la Sala Bodega y la de Mitología Riojana.

Casa de Joaquín V. González (MHN)

Actualmente Archivo Histórico Provincial. Fue residencia del doctor Joaquín V. González, pensador, jurista, gobernador de la provincia y ministro del Interior del general Roca.

Contrariando el estilo imperante en el siglo XIX, de neta influencia itálica, esta casa, como un pequeño castillo con torrecitas almenadas y ventanas góticas, es una ruptura sorprendente del paisaje.

La Rioja.
Dique las Pirquitas

Pueblos de la costa

Este circuito recorre los antiguos pueblos de la costa –así llamados los bordes de los cerros– con sus bellas iglesias instaladas en verdes oasis de frutales y olivares. El recorrido va desde la costa de Velazco hasta Aimogasta, un importante centro oleícola, transitando diversos paisajes, desde las Sierras Pampeanas hasta las inmensas planicies de la región.

Dejando la capital por la RP1 en dirección a Sanagasta se llega al dique Los Sauces, y desde allí se comienza el ascenso por un camino que corre a la vera del río Grande. Recorridos 31 km se llega a Sanagasta, a 900 msnm, una villa de veraneo de los riojanos instalada en un oasis de cultivo de viñas y nueces y gran variedad de frutales. En el lugar hay una sencilla capilla de 1801. Cercanos a la villa se puede visitar: quebrada de Angulo, con vertiente y cascada, quebrada de Salamanca, con un notable hueco natural, y las rojizas formaciones rocosas de Los Tres Camellos y Pollera de la Gitana.

Siguiendo el camino, el verde se diluye en un árido pero simpático paisaje con cabras correteando, y a medida que se asciende las vistas que se dejan atrás son más lindas. Luego comienza la cuesta de Huaco. Todo el trayecto de 9 km por un camino de cornisa es acompañado por la quebrada y el río del mismo nombre. En su cima se alcanzan los 1.280 msnm, y desde allí el entorno ofrece bellas vistas, con la sierra de Velazco un poco más lejos.

A partir de aquí el circuito lleva a los pueblos de la costa, al pie de la sierra.

PINCHAS

Es el primero de los pueblos; ofrece las artesanías de la región (mantas y tapices) y los productos de sus quintas, como miel y frutas secas.

CHUSQUIS

Pueblito de origen indígena convertido en un oasis nogalero. Tierra natal del presbítero Castro Barros, representante de la Asamblea de 1813. Rodeada de cactáceas de la región se levanta una casa de estilo neocolonial donde se conservan muebles, objetos y documentos de la época.

Cordillera
de Buenaventura

Datos útiles

Obtenga más
información sobre
esta provincia
en la página

337

cerros, la que posee la sorprendente casa-escultura, una fantasiosa construcción que es siempre una atracción para el turista.

Llegando al departamento de Arauco se ingresa a una zona histórica donde se desarrollaron sangrientas guerras entre los calchaquíes de la zona y los conquistadores. Los indígenas fueron derrotados y desterrados, pero la región pronto se repobló y a principios del siglo XVIII se llamaba "Pueblo de Nuestra Señora del Rosario de Naturales de Aimogasta".

AMINGA

Enmarcada por pintorescas quebradas y poblada de viñedos está esta villa, cabecera del departamento de Castro Barros. Importante productora de vinos regionales el lugar está poblado por antiguas casonas y bodegas. Se pueden visitar los viñedos que crecen en lomadas entre naranjos y nogales, originando pintorescos paisajes. Los productos de la villa se pueden comprar en la calle principal: empanadas, pan casero, dulces y embutidos.

ANILLACO

Pequeña población arbolada con sauces, y confortable hotelería. La iglesia de San Antonio, con muros de piedra, ha sido muy reformada y su campanario reemplazado, lo que recuerda lo sísmico del suelo riojano.

ANJULLON

San Vicente Ferrer es la iglesia más bella de la costa. Es de 1896 y su estilo recuerda la arquitectura que los jesuitas dejaron en Córdoba en el siglo XVIII. Desde la plaza se puede observar su extensa fachada y su armoniosa torre campanario. En su interior hay interesante imaginería. Como en todo el circuito en la plaza hay venta de productos regionales, con la especialidad del lugar: los alfajores de turrón riojano.

Antes de llegar a Aimogasta se encuentran dos poblaciones rodeadas de abundante vegetación: **San Pedro**, el último oasis del circuito, y **Santa Cruz**, oculta entre los

AIMOGASTA

A 130 km de la capital y a 838 msnm, es conocida como la Capital Nacional del Olivo y la mayor productora de la variedad de aceituna Arauco, donde se la procesa e industrializa para obtener uno de los mejores aceites de oliva del país. Arauco, un cercano poblado, ostenta el orgullo de poseer el olivo más añejo de la provincia, de más de 400 años de antigüedad. Según la tradición, en 1770 el rey Carlos III, como medida proteccionista, dada la alta calidad de los olivares riojanos, mandó talarlos. Estoicamente sobrevivió uno, del cual se sacaron retoños que permitió su posterior reproducción, base de la economía regional.

ALPASINCHE

Camino al Valle Vicioso se encuentra este caserío de típico trazado colonial. Con sus calles desdibujadas y su habitual plaza, el lugar posee una iglesia de inesperada arquitectura. De forma cúbica y maciza, con una torre frontal única, es toda una curiosidad. Saliendo hacia el Valle Vicioso, conocido así por su gran fertilidad, se llega a San Blas.

SAN BLAS

Antaño el pueblo indígena más importante del valle. En 1612 ya existió una iglesia dedicada a San Blas, patrono del Curato. La construcción actual es de 1734, de sencillo diseño colonial con la torre campanario y una sólida puerta con el dintel tallado en curvas, donde se adivinan reminiscencias árabes.

Parque Provincial Talampaya

El Parque Provincial Talampaya –cuyo significado en quechua es "Río Seco del Tala"– es el gran polo turístico de la provincia. La conmovedora belleza del escenario natural de Talampaya ha sido esculpida durante siglos por los vientos y el agua que erosionaron las paredes del cañón y le dieron diversas formas. A la obra de la naturaleza se le sumó posteriormente la del hombre prehispánico, quien dejó una herencia de petroglifos que aún se encuentran sin descifrar.

Para recorrer el parque es necesario contratar un guía con camioneta, ya que está prohibido el acceso con vehículos particulares.

Los diferentes circuitos se recorren entre las barrancas rojizas del cañón, de más de 100 m de altura, un área arqueológica, una notable falla geológica, cuevas, petroglifos e impresionantes formaciones.

El lugar posee una gran variedad de flora autóctona, que se encuentra en el Jardín Botánico, e incluye algunas especies de gran tamaño, como algarrobos, chañares, cardones, retamos y jarillas. Entre la fauna del lugar se pueden ver zorros, liebres, guanacos y el esquivo puma.

Es inevitable dejarse llevar por la majestuosidad del paisaje y tratar de adivinar figuras en las distintas formas esculpidas en la piedra, como castillos, catedrales y figuras humanas.

Chilecito y Valle de Famatina

La visita al valle de Famatina incluye la contemplación de la imagen lejana de los nevados del cordón del mismo nombre. En medio de la permanente aridez del paisaje se presentan estas formaciones imponentes, que son parte de la historia de la provincia, y Chilecito, un oasis que sostiene su economía con la agricultura y la minería.

Al salir de la capital rumbo a *Patquia*, por la ruta nacional Nº 38, a 72 km, el camino se interna en el Valle de Famatina.

Como puerta de acceso están *Los Mogotes Colorados*, que integran las sierras de los Colorados. Estas sorprendentes formaciones rojizas, que parecen inmensas esculturas naturales cinceladas por la erosión del tiempo, fueron un lugar estratégico para el caudillo Angel Vicente Peñaloza. Entre los laberínticos macizos se encuentra la *Cueva de Chacho*, sitio que la tradición señala como refugio del caudillo durante las luchas montoneras.

La ruta que sigue es un largo trecho en medio de la aridez del valle que se erige a modo de un largo pasaje entre las sierras de Sañogasta y Famatina por un lado, y las de Famatina por el otro.

En un desvío del camino se encuentra *Vichigasta*, un pueblo muy sencillo, que tiene la particularidad de usar galerías filtrantes para riego. Este interesante testimonio histórico de la época de los jesuitas es propio de la cultura de oasis, cuyo sistema de riego aprovecha el curso de los ríos al excavar túneles bajo su lecho. A través de paredes filtrantes, que originalmente eran de madera y en la actualidad están hechas de hormigón, el agua es conducida a estanques para luego ser utilizada

Los Mogotes Colorados

como fuente de riego de la árida zona. Se afirma que su origen es prehispánico. En el lugar se puede visitar también la iglesia de San Buenaventura, una de las pocas de la región dentro de una plaza-atrio. Posee valiosa imagen del Santo Patrono.

CHILECITO

En el cruce con la ruta nacional Nº 40 se encuentra Chilecito. A 192 km de La Rioja, a 1.074 metros sobre el nivel del mar, está instalada la ciudad donde el suelo y el clima combinan sus características para convertirla en un importante centro turístico y económico. Al pie de la sierra de Famatina, con más de 4.500 hectáreas de viñedos, la zona es la más importante productora de vinos de la provincia y notable productora agrícola de frutas y verduras.

Originalmente la economía de Chilecito, como en tantos otros centros riojanos, estuvo fuertemente ligada al complejo panorama minero de la provincia.

La historia de la ciudad se remonta a épocas prehispánicas, cuando en el lugar ya existía una tambería incaica. A comienzos del siglo XVII la zona comenzó a poblarse y empezaron a realizarse los primeros cultivos y actividades mineras.

En 1715 Domingo Castro Bazán fundó la ciudad de Santa Rita, que luego se llamó Chilecito por la gran cantidad de operarios de origen chileno que trabajaban en las minas. El cerro de Famatina fue desde mediados del siglo XIX un centro minero con gran poder. La obra del cablecarril a la mina *La Mejicana* es un testimonio de lo que significó el auge del oro en esa época.

Plaza Domingo F. Sarmiento

Diseñada en 1940, en su superficie se encuentran lapachos, añosos plátanos, palmeras, jacarandás y tilos. Al anochecer el sitio cobra una inusitada actividad, especialmente en los bares que rodean la plaza.

Iglesia Parroquial

De moderna arquitectura, la institución conserva en su interior la imagen de Santa Rita de Casia del siglo XVIII, Patrona de Chilecito.

Palacio Municipal

Testimonio del esplendor que cubría la construcción donde en 1942 estaba instalado el Hotel Nacional de Turismo, cuesta creer que en esta obra de arquitectos hayan sido utilizadas piedras del antiguo tambo inca.

Molino de San Francisco

El añejo molino harinero del siglo XVIII es hoy un museo arqueológico e histórico. La parte más antigua de la construcción es la sala histórica, que data de 1712. El resto de la estructura fue ampliada a mediados del siglo XIX. En el molino se guardan colecciones de culturas aborígenes de la época colonial e interesantes objetos de los siglos XIX y XX.

PASEOS DESDE CHILECITO

• **Tamberías del Inca.** En lo que fue el primitivo asentamiento incaico se conservan los restos del recinto, rodeado de pircas y vestigios de los sembradíos.
• **Samay Huasi.** La "casa de descanso" (significado de su nombre en quechua) fue

Turismo aventura

La más bella de las excursiones cordilleranas es a la vez una de las más difíciles de realizar. Unicamente es recomendable para fanáticos de la aventura en gran escala que posean una camioneta 4x4. Laguna Brava es un bellísimo espejo de agua salada de 50 km² ubicado a 4.000 msnm. Para llegar a destino hay que ascender un empinado camino que atraviesa paisajes de indescriptible belleza, con cimas nevadas y cielos brillantes como marco, hasta la elevada pampa que la conecta con el Salar del Leoncito. La Reserva Provincial de Vicuñas y Protección del Ecosistema forma parte del Parque San Guillermo. El camino está poblado de refugios cordilleranos construidos a mediados del siglo XIX que tienen una arquitectura particular, de forma circular, con un techo abovedado y paredes de piedra. Estos refugios resultan imprescindibles para protegerse del viento y el frío de las alturas.

Reserva Ecológica
Laguna Blanca

construida al pie de las sierras. El plácido lugar de "retiro" que perteneció al doctor Joaquín V. González es actualmente un museo con mobiliario y pertenencias del jurista y escritor riojano, fundador de la Universidad de la Plata.
• **Mallingasta.** Es un pueblo de bodegas y viñedos que cuenta con una florida plaza. Su pasado tiene una historia cargada de litigios entre indígenas y conquistadores. Se puede visitar la bodega del lugar y degustar sus vinos.

Noreste

Introducción y mapa	90
Fauna y flora de la Argentina	92

Misiones	**94-105**
Posadas	94
La ruta del Paraná	96
Oberá, Aristóbulo del Valle	101
Cataratas del Iguazú	103

Corrientes	**106-115**
Corrientes (capital)	106
Esquina, Goya, Bella Vista	
y Empedrado	109
Ituzaingó, Paso de la Patria	111

Entre Ríos	**116-127**
Paraná	116
Ruta del río Uruguay	119

Chaco	**128-133**
Resistencia	128
Presidencia Roque Sáenz Peña	130
El Impenetrable	132

Formosa	**134-137**
Formosa (capital)	134
Otros paseos	135

Noreste

Lejos del mar y las montañas, el Litoral ofrece la más rica concentración de fauna y flora del país, en un recorrido apasionante por las suaves ondulaciones entrerrianas, campos correntinos donde el gaucho de montera y polainas sigue inmerso en costumbres centenarias, y la exuberancia de la selva misionera, con incontables travesías asociadas al río Paraná y Uruguay, que van formando diferentes caídas de agua hasta llegar a las imponentes cataratas del Iguazú, Patrimonio de la Humanidad de la Unesco.

Increíble combinación de esteros, ríos y bañados, donde conviven especies de gran variedad, especial para los amantes de la naturaleza en su estado puro, por rutas que atraviesan invalorables testimonios históricos, antiguos obrajes, ruinas jesuíticas, pintorescos caseríos con pobladores de variadas etnias, en el característico marco de las ricas tierras rojas de la región.

MISIONES

Cubierta por selvas, que surgen exuberantes de sus tierras rojas, en caminos donde el agua cae y salta desde diferentes alturas, Misiones es la provincia donde la naturaleza se muestra con formidable esplendor. Con impresionantes testimonios de uno de los capítulos más importantes de la colonización hispana, y la gesta de pioneros de un crisol de diferentes razas y culturas que pueblan sus tierras, poblada de obrajes y tabacales, ofrece contrastantes paisajes de incomparable colorido.

CORRIENTES

Ligada a importantes hechos históricos que forjaron la vida del país y enmarcada por los dos grandes colectores de la cuenca del Plata, los ríos Paraná y Uruguay, Corrientes es una vasta planicie cubierta por

esteros y bañados. En su tierra la tradición se conserva a través del idioma guaraní, de los gauchos que habitan sus añosas estancias, y del hondo sentido religioso de sus pobladores, presente en Itatí y su catedral. Entre los atractivos de la provincia se destacan la extraordinaria belleza salvaje de los esteros del Iberá, la práctica de la pesca deportiva, los festejos del carnaval, y la presencia constante del chamamé, que musicaliza las escenas cotidianas correntinas.

ENTRE RIOS

Al sur de la Mesopotamia , entre dos de los más importantes ríos americanos, se extiende la superficie de la provincia de Entre Ríos. Su paisaje se desarrolla entre las amplias llanuras pampeanas, las suaves ondulaciones de sus cuchillas, las elevadas barrancas y las costas. La tierra entrerriana es rica en historias de aguerridos charrúas, pueblos jesuitas y caudillos, cuyas huellas están impresas a lo largo de sus caminos.

CHACO

El aspecto predominante en el paisaje de la provincia es la llanura chaqueña, que es interrumpida por selvas subtropicales y palmares. Los pequeños ríos que cruzan el Chaco desembocan en el Paraná y en el Paraguay, creando la zona más fértil y productiva de la región. En importantes áreas de reservas naturales y en varios lugares de interés turístico se conservan testimonios de la historia vivida en fortines, asentamientos jesuitas, centros azucareros y explotaciones forestales. En el territorio chaqueño el visitante encuentra muchos de estos lugares emplazados como sitios históricos y otros diseñados especialmente para los amantes de la naturaleza.

FORMOSA

Esta región del Chaco Argentino es una gran reserva natural, en una extensa llanura de clima subtropical cubierta de una intrincada vegetación y rodeada de ríos, donde la pujanza de la provincia de frontera no ha logrado diluir las raíces que el mágico mundo de las diferentes etnias indígenas siguen tejiendo.

Fauna y flora de la Argentina

La selva misionera

La región

Dominada por la llanura y encerrada entre los dos grandes colectores de la cuenca del Plata, los ríos Paraná y Uruguay, el territorio presenta diferentes paisajes y zonas de gran riqueza de flora y fauna. Chaco, situada al noroeste de la región del mismo nombre, forma parte de la Llanura Platense, con bosques cerrados, al igual que Formosa. En Misiones la planicie se interrumpe con su relieve mesetario y la desbordante exuberancia de la selva subtropical. Llegando a Corrientes el paisaje vuelve a ser llano y poblado de esteros, rasgo característico de la zona, y Entre Ríos se enfrenta a la llanura pampeana, interrumpida al norte por las leves elevaciones de sus cuchillas.

1. Coatí

2. Mono Caí

3. Loro Chiripipé Común

4. Tucán

5. Tapir

6. Jaguar

7. Tersina

8. Guayabí

9. Sabuguero

10. Palo Rosa

11. Fumo Bravo

12. Mermelero

13. Caraguatá

14. Bromelia

Posadas

Fue primitivamente la Reducción de indios guaraníes de Nuestra Señora de Itapuá, a comienzos del siglo XVII, pero recién a fines del siglo XIX nació el pueblo de Trinchera de San José que en 1879 cambió su nombre por Posadas, en honor del primer Director Supremo de las Provincias Unidas del Río de la Plata, don Gervasio Posadas.

Reducción jesuítica (grabado)

La ciudad, de clima subtropical, que enfrenta al río en su amplia ribera, ofrece la proverbial combinación de tierra rojiza y verdes exuberantes, como parte del paisaje. El Puente Internacional Roque González de Santa Cruz comunica con la República del Paraguay.

❶ Plaza 9 de Julio

Es el centro de la ciudad y está poblada de especies de flora autóctona, como jacarandás, lapachos, chivatos, palmeras, petiribíes y pindó.

❷ Iglesia Catedral

Del arquitecto Alejandro Bustillo, sigue los lineamientos del estilo románico. Exhibe dos torres campanario.

❸ Casa de Gobierno

Un proyecto del ingeniero italiano Juan Col, el edificio se inauguró en 1832. Es de estilo clásico, con inspiración en el academicismo francés.

❹ Museo de Ciencias Naturales e Históricas

Está dividido en dos sectores. En Ciencias Naturales, con muestras de vertebrados e invertebrados, aves y mamíferos de Misiones. En el sector Historia se puede seguir la prehistoria de Misiones y la cultura guaraní, las Misiones Jesuíticas y las distintas etapas de la colonización.

❺ Museo Arqueológico e Histórico Andrés Guacurari

Lleva el nombre de un indígena misionero, y muestra elementos representativos de la cultura de la provincia. Tienes salas Etnográfica, Arqueológica, Jesuítico-Guaraní y Sanmartiniana.

❻ Museo Municipal de Bellas Artes Lucas Braulio Areco

Fue construido con el aporte de empresarios yerbateros, y es conocido como Palacio del Mate. El sitio es usado para actos culturales, como lugar de difusión y homenaje a la industria del mate.

❼ Museo Provincial de Bellas Artes Juan Yaparí

En dos sectores se realizan exposiciones de artistas nacionales y extranjeros. En el entrepiso hay una muestra permanente de 280 obras, algunas de gran prestigio.

❽ Mercado Paraguayo

Este populoso mercado está instalado en la zona del puerto. Ahí se pueden encontrar

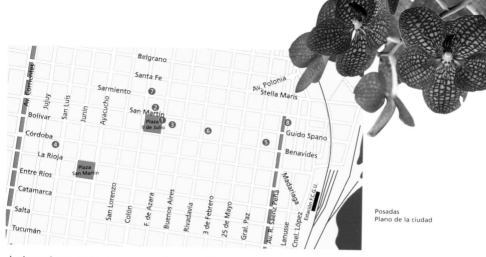

Posadas
Plano de la ciudad

desde productos regionales y artesanales, carnes y verduras, hasta elementos electrónicos importados procedentes de la localidad paraguaya de Encarnación.

Museo Regional Aníbal Cambas

Instalado al lado del Mercado Artesanal en una interesante construcción, característica de la edificación misionera con el aporte de varios auspiciantes, entre los cuales el principal fue Aníbal Cambas. El museo posee varias salas que muestran los testimonios de la prehistoria y el desarrollo de las diferentes culturas de la región.

Mercado Artesanal

Exposición y venta de artesanía aborigen. Destacada selección de cestería guaraní en cañas silvestres: tacuapí, tacuarembó y tacuaruzú, en motivos geométricos teñidos en colores rojizos con caticuá, una corteza silvestre.

Jardín Botánico

Dentro del Parque Adam, en sus senderos se pueden apreciar las variadas especies autóctonas de la flora misionera en un paseo de fresco verdor.

Anfiteatro Municipal Antonio Ramírez

En homenaje al gran poeta que supo expresar las raíces misioneras, se bautizó este anfiteatro que alberga la Escuela de Danzas Clásicas y Modernas, y donde cada año es sede de los Festivales del Litoral.

Bajada Vieja

Es un tradicional barrio antiguo, con casonas del 1900, situado en la calle Fleming, que desciende hacia el río Paraná. Aquí estaban los negocios de los "turcos", en su mayoría de origen siriolibanés, también conocidos como conchabadores, ya que oficiaban de proveedores de peones, los mensúes que trabajaban en los obrajes.

Puente Roque González de Santa Cruz

El puente internacional es vial y ferroviario y comunica a la Argentina con Paraguay. El nombre es en homenaje al jesuita que fundó la primera misión entre los guaraníes. Es una impresionante y armónica obra, cuya construcción fue realizada por un consorcio entre empresas argentinas e internacionales sobre un proyecto de los ingenieros Heckhausen y Cabjolsky. Tiene 2.530 m de longitud y por debajo pueden pasar barcos de gran calado. Fue inaugurado el 2 de abril de 1990. Cruzando el puente se puede hacer una visita a Encarnación (Paraguay), una pintoresca localidad que ofrece gran variedad de negocios para compras.

Más información

Secretaría de Turismo
Colón 1985 - Posadas
Tel: (03752) 447540/45
Todos los días
de 7 a 19
Correo electrónico:
ciberturismo@ciudad.com.ar

Paisaje misionero. Oberá

La ruta del Paraná

Por la RN12 desde Posadas se llega a Puerto Iguazú, la zona donde se encuentra el Parque Nacional Iguazú y las cataratas. El circuito va bordeando el río Paraná, adentrándose en la espléndida geografía de la zona, con impresionantes ruinas jesuíticas, una gran variedad de saltos y caídas de agua, yacimientos de piedras semipreciosas y pintorescos poblados dentro del colorido territorio misionero.

CANDELARIA

Fue asiento del Superior de la Compañía de Jesús hasta la expulsión de la orden. Es un pequeño poblado de 1689, y en su puerto se encuentra el Sarandí Histórico, el árbol bajo el cual descansó el general Belgrano durante su campaña. Con autorización se pueden recorrer los vestigios del pueblo jesuita, actualmente en el solar de la Penitenciaría Federal.

En las cercanías se encuentra el Parque Provincial El Cañadón de Profundidad. En un paisaje de gran belleza se encuentra este parque de 19 hectáreas de campos y bosques con gran profusión de urundayes.

Unos kilómetros más adelante está la estación de peaje de Santa Ana, allí sale un camino hacia la primera de las ruinas.

(Ver recuadro.)

JARDIN AMERICA

La ciudad, fundada en 1946, ostenta la particularidad de poseer 17 iglesias, de las cuales sólo tres son católicas, y 28 cultos diferentes, conviviendo armónicamente entre sus habitantes colectividades de diferentes países del planeta, con un importante grupo japonés entre ellas. Desde aquí se llega a Aristóbulo del Valle y la RN14 que conecta con el río Uruguay.

A 2 km están los *Saltos del Tabay*, una bella cascada de unos 10 m de alto, rodeada de selva, con campings alrededor de la pileta natural que forma la caída.

Un poco más adelante está el *Salto Capioví*, una caída de 20 m de ancho, donde funciona un balneario, con confitería y res taurante. En *Puerto Mineral* se encuentra una importante fábrica de celulosa y papel Kraft, el Complejo Papel Misionero.

PUERTO RICO

Fundada en 1919 por un colono alemán, un banquero brasileño y un sacerdote jesuita, su nombre hace mención a la importante riqueza de la zona. Hoy es una pujante ciudad, cuya economía –como en otros puntos de la ruta–, está relacionada a la producción agrícola-ganadera. En el lugar se puede visitar el *Museo de Raíces de Puerto Rico*, enfrente del cual se encuentra la *Iglesia de San Alberto Magno*, y frente a la plaza San Martín la *Capilla de San Miguel*, Monumento Histórico. En el centro está la Hostería Suiza, un buen lugar para descansar con un buen almuerzo.

MONTECARLO

Su origen es de 1919, y es famosa productora de orquídeas. Todos los años en el mes de octubre se realiza en el lugar *La Fiesta Nacional de la Orquídea y Fiesta Provincial de la Flor*. En ella se llegan a exponer alrededor de 1.400 variedades de flores.

Montecarlo es además un importante centro de producción agroforestal, con una gran variedad de cultivos, y la zona cuenta con una serie de fábricas de celulosa y cartón, terciados y aserraderos.

Una visita interesante es el *Orquideario*, vivero productor de orquídeas donde se puede seguir todo el proceso y las técnicas empleadas para su producción.

En el Centro Cívico está el *Museo Histórico-Arqueológico y Biblioteca*, y un poco más adelante el *Laberinto y Parque Juan Vortisch*. Aquí se realizan las fiestas Nacionales de la Orquídea y de la Flor. Cuenta con un laberinto vegetal de 3.100 metros cuadrados, realizado en ligustrina. Una interesante experiencia.

Reserva Natural Isla Caraguatay

Sobre el río Paraná, tiene 52 hectáreas de flora y fauna nativa. Lugar ideal para pescadores y caminantes, desde la cima del peñón a 182 msnm se obtienen bellas vistas.

En sus alrededores, Montecarlo cuenta con una serie de agradables playas con remansos. También está el *Zoo-Bal-Park*, un complejo privado propiedad de Federico Kruse, quien ha logrado reunir en su zoológico especies de la fauna autóctona como yaguaretés, tapires, venados, catíes y felinos salvajes de la región. El lugar cuenta con un estanque con peces de la zona y una bella pileta natural.

Tipico carro
de bueyes misioneros

Las Ruinas Jesuíticas

Santa Ana

Están emplazadas en plena espesura de la selva, y es realmente emocionante imaginar que se encuentran en el mismo estado en que fueron descubiertas. Los muros de la iglesia mayor que aún quedan en pie fueron invadidos por plantas trepadoras tropicales que se entrelazan con las centenarias piedras, impresionante muestra de la fuerza de la naturaleza. Esta concentración de misiones se establece en la región por primera vez en 1620, y fue diezmada en pleno florecimiento, con la expulsión de los jesuitas en 1767. Detrás del altar mayor de las ruinas existen los restos de un cementerio de fines del siglo XIX, invadido por la selva, que recomendamos visitar.

Loreto

Son los restos de un poblado jesuítico destruido luego de la expulsión de la orden. Posee un moderno centro de informes, y actualmente están trabajando arqueólogos en la restauración de estos testimonios de un importante pasado.

San Ignacio Miní

La más importante y mejor conservada de las misiones jesuíticas de la región, Patrimonio Cultural de la Humanidad de la UNESCO. Sorprende la imponencia de su emplazamiento, con los restos de los portales de la iglesia mayor profusamente tallados, al final de una inmensa plaza. Comprende un impresionante conjunto de construcciones con templo, plaza, cementerio y sectores habitacionales varios, y galerías adyacentes con escalinatas, balaustradas y pisos tallados en basalto y piedras de arenisca roja, color que domina el paisaje. Todo con gran armonía arquitectónica.

Tallas, esculturas y otras piezas recuperadas en la restauración de la misión se encuentran en el Museo Jesuítico de San Ignacio Miní, ubicado a la entrada del lugar.

ELDORADO

Esta rica población fundada en 1919 por Adolfo Schweim, es una de las mayores de la provincia y cuenta con un puerto y una gran actividad industrial y manufacturera de los productos de la región. En su quebrada fisonomía se asentaron colectividades de inmigrantes rusos, suizos, escandinavos y polacos. Con grandes plantaciones de yerba mate, té, soja, mandioca, tabaco, poroto, maní, cítricos y tung, entre otros, cuenta con fábricas de terciados, muebles, almidón de mandioca y aceite de tung y secaderos y molinos de yerba mate. En setiembre se realiza en el lugar la Fiesta del Tung.

En una visita se puede conocer: *Parque Municipal Adolfo J. Schweim*, un lugar con especies exóticas y de la zona. En el umbrío paisaje se encuentran palmeras reales, gigantescos gomeros y árboles de caucho. El parque cuenta con el *Museo Municipal* con una riquísima colección de arqueología e historia altoparanaense. En las inmediaciones se encuentran los balnearios *Piray-Guazú, Piray-Miní y Fambell*. A 2 km se llega al *Salto Elena*, en un entorno selvático a orillas del arroyo del mismo nombre, con una caída de 12 m y una gruta milenaria que originó misteriosas leyendas.

Agatas de Wanda

WANDA

Esta pequeña localidad es conocida por sus yacimientos de piedras semipreciosas. Se pueden realizar visitas guiadas a las minas de Santa Catalina y Uruguaí, donde es posible ver fascinantes formaciones de cuarzo saliendo de perforaciones en las rocas del lugar.

Sobre la ruta se halla un centro comercial que ofrece productos regionales y objetos realizados en las diferentes piedras de las minas.

PUERTO IGUAZU

Esta ciudad, situada sobre barrancas que conforman un balcón natural, es el límite con Brasil y Paraguay. Concentra una gran cantidad de hoteles y servicios turísticos originados por la proximidad con el Parque Nacional Iguazú, y su vinculación a través del Puente Internacional Tancredo Neves con Brasil y la Ciudad del Este en el Paraguay. Con bellas vistas sobre el río, un punto de interés es el Hito Argentino, en el encuentro de los ríos Iguazú y Paraná. En el lugar se encuentra el museo *Trinchera Mbororé*, propiedad de los descendientes de su fundador, Luis Honorio Rolón, ferviente defensor de los indígenas; allí se conservan objetos guaraníes y jesuitas.

Aristóbulo del Valle.
Secadero de tabaco

Oberá-Aristóbulo del Valle-El Soberbio

Desde San Ignacio, por la RP6, se llega a Oberá (en lengua aborigen, lo que brilla). Es la segunda ciudad más poblada de Misiones, desde que en 1913 comenzaron a ingresar inmigrantes de diferentes países provenientes de Brasil. Fundada en 1928, continuó atrayendo inmigrantes rusos, eslavos, ucranianos y polacos. Actualmente es el centro comercial e industrial más importante del centro de la provincia.

En Oberá se puede visitar *El Parque de las Naciones*, lugar donde se realiza anualmente la *Fiesta Nacional del Inmigrante*, y el *Jardín de Pájaros Wendlinger*, con numerosas especies autóctonas y exóticas.

La *Iglesia de la Inmaculada Concepción* es templo católico ucraniano donde se profesa el rito bizantino antiguo. Posee una interesante cúpula de cobre y vitrales.

El *Museo de Ciencias Naturales Florentino Ameghino* contiene una interesante muestra de la fauna misionera.

Santuario de Nuestra Señora de Schönstadt. Es una réplica de la que se encuentra en la aldea alemana del mismo nombre.

Iglesia de San Antonio. Tiene el nombre del patrono de la ciudad. Fue inaugurada en 1943 y es de estilo gótico.

En los alrededores de la ciudad se encuentra el *Ofidiario*, con diversas especies de serpientes de la región, y a 2 km el *Salto Berrondo*. El lugar es un Complejo Turístico Municipal, con buena infraestructura y una hermosa vista. En un desvío del recorrido está la bajada al salto. El sendero es de piedra y empinado, con terrazas de descanso en miradores con bancos enfrentando la cascada, que desde allí luce magnífica sumergida en una exuberante vegetación.

Reserva Mbotabí. La segunda reserva natural de la selva misionera en la provincia, ha sido conservada con fines didácticos, turísticos, de investigación científica y como reserva biológica y genética.

Camino hacia
El Soberbio

ARISTOBULO DEL VALLE

En 1921 se estableció como colonia agrícola conformada por numerosos colonos de otras provincias y países vecinos. A partir de 1930 comenzaron a llegar los inmigrantes quienes produjeron importantes cambios e incrementaron el progreso de la zona, aumentando entre otras la producción de la yerba mate. A partir de allí se asentaron los primeros comercios y oficinas públicas, así como instituciones financieras y educativas.

La ciudad fue fundada oficialmente en 1961, y en un recorrido se puede conocer *Parque Cainguás, Museo de Esculturas Contemporáneas al aire libre, Jardín Botánico de Palmeras.*

En paseos cortos por los alrededores, ya en plena sierra misionera, se llega a la *Reserva de Animales Silvestres*, siguiendo una serie de miradores que ofrecen vistas panorámicas del paisaje que serpentea por la sierra, especialmente en el balcón sobre el cañón *Cuña Pirú*. A 12 km está el *Salto Encantado*, formado por las aguas del arroyo Cuña Pirú, que se precipitan desde 70 m

Jardín América.
Orquídeas

Aserradero de El Soberbio

de altura en medio de un paisaje de salvaje belleza. El arroyo, antes de caer forma una pileta natural, y se pueden realizar paseos por los alrededores disfrutando de un entorno exuberante.

HACIA EL SOBERBIO

Se va por un camino consolidado, muy interesante, ya que se interna en el interior de Misiones en plena zona maderera y de tabacales, donde los secaderos y los esporádicos caseríos alrededor de las plantaciones son muy pintorescos. La selva subtropical en las cercanías, los bananeros y la siempre exuberante flora de la región lo acompañarán toda la ruta.

Saltos del Moconá

Sobre el río Uruguay, y a lo largo de 3 km, los saltos son una sucesión de caídas de agua que varían de 5 a 12 m de altura. Estos se encuentran dentro del Parque Provincial Moconá, y son parte de la Reserva de Biosfera Yabotí que abarcan 223.000 hectáreas. En territorio brasileño están dentro del Parque Nacional Iurvo. Es un paisaje imponente, cuya mejor apreciación es desde la vecina orilla brasileña, para lo cual se puede utilizar la balsa que funciona todo el año. Estos saltos, que caen paralelos al río, y a los que se pueden acceder también en lancha por el río Uruguay y con un guía, como tantos otros caprichos de la naturaleza, dependen de crecientes y del caudal que arrastren los ríos de las cuencas del Brasil, por lo que es posible que en algunas épocas del año queden virtualmente tapados por el impetuoso río Uruguay. Es recomendable llamar a El Soberbio antes de emprender el circuito.

La interesante mezcla de diferentes migraciones de Europa Central nos ofrece una población nativa donde los cabellos rubios y los ojos claros son el dominante de la zona. Alemanes, polacos, checos, por nombrar algunos de los muchos grupos étnicos, conforman un exótico mundo impensado en esas latitudes. Es posible verlos en carretas tiradas por bueyes transportando madera, o en típicos carritos trasladándose por el camino, o caminando simplemente, siempre protegidos por paraguas a manera de sombrillas.

En San Vicente sale la RP212 hacia El Soberbio, desde donde se accede a Moconá. Este camino de tierra consolidada nos interna paulatinamente en una selva subtropical que comienza a ser más espesa. Serpenteante, con subidas y bajadas, son unos 50 km donde se descubrirá la riqueza de todo tipo que concentra esta zona de Misiones.

EL SOBERBIO

El Soberbio, a orillas del río Uruguay, es una típica localidad de frontera. Con unos 2.000 habitantes, su principal actividad económica es el cultivo de plantas esenciales, de las que se destilan esencias utilizadas en perfumería, como el lemon grass y la citronela, cuya producción mayormente se exporta.

Emplazada en un paisaje de deslumbrante verdor, en medio de cadenas de sierras transversales, y enfrentada a exuberantes cerros que pertenecen ya a la costa de Brasil, hace honor a su nombre. Las cuencas de los varios arroyos que la atraviesan forman diferentes caídas de agua, algunas de las cuales merecen, como el salto Paraíso, un alto en el camino al Moconá.

Especial para vehículos 4x4, los 70 km de tierra roja y piedra consolidada lo convierten en un camino difícil y a veces intransitable en época de lluvias. Secaderos de tabaco, pequeños establecimientos agrícolas y el verde intenso de una selva que cada vez se hace más densa y cerrada, es el paisaje predominante por 53 km.

Cataratas del Iguazú

El río Iguazú nace en la Serra do Mar (Brasil) cerca de la costa atlántica, a 1.300 msnm, luego fluye hacia el oeste, siguiendo un sinuoso recorrido de más de 500 km hasta desembocar en el Paraná, a sólo 90 m sobre el nivel del mar. En su curso superior corre formando varios saltos y correderas, que se alternan con profundos remansos. En el último tramo de un kilómetro de largo, la selva ciñe el recorrido en la isla San Agustín, para luego abrirse en una cerrada U de aparente quietud desde donde se precipita desde 40 a 80 m sobre el importante desnivel creado por la falla geológica, formando las extraordinarias cataratas.

El río Iguazú superior antes de las cataratas es dividido en dos por la isla Grande. El brazo norte forma importantes saltos de 60 a 80 m, que a su vez vuelcan sus aguas en un inmenso cañón con una intensa bruma que origina un permanente arco iris. El cañón conocido como la Garganta del Dia-

blo es el panorama más espectacular del recorrido por su grandioso entorno y el sordo rugido de las aguas al caer.

Otros fascinantes saltos de gran belleza son el San Martín, el Bozetti, Dos Hermanas, Adán y Eva y el Tres Mosqueteros.

Los paseos se hacen por senderos en dos circuitos, el superior y el inferior. En ellos se atraviesan entornos selváticos, con bancos donde descansar, y miradores, algunos de los cuales están muy próximos a los saltos, pudiendo apreciarse el efecto vaporizador que producen los mismos.

Puerto Canoas

A pocos kilómetros del área Cataratas, está este puerto donde se accede a los lanchones con motor fuera de borda que llevan hasta la Garganta del Diablo. Una alternativa interesante es alquilar una "jungle bike" y hacer el trayecto pedaleando lentamente por el camino.

Cataratas del Iguazú.
Saltos Ramírez Bozetti

Datos útiles

Obtenga más información sobre esta provincia en la página

338

Parque Nacional Iguazú

En una suma total de casi 65.000 hectáreas se encuentra la reserva. Descubierta por Alvar Núñez Cabeza de Vaca en 1541 es una de las más grandes reservas del mundo por su riqueza de fauna y flora. Declarada Patrimonio de la Humanidad por la Unesco. Alrededor de los 275 saltos de agua, con la rugiente grandeza de la Garganta del Diablo como la expresión máxima de este monumento natural, considerado como una de las siete maravillas del mundo, convive una selva de características únicas como grandioso marco de tal maravilla. El clima tropical más los altos niveles de humedad que provocan las caídas de agua crean un efecto invernadero, manteniendo y reciclando permanentemente la flora del lugar, estimada en más de 2.000 variedades de especies. También se desarrolla una fauna riquísima en variedad y cantidad. Mariposas de deslumbrantes colores y diseños, de diversas formas y tamaños, coatíes, monos, osos meleros, comadrejas, así como el tapir, corzuelas, agutís y carpinchos conviven en este perfecto ecosistema.

La riquísima avifauna del lugar no puede pasar inadvertida. Navegar silenciosamente por los diferentes riachos en gomones es una inolvidable experiencia para avistar cantidad de pájaros, observarlos y escuchar sus diferentes trinos. Al atardecer los bullangueros loros y tucanes que surcan el cielo ponen la música de fondo, junto con el permanente rumor de los saltos de agua.

Sendero Macuco
A pie o en bicicleta, este sendero que se interna en la selva lleva hasta el salto Arrechea. Ideal para la observación de aves y monos.

Sendero Yacaratía
Especial para vehículos de doble tracción; va hasta Puerto Macuco. Allí se puede combinar con un paseo en botes especiales, recorriendo el río Iguazú inferior hasta la isla San Martín.

El Hotel Internacional Iguazú (5 estrellas), es el único dentro de la reserva. Su arquitectura, que privilegia una permanente vista a los saltos desde las habitaciones con terraza, posibilita experiencias como paseos nocturnos con guía en noches de luna, únicas en su tipo, ya que el parque cierra a las 20 horas.

Corrientes. Capital.
Plaza 25 de Mayo

Corrientes (capital)

La capital se levanta a orillas del Paraná, y es la más antigua del Noreste.

Fue fundada por el adelantado Juan Torres de Vera y Aragón, con el nombre de San Juan de Vera de las Siete Corrientes, en referencia a las turbulentas aguas que generan las piedras en ese punto del río. De tradición guaranítica, la ciudad fue fiel a esa cultura en su desarrollo. Con edificios característicos de la colonia, rodeados de galerías, que aún se conservan, exhibe diferentes estilos arquitectónicos que se fueron agregando a partir del siglo XIX y que aún perduran en su centro histórico, todo esto en el marco de una bella topografía, enmarcada por sus plazas y parques plenos de ceibos, naranjos, chivatos, jacarandás y los tonos pasteles del samohú, frente a las extensas costas de su costanera enfrentando el río.

❶ Plaza 25 de Mayo

Es el eje central del Centro Histórico. Antigua Plaza de Armas, es la plaza fundacional de la ciudad, y el área fue declarada de valor histórico y cultural. En su perímetro se encuentra un interesante muestrario de estilos arquitectónicos en los edificios de la Casa de Gobierno, Ministerio de Gobierno, Rectorado de la Universidad, Ministerio de Hacienda y Museo de Artesanías.

❷ Iglesia y Convento de la Merced

Originariamente se levantó en el lugar la capilla de San Juan Bautista, patrono de la ciudad, a mediados del siglo XVII. En 1858 se entregó el solar a la orden mercedaria, quienes construyeron allí la iglesia y el convento. En su interior se pueden ver valiosas tallas del siglo XVIII, en su gran mayoría realizadas en cedro por indígenas de las misiones.

Corrientes.
Plano de la ciudad

③ Iglesia Catedral
Nuestra Señora del Rosario

Frente a la Plaza Cabral se encuentra la catedral, de neto estilo neoclásico. El lugar es también panteón de la provincia. En su interior se halla el importante mausoleo que contiene las cenizas del coronel gobernador Genaro Berón de Astrada, del escultor Luis Perlotti.

④ Convento de San Francisco
e Iglesia de San Antonio (MHN)

La primitiva construcción es de 1608, de la que aún se conservan muros y piezas originales. De gran significado histórico y religioso, marca el establecimiento de los franciscanos, la orden más antigua en asentarse en la capital. Fue restaurada a mediados del siglo XX, conservando el diseño original de claustros y celdas. En el convento se encuentra el Museo de Imaginería Sacra.

⑤ Iglesia de San Antonio

Del siglo XIX, ostenta en su frente las estatuas de fray José de Quintana y de fray Luis Bolaños. El órgano de tubos del coro fue adquirido en la Exposición Internacional de París en 1879.

⑥ Iglesia de la Cruz de los Milagros

En el verde entorno de la Plaza de la Cruz está instalada la iglesia que es Monumento Histórico Nacional, en cuyo altar principal se halla expuesto el leño de la histórica cruz fundacional. El carácter milagroso de la misma se lo dio el hecho, en 1588, de tornarse incombustible al intentar quemarla los aborígenes del lugar.

Más información

Dirección de Turismo
25 de Mayo 1330,
Corrientes
Tel: (0783) 422786
Todos los días de 7 a 13
y de 17.30 a 19

Corrientes.
Iglesia Catedral Nuestra
Señora del Rosario

❼ Casa del Gobernador Lagraña

La casona, de gran tamaño, ocupa un cuarto de manzana con amplios patios y reja cancel. Construida a mediados del siglo XIX por el gobernador Lagraña, tuvo un gran protagonismo durante la guerra contra el Paraguay, cuando fue ocupada por éstos, instalando en el lugar la comandancia de su ejército. En 1985 se la declaró Monumento Histórico Nacional.

Se pueden visitar además los **museos Colonial** e **Histórico, Bellas Artes Dr. Juan Ramón Vidal, Ciencias Naturales Amado Bonpland** y **Arte Sacro Fray José de la Quintana.**

Dos monumentos sobresalen en la capital: La Taragüi, una figura representativa de la mujer guaraní, del escultor correntino Amado Puyau, y el monumento al general Alvear, obra de la famosa escultora tucumana Lola Mora.

A lo largo de 2,5 kilómetros se extiende la **Costanera General San Martín,** paseo favorito de los habitantes de la capital. Enfrentando las sietes puntas rocosas que inspiraran a Juan Torres de Vera y Aragón para darle el primitivo nombre a la ciudad. Llamadas *Arazati, Tacuara, Tacurú o Ñaró, San Sebastián, Arazá, Yaticá y Aldana*, algunas de las puntas fueron lugares estratégicos en la historia del país.

Puente Interprovincial General Manuel Belgrano

En el extremo sur de la costanera se levanta esta monumental obra de ingeniería italiana, inaugurada en 1973, que une Corrientes con Resistencia, capital del Chaco. Es el primer puente construido sobre el río Paraná y tiene una longitud total de 1.700 metros.

La costanera que es una avenida con boulevares, está arbolada en su recorrido con lapachos que cuando florecen dan un maravilloso panorama teñido de rosa intenso. El circuito incluye varias atracciones.

Anfiteatro José Hernández

Aquí todos los años se realiza el Festival Nacional del Chamamé, la tradicional música popular litoraleña. El lugar tiene capacidad para 10.000 personas.

Parque Camba Cuá

El lugar de los niños, obligado paseo en bicicleta, cuenta además con el **Centro Cultural Camba Cuá,** lugar de exposiciones. Los 6 de enero se celebra la fiesta de San Baltasar.

Parque Mitre

Ubicado entre las puntas *Arazá* y *Yaticá*, donde se encuentra el Puente de la Batería. Fue Campo de Marte y allí se instalaron fuerzas militares en la guerra de la Triple Alianza. La curiosidad del lugar es un gomero de la India, única especie en el país.

Bordeando el puerto está el antiguo desembarcadero de balsas, y el Mercadito Paraguayo, donde se venden gran cantidad de productos importados.

Mercedes. Carpinchada

Esquina, Goya,
Bella Vista y Empedrado

ESQUINA

Esquina, a 589 km desde Buenos Aires, conocida como el Portal Sur de la Provincia, es la primera localidad después del límite con Entre Ríos. Enfrentando el río Paraná, es famosa por su pesca deportiva, lo que atrae a los amantes de este deporte por la variedad de especies codiciadas como el dorado, el surubí, el mangu ruyú y el pacú. A principios de marzo se realiza el Campeonato del Pacú, por lo que una semana antes hay veda total de pesca.

Esta encantadora pequeña ciudad, a orillas del río Paraná, data de 1778, y conserva aún una ribera de romántica belleza, con palmeras y antiguos caserones, donde la modernidad parece no haberla invadido. Allí, frente a la generosa amplitud del río, es posible incursionar en las exquisitas ofertas gastronómicas de la pesca del lugar.

GOYA

La segunda ciudad de la provincia está emplazada sobre el riacho Goya, frente al Paraná. Se caracteriza por su importante producción tabacalera; en la ciudad están instaladas fábricas de cigarrillos. Otro paraíso de la pesca, es sede todos los años de la Fiesta Nacional del Surubí, el codiciado gran pez de río. No posee fecha de fundación, pero fue reconocida en 1772 con el nombre de Goya. Este era el nombre de la esposa del propietario de la posta de carretas de la época, el portugués Bernardo Olivera, quien instaló un almacén-pulpería sobre las márgenes del río conocido como el Rincón de Goya. En el lugar se puede visitar la **Iglesia Catedral** de principios del siglo XX, el **Museo Juan Esteban Martínez**, de 1860 y valiosa arquitectura, y la **Capilla del Diablo**, un singular paseo para los interesados en imaginería artesanal.

Costanera de Esquina

Arriba:
Esteros correntinos

Gauchos de estancias correntinas

Sin embargo, Bella Vista es una de las localidades con mayor crecimiento demográfico gracias a su creciente industria citrícola. Siguiendo el paseo costero, de exuberante verdor, se puede acceder a bellas vistas panorámicas del río Paraná desde sus elevadas barrancas.

EMPEDRADO

Esta pequeña localidad, cuyo origen fue una colonia española, tuvo proyectos de instalar las reducciones de Santiago Sánchez y de Ohoma en ella, pero fueron posteriormente destruidas en 1718. Durante 1723 y 1739 se intentaron otras fundaciones pero también fracasaron. En 1826 el pueblo se estableció definitivamente. El lugar cuenta con bajada para embarcaciones, un camping y balneario municipal, es un sitio muy atractivo para el turismo asociado a deportes náuticos. Se puede visitar la **Iglesia de Nuestro Señor Hallado**, por la imagen de Cristo sin el crucifijo que se encontró en la zona, hoy patrono de la ciudad.

BELLA VISTA

Aunque su origen es difícil de precisar, se sabe que en el siglo XVIII su población sufrió los embates de indígenas belicosos, y por Andresito Artigas en 1818. Se la reconoce desde 1825. Con la Ley de Inmigrantes de 1830, se generó un gran flujo de extranjeros que vinieron a radicarse en la zona. Luego de una época de desarrollo sostenido, una serie de infortunios, entre ellos la guerra con el Paraguay y una epidemia de fiebre amarilla, obligó al sector más adinerado de la ciudad a emigrar.

Esteros del Iberá

La Reserva Provincial del Iberá se encuentra en Colonia Carlos Pellegrini. Esta gran área de esteros, de extraordinaria belleza, ocupa casi el 15% de la superficie de Corrientes, y es un complejo sistema hídrico que suma más de un millón de hectáreas, entre esteros, bañados y lagunas. Un macrosistema natural, aún en estado virgen, ideal para los adictos al conservacionismo y la aventura. El imponente entorno salvaje, aún con una escasa infraestructura turística en sus alrededores, es muy visitado por viajeros de todo el mundo.

En el Centro de Informaciones de la Reserva están los baquianos de la zona, que en sus pequeños botes con motor transportan a los visitantes por laberínticos circuitos de canales, internándolos en fascinantes paisajes, entre esteros y embalsados, virtuales islas a la deriva, únicas en su conformación. Ellos los acercan a los sitios desde donde es posible observar y fotografiar yacarés, ciervos de los pantanos, carpinchos, y avistar una increíble variedad de aves, así como una flora riquísima que navega sobre camalotales, como el irupé y la victoria regia, con sus grandes platos de un verde intenso, mezclada con flores multicolores de estilizados diseños. Un viaje por agua, con los sonidos de la naturaleza, dentro de un paisaje cambiante en colores y formas, misterioso y secreto, rodeado de leyendas y supersticiones.

Ituzaingó-Paso de la Patria
Itatí, Yacyretá-Apipé

Desde Corrientes, siguiendo las costas del río Paraná, se llega a uno de los paraísos del pescador, pasando por bellas iglesias, obra de los indios de las reducciones, y lugares históricos donde se libraron fundamentales batallas por la independencia.

SANTA ANA DE LAS GUACARAS (MHN)

Esta capilla fue construida en 1771 por los indios y los padres franciscanos. Guarda en su interior piezas realizadas por artesanos indígenas. Sobresalen un comulgatorio, obra del indio Patricio, y la imagen de La Dolorosa, del indio Yaguarón. El lugar, declarado Pueblo Histórico, fue una antigua reducción de los indios guácaras y data de 1621. Está a sólo 15 km de la capital.

PASO DE LA PATRIA

Es famosa por la Fiesta Nacional del Dorado. Todos los años durante los meses de agosto y setiembre, congrega gran cantidad de pescadores nacionales e internacionales que participan de competencias y torneos que duran varios días y se complementan con variadas pruebas náuticas en un clima festivo con música y espectáculos varios. En un panorama magnífico donde se combinan el Paraná y sus costas con frondosa vegetación está la localidad fundada en 1872, como puesto de posta y carreta con el nombre de Paso del Rey. En las inmediaciones se encuentra San Cosme y la laguna Totora.

ITATI

Sus orígenes se pueden encontrar en la expedición de Gaboto, quien remontó el río Paraguay en 1528. La localidad surgió luego de establecida la reducción indígena por fray Luis de Bolaños en 1615, por iniciativa de Hernandarias. Aquí se levantó en 1945 la monumental obra de la Basílica y Santuario, con capacidad para 9.000 personas. El edificio, que conserva en su interior la venerada imagen de la Virgen de Itatí, posee tres naves con su cúpula central de 26 m de diámetro y 80 m de altura. La imagen de la Virgen está tallada en madera de timbó, y el rostro es de nogal, y según la leyenda fue encontrada en 1624.

Fue coronada en una ceremonia de gran pompa en 1900, y se le adjudican varios milagros documentados. La fiesta patronal es el 16 de julio.

ITUZAINGO

Camino a los esteros del Iberá y a Yacyretá se encuentra esta ciudad fronteriza con Paraguay. En el lugar, en 1826, Carlos María de Alvear libró la batalla contra el Imperio de Brasil, conocida con el mismo nombre. El pueblo fue fundado en 1864 por Manuel Lagraña, y ha sufrido varias

Itatí.
Basílica e imagen de
Nuestra Señora de Itatí

PARAGUAY

CHACO

río Paraná

PASO DE LA PATRIA

ITATI

Santa Ana

CORRIENTES

CORRIENTES

Embalse Yacyretá Apipé

12

ITUZAINGO

modificaciones debido especialmente a la construcción de la cercana represa. Ideal para actividades náuticas en su playa de más de 6 km, es un lugar de veraneo y paseos de fin de semana.

En los alrededores existen varios puntos de atracción para visitar. Entre los más importantes están el **Establecimiento Las Marías**, elaboradora de yerba mate y té, las **Ruinas Jesuíticas de San Carlos**, un importante sitio arqueológico, y la **Represa de Yacyretá-Apipé**, considerada una de las más importantes del mundo. Desde Ituzaingó se llega a la ciudad de Posadas.

PASO DE LOS LIBRES-APOSTOLES

Este recorrido lleva a los pueblos jesuíticos asentados sobre el río Uruguay. En el camino se encuentran numerosos sitios históricos, de valor arqueológico, e importantes museos.

El paisaje, con espectaculares vistas sobre el río, recorre extensas llanuras y sierras en amplios horizontes. La rica flora de la región se mezcla con las grandes extensiones de yerbatales que pueblan gran parte del circuito.

PASO DE LOS LIBRES

A través de la RN14 se llega a esta ciudad fronteriza con Brasil, situada sobre el río Uruguay. Originalmente colonizada por españoles y jesuitas, fue fundada en 1843.

La ciudad tiene todo tipo de comodidades turísticas y una intensa actividad permanente, fruto de los servicios de comercio exterior que presta su aduana, la segunda en importancia de la Argentina. Enfrente se

Represa de Yacyretá-Apipé

encuentra la ciudad de Uruguayana en territorio brasileño, donde es posible hacer una visita atravesando el Puente Internacional Presidente Getulio Vargas y Presidente Agustín P. Justo. El puente, inaugurado en 1947, tiene 1.419 m de longitud, 12,90 m de ancho y cruza el río Uruguay a 18 m de altura.

YAPEYU (LHN)

Es a la vez Lugar Histórico Nacional y Pueblo Histórico. Las nominaciones las da sus orígenes de importante reducción jesuítica, y el nacimiento en el lugar del Libertador José de San Martín. Fundada por los jesuitas en 1627 con el nombre de Nuestra Señora de los Reyes Magos de Yapeyú, llegó a ser un importante centro agrícola junto a las estancias ganaderas del Uruguay. En el lugar funcionó un astillero y las primeras escuelas de letras y música.

Templete Histórico
Sanmartiniano (MHN)

Conserva los restos restaurados de la pequeña fortaleza que fuera residencia a fines del siglo XVIII del teniente gobernador don Juan de San Martín, y donde el 25 de febrero de 1778 nació el máximo héroe nacional.

El conjunto a gran escala fue inaugurado en 1938 y conserva el estilo colonial. Enfrente está la Plaza San Martín,

Llanura correntina

Yapeyú. Templete Histórico Sanmartiniano

donde crece la histórica higuera bajo cuyas ramas jugaba José de San Martín en su infancia.

Museo Cultural Jesuítico
Guillermo Furlong S.J.

En un solar jesuita recuperado a mediados del siglo XX está instalado este museo de gran valor didáctico. Tiene piezas en exhibición y paneles que explican la fundación de los 30 pueblos jesuíticos, cuyo tronco fue Yapeyú.

Museo Sanmartiniano

En sus salas ambientadas de época se guardan documentos y objetos relacionados con la vida del prócer y su familia.

LA CRUZ (LHN)

Su origen es de 1630, como misión Nuestra Señora de la Asunción de María de Acaraguá, pero por hostigamiento de los

Datos útiles

Obtenga más información sobre esta provincia en la página

338

Tradiciones de Corrientes. El gaucho y el mate

bandeirantes portugueses, la misión se trasladó a la reducción de Yapeyú. En 1657 sus habitantes regresaron y se instalaron en el lugar actual, que pasó a llamarse La Cruz de Mbororé. Actualmente La Cruz es una importante área ganadera y productora de arroz de la provincia.

En el lugar se encuentra el Antiguo Cementerio Jesuítico. En la Plaza San Martín, una serie de piezas líticas, parte de las casas de los aborígenes y los muros de la reducción, y el Museo Jesuítico Parroquial, con una gran variedad de piezas de origen jesuítico.

Reloj de Sol (MHN)

Originalmente se encontraba en el centro de la reducción. Fue construido en 1736, y en la columna están grabados los escudos de la Compañía de Jesús y de la Casa Real de Borbón y Castilla.

SANTO TOME (LHN)

Ya existía en 1632, como una fundación jesuítica posterior a Yapeyú y La Cruz. Luego que los jesuitas fueron expulsados en 1768, el pueblo dejó de crecer, para ser luego arrasado en las luchas entre indígenas y fuerzas locales. Fue refundado oficialmente en 1863.

Ubicada en una rica región agrícola-ganadera, Santo Tomé es una progresista ciudad.

La iglesia parroquial está edificada en el antiguo solar

jesuita, y según un cronista del siglo XIX era una obra en importante escala, con trabajos de piedra esculpida. Se conservan aún la pila bautismal de la antigua reducción y una campana fundida de 1688, según la inscripción que se puede leer hoy.

SAN CARLOS (LHN)

Este antiguo poblado jesuita fue fundado por el padre Pedro Mola en 1631. Como historia repetida, sufrió una serie de ataques por parte de los bandeirantes y cambió su emplazamiento al lugar actual en 1639, donde tuvo un gran crecimiento hasta la expulsión de la Compañía de Jesús. En 1877 fue refundado sobre el antiguo emplazamiento de la reducción.

La yerba mate

Es difícil definir el origen de la yerba mate. Algunos estudios afirman que ya era conocida por los incas, dado que en excavaciones arqueológicas se encontraron vestigios de que era usada hace más de mil años en su alimentación cotidiana. La escuela guaraní, en cambio, afirma que fueron los indios tupí o tapuia, los que primero conocieron la yerba a la que llamaban caá, caá-mi o caa-í. De lo que no cabe duda es que tanto la cultura quechua como la guaraní la conocían, usándola como paliativo contra el hambre y el cansancio. En 1536 con la ocupación de Paraguay por los españoles comenzó su explotación y el uso entre los conquistadores. Durante casi un siglo los nativos fueron esclavizados trabajando en forma infrahumana para explotar los yerbatales, ya que el consumo creció considerablemente, llegando hasta Buenos Aires y a Potosí

a través de los Andes. Fueron los jesuitas los que al ver las condiciones de explotación de los indígenas, trataron de disminuír el consumo de la yerba. Algunos de ellos la estigmatizaron atribuyéndole efectos afrodisíacos y llamándola "yerba del diablo", motivo para ser prohibida por la religión. Pero las tentativas fueron en vano, la costumbre ya se había enraizado. Hoy es la infusión más popular en todo el territorio de la Argentina.

Museo de Sitio y Centro de Documentación

Conserva una importante colección arqueológica y bibliográfica. Pueden verse restos de construcciones, piezas de cerámica y piedra labrada y trabajos en herrería. Frente a la plaza del lugar se encuentra la Iglesia de San Carlos de Borromeo en los solares de la antigua misión, en cuyos alrededores pueden verse ruinas de la época jesuítica junto a la construcción actual.

APOSTOLES

Muy cerca de San Carlos –ya en territorio misionero– está este pueblo jesuítico, cuyos orígenes se remontan a 1638, y recibió el nombre de Santos Apóstoles Pedro y Pablo dado por su fundador, el padre Diego de Alfaro. Actualmente es uno de los polos yerbateros más pujantes de Misiones.

En un recorrido por la ciudad se puede ver la Iglesia de San Pedro y San Pablo que es de rito latino, y conserva una escultura de un monje en piedra de la época jesuítica.

Museo y Archivo Histórico de Diego de Alfaro

En una casa de 1902 construida con piedras de la reducción, se encuentra este museo donde en sus cuatro salas se pueden ver importantes piezas. Los pabellones están dedicados a Prehistoria, Jesuítica Hernán Almirón, de la Colonización y de Bellas Artes.

Apóstoles, conocida como la Capital de la Yerba Mate, celebra en la segunda quincena de junio la Fiesta Nacional de la Yerba Mate.

Paraná

La capital de la provincia no tiene una fecha precisa de fundación. Se sabe que en 1649 ya existía una villa denominada Baixada de la otra banda del Paraná o Baixada del Paraná, que creció paulatinamente a pesar de la fuerte oposición de los indígenas de la zona. En 1730, el mismo año en que se construyó la iglesia del lugar, el párroco Ariel Montiel la designó con el nombre de Paraná.

Aunque a principios del siglo XIX el pueblo creció poco, el 25 de junio de 1813 fue bautizado con el nombre de Villa de Nuestra Señora del Rosario del Paraná, y en 1822 fue designado capital de la provincia.

La gran ola inmigratoria producida a fines de 1870 tuvo a Paraná como una de las más importantes metas, y junto con la inauguración del ferrocarril que la interconectaba con las principales ciudades entrerrianas la ciudad alimentó sus posibilidades de crecimiento. En la actualidad, en Paraná se concentra el comercio y el turismo de la región. Llamada la "ciudad paisaje", ofrece una gran variedad de atractivos paseos que se ajusta a todos los gustos.

Más información

Secretaría de Turismo
25 de Mayo 44 - Paraná
Tel: (0343) 4315495
Fax: 4221632
Todos los días de 8 a 20
En internet:
www.turismoenparana.com

Paraná.
Iglesia Catedral

❶ Catedral (MHN)

Frente a la plaza 1º de Mayo, en el solar de la primitiva parroquia de 1730, se levantó el proyecto del arquitecto genovés Juan Bautista Arnaldi. La edificación fue ideada con un concepto de basílica del estilo neoclásico. Construida por el italiano Agustín Borgobello, la estructura tiene tres naves separadas por 92 columnas, algunas de las cuales son de mármol de Carrara. También posee una gran cúpula y vitrales traídos de Francia. En la nave principal se encuentra la imagen de Nuestra Señora del Rosario, que ya existía en la iglesia original y fue traída de San José del Rincón, en la provincia de Santa Fe.

❷ Colegio del Huerto, Senado de la Confederación Argentina (MHN)

El encargado de construir el Senado de la Confederación Argentina fue Santiago Danuzio, que lo llevó a cabo entre 1858 y 1859. Contaba con todos los elementos para sesionar y la edificación es comparada actualmente con la Cámara de los Comunes de Londres por su diseño funcional y el estilo de la decoración.

❸ Palacio Municipal

En la fachada del palacio se perciben las influencias italianas y francesas con el estilo de los palacios comunales europeos. Cuenta con notables detalles en su construcción y decorados. Su reloj y las campanas fueron encomendadas a las más prestigiosas firmas italianas de la época.

❹ Casa de Gobierno

De sólida arquitectura y sobrio diseño, el edificio –construido entre 1884 y 1900– se destaca entre el resto de las edificaciones con su estructura de dos plantas, galerías con arcos y el imponente reloj de su torre. En el interior se encuentra el Salón Blanco y el Salón de los Acuerdos.

Paraná.
Plaza 1º de Mayo

Paraná, Palacio
Municipal y Colegio
del Huerto-Senado
de la Confederación
Argentina
(archivo histórico)

❺ Iglesia de San Miguel

La construcción de la parroquia, ubicada frente a la plaza Alvear, se inició en 1836 y se terminó en 1875. El armónico frente remata en dos torres campanario con cúpulas de azulejos. En el interior de la iglesia se pueden ver muy buenas imágenes, entre las que se destacan la de San Miguel, realizada en mármol de Carrara por el escultor italiano Domingo Carli, y una de origen peruano hecha en madera.

Otros sitios interesantes para visitar son el **Club Social**, fundado en 1904, el edificio de **Correos y Telecomunicaciones**, construido en el solar que ocupaba la casa de Justo José de Urquiza entre 1855 y 1858, y el **Teatro Tres de Febrero**, una edificación de 1908 con un atractivo foyer, una sala en forma de herradura y un cielo raso con frescos del italiano Italo Piccioli.

Los alrededores de la ciudad se pueden recorrer en auto. Merecen ser visitados: el **Mercado Central La Paz**, situado sobre la estructura metálica del edificio original, que data de 1859; la **Escuela Belgrano**, obra del arquitecto Buschiazzo; la antigua estación de ferrocarril –terminada en 1857– de estilo neorrenacentista italiano, y la **Escuela Nº 1 del Centenario**, levantada en 1910 en conmemoración de la Revolución de Mayo. Allí funciona el **Museo de Ciencias Naturales y Antropología**.

Parque Urquiza

En 1893 se conoció el testamento del general Urquiza donde legaba a su esposa, Dolores Costa, un terreno llamado La Batería, posteriormente legado por ésta para ser transformado en plaza pública. Se pueden visitar los jardines, que responden al proyecto original del famoso paisajista francés Carlos Thays. La obra, completada por Franco Bertozzi, está levantada en un terreno en barranca que ofrece maravillosas vistas del río Paraná. En su superficie se encuentran tres costaneras de diferentes

Paraná.
Plano de la ciudad

niveles, conectadas entre sí por caminos pavimentados, senderos peatonales y escalinatas de piedra enmarcadas por cascadas y caídas de agua. El frondoso paisaje se complementa con esculturas aisladas y un magnífico grupo escultórico en homenaje al general Justo José de Urquiza. La obra, comenzada por Agustín Querol y finalizada por Mariano Beullieure, se inauguró en 1920. La figura ecuestre se recorta contra el cielo en lo alto de la barranca.

Billetes de la
Confederación

Sobre la costanera que rodea el río están el **Museo de la Ciudad**, el **Anfiteatro Municipal**, el **Balneario Municipal**, el **Yacht Club Paraná** y la **Aduana Nacional** que data del siglo XIX. Al entrar por el Puerto Viejo –habilitado en 1822– se llega al embarcadero de balsas, al final del cual se encuentra la Bajada Grande, el lugar donde en el siglo XVII se instalaron los primeros pobladores europeos.

Túnel Subfluvial

Esta espectacular obra de ingeniería que une las provincias de Entre Ríos y Santa Fe tiene una longitud de tramo entubado de 2.345 m, con una rampa en cada extremo de 271 m y una longitud total de 2.937 m. Para construirlo se utilizaron 36 tubos acoplados, de 64 m de largo y 10,50 m de diámetro y con un peso de 4.000 toneladas cada uno. En 1960, los gobernadores de ambas provincias suscribieron un tratado interprovincial, y al año siguiente comenzó la construcción. El túnel se inauguró el 13 de diciembre de 1969. Originalmente se bautizó con el nombre de Hernandarias, en homenaje al primer criollo que gobernó la región, pero posteriormente se cambió su denominación por el de Uranga-Sylvestre Begnis, en honor a los gobernadores que hicieron posible la obra.

Ruta del río Uruguay

A través de los puentes del complejo Zárate-Brazo Largo se ingresa en este circuito que permite conocer importantes ciudades y pueblos asentados sobre el río Uruguay. Es un recorrido de gran atractivo turístico, ya que combina lugares con un rico pasado histórico y paisajes muy bellos. El paseo permite apreciar diferentes tipos de vistas, entre las cuales se destacan las llanuras pampeanas, las suaves elevaciones, las imponentes barrancas y la belleza natural del Parque Nacional El Palmar.

Flora del río Uruguay.
Aguapey

GUALEGUAYCHU

La ciudad fundada por Tomás de Rocamora en 1783 es en la actualidad un importante centro productor de la provincia. Posee puerto, molino, industria aceitera y citrícola y un activo parque industrial.

El lugar no fue ajeno a las luchas que se desarrollaron a principios del siglo XIX. En el área se libraron varios combates y se organizó, en 1851, la Confederación Argentina que planificó la campaña contra Juan Manuel de Rosas. En ese año Gualeguaychú se convirtió en ciudad. En la zona se pueden disfrutar muchos atractivos turísticos. Quizás el evento que la hace más conocida son los festejos del Carnaval del País, una fiesta popular con corso, comparsas y desfiles de carrozas que congrega todos los años a 35.000 personas en el Corsódromo del Parque.

Catedral San José

La piedra fundamental de la construcción fue colocada en 1863, con el padrinazgo del general Urquiza, en esa época gobernador de la provincia. La catedral se erigió de acuerdo con un proyecto del arquitecto Bernardo Poncioni y fue inaugurada en 1890 por el cura párroco e ilustre poeta Luis N. Palma.

Museo de la Ciudad-Casa de Haedo

Es la construcción más antigua de la ciudad y se calcula que se levantó en 1800. De anchas paredes y ascética decoración, el edificio sirvió de cuartel general a Giu-

Gualeguaychú.
Paisaje costero

seppe Garibaldi en 1845. En 1985 la casa pasó a ser propiedad municipal y fue restaurada. En ella funciona el Museo de la Ciudad, que exhibe objetos asociados a la historia del lugar.

Casa de la Cultura

La edificación de 1920 fue donada a la provincia por la familia Iruzusta de Deken. Luego de ser restaurada en 1992 funciona como sala de conferencias, centro cultural y Museo Arqueológico Profesor Manuel Almeida, que muestra interesantes piezas de las culturas charrúa, chaná y guaraní.

Giuseppe Garibaldi

Es imposible dejar de mencionar el paso de este personaje legendario por Gualeguaychú. Nació en Italia y a los 15 años entró en la marina mercante, donde conoció al revolucionario José Mazzini, enrolándose en el movimiento La Joven Italia. En 1832, tras un fallido intento de sublevar a la marina genovesa, logró escapar al Brasil. Luego de incursionar sin éxito en el comercio de ese país se unió como corsario de las fuerzas separatistas contra el imperio brasileño.

Derrotado el movimiento, llegó a las costas uruguayas, donde fue herido. Después recaló en Gualeguay. Allí intentó sin éxito una nueva incursión en Brasil, y volvió a Montevideo, donde fue sorprendido por el sitio del general Oribe, aliado del brigadier Juan Manuel de Rosas. Garibaldi apoyó a los sitiados con su Legión Garibaldina. El 20 de septiembre de 1845 tomó por asalto y saqueó la villa de Gualeguaychú. En ese lugar, la casa de Haedo fue su cuartel general.

En 1848, Garibaldi regresó a Italia para participar del proceso de reunificación de su país, seguido por el mito de ser "aventurero de dos mundos".

Museo de la Ciudad Azotea de Lapalma

La antigua residencia de Juan Melchor de Lapalma, que data de 1830, ofrece una interesante colección de piezas de la historia local. El nombre de Azotea le fue dado por la terraza-mirador de estilo renacentista italiano que posee la casa.

Parque Unzué

Es un circuito que enfrenta al río Gualeguaychú con una intensa vegetación que cubre dos áreas diferentes. Para llegar al parque hay que cruzar lo que antes era el puente La Balsa. En 110 hectáreas están ubicados los clubes náuticos y zonas de recreación, enmarcados por una tupida vegetación autóctona. Allí también están instalados el Club Hípico, el Velódromo y campamentos. En su recorrido se encuentra la laguna que alberga especies de la región. Desde allí se accede al *Camino de la Costa*, un pintoresco recorrido con interesantes residencias, playas y lugares de pesca.

Por este camino se llega al *Balneario Ñandubaysal*, uno de los lugares favoritos de los habitantes de Gualeguaychú. Ubicado sobre el río Uruguay, posee amplias playas, un bosque de Ñandubay, y es parte de una estancia de 6.000 hectáreas donde se cría ganado y se practica la forestación. Desde allí se organizan paseos ecológicos para conocer la rica fauna y flora del lugar.

Otros paseos atractivos son: la **isla Libertad**, un lugar con bellas casonas de fin de semana; la **Casa de Isidoro de María**, el sitio donde se publicó el primer periódico en 1849; la Casa de **Olegario Víctor Andrade**, una construcción de típica estructura colonial, la **Casa de Fray Mocho**, la finca donde nació el conocido escritor y periodista José S. Alvarez, y el **Teatro Gualeguaychú**, una edificación de estilo francés inaugurada en 1914.

Puente Internacional Libertador General San Martín

La estructura que tiene 3,5 km de extensión, comunica Gualeguaychú con la ciudad de Fray Bentos en la República Oriental del Uruguay.

GUALEGUAY

La ciudad, ubicada sobre el río del mismo nombre, fue fundada por el nicaragüense Tomás de Rocamora en 1783. En sus calles se respira una proverbial placidez provinciana mientras se observan las antiguas edificaciones que aún se conservan en buen estado. En 1866 se construyó el primer ferrocarril de la ciudad que con un recorrido de 10 km la unía a Puerto Ruiz. En la estación todavía se encuentra La Solís, su primera locomotora. La historia de Gualeguay cuenta también con la presencia de Giuseppe Garibaldi, ya que allí fue tomado prisionero cuando llegó herido desde Brasil.

Plaza Constitución

Ocupa cuatro manzanas surcadas por diagonales y paseos internos rodeados por diversas flores y una hermosa vegetación.

Iglesia San Antonio

La edificación de 1882 se caracteriza por su estilo neoclásico italiano. La estructura está separada en tres naves por 38 columnas dóricas, tiene el altar mayor hecho en mármol de Carrara y ónix y posee un púlpito de mármol y reproducciones de Rembrandt, Rafael y Rubens, obras del artista José Pierini.

Museo Histórico Regional Juan B. Ambrosetti

El museo está levantado en honor al distinguido arqueólogo argentino oriundo de la ciudad de Gualeguay. Posee una interesante muestra de objetos y documentos de valor histórico local y provincial.

Parques Int. Quintana y Pezzuti

Son lugares de recreación que cubren varias hectáreas sobre el río Gualeguay, pobladas de exuberantes arboledas. Durante los fines de semana se puede ver a los habitantes de la ciudad disfrutando del entorno natural que los parques brindan. A su lado se encuentran el balneario, el camping y los bungalows municipales, 10 hectáreas arboladas, y el Club de Caza El Sirí, en medio de un entorno natural de ceibos, algarrobos y talas, donde se practica el tiro al platillo.

Puerto Ruiz

Es otro lugar sobre el río Gualeguay que tiene una singular belleza agreste. Fue uno de los principales puertos entrerrianos y en la actualidad conserva sus edificaciones originales dedicadas al turismo asociado con la pesca.

Datos útiles

Obtenga más información sobre esta provincia en la página

338

Gualeguay.
Desfile de carnaval

Puesta del sol sobre
el río Uruguay

Gualeguay ofrece circuitos de caza y pesca que permiten apreciar una gran variedad de especies. En la zona se autoriza la caza durante cinco meses al año.

Al igual que otros lugares del Litoral, la ciudad organiza un colorido carnaval con un singular despliegue de comparsas como Sisi, Marabá, Ipanema, Yarabí, Samaba Show y Arco Iris, que incluye un desfile de carrozas y la elección de la reina del carnaval.

Una de las personalidades más sobresalientes de Gualeguay es el pintor **Cesáreo Bernardo de Quirós**. El extraordinario artista fue becado para viajar a Europa a los veinte años y allí residió durante quince. Autor de brillantes obras, inspiradas en su mayoría sobre la temática del hombre de campo y su epopeya, la más famosa es una secuencia de treinta pinturas llamadas "Los Gauchos". La serie mereció una espectacular retrospectiva en el *Palais de Glace* en 1996. El artista donó su producción al Estado y buena parte de ella se encuentra actualmente en el Museo de Bellas Artes de Buenos Aires.

CONCEPCION DEL URUGUAY

Al igual que las ciudades de Gualeguay y Gualeguaychú, fue el coronel nicaragüense Tomás de Rocamora quien fundó la Villa de Nuestra Señora de la Inmaculada Concepción del Uruguay el 25 de junio de 1783. Este fue el primer pueblo en adherirse a los patriotas del 25 de mayo de 1810. Escenario de luchas contra los españoles y los portugueses primero, y posteriormente a favor de los principios federalistas bajo el liderazgo del general Francisco "Pancho" Ramírez, el Supremo Entrerriano.

La ciudad de Concepción del Uruguay fue capital de Entre Ríos en 1814 y en 1860 hasta que en 1883 se trasladó a Paraná, la capital definitiva de la provincia.

En 1887 el puerto cobró una gran actividad y se levantaron nuevas construcciones. En 1910 su aduana era la más importante del país.

Hoy su puerto sigue con una fuerte actividad. La ciudad se enorgullece de la gran concentración de centros de estudios que posee, desde escuelas, colegios secundarios, técnicos y de niveles superiores, así como también dos universidades, una estatal y otra privada.

Plaza Francisco Ramírez

Es la plaza principal de la ciudad y en su centro se erige la pirámide donde se realizó el pronunciamiento del general Urquiza el 1º de mayo de 1851.

Basílica Menor de la Inmaculada Concepción (MHN)

La obra del arquitecto Pedro Fosatti se construyó en 1857 por orden del general Urquiza. Las macizas puertas y ventanas están realizadas en cedro del Paraguay, y los pisos del atrio y el presbiterio son de mármol de Carrara. Para la realización de la basílica se contrató a hábiles artesanos de la época que le imprimieron detalles de una gran belleza. La basílica se restauró en 1884. Posee un importante órgano alemán de 2.200 tubos.

Mausoleo del general Justo José de Urquiza

Inspirado en la tumba de Napoleón en Los Inválidos (París), esta obra de Luis Gonzaga Cerrudo fue construida para ser observada bajo el nivel del suelo. El mausoleo está realizado con mármoles de las provincias de San Luis, Córdoba y La Rioja, y se complementa con pinturas de Reynaldo Giudice.

Colegio Superior del Uruguay Justo José de Urquiza (MHN)

En una casa prestada, de techo de paja, en 1849 se inauguraron las clases del Colegio del Uruguay. El mismo año, el general Urquiza encomendó la construcción de un edifico para quinientos alumnos que fue inaugurado en 1852. Cuando Concepción del Uruguay era la capital de la provincia, en el Colegio Superior del Uruguay Justo José de Urquiza funcionaba la Legislatura provincial. Entre 1935 y 1942 el edificio fue restaurado, pero se mantuvo el frente original.

Casa del general Urquiza (MHN)

La construcción que hoy se conoce como Correos y Telecomunicaciones se levantó originalmente como residencia particular de Justo José de Urquiza en 1868. El asesinato de Urquiza en el año 1870 frustró el destino de la estructura y el edificio pasó a ser sede de gobierno de Entre Ríos. La bella construcción, de armónica fachada en estilo neorrenacentista italiano, tiene forma de claustro, con un gran patio central rodeado de galerías abiertas y columnas toscanas.

Museo Histórico Delio Panizza (MHN)

La construcción perteneció al ilustre poeta entrerriano Panizza. En 1793 pasó a ser propiedad de la madre del general Francisco Ramírez, quien vivió allí durante su infancia. La estructura tiene un gran portal de acceso, un patio central con un bello aljibe de mármol blanco de una sola pieza, y una hermosa fuente revestida de mayólicas españolas. El museo tiene en su interior diferentes salas: el Escritorio, Sala de Armas y Medallística, Sala de Platería Criolla, Sala de Fotografía, Pinacoteca, Sala de Abanicos y el Comedor.

Otras visitas y paseos

La **Aduana Vieja (MHN)**, la **Escuela Técnica Nº 1 (MHN)**, la **Escuela Normal Mariano Moreno**, creada por Domingo Faustino Sarmiento, el **Parque Costanera Norte** y el **Balneario Camping Banco Pelay**, un balneario de 3 km de extensión ubicado sobre un banco de arena natural. Allí se encuentran todas las comodidades para acampar y disfrutar del entorno en medio de la naturaleza.

Entre las más notables obras encomendadas por el general Urquiza sobresalen dos palacios: Santa Cándida y San José.

General Justo José de Urquiza

Concepción del Uruguay. Palacio San José

Palacio Santa Cándida

A unos 10 km de Concepción del Uruguay se encuentra esta soberbia obra, dotada de una armoniosa belleza. Originalmente fue el casco de un saladero establecido por Justo José de Urquiza. Diseñado con el estilo de las villas palladianas y rodeada de un extenso parque con una piscina de mármol, la edificación funciona actualmente como un exclusivo hotel.

Concepción del Uruguay.
Palacio San José.
Grabado de la época

Palacio San José (MHN)

La construcción fue la residencia del capitán general Justo José de Urquiza. Allí fue asesinado en 1870. El espectacular edificio tiene una estructura cuadrangular de color rojizo, con un patio central, rodeado de galerías y con dos esbeltas torres cuadradas. Cuenta con una bella capilla con un altar en cedro con incrustaciones de oro, donde funciona actualmente el museo donde se exhibe el mobiliario, los objetos y los documentos históricos del prócer. El lugar fue declarado monumento histórico nacional.

COLON

El 12 de abril de 1863 se fundó el primer puerto de la Colonia Agrícola de San José. El lugar, conocido como la calera Espiro, fue el sitio donde se instalaron los primeros colonos de origen suizo, saboyano, francés y piamontés, que hacia fines del siglo XIX crearon un pujante centro agroexportador que posibilitó el rápido crecimiento de la zona. Luego, con el advenimiento de épocas de estancamiento económico, se comenzó a estimular el perfil turístico de la ciudad, que con sus bellas y románticas costaneras con palmeras y sus casas de comienzos de siglo, concentra una gran cantidad de visitantes.

En un paseo por Colón es posible conocer la **Plaza Washington** y, enfrente, la **Iglesia de los Santos Justo y Pastor**, de estilo neoclásico italiano.

La **Av. Costanera Gobernador Quirós** enfrenta al río y ofrece bellísimas vistas en su recorrido de balcones y barandas de ladrillo iluminadas por faroles. El **Parque Dr. Herminio Quirós** ofrece inigualables vistas hacia el río Uruguay, con altísimas palmeras y jardines con fuentes y escalinatas. Colón cuenta con un importante hotel internacional con casino, el Quirinale.

PASEOS DESDE COLON

Puente Internacional
General José Gervasio Artigas

Es una importante obra sobre el río Uruguay que une las ciudades de Colón del lado argentino con Paysandú del lado uruguayo.

Puente Internacional
General José
Gervasio Artigas

Parque Nacional El Palmar

La reserva natural fue creada en 1966 con la finalidad de preservar la población de palmares yatay, característicos de la zona oriental del río Uruguay. En sus 8.500 hectáreas alberga una fauna autóctona de riquísima variedad.

En un terreno de suaves ondulaciones, entrecruzado por arroyos, hay diferentes senderos delimitados y diversos recorridos, algunos de los cuales finalizan en miradores sobre el río. Uno de estos miradores es la Glorieta que se encuentra en una barranca de 80 m y ofrece una vista panorámica privilegiada. Ver los atardeceres en el entorno de El Palmar es una imagen memorable.

Algunos de los ejemplares de la palmera yatay tienen más de ochocientos años y alcanzan alturas de hasta 30 m. La especie proliferó de tal manera en la zona que en 1965 el Congreso sancionó una ley para garantizar su protección. Como en El Palmar se puede ver una gran variedad de especies ovíparas, es muy apreciado por los observadores de aves. La mayoría de los exponentes que se encuentran en el parque son calandrias, pechos colorados, picaflores, pájaros carpinteros, cabecitas negras, urutaúes, brasitas de fuego, cardenales, loros y cotorras. Además se ven patos, cigüeñas, variedades de águilas, ñandúes, vizcachas, carpinchos, nutrias y zorrinos.

Río Uruguay.
Pesca del surubí

San José

A 9 km de Colón se encuentra el lugar donde en el siglo XIX se instaló la segunda colonia agrícola del país. Tiene un Museo Histórico Regional y la Iglesia de San José, donada por la esposa del general Urquiza en 1877.

A mitad de camino a Colón se encuentra el **Molino de Forclaz (MHN)**. En 1887, el suizo Forclaz construyó el molino de viento con cimientos y basamento circular de 7,80 m de diámetro, realizado en piedra mora con una altura de 12 m. Actualmente pertenece a la familia Forclaz y es un testimonio de la colonización del Litoral.

Pueblo Liebig

Surgió como consecuencia de la instalación de una industria en una zona donde originariamente se encontraba un saladero. En 1864 se estableció la sociedad inglesa Liebig, productora de extracto de carne. La llegada de la empresa generó en sus alrededores la concentración de viviendas para los trabajadores. El sector residencial alojó a los directivos de la empresa en lujosas casas con amplias vistas al río.

San José.
Molino de Forclaz

CONCORDIA

En la actualidad es el punto culminante del camino por el corredor turístico del río Uruguay y además es un importante centro de producción citrícola.

Desde sus comienzos, la ciudad está ligada a la historia de la República Oriental del Uruguay. En la zona se asentaron los uruguayos en 1811 luego del éxodo decretado por el general José Gervasio Artigas.

Concordia nació como puerto en 1769 y se convirtió en pueblo en 1832, como centro de comunicaciones entre Buenos Aires, Misiones y Brasil. Durante la guerra de la Triple Alianza el sitio fue declarado cuartel general del ejército por orden del general Bartolomé Mitre.

En 1872, Concordia, declarada municipalidad, comenzó una era de gran crecimiento en la cual se construyeron importantes edificios que aún hoy se conservan.

Plaza 25 de Mayo

El centro cívico de la ciudad alberga a la **Municipalidad** y a la **Catedral de San Antonio de Padua de la Concordia**, un edificio de 1899.

Un poco más adelante se encuentra la **Plaza Urquiza**, y frente a ella, el **Palacio Arruabarrena**, una mansión de estilo francés del año 1919 donde actualmente funciona el **Museo Regional Municipal**.

Parque Rivadavia

De gran belleza natural, en sus 70 hectáreas de lomadas y bosques se accede a notables vistas del río.

Ruinas del Palacio San Carlos

Dentro del parque están los restos del palacio que hizo construir el conde Eduardo de Machy en 1888. Uno de sus huéspedes más destacados fue el célebre escritor Antoine de Saint Exupéry. El testimonio de su visita quedó reflejado en *Terre des Hommes*, donde se encuentra una descripción de la vida argentina. El aristócrata montó también una fábrica de conservas, única en su

género para la época. En 1891 abandonó inexplicablemente Concordia, viajó a Europa y nunca volvió. El palacio poco a poco fue perdiendo sus objetos de valor y en 1938 fue destruido por el fuego.

También merecen una visita el **antiguo puerto**, la arbolada **avenida Costanera**, el **Parque Mitre** y la **playa Los Sauces.**

Lago Salto Grande

Es el espejo de agua artificial más grande de la Argentina y tiene 144 km de longitud. Las costas del lago tienen bahías, ensenadas y penínsulas matizadas con playas que brindan vistas espléndidas. El lugar ofrece guarderías y bajadas para lanchas, la mayoría ubicadas en los puertos Luis y San Rafael, entre los que se encuentran los balnearios de Punta Viracho y Las Palmeras.

Complejo Hidroeléctrico Salto Grande

La represa es un complejo argentino-uruguayo y es la primera obra de integración latinoamericana. Situada en Ayuí, donde se encontraba el Salto Grande del río Uruguay, se construyó esta obra de dos centrales hidroeléctricas interconectadas, una en cada costa, con una potencia de 1.890.000 kw y un promedio anual estimado en 6.700.000 kwh. A través de un puente internacional se posibilita la integración de los sistemas viales y ferroviarios de ambos países.

Costa del río Uruguay. Pesca de dorados

FEDERACION

Es una ciudad moderna que sustituyó a la original, que fue tapada por las aguas de la represa. Ubicada a orillas del embalse de Salto Grande, Federación se convirtió en una *ciudad jardín* debido a los espacios verdes que en parques, paseos y canteros fueron generados por la reforestación de la zona. Originalmente, en 1750, la zona fue una estancia jesuítica. En 1810 se fundó la primera población con el nombre de Mandisoví. Actualmente la ciudad es una importante productora maderera y cuenta con una gran concentración de establecimientos que elaboran distintos tipos de elementos en madera de pino y eucalipto.

En una visita se puede conocer el **Centro Cívico**, el **Santuario de la Inmaculada Concepción**, el Museo de los Asentamientos, el **puerto** y el **Primer Pozo de Aguas Termales de la Mesopotamia**, con aguas mineralizadas que emergen a 42°C en una pileta natural.

Resistencia

Resistencia.
Plaza 25 de Mayo

La ciudad moderna es conocida como la Ciudad de las Esculturas debido a que es un verdadero museo al aire libre, con más de ciento setenta obras repartidas en el área céntrica. La denominación de la capital bajo el nombre de Resistencia corresponde a un hecho que data de 1876, cuando los pobladores resistieron los ataques indígenas durante varios días hasta la llegada del ejército.

En 1878 comenzaron a llegar a la colonia inmigrantes italianos, alemanes, polacos, ucranianos y suizos que comenzaron a explotar la agricultura en la zona. Hacia 1888 comenzó a perfilarse como ciudad luego de la construcción de los primeros edificios públicos, como el Mercado Municipal y la estación del ferrocarril, obra fundamental para el desarrollo de la explotación forestal. Entre 1914 y 1947 un nuevo contingente de inmigrantes ayudó a consolidar el crecimiento de la capital.

❶ Plaza 25 de Mayo

Como consecuencia de la gran variedad de especies autóctonas que se encuentran en su suelo, la plaza 25 de Mayo es casi un jardín botánico. Sus cuatro manzanas, surcadas de paseos y bulevares, están adornadas por monumentos y estatuas.

En los alrededores de este parque se encuentran la Casa de Gobierno, el Museo de Bellas Artes René Brusau y el Fogón de los Arrieros, una especie de centro cultural y casa de amigos donde en 1968 se organizó una fundación que se propuso llenar la ciudad de obras de arte. En el lugar se pueden ver trabajos de destacados artistas argentinos como Quinquela Martín, Raquel Forner y Horacio Butler.

❷ Iglesia Catedral

Su estilo es difícil de catalogar, pero ese detalle no importa cuando se aprecia el frente de la construcción, donde se encuentran las esculturas de la Virgen María y San Fernando realizadas en mármol de Carrara por el escultor chaqueño Fabriciano Gómez.

❸ Museo Histórico Regional Ichoalay

Funciona dentro de la Escuela Normal Sarmiento y cuenta con testimonios de la vida religiosa, de la colonización y de la cultura de la provincia.

Estación del FFCC Sarmiento (MHN)

Originalmente la parada perteneció al Ferrocarril de la *Compagnie Française*. En la actualidad, en el edificio de dos plantas,

Más información

Dirección Provincial de Turismo
Juan B. Justo 135,
Planta Alta, Resistencia
Tel: (03722) 423347
Fax: (03722) 48007
Todos los días de 8 a 12
y de 16 a 20
En Internet:
www.ecomchaco.com.ar

con una galería y estructuras de hierro, se conservan locomotoras y vagones de época. En el lugar está el Museo de Ciencias Naturales.

Museo Regional de Antropología Juan Alfredo Martinet

La institución atesora colecciones vinculadas a la colonización del Chaco que muestran excelentes piezas extraídas de las ruinas de Concepción del Bermejo, y piezas de valor etnográfico. El **Museo del Hombre Chaqueño**, ubicado a cien metros del Regional de Antropología, exhibe objetos que pertenecieron a los primeros pobladores de la región.

Parque 2 de Febrero

Emplazado a orillas del río Negro, en el lugar que ocuparon los primeros inmigrantes italianos, se encuentra este paseo que cuenta con varias instalaciones para practicar deportes. Dentro del parque, rodeado de frondosos árboles, se levanta el anfiteatro *Zito Segovia*, más conocido como el Domo del Centenario, donde se realizan espectáculos culturales.

Barrio Toba

En los alrededores de la ciudad, en un sitio conocido como El Triángulo, están afincados unos 1.500 aborígenes tobas. El área está protegida por la Cruz Roja de Resistencia, que asiste a los pobladores y promociona el barrio a través de una Cooperativa Artesanal que ofrece los trabajos realizados por la comunidad en arcilla y totora.

PASEOS CORTOS

A Corrientes

En las inmediaciones del Cementerio Parque, a través de la ruta nacional Nº 16 se llega a la capilla San Buenaventura del Monte Alto. En ella se ven algunos vestigios de lo que fue la Reducción de los Indios Viejos de 1865. Al seguir por la misma ruta, un poco más adelante se encuentra el Puente General Belgrano, vía de comunicación con la ciudad de Corrientes.

Resistencia.
Plano de la ciudad

Isla del Cerrito

Descubierta por el navegante italiano Sebastián Gaboto en 1528 y situada en la confluencia de los ríos Paraná y Paraguay, la isla del Cerrito fue el punto de recalada de las naves que transitaban la ruta a Asunción. En 1865, las fuerzas brasileras ocuparon la isla y luego la devolvieron.

A principios del siglo XX se instaló en ella un leprosario que en 1968 se transfirió a la provincia. Las instalaciones se adaptaron con fines turísticos.

Desde la costa del Paraná se divisa Paso de la Patria. El área urbanizada conserva varios edificios del antiguo hospital como pintoresco centro cívico. El lugar, rodeado de árboles, posee hermosas playas de arena blanca donde se practican la pesca y diferentes deportes náuticos.

Resistencia.
Paseo de los escultores

Presidencia Roque Sáenz Peña

Este viaje lleva al Parque Nacional Chaco, un área que funciona como extraordinaria muestra de la flora y la fauna de la región y cuenta con la permanente presencia del tradicional quebracho rojo y plantaciones de "oro blanco". Como punto final del trayecto se puede visitar un centro termal con un interesante zoológico donde se ven las especies más representativas de la zona.

PARQUE NACIONAL CHACO

En 1954 se creó esta área que conserva las especies de la región y ocupa la zona del Gran Chaco, que se extiende entre la Argentina, Paraguay y Bolivia. En su superficie, que alcanza una extensión de 15.000 ha, se siente un clima subtropical con temperaturas promedio de 26ºC, y una alta medida anual de lluvias. Es uno de los ecosistemas de mayor biodiversidad del planeta, que guarda en su interior diferentes zonas que incluyen selvas, el monte fuerte y la sabana.

En la selva y en el monte fuerte predominan variedades de quebracho, lapacho, urunday, algarrobos, guayaibí, ivirá pitá y guabiyú, algunos de los cuales alcanzan los 15 m de altura. También crecen en su suelo variedades de cactos. Entre la fauna

Algodón, "el oro blanco"

que vive en el parque hay carpinchos, monos carayá, tatús, guazunchos, tamanduás, urracas y aguiluchos.

En la zona baja o sabana se observan pastizales y palmeras donde crecen la palma blanca o caranday, algarrobos, aromillos y tuscas que conviven en armonía con la fauna compuesta principalmente por pumas, zorros, aguará guazú y una gran diversidad de aves.

El cauce del río Negro forma esteros, cañadas y lagunas cubiertas por plantas como el pirí, la paja brava, totoras de hasta 3 m de altura y plantas flotantes. La fauna característica del lugar incluye yacarés, boas curiyú, lobitos, aves zancudas y zambullidoras, como la variedad de garzas, el jabiní y los patos.

El parque tiene dos recorridos peatonales con senderos de interpretación bien señalizados, un parador y un lugar de descanso. También hay un acceso para autos que llega hasta las lagunas Yacaré y Carpincho.

Al salir del parque, en el trayecto que va hasta Presidencia Roque Sáenz Peña se encuentra la Colonia Aborigen del Chaco, uno de los asentamientos indígenas más importantes de la provincia. Un poco más adelante está Quitilipi, el lugar donde durante el mes de diciembre se realiza la Feria de Artesanías Chaqueñas, que muestra trabajos en cestería, cuero y alfarería realizados por los pobladores nativos.

RESERVA PROVINCIAL PAMPA DEL INDIO

Situada en una superficie de 8.633 ha, en la región de esteros, cañadas y selvas de ribera está la reserva. En su superficie hay zonas de sabanas y lagunas en las áreas altas. La vegetación se concentra en diferentes sectores integrados por bosque alto, bosque en galería y sotobosque, con una gran cantidad de variedades que incluye quebracho blanco y colorado, espina corona, timbó, mistol, algarrobos, guayabos, molle, duraznillo y cardones, entre otras. Una rica fauna vive en el lugar, donde se encuentran el gato montés, el aguará guazú, una variedad de tatúes y avifauna con ejemplares de garzas, cigüeñas, teros reales, búhos, lechuzas, tucanes, pájaros carpinteros, loros y cotorras. También hay ofidios; están las lampalaguas, yararás, cascabel, coral y falsas yararás. El parque cuenta con senderos y lugares de descanso. En el lugar se festeja, el 27 de julio, el día de San Pantaleón.

PRESIDENCIA ROQUE SAENZ PEÑA

La segunda ciudad importante del Chaco fue fundada en 1912 por el teniente coronel Carlos Fernández. Su superficie tiene una gran expansión atribuida al asentamiento de criollos y extranjeros, especialmente eslavos, que a principios de siglo comenzaron a explotar de manera industrial tanino, azúcar, alcohol, leña y carbón, lo que generó un importante crecimiento de la región. Actualmente hay en la zona numerosas cooperativas desmotadoras de algodón, fábricas de aceite y fundiciones.

En los alrededores de la plaza San Martín se pueden ver los amplios vitrales de la Iglesia Catedral San Roque y el Museo Histórico de la Ciudad, que exhibe documentos y testimonios de los primeros pobladores, y la Casa de la Cultura, donde hay una muestra permanente de artesanías aborígenes y piezas de arqueología y antropología.

Hotel Gualok y Complejo Termal

Este complejo termal es uno de los más modernos y completos del país y está instalado en un lujoso hotel de cinco estrellas que posee una gran variedad de baños.

Las aguas termales surgen desde ochocientos metros de profundidad a una temperatura que oscila entre los 35°C y 42°C. Su composición química es clorosulfatada, posee un tercio más de sal que el agua de mar, y un alto tenor de mineralización. Estas termas están consideradas, por su alto poder terapéutico, como sedante de dolores reumáticos y articulares. Sus aguas aumentan la tonicidad muscular y ejercen un fuerte poder curativo sobre los procesos no infecciosos de la piel.

Al salir del complejo termal, después de pasar el Camping Municipal El Descanso, hay un agradable lugar con exótica arboleda. Se trata del **Parque Zoológico Municipal**, que existe desde 1978. Su superficie ocupa 28 ha, tiene dos lagunas donde viven en su hábitat natural patos, gallaretas, garzas y aves zancudas. En

Datos útiles

Obtenga más información sobre esta provincia en la página

339

Cosecha de algodón

siete pequeñas represas con agua de lluvia viven y se reproducen diferentes integrantes de la fauna acuática, como yacarés, nutrias y carpinchos. El parque cuenta con un Complejo Ecológico y un sector dedicado a la recreación infantil.

Desde Presidencia Roque Sáenz Peña se pueden realizar circuitos muy recomendables para los amantes del turismo aventura y la ecología.

A la región de los meteoritos

En un área algodonera, con pobladores de distintas colectividades, se llega a la población de Gancedo, situada cerca del límite con Santiago del Estero. En los alrededores está Campo del Cielo, una zona en la cual hay numerosos meteoritos cuyo origen es un misterio. Estos bólidos dieron nacimiento a una gran cantidad de leyendas. Se estima que su antigüedad es mayor a los 6.000 años. El más grande, denominado El Chaco, pesa 33,4 toneladas.

Hacia El Impenetrable

Este camino lleva a la zona del monte nativo en estado virgen, con un entorno de naturaleza agreste especial para los amantes del turismo aventura.

El Impenetrable

RUINAS DE NUESTRA SEÑORA DE LA CONCEPCION DEL BERMEJO

Los vestigios de la ciudad abandonada y luego destruida por los indios que fundó Alonso de Vera y Aragón en 1585 fueron descubiertos por Alfredo Martinet, un empresario de la zona.

El Impenetrable

En la actualidad se conserva el muro perimetral dentro del cual se puede ver el trazado del poblado en manzanas regulares, sus calles y la plaza, con una construcción cuadrangular que seguramente correspondió a la Iglesia Mayor, ya que el lugar contaba con dos templos.

En el circuito está **Castelli**, un pueblo instalado en la región de El Impenetrable.

Castelli es una extensa pampa de clima tropical habitada por indios tobas y matacos. En el siglo XVIII fue poblada por las reducciones de San Bernardo el Vértiz, Nuestra Señora de los Dolores y Santiago de La Cangayé. A fines del siglo XIX se realizó la ocupación definitiva de la zona a través del asentamiento de destacamentos militares. En 1930 se trazó la Colonia Agrícola Juan José Castelli, donde arribaron colonos inmigrantes de origen alemán. El lugar se pobló de quintas y chacras cuando llegó el ferrocarril. Hoy Castelli es un importante centro productor de algodón y sorgo, criadero de ganado vacuno, caprino y porcino y genera una gran producción forestal.

VILLA RIO BERMEJITO

Ubicada a orillas del río Bermejo, es una pequeña villa veraniega que cuenta con nu-

merosas casas de fin de semana y clubes donde se practican deportes acuáticos. El lugar está rodeado por la característica vegetación cerrada del monte chaqueño combinada con bellas playas.

FUERTE ESPERANZA

En plena zona de El Impenetrable se encuentra este asentamiento de estilo simple y moderno. En el lugar se pueden ver la capilla, la plaza y, ubicada en un lugar destacado, la antigua bomba que posibilitó el abastecimiento de agua potable a la zona.

RESERVA PROVINCIAL
FUERTE ESPERANZA

En la región semiárida de El Impenetrable, caracterizada por las altas temperaturas y escasas lluvias, se encuentra esta reserva, donde se hallan las rocas madres más antiguas del Chaco. En su área hay una flora de bosque y sotobosque con especies de madera dura como el quebracho colorado, quebracho blanco, urunday, espina de corona, algarrobo, guayacán y mistol, así como también arbustos espinosos.

La variada fauna del lugar es ideal para documentar a través de la realización de safaris fotográficos. Poblado de animales, algunos en vías de extinción, el aislamiento del lugar sirve de refugio de especies típi-

cas de la región, como el guazuncho, el puma, el tatú carreta, el yaguareté, el gato onza, el gato montés, la tortuga terrestre, el oso melero, el oso hormiguero, la perdiz copetona, el conejo de palo, la iguana colorada, el pecarí labiado y el pecarí de collar.

Cerca de la reserva se encuentra la Misión de Nueva Pompeya, fundada en 1900.

El asentamiento contaba con un templo y un convento, construcciones realizadas en su totalidad por los indígenas con materiales del lugar, ladrillos y tejas. La zona fue abandonada y sólo se conserva parte de las construcciones originales.

Formosa.
Vista de la capital

Formosa (capital)

La ciudad fundada por el comandante Luis Jorge Fontana en 1879 llevó el nombre de Villa Formosa, por el paraje Vuelta Hermosa en la ribera del Paraná. Fue punto de partida para expediciones fundacionales de colonias agrícola-ganaderas, y desde allí se abrieron nuevas rutas de comunicación con las provincias del noroeste.

Hoy es la ciudad más importante de la provincia, y su trazado urbano es moderno. Con avenidas con bulevares, y profusamente arbolada con especies de gran tamaño, ofrece un apacible y agradable entorno.

Plano de la ciudad

❶ Iglesia Catedral
Nuestra Señora del Carmen

Es de 1896, con fachada simétrica y dos torres. En su interior se encuentra el Camarín de la Virgen del Carmen con la imagen original del siglo XIX, y la urna con los restos del fundador de la capital.

❷ Museo Regional
Juan Pablo Duffard (MHN)

El edificio perteneció al general Ignacio Fotheringham, primer gobernador del territorio de Formosa. Su construcción es de 1885, y conserva parte de su arquitectura original. Fue residencia de los mandatarios territoriales y sede de la gobernación provincial. El museo conserva documentos, fotos y objetos de la historia formoseña.

❸ Casa de Artesanías Etnográficas

En un típico edificio neocolonial, con patios y aljibe, funcionan los talleres que reúnen las variadas etnias aborígenes de la región. En un salón exposición se pueden admirar las tallas en madera, cestería y tejidos en "chaguar".

❹ Puerto

Con bellas vistas al Paraná y la localidad paraguaya de Alberdi, en el lugar está el portón de embarque para cruzar al Paraguay. En las cercanías se encuentran el Club Náutico y el balneario Banco Marina.

Reserva de Animales Silvestres Guaycolec

En un régimen de semilibertad viven allí importantes ejemplares de la fauna autóctona. El predio de 150 ha fue destinado a la protección de las especies, con fines científicos, educativos y turísticos.

Parque Botánico Forestal Ingeniero Lucas A. Tortorelli

El lugar cuenta con una amplia colección de especies arbóreas de interés forestal, en un hábitat de masa boscosa, y con la finalidad de proveer semillas de los diferentes tipos de árboles, para plantadores y productores madereros.

CLORINDA

En la confluencia del río Pilcomayo con el río Paraná se encuentra esta progresista ciudad fundada en 1900 por Manfredi Hertelendy, en lo que fuera el fortín Fotheringham. A fines del siglo XIX, y en pleno plan de colonización, arribó al lugar un importante flujo de inmigrantes procedentes de la localidad de Villeta (Paraguay), asentándose a orillas del Pilcomayo.

Su privilegiada ubicación sirvió a su rápido crecimiento, como centro de intercambio comercial internacional.

En la ciudad se puede ver la *Iglesia de Nuestra Señora de los Angeles y Plaza San Martín*, un verde remanso donde descansar. A 4 km de la ciudad se encuentra el

Más información

Secretaría de Turismo
José María Uriburu 820
y Fontana.
C.P 3600 - Formosa
Tel: 03717- 420442
y 425192
Todos los días de 7 a 13
y de 16 a 20.
En internet:
www.formosa.com.ar

Llanura formoseña

Carpincho

Datos útiles
Obtenga más
información sobre
esta provincia
en la página

339

Puente Internacional San Ignacio de Loyola que comunica con el Paraguay.

En las cercanías se puede visitar el pueblo de **Herradura**, instalado frente a la laguna cuya forma dio origen a su nombre. Considerada una de las mas antiguas poblaciones formoseñas de origen jesuítico.

San Francisco de Laishi

Construida por los padres dominicos, la Misión es de 1901, y la región era habitada por indios tobas. La antigua construcción

Reserva Natural
Formosa

con galerías está ubicada en un paisaje de frondosa vegetación, y el poblado conserva una encantadora calma en sus casas de estilo neocolonial.

Fortín Sargento 1º Leyes (MHN)

Conocido también como Fortín Yunká, fue escenario del último malón en territorio argentino.

Ibarreta

También Paraje Laguna de los Osos, es una colonia agrícola-ganadera fundada por colonos que emigraron de Europa, Paraguay y localidades litoraleñas. Aquí se lleva a cabo anualmente la Fiesta del Algodón.

Las Lomitas

Esta localidad surgió a partir del tendido del ferrocarril. Su nombre proviene de las lomadas medanosas del lugar, y es un centro de servicios esencial para la zona. Todos los años se realiza aquí el Festival de la Copla.

Ingeniero Guillermo N. Juárez

En pleno corazón de la zona petrolera, en los alrededores se encuentran diversos yacimientos. Hasta no hace mucho fue un centro forestal de importancia, pero la gran actividad que originó el descubrimiento del Pozo Palmar Largo y la estructura de servicios que se desarrolló alrededor de éste lo desplazaron.

Reserva Natural Formosa

Está situada en una superficie de 10.000 ha de la zona subtropical seca. Con selvas en galería, limita al norte con el río Teuquito y al sur con el Teuco, formando la frontera con la provincia del Chaco.

Costas del río Paraguay
Artesanías regionales

El clima se alterna con largas sequías y temporadas de mucha lluvia, y con las temperaturas extremas propias del área. En su flora sobresalen el palo bobo, guaraniná, chañar y palo flojo, característicos de zonas inundables. En los montes hay algarrobo blanco y mora, quebracho colorado y blanco, guayacón y palo santo. La fauna de la reserva está integrada por el tatú carreta dentado, osos hormigueros y meleros, carpinchos, pumas, pecaríes, aguará poré y gran variedad de aves.

Cuyo

Introducción y mapa — 140
Fauna y flora de la Argentina — 142

Mendoza — **144-157**
Mendoza (capital) — 144
Hacia la cordillera — 146
San Rafael — 151

San Juan — **158-169**
San Juan (capital) — 158
Valle de Calingasta — 160
La precordillera — 165

San Luis — **170-175**
San Luis (capital) — 170
La Toma y Merlo — 173

Cuyo

Coronada por las más altas cumbres siempre blancas de los Andes donde descuella la descomunal silueta del Aconcagua, la región ofrece panoramas de singular grandeza: Mendoza y San Juan con sus fértiles oasis creados por el hombre, dominando desérticas extensiones, poblados de viñedos donde nacen los reconocidos vinos argentinos, y los agrestes paisajes de San Luis inmersos en su extraordinario microclima.

Cuyo ofrece incontables atracciones donde se entrelazan testimonios de hitos fundamentales de la historia de la Argentina y América, con la inagotable belleza del paisaje, pleno de ofertas donde el turismo aventura tiene un rol predominante en travesías únicas a través de la cordillera, caudalosos ríos donde practicar rafting, la nieve, y fabulosas reservas y parques, donde sumergirse en la naturaleza en su estado más puro.

MENDOZA

Sólo una pequeña parte del territorio está a menos de 1.000 msnm, con la permanente presencia de la cordillera de los Andes, donde la cumbre del Aconcagua ostenta el galardón de ser el pico más alto de América. Es el oasis más rico del país, con un centro vitivinícola de relevancia internacional, y uno de los puntos turísticos con la mayor oferta de deportes y turismo aventura de la Argentina.

Todo esto en el marco histórico de la campaña de los Andes del General José de San Martín cuyos testimonios pueblan la región.

SAN JUAN

Un territorio eminentemente montañoso define el paisaje sanjuanino, donde en los verdes oasis de sus valles se puede disfrutar de la placidez de pintorescos pueblitos cuyanos. La provincia ofrece un variado abanico de paseos turísticos con espectaculares miradores a las cimas más altas de los Andes, yacimientos paleontológicos, fabulosas reservas faunísticas con paisajes de extraordinaria belleza, y testimonios de antiguas culturas indígenas desperdigadas a lo largo de sus caminos.

SAN LUIS

Las anchas serranías la caracterizan. Estas encierran gran variedad de ámbitos pintorescos, íntimos, alegres y frescos: arroyos cristalinos, vallecitos bordeados por cerros, chacras antiguas y cultivos ondulantes. Hacia el este, el clima es más húmedo, hacia el oeste es más seco. Dos rutas bordean las sierras: una comunica a la provincia con Villa Dolores (Córdoba) y otra con La Rioja. A su vez, las sierras están recorridas interiormente por pequeños caminos que conectan diferentes circuitos turísticos.

Fauna y flora de la Argentina

La cordillera

El territorio que comprende a las provincias de Mendoza y San Juan es eminentemente montañoso, donde la cordillera de los Andes con sus máximas cumbres se muestra en todo su esplendor. En la región mendocina existen zonas diferenciadas: el encadenamiento continuo de sus montañas hacia el oeste; hacia el este una llanura árida con cerros de baja altura; al sur altiplanicies y zonas desérticas. San Juan, surcada por las altas cimas andinas de la Cordillera Principal en su parte occidental, importantes cordones montañosos y sierras de la precordillera, es atravesada por valles longitudinales y zonas llanas de gran aridez donde se levantan elevaciones aisladas, pertenecientes a las Sierras Pampeanas.

1. Cóndor

2. Halcón Plomizo

3. Chorlo Cabezón

4. Matamico Andino

5. Hurón

6. Chinchilla

7. Zorro Colorado

8. Iros

9. Zorrino

10. Agachona Grande

Mendoza (capital)

Surcada por los ríos Mendoza y Tunuyán, la capital ofrece la más exquisita reunión de elementos: cordillera y oasis de cultivo.

Fue fundada en 1561 por Pedro del Castillo. Su trazado inicial fue destruido por un terremoto, estrenando uno nuevo en 1863, con 64 manzanas, una plaza central y avenidas de circunvalación. En 1897 el paisajista francés Carlos Thays contribuyó a poblar de verde la desértica zona, con el parque del Oeste, hoy General San Martín. A partir de allí, la ciudad de Mendoza está a la vanguardia en el urbanismo de zonas áridas e internacionalmente se la reconoce como la expresión urbana de un ambiente de oasis. El resultado está presente en el paisaje de la pujante capital, surcada de múltiples y bellos espacios verdes.

Sus calles arboladas al igual que sus cinco plazas invitan a recorrerla a pie. Las calles turísticas son avenida San Martín, peatonal Sarmiento y avenida Las Heras.

❶ Plaza Independencia

Espléndido espacio verde de cuatro manzanas de superficie. En su soberbio entorno con un mullido anfiteatro alrededor de un espejo de agua se realizan conciertos al aire libre y espectáculos variados. En su recorrido se encuentran el pequeño Teatro Municipal Julio Quintanilla y el Museo Municipal de Arte Moderno. El escudo lumínico de 16 m de altura se enciende para las fechas patrias y la Fiesta de la Vendimia.

❷ Colegio Nacional Agustín Alvarez (MHN)

Este tradicional establecimiento fue inaugurado en 1910. Es una de las primeras edificaciones antisísmicas de la ciudad.

❸ Plaza España

Enmarcada por una bella y variada vegetación cuenta con un monumento central como homenaje a la Madre Patria, que tiene un zócalo de azulejos con escenas del Quijote y el Martín Fierro. El estilo arquitectónico imperante es netamente andaluz, con faroles, bancos revestidos con mayólicas hispánicas y un gran estanque.

❹ Museo del Pasado Cuyano (MHN)

Conocida como la "Casa de Civit", fue construida en 1873 y fue una de las primeras de la Nueva Ciudad. Albergó a ilustres huéspedes, como Mitre, Roca, Juárez Celman y el presidente chileno Pedro Montt. En torno a sus cuatro patios se encuentran 22 habitaciones con muros de adobe e instalados en ellos diferentes salas como la Sala Sanmartiniana, Sala Religiosa, Sala Federal y Sala de Armas, entre otras.

❺ Plaza Italia

Enmarcada por bellísimas tipas que tiñen de amarillo las veredas en la primavera, exhibe un interesante grupo escultórico en mármol y bronce realizado por Luis Perlotti representando a la Patria. El lugar ofrece otras interesantes esculturas y durante los festejos de la Vendimia la plaza es el centro de la "Festa in Piazza" organizada por la nutrida colectividad italiana de la ciudad.

Más información

Secretaría de Turismo
Av. San Martín 1143
(5500) Mendoza
Tel: (0261) 420-2800
420-2357/2656
L a S de 9.00 a 13.30
y de 17.00 a 21.00
D de 17.00 a 21.00
En internet:
www.cuyo.org.ar

Mendoza.
Peatonal Sarmiento

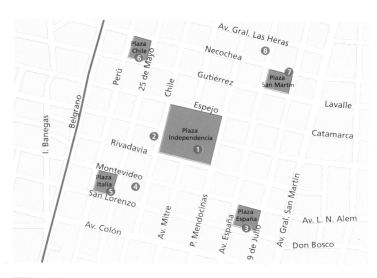

Av. Gral. Las Heras

Necochea ⑧

Plaza Chile ⑥
Gutiérrez

Perú
25 de Mayo
Chile

Plaza San Martín ⑦

Belgrano
I. Banegas

Espejo

Lavalle

Plaza Independencia
② ①

Catamarca

Rivadavia

Montevideo

Plaza Italia ⑤ ④
San Lorenzo

Av. Mitre
P. Mendocinas
Av. España
9 de Julio
Av. Gral. San Martín

Plaza España ③

Av. L. N. Alem

Av. Colón

Don Bosco

Mendoza.
Plaza España

Mendoza.
Cerro de la Gloria

dora. El pedestal fue realizado con piedra granítica de Uspallata.

⑧ Basílica de San Francisco (MHN)

De 1875, es la iglesia más antigua de la Nueva Ciudad. Las torres truncas, frecuentes en Mendoza reemplazaron las originales y el campanario central dañados por el sismo de 1927. En su interior está el camarín de la Virgen de Nuestra Señora del Carmen a quien San Martín declaró Patrona y Generala del Ejército de los Andes.

En el eje comercial se encuentran destacados edificios como la casa del gobernador Carlos González Pinto, el pasaje San Martín y la iglesia de los Jesuitas.

⑥ Plaza Chile

Fue creada en 1863 y es la más íntima de las plazas mendocinas. El aspecto más impactante del recorrido lo dan sus añosas tipas y eucaliptos.

⑦ Plaza San Martín

Es la plaza céntrica de la capital, en plena área bancaria. En su centro luce la espléndida estatua ecuestre del general San Martín señalando la cordillera de los Andes, punto de partida de su epopeya liberta-

Parque General San Martín

⑨ Se encuentra a sólo 1,5 km del centro y posee un lago artificial y un zoológico forestado. Al oeste, limita con el *Cerro de la Gloria*, monumento dedicado a la gesta sanmartiniana, emplazado en un paisaje de una notable secuencia paisajística.

Hacia la cordillera

Este circuito se realiza por la RN7, que es el camino internacional a Chile. Acompañado por el río Mendoza desde la planicie hasta la cordillera del Límite, el camino pasa por paisajes de una gran belleza, con gargantas naturales, termas, túneles, y un centro de esquí, atravesando tres de las localidades más tradicionales de la provincia de Mendoza.

Saliendo del extraordinario oasis de Mendoza, a 25 km se llega a la *Toma de los Españoles (MHN)*. Las obras hidráulicas fueron realizadas en el siglo XVIII, para derivar las aguas del río hacia el canal mayor de riego, por orden del marqués de Sobremonte, en aquella época gobernador intendente de Cuyo. Se conservan los muros, que originalmente tenían 17 m de largo.

Pasando la usina térmica de Blanco Encalada y central hidroeléctrica Alvarez Condarco, la ruta penetra ya en una angosta garganta y atraviesa un túnel rocoso, llegando a las ruinas de la usina Fader. A la izquierda se encuentra Cacheuta.

CENTRO CLIMATICO TERMAL CACHEUTA

Lleva el nombre de un cacique huarpe, y es una famosa estación termal. En su entorno está la primera central hidroeléctrica de la provincia, levantada en 1926, entubando un salto de agua de 42 m. El poblado cuenta con un parque y un puente colgante de 138 m de longitud que conecta ambas márgenes del río.

El centro termal es un complejo donde conviven las antiguas instalaciones, junto a un nuevo sector de hotel y servicios, de moderna arquitectura y dotado de todo el confort. La terraza con piscina mira a las correntosas aguas del río y al cercano cerro, en un entorno de una gran placidez. Las termas están ubicadas en un sector con

precordillera y la cordillera Frontal. Los cerros de rocas volcánicas adquieren variados colores. El recorrido atraviesa varios túneles, en un corto tramo. Cruzando el río Mendoza por un puente se llega al valle de Uspallata.

USPALLATA

Situada en un valle entre la precordillera y la cordillera Frontal se encuentra esta agradable villa de excelente microclima, donde se puede disfrutar además de sus maravillosos paisajes. El lugar, un importante pueblo cordillerano, posee toda clase de servicios con hoteles, campings y restaurantes.

En sus orígenes fue un pueblo precolombino, y a mediados del siglo XV integraba el Imperio Incaico con el Camino del Inca que cruzaban la cordillera. A mediados del siglo XVI fue colonizado por los españoles. Las condiciones naturales del sitio y su privilegiado emplazamiento en el camino principal entre Mendoza y Chile, sumado a las riquezas mineras de la zona, convirtió a Uspallata en un próspero poblado colonial. En 1824 fue fundada la villa, y en 1891 tuvo un gran impulso con la llegada del ferrocarril Trasandino. Es una de las zonas arqueológicas más importantes de Cuyo y en el lugar está instalado un estratégico asentamiento militar de montaña.

El atractivo histórico más interesante del lugar son las *Bóvedas de Uspallata (MHN)*. Estas sorprendentes construcciones de tierra con agudas cúpulas datan del siglo XVIII, y en ellas se trataban minerales. En el sitio se encuentran restos del horno de fundición donde en 1816 fray Luis Beltrán fundió los metales con que se fabricaron los cañones y las armas del Ejército de los Andes. Las construcciones fueron restauradas, y funcionan como museo.

Saliendo de Uspallata se atraviesa una gran planicie sedimentada llamada la Pampa de Tabolango, al pie de la cordillera El Tigre, con vestigios del pasado en las Casuchas, construidas a mediados del siglo XVIII. También se encuentran ruinas de un tambo incaico en Ranchillos.

una gruta artificial, bañeras individuales y pileta colectiva, alimentadas por vertientes que proveen agua de 35°C a 50°C. También hay una pileta para baños de barro y un solárium.

El camino sigue entre quebradas, con curvas pronunciadas. Llegando al valle de *Potrerillos* se pueden apreciar soberbias vistas del oasis natural, surcado por el amplio río y bella vegetación. Esta tradicional zona de estancias es un pequeño pueblo donde se encuentra el hotel.

Gran Hotel Potrerillos

Lugar tradicional de los mendocinos para pasar el fin de semana, es una agradable construcción en estilo californiano, emplazado en la cima de un cerro desde donde se disfruta de hermosas vistas. El hotel tiene piscina, restaurante y canchas de minigolf. En el entorno se encuentran las villas veraniegas de El Salto, Las Vegas y Valle del Sol. Pasando el valle y el pueblo de Potrerillos se entra ya en un sector de gran belleza, con un paisaje de transición entre

Un poco más adelante se encuentra otro sitio histórico, el puente que cruza el río Picheuta, una obra de 1770. En los alrededores se encuentran el Torreón del Centinela, y los restos del *Fortín de Picheuta*, donde el ejército libertador tuvo su bautismo de fuego. El camino se interna en una angosta garganta paralela al río Mendoza. Llegando al río Blanco se encuentra Tambillos, un antiguo asentamiento incaico, con restos arqueológicos.

Polvaredas

Ubicado a 2.050 msnm, es una típica población ferroviaria. En este lugar levantó su cuarto campamento el Regimiento 2º de Vanguardia del Ejército de los Andes. Más adelante está Punta de Vacas, una pequeña localidad desde donde se observa el imponente cerro Tupungato de 6.550 msnm. Aquí el río Mendoza con la convergencia de los ríos Las Vacas, Las Cuevas y Tupungato toma un gran caudal. El lugar, con sus pasturas de arreos, fue centro de concentración ganadera durante el siglo XIX y principios del XX con el comercio de animales en pie a Chile.

A la vera de la ruta aparecen una sucesión de rocas esculpidas por la erosión que se asemejan a monjes, dando lugar a Los Penitentes.

LOS PENITENTES

Esta villa, ubicada a 2.580 msnm, es un importante centro de deportes invernales, en un moderno complejo que incluye hoteles, apart-hotel y departamentos de alquiler temporario, con restaurantes, confiterías y estación de servicio. Tiene 17 pistas de esquí y medios de elevación. En verano permanecen abiertas parte de las instalaciones, y el lugar se convierte en el punto ideal para disfrutar de excursiones por los alrededores.

Puente del Inca

En las proximidades se encuentra *Puente del Inca*, una extraordinaria formación rocosa natural, originada por el agua sobre sedimentos ferruginosos. La imponencia del puente, que tiene 47 m de largo y cruza el río a 23 m de altura, presenta una extraña coloración amarilla. Sus aguas sulfurosas tienen la particularidad de solidificar

Puente del Inca

objetos, que se venden en el lugar como *souvenirs*. Puente del Inca era una legendaria localidad de aguas termales, ya conocida por los incas. A mediados del siglo XX existió allí un importante hotel, destruido por un aluvión. Aún se pueden ver restos de la construcción y las piletas termales.

Un poco más lejos se llega al Complejo Aduanero Los Horcones, donde se realizan todos los trámites de migración. Desde aquí se ve el Aconcagua, de 6.959 msnm, y se accede al *Parque Provincial Aconcagua*, reserva ecológica y arqueológica de 75.000 ha de extensión. En el parque se encuentran numerosas cimas, y se pueden apreciar magníficas vistas del Aconcagua, majestuoso pico, el más alto de América y segundo en el mundo después del Everest.

Entrando a la derecha 5 km se accede a la quebrada de los Horcones, con imponentes vistas del Ackon-Cahuac y sus nieves eternas. Es un lugar de glaciares de gran magnitud.

Continuando la ruta internacional, muy cerca se llega al valle del río Las Cuevas, penetrando en la Cordillera Principal, donde se encuentra Las Cuevas.

LAS CUEVAS

Está a 3.112 msnm, y es la última población argentina antes de la frontera. El pintoresco poblado con construcciones a la manera nórdica, adecuadas a la zona de intensas nevadas en invierno, posee un destacamento militar, bar y baños públicos. En el lugar se encuentra el *Refugio Casucha del Rey de las Cuevas (MHN)*.

Trepando hasta los 4.000 metros de altura y después de un recorrido por un sinuoso camino se llega al Cristo Redentor. Levantado en el límite de la Argentina con Chile, fue inaugurado el 13 de marzo de 1903, y es una obra del escultor argentino Mateo Alonso. Mide 8 m de altura y pesa 6 toneladas. Desde allí, la vista hacia ambos países es espectacular.

VILLAVICENCIO

Desde Mendoza se llega a las termas de Villavicencio, por un panorámico camino

Parque Provincial Aconcagua

de montaña pasando por históricos puntos ligados al Ejército de los Andes.

Se llega primero a *San Miguel de las Heras*, cuyo origen es precolombino. En el siglo XVI los españoles establecieron aquí una encomienda, asentándose en los alrededores, los que fueron posteriormente los arrabales de Mendoza. En 1750 ya existía la capilla de San Miguel de Panquehua, instalada en los terrenos donados por la familia Burgos y en 1885 fue elevada la capilla nueva. A 19 km del lugar se encuentra el *Campo Histórico El Plumerillo*, donde San Martín reunió los regimientos de La Cañada, San Agustín y Santo Domingo

Villavicencio.
Hotel Termas de
Villavicencio

Datos útiles

Obtenga más
información sobre
esta provincia
en la página

340

para conformar el Ejército de los Andes. Desde aquí partieron las distintas columnas hacia Chile. Finalizada la campaña, el campamento fue desmantelado, para ser revalorizado nuevamente recién en 1935, cuando se levantó un monumento en el pórtico de acceso, flanqueado por los auténticos cañones fundidos en los hornos de Uspallata. En el lugar hay una capilla levantada en 1870, sobre la original destruida por el terremoto de 1861.

Saliendo de El Plumerillo se atraviesa la localidad de Panquehua, un importante poblamiento huarpe, donde se encuentra un antiguo casco de estancia del siglo XVIII, donde funcionaba una bodega. Llegando a *Canota*, ya a 1.100 msnm, se ven los murallones de piedra del lugar donde el Ejército de los Andes se dividió en dos columnas. El sitio conserva una ermita con la imagen de la Virgen de Cuyo, Patrona y Generala del ejército de San Martín, en lo que fuera una antigua estancia.

El sinuoso camino asciende por un sendero de gran relieve, con manantiales y puestos ganaderos.

Termas de Villavicencio

Situado a 1.800 msnm, está el hotel levantado aprovechando una importante vertiente de aguas minerales. De óptimas cualidades, se comercializan en todo el país.

El lugar ya era conocido por los aborígenes de la región, pero sus virtudes curativas se valorizaron recién en 1902, construyéndose el hotel en 1941, como un elegante lugar de descanso. El entorno del mismo está rodeado de un gran parque con magnífica arboleda, y en el circuito hay glorietas que acompañan los variados senderos, en un apacible paisaje sobre la quebrada. Desde aquí se puede completar el recorrido por un angosto y serpenteante camino, un tramo con 365 curvas conocido como los *Caracoles de Villavicencio*. El soberbio panorama ofrece extensas vistas hacia los oasis del norte de Mendoza y la quebrada de Villavicencio.

San Rafael

Por la RN40, en el trayecto hasta San Rafael se encuentra Tunuyán, una moderna ciudad, la más importante del valle de Uco, sobre el río del mismo nombre. De gran actividad agrícola, es conocida como la Capital de la Manzana. Desde aquí se accede a Tupungato, una población de origen jesuítico, real anfiteatro panorámico con el fondo de la cordillera, donde sobresale la imponente cima nevada del cerro Tupungato de 6.800 msnm. En San Carlos se encuentran testimonios de la tradición cuyana, visibles en su arquitectura de gruesos adobes, y sus arboladas calles con acequias. En el lugar está el fuerte de San Carlos (MHN) construido en 1770.

SAN RAFAEL

El principal centro urbano del sur de la provincia es una joven y pujante ciudad de edificación moderna, casas bajas, y muy extendida en su trazado. Es uno de los mayores oasis de Mendoza, con acequias en sus amplias calles que contribuyen a crear un microclima característico de la región. La ciudad está circundada por áreas de una intensa actividad agrícola, centralizada principalmente en la industria vitivinícola.

En un recorrido por la zona céntrica se encuentra la plaza San Martín, la catedral de San Rafael Arcángel, la plazoleta del Inmigrante, con su monumento a la primera locomotora inglesa que llegó al lugar en 1903, y el parque Hipólito Yrigoyen, donde en su Teatro Griego se lleva a cabo todos los años la Fiesta Departamental de la Vendimia. En los alrededores se encuentran importantes bodegas, algunas de las cuales se pueden visitar.

Hacia El Nihuil

Por la RN143 se inicia el espectacular circuito que recorre zonas históricas, el río Atuel y su imponente cañón, y los embalses poblados de extraordinarias vistas dentro de importantes obras hidroeléctricas.

San Rafael.
Estancia Los Alamos

La ruta del vino

Mendoza es la mayor productora de uva y vinos de la Argentina. La región cuenta con una gran concentración de bodegas, algunas de principios del siglo XX. En los últimos años –con el aporte de nuevos emprendimientos nacionales e internacionales– el sector ha generado una gran renovación y crecimiento, produciendo vinos finos de gran calidad que hoy compiten en los mejores mercados del mundo. En la zona se cultivan diversos cepajes, entre los que sobresalen el *cabernet-sauvignon*, *merlot*, *pinot noir*, *syrah*, *semillón*, *chardonnay* y *malbec*. Este último el vino más emblemático del país. Siguiendo la tendencia de los países productores de buenos vinos, donde se combinan circuitos turísticos con visitas a bodegas, Mendoza decidió sumarse a esta moda, ideal para conocer y degustar los mejores productos de la región. Muchas empresas emprendieron ya

una serie de atractivos programas con variadas propuestas. Alguna de ellas, como *Bodegas Chandon*, en Agrelo, con guías turísticos bilingües, ofrece un recorrido de una hora que incluye todo el proceso de elaboración de vinos y champañas, que culmina con una degustación en el "visitor center". En las Bodegas Norton se puede disfrutar de su lindismo "wine-bar", en terrazas sobre los viñedos y vistas a los Andes. Viniterra es otra bodega que cuenta con una boutique para degustaciones y venta de objetos afines. Escorihuela, en Godoy Cruz, abrió un espectacular restaurante en sus antiguas instalaciones donde se destaca la reconocida gastronomía del chef Francis Mallmann, y además se degustan y adquieren sus vinos. Pero quizás la más completa propuesta sea la de Bodega Salentein, que tiene su propio departamento de turismo. En el valle de Uco mendocino, junto a una de sus fincas, abrió una exclusiva posada para albergar a los visitantes en un entorno natural. Después de pescar, hacer trekking o un paseo en una 4x4, tomar una copa de vino nacido en el lugar parece un broche ideal.

Enfrentando el Bloque de San Rafael, está *Villa 25 de Mayo*, tranquila villa cordillerana con acequias y avenidas de álamos, poblada de casonas de fines del siglo XIX, época de su auge, asociado a la Campaña del Desierto. En el lugar existen restos de las gruesas murallas del Fuerte de San Rafael (MHN) levantado en 1805 como avanzada de frontera, en la lucha contra los indios de la zona. En los alrededores se encuentra la plaza de la villa vieja, el núcleo inicial de San Rafael, con una sencilla iglesia de 1875, Nuestra Señora del Carmen.

Pasando el próximo *Dique Derivador Galileo Vitale*, la ruta continúa hacia el Complejo *El Tigre-Los Reyunos*. La obra complementa las dos presas, siendo **Los Reyunos** la más importante. Desde esta última sale un ondulante camino de ripio que va trepando hasta atravesar un túnel de 300 m de largo para enfrentarse sorpresivamente con el espejo de agua, ofreciendo panoramas de una gran belleza, donde los rojizos cerros se recortan en la brillantez del cielo azul, duplicando sobre el agua los espléndidos paisajes.

Al descender se encuentra el Club de Náutica y Pesca Los Reyunos, lugar donde practicar deportes náuticos y disfrutar de la excelente pesca del lugar.

Un colorido camino por la RP150, empalma con la RN40 que lleva al *Valle de Uco*, poblado de estancias andinas, villas veraniegas y pintorescos pueblos agricultores, con un centro de esquí. A lo lejos se divisa el Cerro Diamante de 2.354 msnm.

Embalse Agua del Toro

El acceso es por el Club de Caza y Pesca, con embarcadero e instalaciones para pescadores y deportistas. Desde allí se obtienen las mejores vistas del monumental complejo hidráulico y su espejo de agua. El dique es un murallón de gran magnitud, de 128 m de altura. Al este de la presa se encuentra la central hidroeléctrica.

Embalse El Nihuil

Embalse Valle Grande

Regresando a San Rafael, y tomando la RP173, un sinuoso camino va ascendiendo hacia las estribaciones del Bloque de San Rafael, donde aparece el río Atuel entre escarpadas formaciones rocosas. A 20 km de la ciudad comienza la zona turística con una serie de restaurantes regionales e italianos, y varios campings.

CAÑON DEL ATUEL

Cañón del Atuel

Extraordinaria zona panorámica entre montañas donde se encuentran las impor-

tantes obras hidráulicas de los embalses de Valle Grande y El Nihuil, que culminan en el fabuloso cañón, cuyas gargantas naturales encierran numerosas presas que embalsan el río en su trayecto. En la central hidroeléctrica Nº 3 se puede ver el complejo dibujado en paneles explicativos.

Embalse Valle Grande

Las mejores vistas del espejo de agua y su atrayente entorno de erosionadas serranías se logran desde su murallón de 115 m de altura. En los alrededores está el *Complejo Turístico Portal del Atuel*, con hotel, varios campings y una completa organización para practicar deportes náuticos y pesca. La visita al embalse ofrece dos circuitos: el Chico, que lleva al murallón del dique, y el Grande, por el camino de los túneles.

CAÑON DEL ATUEL

El laberíntico circuito comienza junto al dique de Valle Grande, y recorre 46 km hasta El Nihuil, entre paredes de rocas estratificadas y caprichosas formas geológicas erosionadas. A 1.300 msnm, el paseo ofrece soberbios paisajes únicos. En el trayecto se encuentran tres centrales hidroeléctricas y dos espejos de agua. El lugar más alto del recorrido es la central Nº1, y por su sinuoso camino se llega a una meseta desde donde se observa el inmenso cañón dibujado hace milenios por las aguas.

Dique y Embalse El Nihuil

Es el mayor de los embalses cuyanos y en su gran espejo de agua, con suaves costas de extendidas playas, se organizan importantes regatas nacionales y se considera el mejor lugar para la práctica del windsurf. En el lugar se encuentra la Villa San José del Nihuil, con el bello fondo del Cerro Nevado de 3.810 msnm, importante reserva faunística.

MALARGÜE

Por la RN 144 hacia El Sosneado se llega a Salinas del Diamante, que como una brillante extensión aparece a lo lejos. Pertenece al sistema lacustre de la depresión de los Huarpes, y en la zona se encuentra la importante *Reserva Faunística Laguna de Llancanello.*

A partir de aquí el camino se convierte en la RN40 hasta llegar a *El Sosneado*, un pequeño pueblo en las márgenes del río Atuel, con hostería y restaurante.

Desde aquí se puede emprender un circuito de turismo aventura trepando por la cordillera hasta las termas de El Sosneado y el Volcán Overo, con minas de azufre, en un recorrido de 150 km.

Volviendo al camino se llega a *Laguna Blanca.* De agua salada y coloridos tonos azules verdosos, la laguna es el natural hábitat de gran variedad de aves. El lugar

Médanos del Nihuil

cuenta con un parador con camping y asadores, y una buena pesca de truchas y pejerreyes.

La ruta ahora pasa por El Chacay, un lugar histórico donde un mástil y una placa recuerdan el *Fortín General San Martín* o *El Alamito*, desde donde partió el General Roca a la conquista del desierto. En las cercanías está Malargüe.

CIUDAD DE MALARGÜE

Es la cabecera del más grande de los departamentos de la provincia, y cubre casi un cuarto de la superficie de Mendoza,

Rafting en el río Mendoza

Valle de Las Leñas

considerada la Capital del Turismo Aventura. Creada en 1886, la villa tuvo su antecedente histórico en el *Fuerte de Malargüe (MHN)* de 1846. Su nombre primitivo Malal-Hué significa "muralla de piedra" y se atribuye a las formaciones rocosas que atraviesan el río.

Molino Harinero (MHN). El edificio con un largo depósito, la sala de molienda de doble altura y habitaciones, es el testimonio de la actividad triguera de la zona a fines del siglo XIX.

Museo Regional. Pequeño, pero con importantes piezas paleontológicas y arqueológicas de la región.

Capilla de Nuestra Señora del Rosario. Fue parte del casco de una estancia en 1892, y primer templo del lugar.

Fortín Malal-Hué (MHN). A 12 km de la ciudad están los restos de la casa-fortín que construyó Juan Troncoso en 1847, con parte de los muros de hasta 2 m de espesor.

Desde Malargüe por la RP222, siguiendo el curso del río Salado, la ruta va internándose en serpenteante camino de montaña siempre en ascenso, con una serie de curvas cerradas en Los Caracoles, para luego descender por el angosto cañón del río Salado, hasta el valle de los Molles.

CENTRO TURISTICO TERMAL VALLE DE LOS MOLLES

El antiguo Centro Termal tiene una pequeña población estable, y en verano y otoño tiene el encanto de un paraje bastante solitario. Situado a 1.800 msnm, está conformado por la hostería termal Lahuen-Co, el hotel Lahuen-Co II, el hotel Hualum y un pequeño grupo de cabañas con capacidad para 6 personas cada una, que se alquilan todo el año. Las termas, con piletas individuales a distintas temperaturas que oscilan entre los 36°C y 49°C, se encuentran en un edifico anexo a la hostería y puede ser utilizado por los viajeros pagando la tarifa de los servicios.

El valle presenta la posibilidad de acceder a dos paseos de gran atractivo turístico.

Laguna de la Niña Encantada

Un bellísimo espejo de aguas cristalinas, uno de los legendarios pukios, o lagunas purísimas de los aborígenes. Alimentado por aguas de manantiales cordilleranos, en sus alrededores de verdes pastos se encuentran puestos de cabras, en pequeños oasis con alamedas. Lugar ideal para acampar.

Pozo de las Animas

En una zona poblada de dolinas, formaciones geológicas con profundos pozos, impresiona la magnitud de estas dos cavidades, virtuales cráteres, producto del hundimiento de los suelos calcáreos de la zona. Desde Los Molles, a 20 km, atravesando un bello valle transversal, se llega a Las Leñas.

VALLE DE LAS LEÑAS

Abierto en invierno y verano, es un importante complejo turístico, con una atractiva arquitectura presente en los distintos establecimientos hoteleros que ofrecen servicios desde 5 a 2 estrellas. La villa cuenta con un completo centro comercial, supermercado, centro médico y casino. Emplazado a 2.250 msnm, cuenta con más de 10 pistas de esquí y numerosos medios de elevación. Durante el verano el lugar concentra una gran actividad, centrada en el turismo aventura, con travesías a caballo, que genera su ubicación geográfica.

VALLE HERMOSO

Este paseo, para los amantes del turismo aventura, se adentra hasta los 2.800 msnm, en el más alto de los valles de la región, por una ruta esencialmente minera.

Ascendiendo permanentemente, el paisaje es impactante, ya que rápidamente aparecen deslumbrantes los picos nevados de los Andes, siempre como telón de fondo. La belleza de las diversas formaciones y colores de los cerros circundantes quita el aliento. De pronto rosados, amarillos, verdosos o dramáticamente negros no dejan de sorprender durante todo el recorrido. En otoño, la grandeza y la soledad del paisaje es apabullante; en verano es posible encontrarse con arrieros, muy de vez en cuando, que llevan el ganado a pastar en las vegas, que salpican de gamas amarillentas todo el circuito como única vegetación, en medio de tanta sequedad.

El camino pasa por la mina Las Choicas, con panoramas inigualables hasta llegar a Laguna del Valle, donde en un sobrecogedor silencio podrá navegar o pescar. El recorrido termina en el *Portillo del Planchón*, un paso cordillerano que llega a la ciudad chilena de *Curicó*, no siempre habilitado. Este circuito se puede hacer sólo desde fines de la primavera hasta promediar el otoño.

Hacia Valle Hermoso

San Juan (capital)

Reconstruida después del terremoto de 1944, la capital es el centro de un pujante oasis. Surcado por el río San Juan, que cruza la precordillera y mediante un sistema complejo de canales y diques riega los valles, mantiene la tradición de aprovechamiento hídrico que comenzó en el período precolombino.

De construcción antisísmica, conserva la estructura de damero tradicional. Fue fundada por Juan Jufré en 1562 en el valle Huarpe de Tucuma, y en 1593, fue trasladada a su actual emplazamiento. Originalmente, se llamó *San Juan de la Frontera*. A lo largo de tres siglos, la ciudad contó con una catedral, un palacio episcopal, la *Iglesia de Santo Domingo* y la *Casa de Gobierno*.

❶ Catedral

Frente a la **Plaza 25 de Mayo** se encuentra la Catedral. Fue inaugurada en 1979. En su subsuelo se encuentra la capilla de fray Justo Santa María de Oro, que se levanta sobre el solar original de la **Iglesia de San José**, de 1712.

❷ Plaza Laprida

Frente a esta se encuentra el **Museo de Ciencias Naturales de la Universidad Nacional de San Juan**. Museo geológico, mineralógico, botánico y zoológico que reúne ejemplares locales y de otras zonas. Se destacan restos fósiles y réplicas de fauna de hace 150 a 200 millones de años, del yacimiento paleontológico de Ischigualasto.

❸ Casa de Domingo Faustino Sarmiento (MHN)

El terremoto afectó al edificio, que fue reconstruido en 1956. Actualmente funciona como Museo Histórico, y en sus recintos se atesoran muebles, objetos y recuerdos de la vida del *"ilustre sanjuanino"*. En el primer patio se halla un retoño de la hi-

Domingo Faustino Sarmiento

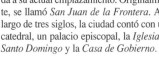

San Juan. Catedral

San Juan. Parque de Mayo

guera que se describe en el libro *Recuerdos de provincia*, así como el telar de su madre, doña Paula Albarracín.

❹ Parque de Mayo

En su trayecto se encuentran juegos infantiles, un velódromo con señales viales para instruir a los niños y un pequeño lago artificial. Durante la primera quincena de octubre el parque alberga la Feria Exposol con promoción y degustación de productos locales, nacionales e importados.

❺ Celda de San Martín, Sala Capitular y Galería del Convento de Santo Domingo (MHN)

Originalmente de 1864, y reconstruida luego del terremoto, se conserva la celda habitación que ocupó el general San Martín en 1815, con sus objetos personales y muebles de la época. También está la Sala Capitular y la Galería.

❻ Mercado Artesanal y Museo del Vino

Instalado en los galpones reciclados del ex Ferrocarril General San Martín. En el mercado se ofrecen artesanías en telares de buena calidad, y en el museo están instaladas antiguas máquinas de las bodegas de la región.

❼ Auditorio Ingeniero Juan Victoria

Posee una magnífica sala de conciertos con capacidad para 1.600 espectadores. Fue inaugurado en 1970.

Enfrente se halla el Complejo Polideportivo con un estadio cubierto para 8.000 espectadores y uno abierto para 4.000 personas. En este lugar se han realizado varios campeonatos mundiales de hockey sobre hielo.

San Juan.
Peatonal

Más información

Secretaría de Turismo

Sarmiento 24 sur - San Juan

Tel: (0264) 4210004

4222431 y 4225778

L a V de 7 a 21

S y D de 9 a 20

En internet:

www.ischigualasto.com

Valle de Calingasta

Pampa del Leoncito

La primera parte del recorrido es por un camino de circulación restringida. Hay horarios de subida y bajada que se modifican según los días. Averiguar antes de emprender el circuito.

Saliendo de San Juan hacia Villa de Zonda, por la RN12, se pasa por el Camping Municipal con una completa infraestructura y capacidad de hasta 3.000 personas. Posteriormente la ruta ya se interna en la angosta quebrada que lleva al *Dique Punta Negra*. Desde allí se inicia la subida por el estrecho camino encerrado por las altas paredes montañosas donde es común ver a andinistas entrenándose. El camino posee más de 1.800 curvas, y transcurre junto a impresionantes precipicios. Antes de llegar a la máxima altura, en la cuesta del Cerro Tambolar, a 1.365 msnm, se encuentra la estancia *Las Higueritas*, lugar ideal para acampar. Las vistas desde el lugar son maravillosas, y desde allí comienza el descenso hacia Pachaco. En las inmediaciones sale el camino hacia la *quebrada del Palque*, un agreste entorno donde está el sitio de peregrinación al ofrendatorio de la *Virgen de Pachaco*, donde reposan los restos de Margarita Lima, cuyo cuerpo permaneció momificado por el clima del lugar. La bajada transcurre entre las sierras del Tigre y del Tontal hacia el valle de Calingasta, con la confluencia de varios ríos.

PAMPA DEL LEONCITO

Es el lugar más famoso del país para practicar carrovelismo. Resto de una antigua cuenca lacustre, esta sorprendente planicie arcillosa, de superficie seca y resquebrajada, es una extensión plana de 14 km de largo por 5 km de ancho, y está permanentemente azotada por vientos, lo que inspiró a un visitante belga a imaginar el apasionante deporte de carros a vela. Desde 1975 se realizan competencias oficiales de nivel internacional. Los coches corren impulsados por el viento, y el empuje se cuadriplica por las velas, hasta llegar a alcanzar velocidades superiores a 130 km/h. En las competencias se permite un máximo de 80 km/h. En la Cabaña de Doña Pipa se alquilan estos particulares vehículos.

Una experiencia inolvidable sólo posible en noches de luna llena: un paseo hasta El Leoncito en auto. El cielo y la quietud del lugar, con el fondo de la silueta del Tontal a la lejanía, es una experiencia sobrecogedora. Sobre los cerros de la derecha, a 2.500 msnm, se encuentran instalados dos de los observatorios astronómicos más importantes de la Argentina, el **Observatorio Félix Aguilar,** con tecnología y equipo aportado por la Universidad de Yale de los EE.UU., y el **Complejo Astronómico El Leoncito**, que nuclea a técnicos y estudiosos de la Argentina y de todo el mundo. El particular clima diáfano de la zona garantiza la observación de los astros durante 275 noches promedio por año.

BARREAL

Barreal, a 1.660 msnm, es un verdadero oasis a orillas del río Los Patos. Un pueblito donde el turista puede olvidarse de todo. Esto es bastante posible, ya que no llegan diarios, y la televisión brilla por su ausencia, aun en el mejor lugar de la villa, la posada San Eduardo, una casona, con un patio central que pertenece a los Zunino. El lugar es sumamente agradable, con terrazas para almorzar al sol y una buena cocina. En el pueblo, las plantaciones de álamos

que bordean sus calles, ofrecen una sensación de frescura, que combinado con el paisaje netamente precordillerano y el aire puro y claro, crea una sensación de bienestar única.

Conocido por el cultivo de hierbas aromáticas, Barreal cuenta con importantes plantaciones de menta, y plantas deshidratadoras para elaborar el extracto, cuyo aroma se esparce por sus calles cuando es transportado en carros el pastrón ya procesado, para alimento del ganado.

Barreal.

Abajo:
Observatorio
Astronómico

Los Morrillos

El circuito a Morrillos, como el del Tontal, se hace únicamente con guía, ya que los dos tienen un acceso privado, con tranquera y candado. En el pueblo, Ramón Ossa y sus hijos son los que manejan los códigos del lugar, y ofician de acompañantes.

Los Morrillos es un área arqueológica de la cultura ansilta, y la gran atracción son sus pinturas rupestres de inesperados diseños, muy diferentes a todas las conocidas de la región que es una zona de transición, donde comienza la puna. Actual-

mente está bajo la protección de la Fundación Vida Silvestre Argentina, quienes han construido un refugio cerca de las cuevas. Aquellas personas de espíritu conservacionista sabrán valorar todas las explicaciones que proporcionan los carteles con dibujos y gráficos que la Fundación ha instalado en el lugar.

En el camino a las cuevas se observan a lo lejos una sucesión de cumbres nevadas, entre las cuales sobresale la majestuosa silueta del pico más alto y famoso de América, el Aconcagua (6.959 msnm), y un poco más a la derecha el Mercedario (6.769 msnm), grandioso también en su magnitud. Ya en el lugar, el natural mirador que domina el valle, de difícil acceso, les garanti-

zaba a los ansiltas una permanente protección de los ataques de otras tribus.

Las dos cuevas excavadas en la roca contienen pinturas rupestres, la mayoría antropomórficas.

Lo majestuoso del panorama y la quietud del lugar llaman al silencio y a la emoción. Sólo el silbido del viento como música de fondo, y la imaginación rearmando una historia de miles de años.

EL TONTAL

Partiendo de Barreal a la mañana por la RP412 se llega a la quebrada del *Arroyo Seco*, donde comienza el ascenso por naturales faldeos, y un agreste paisaje entre retamos, molles y jarillas. El trayecto asciende desde los 1.650 msnm hasta la máxima cima de 4.000 msnm, en el camino se pasa por la *Ciénaga del Cerro Redondo*, con sus vertientes de agua clarísima, y la presencia de plantaciones de álamos que confieren al lugar de un entorno agradable, y más adelante la ciénaga Los Puentes, con manantiales surcados por el arroyo del Salto.

Desde la época precolombina, la abundancia de pasto, leña y cacería originó en este lugar varios asentamientos. Siguiendo la particularidad de la zona, el sitio está poblado por diferentes hierbas. Tomillo, ajenjo, ruda macho, chachacoma, barba negra, con sus propiedades curativas, son recolectadas por los lugareños y luego vendidas en las poblaciones aledañas.

Un poco después se cruza la quebrada de la Aguada, donde se encuentra el puesto de doña Juana Villaroel, familia nativa de la zona desde hace muchas generaciones.

Unos pocos kilómetros adelante se encuentran las **Minas del Carmen Alto**.

Minas del Carmen Alto

La cordillera.
Vista desde el Tontal

Minas del Carmen Alto

Son las ruinas de lo que fue un pueblo minero, con iglesia y todo. Las construcciones de barro, en un terracota amarillento, semejan un pueblo fantasma de un "western" americano. Es posible imaginar el lugar en su época de apogeo cuando fue una importante fundición de plomo, oro y la mejor plata del país. Las minas, cuyo origen fue jesuítico, fueron adquiridas por la inglesa Compañía de la Explotación, en 1860. Llegó a tener una población fija de 3.000 mineros, y en el lugar funcionaron una aduana, iglesia, matadero, puesto sanitario, viviendas y oficinas. Todavía se puede llegar a las entradas de los antiguos socavones, e internarse un poco en sus heladas oquedades.

El recorrido continúa por La Aguada, un paraje con aguas purísimas y el fragante entorno perfumado por el ajenjo y tomillo que crece naturalmente en la zona.

Cima del Tontal

Llamado el balcón de los Andes, desde su cumbre, que forma una extensa planicie, se disfruta de una incomparable vista sobre el valle calingastino, en un clima seco y diáfano. Desde la extraordinaria altura, 4.000 msnm, la amplitud del panorama quita el aliento. Hacia el este se avista el valle de Tulum, con la ciudad de San Juan delineada por el cerro Pie de Palo y el Borde Grueso de Solís. Hacia el oeste, las agudas cimas andinas que se extienden desde la cordillera de Olivares y los Siete Picos de Ansilta, y al fondo la majestuosa presencia de los cerros Mercedario (6.769 m) y el Aconcagua (6.959 m). Como mancha clara en la planicie se divisa la Pampa del Leoncito, y un poco más arriba los observatorios astronómicos.

A CALINGASTA Y TAMBERIAS

Saliendo de Barreal por la RP142, por un paisaje poblado de avenidas de álamos, y campos de alfalfa, romero, estragón, lavanda y anís, el camino se enfrenta con las increíbles formaciones policromadas de los **Cerros Pintados**, matizados con estratos de colores verdes, rojos y blanquecinos. Desde allí se accede al **Alcázar**, un cerro arcilloso de 1.650 m de altitud. El cerro, cuyos caprichosos diseños lo asemejan a un castillo, tiene un mirador natural al valle, y fue en 1630 el refugio de Huaziul y sus guerreros que se enfrentaron a los españoles.

De vuelta en la ruta se encuentran las **Ruinas de Hilario**, los restos de una anti-

Datos útiles

Obtenga más información sobre esta provincia en la página

340

Camino a Calingasta

gua fundición de 1868, creada bajo la presidencia de Domingo Faustino Sarmiento. La actividad del lugar ya la habían comenzado los jesuitas en el siglo XVII, fundiendo oro, plata y cobre del Tontal, especialmente de la Mina del Carmen Alto.

CALINGASTA

Es una pequeña población, pero la más importante del departamento. Su actual actividad sigue ligada a la minería, aunque a principios del siglo XX fue una importante zona productora de manzanas. Ubicada en una escarpada topografía, la villa ofrece bellas vistas desde los cerros El Morado y El Calvario, y en los alrededores del lugar se encuentra la **Capilla de Nuestra Señora del Carmen.**

Perteneció a la orden jesuita, que ya se encontraba en el lugar a principios del siglo XVII. El templo pertenece al varado conjunto de iglesias rurales de adobe, muy difundidas en el Noroeste y Cuyo hasta el siglo XIX. Muy sencillo, fue levantado en honor de la Virgen del Carmen, la que dio nombre también a las minas del Tontal.

TAMBERIAS

Pintoresco pueblito cordillerano, con calles arboladas y acequias. Su origen fue una antigua tambería situada en el Camino del Inca, que llegaba hasta Uspallata (Mendoza). Se llamó sucesivamente Villa Maipú y General Sarmiento, pero el arraigo del nombre primitivo fue más fuerte, y persistió como Tamberías.

Es una zona inminentemente agrícola, con sembradíos y algunas estancias como La Puntilla y El Totoral.

La precordillera

PISMANTA-SAN GUILLERMO

Saliendo de San Juan por la RN40 y luego la RP436 en dirección a Iglesia, en un camino de badenes, están las *Termas de Talacasto*. Son baños naturales de aguas sulfurosas, que aunque no cuentan con infraestructura, son muy concurridas por los sanjuaninos. Más adelante se encuentra la *Pampa de Gualillán*, una planicie de sedimentos erosionados, con formaciones de ciénagas. El nombre de Gualillán, en lengua indígena significa "muerte del agua", y en el lugar se encuentra la antigua estancia La Ciénaga, que fuera parada de carretas y en 1817 posta de comunicaciones de la expedición Cabot. El camino sigue hasta la Mina de Gualillán, un yacimiento aurífero que en 1867 promovió una gran expectativa, comenzando a ser explotado, pero las complicadas vetas hicieron que el proyecto fuera abandonado. La ruta comienza a atravesar los cordones precordilleranos por una colorida sucesión de valles y quebradas cuyo recorrido culmina en el *Portezuelo del Colorado* a 2.870 msnm. El paisaje es acompañado por bellos panoramas, hasta llegar al hermoso valle de Iglesia, que visto desde lo alto con la limpidez del clima del lugar y el fondo de la cordillera es todo un espectáculo.

IGLESIA

Es un pequeño pueblo que surgió espontáneamente, en el centro de un oasis formado siguiendo el arroyo Iglesia. En el lugar, con ranchos criollos de adobe, en cuyos fondos se ven los infaltables hornos de barro, se conservan las costumbres rurales.

Luego se llega a **Las Flores**, otro pintoresco pueblo cordillerano, con calles con acequias y casas de adobe con galerías. Por el lugar pasa el camino internacional a Chile por Paso de Agua Negra, por lo que el poblado tiene un completo equipo de servicios. Seis kilómetros más adelante se llega a Pismanta.

Valles de Iglesia

Viñedos sanjuaninos

Hotel Termas de Pismanta

Emplazado a 2.010 msnm se encuentra este centro de aguas termales habilitado todo el año. El lugar combina un excepcional clima cordillerano seco, la intensidad del sol y las vertientes termales que emergen a 45°C. El hotel es sencillo, pero cómodo y de una gran tranquilidad, con un sector nuevo con elementos de mayor confort. Tiene baños a diferentes temperaturas, y una importante pileta al aire libre.

Todo esto en pleno desierto y con un fondo de imponentes montañas. En los alrededores existen otras vertientes volcánicas, aún sin explotar, y un barreal con propiedades terapéuticas

Estas termas eran conocidas desde la época precolombina, y los aborígenes de la zona le atribuían valores espirituales a los vapores que producían las aguas.

En las cercanías del hotel se encuentra la capilla de *Achango*. Para conocerla hay

Paisaje
de vegas

que pedir las llaves al vecino. Se levanta en lo alto de un monte y es una maciza estructura que se recorta contra el intenso azul del cielo. Desde su emplazamiento se observa el cordón cordillerano de Sierra Negra. El aislamiento del lugar permite imaginar los orígenes de los pueblos cordilleranos, junto a sus iglesias. En el entorno hay un pequeño caserío, habitado por los descendientes de los antiguos pobladores de Poblete y Godoy, que parece detenido en el tiempo. La iglesia de una gran sencillez, con muros de adobón, recibe para las festividades religiosas una gran cantidad de lugareños que cubren el piso de la nave con coloridas mantas, según la costumbre de sus ancestros.

La ruta sigue sobre un árido paisaje con pequeños oasis en *Las Flores*, Campanario y Soria. A pocos kilómetros se encuentra **Bella Vista**. El pueblo, de antigua tradición

Ruinas incaicas

ganadera, conserva aún costumbres gauchescas, como la recogida de animales, pialadas, domas, marcaciones y carreras cuadreras. Es común ver a los jinetes con su indumentaria típica, la que engalanan para participar de la pintoresca Fiesta de Valles y Cumbres Iglesianos, en la primera

Reserva San Guillermo

Este circuito es de alto turismo aventura, y se hace sólo con equipo especial. Es un lugar celosamente preservado, y sólo se accede con el permiso del personal de la Dirección de Recursos Naturales Renovables y de Gendarmería Nacional que se encuentran en Rodeo, y son los encargados de patrullar la zona. El excepcional recorrido que necesita de un guía o baqueano llega hasta impresionantes cumbres heladas a 5.000 msnm como el Macizo del Potro, en un camino poblado de vegas, desiertos como el valle del Macho Muerto, escarpados tra-

mos, vertientes termales, pantanos y ciénagas a más de 3.000 msnm. En las extensas soledades de la reserva se desarrolla en libertad y con gran protección una valiosísima fauna autóctona compuesta de vicuñas, guanacos, zorros, tunduques, piuquenes, lagartijas, flamencos, patos cordilleranos y ñandúes. La zona faunística más protegida está en la franja oriental de la reserva, donde se encuentra el refugio de Guardia del Godo. La región registra rastros humanos de tribus cazadoras, de 8.500 años de antigüedad. La zona fue recorrida en el primer milenio por diaguitas de la cultura Aguada, y a fines del siglo XV los incas provenientes del Perú establecieron una población con tamberías en el lugar. La momia conservada en el museo La Laja de San Juan pertenece a esa época.
En 1829 San Guillermo era tierra fiscal, y fue vendida al general Facundo Quiroga, pasando luego a distintos propietarios que la usaron como tierra de pastoreo.
A mediados del siglo XX la caza indiscriminada llevó a las especies existentes casi a su extinción, por lo que en 1972 se decretó el área como Reserva de la Biosfera San Guillermo, expropiando la estancia del mismo nombre para constituir la enorme reserva de 981.460 hectáreas.

Parque Natural Provincial y Reserva Nacional Ischigualasto

El excepcional parque, de gran valor paleontológico y arqueológico, forma parte de una cuenca a la que pertenece también el Parque Provincial Talampaya (La Rioja). Llamado el Valle de la Luna, ofrece en sus 25 km de largo por 10 km de ancho un singular paisaje de rara belleza, donde las formaciones de

caprichosos diseños y pálidos colores, cinceladas a través del tiempo por el viento y el agua, emergen en medio de desérticas extensiones blanquecinas conformando un paisaje lunar. En el área del extraordinario yacimiento, cuyos terrenos pertenecen al período Triásico que comenzó hace 225 millones de años, se encuentran restos de vertebrados: reptiles carnívoros, herbívoros y mamiferoides, que fueron eslabones entre los dinosaurios y los mamíferos actuales. Las reconstrucciones a escala de cinodontes y rincosaurios se pueden apreciar en el Instituto y Museo de Ciencias Naturales de San Juan. El recorrido en automóvil se hace obligatoriamente con un guía que se contrata en la entrada.

quincena de febrero. La zona pertenece a los llanos de Pismanta, que fuera en 1817, campamento de la Expedición Cabot.

Volviendo a Pismanta se pasa por el caserío de *Maipirinque*, donde las tejedoras del lugar realizan obras de original colorido y técnica.

Desde Pismanta saliendo hacia Tudcum se observan las frondosas arboledas de la estancia Huañizul, que fuera un próspero establecimiento agrícola, con cría de carneros Karakul, chinchillas, y mina de oro.

En las proximidades está el oasis de **Tudcum**, un pequeñísimo caserío con ranchos de adobe, tapias y quintas. Sus hospitalarios habitantes facilitan la visitas a las teleras del lugar, famosas en la zona. Junto al pueblo pasa un camino precolombino, que va hacia Chile y es sólo frecuentado por los mineros de Conconta, un pequeño yacimiento aurífero.

RODEO

Un pueblo netamente agrícola, cabecera del departamento Iglesia, y principal centro de los oasis del valle. El poblado se extiende a lo largo de 5 km de una calle flanqueada por bellos álamos carolinos. En la calle principal está la iglesia de Santo Domingo, rodeada de antiguos cercos, y tradicionales casas de adobe con zaguán y galería a la italiana y sombreados patios.

Otros lugares de interés son: el Museo Arqueológico y del Hombre Iglesiano, y el Anfiteatro, asentado en la topografía original del sitio, con un lago artificial, donde se celebra cada año la Fiesta de la Manzana y la Semilla.

ANGUALASTO

Un oasis entre serranías, donde se cultivan vides y trigo. En el pequeño cerro está el monumento al cacique Pismanta, y desde allí se ofrecen amplias vistas al valle del río Blanco. El poblado tiene el Museo Arqueológico Municipal Luis Benedetti, con importantes piezas arqueológicas, y una momia de más de 400 años proveniente de una de las tamberías del norte de la provincia.

Desde aquí se emprenden varios circuitos de turismo aventura, sólo en vehículos apropiados. El más importante es el de la fabulosa Reserva San Guillermo.

San Juan. Pismanta

San Luis (capital)

San Luis
Vista de la capital

Su excepcional situación geográfica, en la confluencia de la pampa húmeda, las travesías cuyanas y las sierras pampeanas, le dan a esta tranquila capital un carácter especial. Fue fundada en 1594 por Luis Jufré de Loaysa y Meneses como parada entre Santiago de Chile y Buenos Aires. Recibió el nombre de *San Luis de Loyola Nueva Medina de Río Seco* en honor a don Martín García Oñez de Loyola. La capital fue trasladada dos veces antes de asentarse definitivamente. En las próximas dos centurias su crecimiento fue lento, pero con la llegada del ferrocarril y las corrientes inmigratorias que arribaron al lugar consiguió un sostenido crecimiento que continúa hasta nuestros días.

San Luis.
Iglesia Catedral

Recorriendo la ciudad
En los alrededores de la plaza Pringles, bello y arbolado centro de la ciudad, se encuentran tres importantes edificios.

❶ Catedral (MNH)
De proporciones monumentales, su construcción comenzó en 1883, para ser concluida recién en 1944. Su fachada con impactante columnata neoclásica y sus

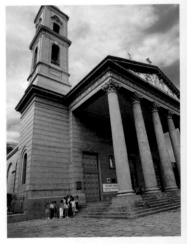

elegantes torres, junto a la alta cúpula y su importante volumen, sobresalen en el entorno. El proyecto de 1903 pertenece al arquitecto Deluigi. El frontón y la elaborada decoración interior fue realizada por Libero Pierini en 1944. Las pilas de agua bendita del acceso a la iglesia están hechas en el ónix verde de la zona.

Más información

Dirección de Turismo
Illia y Junín, San Luis
Tel: (02652) 423859
L a V de 8 a 22
S y D de 8 a 20

❷ Colegio Nacional
Juan Crisóstomo Lafinur

Fiel reflejo de los ideales educativos de la época de Sarmiento (construido en 1869), es un importante edificio, con un notable vestíbulo y rodeando el patio central con galerías, aulas y un salón de actos con gradas y cúpula.

❸ Escuela Normal de Niñas

También de fin del siglo XIX, fue inaugurado en 1883, conserva su armónica fachada académica.

❹ Plaza Independencia

En sus orígenes fue la Plaza Mayor en 1684, y a su alrededor se encontraban el cabildo, la iglesia matriz, la cárcel y el colegio jesuítico.

❺ Convento de Santo Domingo (MHN)

El convento es el edificio más antiguo de la provincia, creado por la Orden de Predicadores de Santo Domingo de Guzmán en el siglo XVIII. Actualmente es un conjunto, junto a la iglesia nueva. El viejo templo de la *Virgen del Rosario del Trono (MHN)* fue terminado en 1838 y actualmente en el lugar se encuentra el Archivo Histórico Provincial. El edificio, de nave angosta y techo de tejas, tiene un interior sobrio. Los sólidos muros del convento sirvieron de fuerte en la defensa de los malones de principios del siglo XVIII. La iglesia nueva, en un particular estilo de inspiración árabe, tiene en su interior un retablo y azulejos de Sevilla.

❻ Casa de Gobierno

Es un edificio de estructura palaciega, con fachada ornamentada y patios interiores. Fue levantado en 1917 y ocupa el predio original del colegio de primeras letras jesuita.

❼ Estación Ferroviaria

Un tanto alejada del centro, ofrece una agradable arquitectura academicista, que se asemeja a un pequeño palacio francés. La sólida construcción es de 1903.

POTRERO DE LOS FUNES

Próximo a la ciudad se encuentra este recorrido turístico, que lleva a conocer en su trayecto dos embalses y encantadores paisajes poblados de arroyos.

Saliendo de San Luis se encuentra el parque *Thays, la Casa de la Cultura*, con un Museo Provincial con elementos de arqueología, ciencias naturales y artesanías de la provincia. Enseguida comienzan a aparecer bellos paisajes, en dirección hacia la sierra de San Luis. La ruta atraviesa el *Centro Cultural y la Casa de las Piedras*, donde se venden los típicos *souvenirs* de la provincia.

Convento de Santo Domingo. Iglesia nueva

Potrero de los Funes

Las Chacras (MNH)

En el lugar se encuentra el Monumento al Pueblo Puntano de la Independencia. El histórico sitio recuerda el predio donde en 1816 instaló el general San Martín su campamento, formando además tres escuadrones de granaderos a caballo que intervinieron en la Campaña Libertadora.

Siguiendo el camino se llega a la quebrada de los Cóndores, un estrecho pasaje entre enormes piedras que marca ya la proximidad del Potrero de los Funes.

Monumento al
Pueblo Cuyano

Embalse Potrero de los Funes

En un pintoresco entorno de serranías se encuentra esta verde extensión de campo, con el embalse, eje de un atractivo circuito donde disfrutar del entorno muy completo en servicios. Alrededor del embalse, de típico carácter serrano, existen sitios forestados, con hosterías, campings y lugares para picnics. También cuenta con un hotel internacional, apartado y con excelentes vistas, que ofrece un buen restaurante y casino.

El embalse, junto al de *Cruz de Piedra*, provee agua potable y energía eléctrica a San Luis y alrededores. Originalmente la zona fue una de las primeras mercedes puntanas (cesión de tierras por servicios a la corona) y tomó su nombre por sus pro-

pietarios, doña María Petrona Miranda y Juan Funes.

Tomando nuevamente la ruta, se presenta un encantador paisaje con vegetación autóctona, de un intenso verde y puestos con cabras, alternando con una gran cantidad de arroyos y cañadones.

El Volcán

Un tradicional y pintoresco lugar puntano de veraneo, poblado por quintas con añosas arboledas. En el sitio se encuentra un arroyo que origina en sus orillas una serie de pequeños restaurantes, asadores, bares, hosterías, hoteles y campings. La gran atracción del lugar es La Hoya, un balneario público en las piletas naturales que alimentan pequeñas caídas de agua. de regreso a San Luis, sale la ruta que llega al dique Cruz de Piedra.

Dique Cruz de Piedra

Es un importante embalse que recibe las aguas de los ríos El Volcán y Cuchi Corral. Su extensión es de 1.200.000 m³, cuenta con un hotel y el Club Náutico de Pesca.

En los alrededores se encuentra La Aguada de Pueyrredón, donde vivió Juan Martín de Pueyrredón luego de ser derrocado el Triunvirato que presidía.

La Toma y Merlo

Por la RP20, bordeando las sierras de San Luis, en dirección a Saladillo se llega a La Toma y a Merlo, dos de los centros turísticos más sobresalientes de la provincia. Acompañados por un paisaje de sierras, con tierras de cultivos, pequeños bosques autóctonos y varios arroyos se llega a *Saladillo*, un pequeño caserío, que fuera cabeza de curato y pueblo colonial. En 1790 la Real Hacienda instaló aquí una fábrica de tabaco. En el sitio se conserva la capilla de Nuestra Señora del Rosario del siglo XVIII. Fue reedificada en 1860, y conserva características de la época.

LA TOMA

Es un pujante centro minero conocido como "la capital del ónix". La pequeña ciudad está poblada por decenas de talleres donde trabajan diferentes piedras, siendo la más característica de la provincia el ónix verde veteado, que fue utilizado en la res-tauración de la catedral de Notre Dame (París). En el lugar se pueden encontrar también interesantes trabajos en turmalinas, fluoritas y esteatitas, todas de increíbles colores y transparencias.

La Toma, que tuvo un origen ferroviario en 1905, es un importante centro turístico, y desde aquí pueden emprenderse varios circuitos de turismo aventura.

En una visita se puede conocer la avenida Mármol onix donde están instalados los comercios de artesanías en piedra, *La Toma Vieja*, importante caserón almenado que fuera casco de la estancia La Toma en 1869, y *El Parador Minero*, una exposición minera permanente.

Continuando el camino se llega a *Tilisarao*, voz diaguita que significa "región del maíz silvestre", del cual es importante productor. En el lugar se encuentra un importante aserradero de granitos. El pueblo data de 1904.

San Luis. Merlo

RENCA

Esta es una población histórica con un santuario de peregrinación del Señor del Espino, cuya importante procesión se lleva a cabo el 3 de mayo. El poblado fue fundado en 1753 a orillas del río Conlara, y en el lugar se veneraba ya un crucifijo, en realidad un madero donde la naturaleza había diseñado la imagen de Cristo en la cruz, proveniente de Chile. En 1729 parte de la reliquia fue destruida por el fuego, siendo reparada con tallas. Se lo venera públicamente desde 1732.

En la villa se pueden ver interesantes casas del siglo XIX, y una escuela que mandara a construir Sarmiento.

Más adelante, a 11 km, se encuentra el *Dique San Felipe,* un inmenso embalse de 81.300.000 m³. En el lugar está el Club Náutico y Deportivo San Felipe y también hay campings.

CONCARAN

De gran auge durante la Segunda Guerra Mundial, por su producción de wolframio, un mineral que mejora la calidad del acero. Allí estaba la Mina Los Cóndores, la principal del país y una de las más importantes de América del Sur. En 1858 ya existía como pueblo, y en 1905 llegó el ferrocarril tomando el nombre de la estación. En los alrededores crecen tupidos bosques de algarrobo.

SANTA ROSA DE CONLARA

El poblado tiene un embalse con un bonito entorno y hostería. Nació a comienzos del siglo XIX, alrededor de la estancia del capitán Manuel Antonio Salazar. En 1898 se realizó una gran subasta el día de Santa Rosa, para recaudar dinero con que levantar el nuevo templo.

Antes de llegar a Merlo se pasa por *San Martín*, pequeño caserío de origen colonial, con su iglesia de bello altar tallado. Bajo de Vélez. Una excursión por una encantadora quebrada con interesante flora autóctona, y un importante yacimiento fosilífero de flora de más de 200 millones años. Desde aquí se llega a Villa Dolores, pequeña población perteneciente ya a la provincia de Córdoba.

Desde Santa Rosa de Conlara sale el camino pavimentado a Merlo.

Merlo.
Turismo aventura

MERLO

En la costa oeste de Comechingones se encuentra el más importante centro turístico de San Luis. Con un excepcional microclima, posee extraordinarios parajes, un lugar histórico y una completa infraestructura turística, con casino y hoteles de distinta categoría. Muy concurrido todo el año, especialmente por porteños, en busca de su excelente clima, y los innumerables paseos por los alrededores, con diferentes recorridos de gran belleza que encierran encantadores rincones, y las imponentes vistas al valle de Conlara.

Desde Merlo se continúa el recorrido del camino costero que lleva a Traslasierra y Villa Dolores en la provincia de Córdoba, por el espectacular trayecto de las Altas Cumbres.

La Villa Histórica

Fue un poblamiento colonial que comenzó a fines del siglo XVIII, donde ya existía la *Capilla de Nuestra Señora del Rosario (MHN)*, uno de los edificios más antiguos del país. La villa se levantó el 1º de enero de 1797. De la época colonial se conserva la antigua capilla, a semejanza de las capillas jesuíticas de Córdoba, con torre campanario y muros de adobe y techo de quebracho. También se conservan restos del molino harinero del siglo XVIII.

En la villa veraniega se disfruta de su clima templado, el aire seco y la escasez de vientos, que junto con los múltiples arroyos y el brillante sol genera una particular ionización negativa que, se afirma, produce efectos positivos en la salud y el estado de ánimo. El lugar, poblado de casas pintorescas, tiene un casino, nuevos hoteles, casa de té y artesanías, y el exclusivo club de Campo Chumamaya señoreando desde lo alto, hacia espectaculares panoramas.

PIEDRA BLANCA

La villa se fundó en 1797, en lo que fuera parte de la estancia del alférez Tomás Fernández. El hotel Piedra Blanca es considerado el epicentro del microclima, y el

Merlo.
Ojo de agua

entorno es un delicioso lugar con una plaza, pequeña iglesia y bellos jardines.

Las casas del lugar han sido convertidas en hosterías, casa de té y restaurantes.

Pasos Malos

El encantador paraje recorre un parque natural en plena sierra. Con un arroyo que serpentea entre enormes rocas, es un lugar ideal para descanso o picnic.

En el circuito está el mirador de Peñón Colorado desde donde se obtienen importantes vistas del bellísimo valle de Conlara.

Otros paseos

En este circuito se puede visitar *Cerro del Oro*, un pequeño pueblo con arroyo, y un poco más adelante *Carpintería*, la histórica estancia colonial de la Orden de los Predicadores Santo Domingo de Guzmán.

Datos útiles

Obtenga más información sobre esta provincia en la página

341

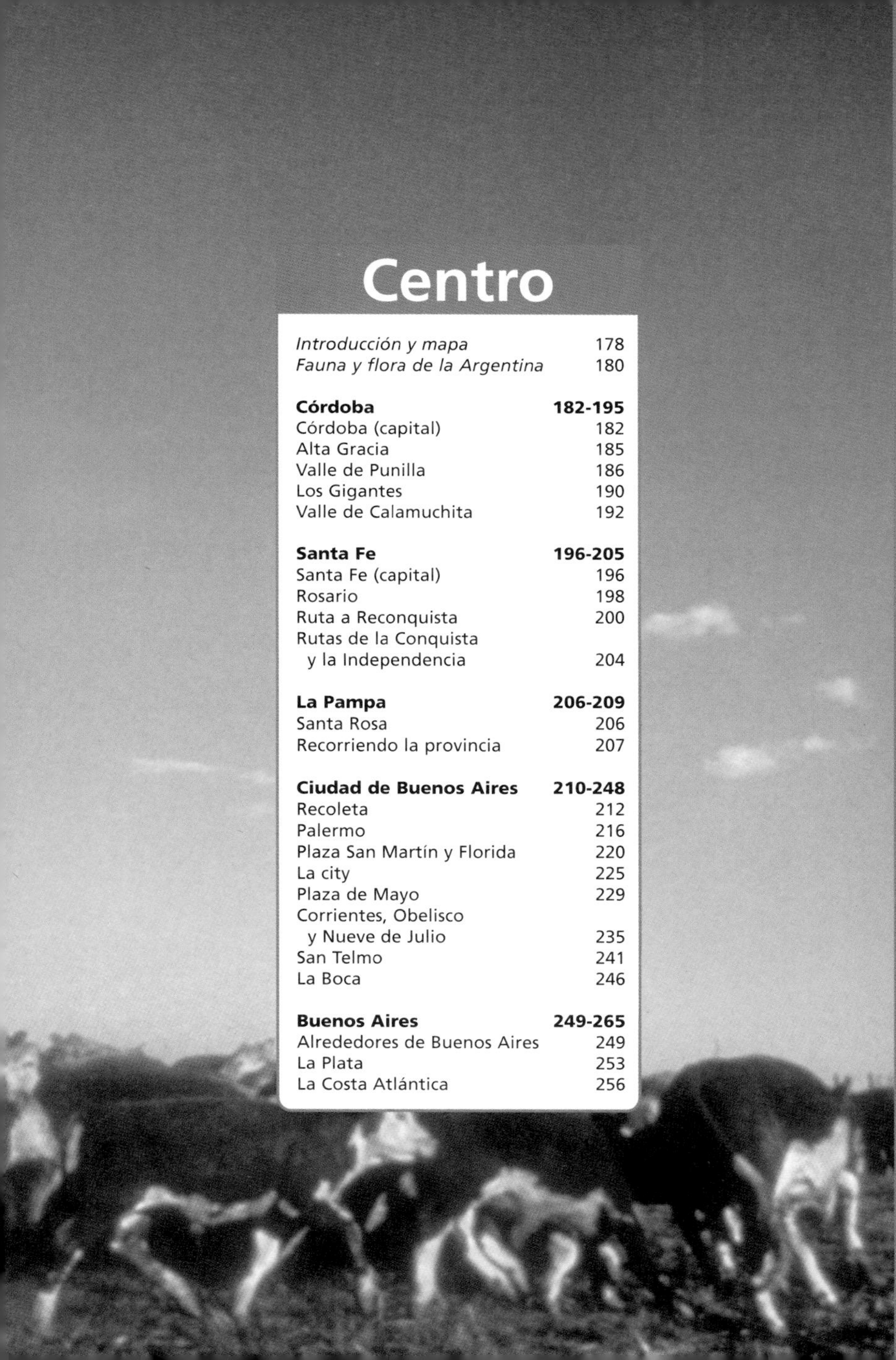

Centro

Introducción y mapa 178
Fauna y flora de la Argentina 180

Córdoba **182-195**
Córdoba (capital) 182
Alta Gracia 185
Valle de Punilla 186
Los Gigantes 190
Valle de Calamuchita 192

Santa Fe **196-205**
Santa Fe (capital) 196
Rosario 198
Ruta a Reconquista 200
Rutas de la Conquista
 y la Independencia 204

La Pampa **206-209**
Santa Rosa 206
Recorriendo la provincia 207

Ciudad de Buenos Aires **210-248**
Recoleta 212
Palermo 216
Plaza San Martín y Florida 220
La city 225
Plaza de Mayo 229
Corrientes, Obelisco
 y Nueve de Julio 235
San Telmo 241
La Boca 246

Buenos Aires **249-265**
Alrededores de Buenos Aires 249
La Plata 253
La Costa Atlántica 256

Centro

La zona más diversificada del país cuenta con el portal de Argentina: Buenos Aires, la gran capital de América del Sur, donde señorea el tango, su música fundamental.

La provincia de Buenos Aires, que es parte de la inmensa llanura pampeana, plena de estancias, donde el gaucho está siempre presente con sus costumbres y tradiciones, comparte su geografía con una costa de innumerables playas que enfrentando el océano Atlántico son un atractivo permanente para el turista. Santa Fe pone la cuota de historia con los restos de la conquista en Sancti Spiritu y testimonios de fundamentales gestas por la libertad del país, en una tierra rica y productiva, junto a los infinitos horizontes de las extensas soledades de La Pampa, tierra de indómitos malones y fortines, que conserva aún raíces indígenas conviviendo con lo más puro de la tradición gauchesca del país.

CORDOBA

Se destaca por su clima mediterráneo: veranos cálidos e inviernos generalmente secos. Aunque tiene ríos poco caudalosos, éstos son relevantes como fuente energética. Su llanura uniforme da lugar a dos zonas importantes: la gran laguna salada de Mar Chiquita en su extremo noreste y la llanura semidesierta cubierta de sal Salinas Grandes en el extremo noroeste. El oeste de la provincia se ve dominado por una formación montañosa de tres cadenas: Sierra Chica, Sierra Grande y las Sierras Occidentales.

Su territorio, poblado de bellos paisajes serranos y un excepcional clima, donde la impronta jesuítica dejó importantes testimonios arquitectónicos, encierra una gran cantidad de tradicionales centros turísticos, lugares favoritos de los argentinos para ser visitados todo el año.

SANTA FE

Se encuentra mechada de arroyos, ríos y lagunas que terminan directa o indirectamente en el río Paraná. El paisaje santafesino está lleno de riquezas: un privilegiado clima templado y su cuña boscosa, que a manera de columna vertebral recorre el centro de la provincia hasta el valle del río Carcarañá.

LA PAMPA

Su llanura parece extenderse hacia lo infinito. De clima templado, el este es la zona de mayor humedad. Sus praderas artificiales constituyen una prolongación de la pampa húmeda. Hacia el sudoeste, la sequedad y la temperatura son más extremas. Aunque la actividad agropecuaria y ganadera se desarrolla fundamentalmente al este, el ganado forma parte inseparable del mítico paisaje pampeano y está tan presente como los malones indómitos y el gaucho, en las tradiciones del país.

Hernando Arias de Saavedra fue el primer español que recorrió el territorio en 1604. Durante la primera mitad del siglo XIX se realizan las primeras expediciones al desierto y en 1869 Darwin realizó los primeros relevamientos de flora y fauna. El escritor Lucio Mansilla en su *Excursión a los indios ranqueles* dibuja un fresco cabal sobre el paisaje y la historia de la región.

BUENOS AIRES

La provincia de Buenos Aires es un gran territorio donde se mezclan distintos paisajes que producen fuertes contrastes. En el área conviven la planicie de la pampa húmeda y su suelo fértil con dos sistemas de sierras y una extensa costa atlántica con las mejores playas del país.

Las lagunas

En la región predomina mayoritariamente la llanura, presente en la extensa Llanura Platense de La Pampa, que sube levemente hacia el oeste en las estribaciones de los Andes; la provincia de Buenos Aires, con la fértil Pampa Húmeda y los sistemas serranos de Tandilia y Ventania, terminando en las costas que enfrentan al mar, y Santa Fe, cuyos llanos poblados de bosques son surcados por los afluentes del gran río Paraná. El territorio asciende en la zona de Córdoba, donde el uniforme llano del sur de la provincia adquiere una serie de relieves: las cadenas de Sierra Chica, Sierra Grande y las Sierras Occidentales. Conocidas con el nombre de Sierras de Córdoba, es el cordón más austral de las Sierras Pampeanas.

1. Coscoroba

2. Cisne Cuello Negro

3. Junquero

4. Cuervillos de Cañada

5. Garcita Blanca

6. Carancho

7. Caracolero

8 y 9. Pato Picazo

10. Juncos

11. Garza Mora

12. Gallareta Chica

13. Pato Gargantilla

14. Coipo

15. Lentejas

16. Totoras

Córdoba (capital)

Por los elementos configuradores de su situación geográfica y cultural, Córdoba es zona de tránsito y de confluencia. La impronta indígena –los comechingones y los sanavirones eran las tribus principales–, la irrupción española colonial entrado el siglo XVII y la influencia del deán Gregorio Funes al comenzar el siglo XIX, introduciendo nuevos ideales democráticos, se advierten en la evolución de la provincia.

Aquí funcionó la primera imprenta en 1758, la primera universidad del país en 1621 y uno de los primeros obispados.

En 1918 se llevó a cabo la reforma universitaria que dio lugar a la organización gremial de los estudiantes y difundió la autonomía universitaria y la defensa de la enseñanza pública, laica y gratuita.

Córdoba.
Iglesia Catedral

❶ Plaza San Martín

Fue designada Plaza Mayor, con todo el significado cívico, social y religioso que tuvo en la época colonial que se advierten en los elementos de ornamentación, como las dos fuentes laterales de 1876.

❷ Iglesia Catedral (MHN)

Se consagró en el siglo XVII. La colosal construcción incluye varios estilos arquitectónicos donde se destaca el valioso portal de hierro. Contiene importantes monumentos funerarios y el notable tabernáculo de plata.

❸ Iglesia y Convento de Santa Catalina de Siena (MHN)

Se fundó en el siglo XVII. Al fallecer sus dueños lo convirtieron en el primer convento de monjas de la Gobernación de Córdoba de Tucumán. El diseño de su cúpula es uno de los más bellos de la ciudad.

❹ El Cabildo (MHN)

Su construcción comenzó en 1610 y finalizó en 1784. El edificio ha servido de Cabildo, palacio de Justicia, Regimiento y Cárcel Pública, entre otras. Hoy es Sala de Exposiciones. Dentro del Cabildo se encuentra el Museo de la Ciudad.

❺ Oratorio del Obispo Mercadillo (MHN)

Fue vivienda de fray Manuel Mercadillo hacia 1700. En el oratorio se puede visitar el Museo Eclesiástico Deán Gregorio Funes. En los alrededores se encuentran el ex hotel Palace, el ex Teatro Real y el Banco de la Nación Argentina, donde está el Museo Numismático, hoy cerrado.

❻ Monasterio de Santa Teresa (MHN)

Fundado en 1628 por Juan de Tejeda y finalizado en 1717, cumpliendo una promesa, fue convertido en convento donde su mujer e hijas luego de su muerte se incorporaron a la vida reli-

Córdoba.
Plano de la ciudad

giosa. En su interior se puede acceder al Museo de Arte Religioso Juan de Tejeda. Posee la colección más importante de arte litúrgico del país, llamada Tesoro de la Catedral, que incluye un estandarte del emperador Carlos V bordado en plata, casullas y copones.

❼ Iglesia y Convento de San Francisco (MHN)

Su construcción comenzó en 1575 y se finalizó en 1813. Es un auténtico exponente de la arquitectura del siglo XVIII. Por él pasaron San Francisco Solano y fray Mamerto Esquiú. Actualmente se conserva el Salón De Profundis, con un notable artesanado de madera.

❽ Banco de la Provincia de Córdoba

Edificado entre 1887 y 1889 por el Ingeniero Tamburini. Se puede apreciar el exquisito tratamiento de los pisos, paredes y cielos rasos, lo que da un fiel retrato de la Argentina de fines del siglo XIX.

❾ Museo Histórico Provincial Marqués de Sobremonte (MHN)

Tiene piezas importantes de la época colonial, como un órgano fuelle fabricado en el siglo XVIII. De gran valor arquitectónico, es la única vivienda colonial que queda en Córdoba. Fue construido por don José Rodríguez en el siglo XVIII. Exhibe muebles, objetos de valor, monedas y documentos.

❿ Capilla San Roque (MHN)

Construida en 1761 en honor a San Roque, que junto con San Jerónimo, es Patrono de la ciudad. Se destaca el campanario con terminación en pequeña cúpula con veleta. En su interior pueden verse el sagrario de plata labrada, y el púlpito de madera trabajado. En el lugar está el Museo Hospital Obispo Salguero.

⓫ Convento de Hermanas Carmelitas de Santa Teresa (MHP)

Desde 1687 a 1782 hospedó al Colegio Convictorio. Luego el Obispado destinó este edificio a Real Casa de Huérfanas Nobles. El claustro, con su fachada colonial, hoy es el Museo Fray José de San Alberto.

⓬ Colegio Nacional de Montserrat (MHN)

Instaurado en 1687 como Colegio Convictorio de Nuestra Señora de Montserrat, fue administrado por los jesuitas hasta 1767. Sobre la galería se encuentra la ima-

Córdoba.
Vista de la ciudad

gen de la Virgen de Montserrat.

Uno de los exponentes más ricos de la arquitectura colonial, conserva su claustro y aulas abovedadas.

Templo de la Compañía de Jesús (MHN)

Creado en el siglo XVIII por Felipe de Lemer, es el más antiguo del país. Su fachada está trabajada en piedra, y su interior tiene una nave única con crucero coronado por una cúpula realizada en madera de cedro. El templo está flanqueado por dos capillas menores. En la misma manzana se encuentra la **Capilla Doméstica de la Residencia Jesuítica (MHN)**. Construida junto con el Templo Mayor, es de una bellísima arquitectura colonial.

Rectorado de la Universidad Nacional de Córdoba

La más antigua universidad del país, es actualmente sede del gobierno. Comenzó a funcionar en 1613 con las facultades de Arte y Teología. Posee una Biblioteca Mayor, Centro de Documentación y Biblioteca Jesuítica. La Biblioteca Mayor tiene seis incunables de los años 1440 a 1500.

Academia Nacional de Ciencias (MHN)

Fundada en 1873 por su director, Germán Burmeister. En uno de los pisos está el Museo de Paleontología, instalado en 1883, y cuenta con 60.000 piezas fósiles de diferente procedencia. Entre éstas se encuentra la araña más grande del mundo, de 34 cm de largo y una antigüedad de 300 millones de años hallada en Bajo de Véliz.

Teatro del Libertador

Su antiguo nombre era Teatro Rivera Indarte, y así lo conocen los cordobeses. Con elegantes líneas neoclásicas, posee una excepcional acústica que lo convierte en uno de los mejores del mundo. En su interior se encuentra el Museo del Teatro y de la Música Cristóbal de Aguilar.

Al pie de la iglesia Catedral se podrá apreciar el Banco Social, con su fachada neocolonial y la Casa Ordóñez, vivienda del siglo XIX.

Más información

Oficina de Turismo
Recova del Cabildo,
Independencia 30, Córdoba
Tel: (0342) 4331542/2762
L a V de 8 a 20
S, D y feriados de 9 a 13
y de 14 a 20
Correo electrónico:
turismo@cordoba.gov.ar

Alta Gracia

Tiene más de 400 años, y fue una importante estancia jesuítica, surgida en 1588 como merced de Juan Nieto. Con el tiempo, al cesar su descendencia, es legada a la Orden Jesuita.

En el siglo XVII se construye el importante conjunto edilicio, dedicando sus actividades industriales y agrícola-ganaderas para sostén del Colegio Mayor en Córdoba. Con la expulsión de la Orden, el conjunto es vendido en licitación pública en 1773, siendo comprada más tarde por el virrey Liniers, quien murió en el lugar. Su último propietario, José Manuel Solares, en 1868, parceló el lugar y distribuyó la estancia entre "los pobres de notoria honradez", quedando la casa principal en manos de Telésfora Lozada.

A partir de aquí nace el municipio en 1900, y la ciudad en 1940.

Su excepcional clima lo convirtió durante mucho tiempo en un lugar de cura para pacientes con enfermedades respiratorias, y el lugar tuvo su época dorada de gran auge social, cuyo epicentro fue el Sierras Hotel y su Casino. Hoy Alta Gracia es casi una extensión de la capital, como centro turístico con balnearios y visitas a sus notables monumentos.

Alta Gracia.
Iglesia parroquial

La Iglesia (MHN)

Actualmente Iglesia Parroquial Nuestra Señora de la Merced. Su bella espadaña tiene una campana fechada en 1879. Posee una nave con crucero coronado por una cúpula sostenida en un muro curvo. La fachada es barroca, sin torres.

Residencia Jesuítica (MHN)

Era un lugar de alojamiento para los sacerdotes y hermanos que gobernaban la estancia; y con la Iglesia rodea el Patio de Honor. En las habitaciones, hoy destinadas al Museo Histórico Casa del Virrey Liniers, se exhiben objetos y muebles del siglo XIX.

El Obraje

Paralela a la Iglesia, está la construcción de habitaciones abovedadas. Aquí se levantó el primer templo de los jesuitas, donde luego funcionaron los talleres.

El Tajamar

Realizado por la orden jesuítica, esta obra hidráulica actuaba como embalse del agua del arroyo. En una de sus esquinas se encuentra el Reloj Público, de 1938, conmemorando los 350 años del otorgamiento de la primera merced de tierra del lugar.

En las inmediaciones se encuentra el ex Hotel Oberá, la casa de Ernesto (Che) Guevara, quien vivió gran parte de su vida en el lugar, y el Hospital Ferroviario. El ex Sierras Hotel, hoy está cerrado.

Museo Manuel de Falla

Está ubicado en el chalet *"Los Espinillos"* que fuera residencia del músico español. El famoso autor de *"El amor brujo"* y *"El sombrero de tres picos"*, entre otras obras, vivió en el lugar hasta su muerte en 1946. Con espléndidas vistas desde los balcones, se exponen sus pertenencias. En las cercanías hay un anfiteatro al aire libre para recitales. Enfrente se halla el acceso al Golf Club que caracteriza otro momento de alto florecimiento del lugar.

Valle de Punilla

Este circuito es el más turístico de Córdoba. Recorre un amplio valle entre las sierras Chicas y las sierras Grandes, poblado por paradisíacos paisajes y centros urbanos con interesantes ofertas de servicios. Se puede hacer en un día, pero muchos de los puntos del recorrido incluyen entornos con diversos atractivos, que invitan a visitas particulares a cada uno de ellos.

Son 205 km de ida y vuelta a Córdoba por la RP38. Saliendo de la capital, el primer punto es el centro turístico más importante de la provincia y uno de los más concurridos del país, Villa Carlos Paz.

VILLA CARLOS PAZ

Nació sobre las tierras de la estancia Santa Leocadia, luego inundadas con la construcción del dique, y su fundación formal fue en 1913. Su ubicación estratégica la convierte en eje de paseos al valle de Punilla, a los Gigantes por la RP28, a la ruta de las Altas Cumbres a través de la pampa de Achala, y al valle de Calamuchita. A orillas del lago San Roque, el lugar ofrece la alternativa de disfrutar del descanso con el benigno clima serrano, y los atractivos diurnos y nocturnos de una ciudad.

En los alrededores se puede visitar la *Parroquia del Sagrado Corazón*, la *Aerosilla* y *La Cruz*, un monumento de 12 m de alto. El recorrido hasta la cima es de 2.200 m. Muy cerca están los Balnearios del río San Antonio, una excursión ideal para disfrutar de los balnearios sobre la frescura del arroyo San Antonio y el río Icho Cruz.

DIQUE SAN ROQUE

Antes de llegar se encuentra Diquecito, una famosa clínica de Reposo y Nutrición, y a continuación la Central Hidroeléctrica San Roque, ascendiendo luego hasta la ex Usina Montiel de 1989, hoy fuera de servicio. La ruta sigue subiendo con curvas, y el típico paisaje cordobés de ríos con lecho pedregoso y riberas con sauces comienza a aparecer. En el kilómetro 32 se enfrenta al paredón del *dique San Roque*, en la confluencia de los ríos Cosquín y San Antonio. El proyecto de 1880 fue una respuesta a la necesidad de aprovisionamiento de agua de Córdoba.

El circuito corre paralelo al lago San Roque, con clubes de pesca, embarcaciones de alquiler y zonas de camping. En los alrededores se encuentra el Centro Tisiológico Santa María, creado en 1900, famoso en la época preantibiótica por haber sido construido a semejanza de los hospitales de altura europeos de su tiempo, en pabellones con galerías que funcionaban como solarios naturales.

COSQUIN

Es cabecera departamental y se encuentra sobre el río Cosquín, con balnearios muy concurridos. Fue uno de los primeros asentamientos españoles del valle. El traza-do original de la villa es de 1877, pero a partir de 1961, con la realización del Festival Nacional del Folklore, adquirió un nuevo impulso.

El Festival es una importante manifestación anual, que reúne durante 9 noches a los más destacados conjuntos folklóricos, provinciales, nacionales e internacionales.

En una visita se puede conocer el Museo Folklórico, la Plaza Próspero Molina, sede del festival, y la iglesia de Nuestra Señora del Rosario, cuyos orígenes son de fines del siglo XIX.

Sobre el río Cosquín se encuentran varios balnearios con amplias playas. Saliendo a la ruta, está el camino que comunica con el cerro Pan de Azúcar y Villa Allende, y un poco más adelante el *Museo Camín Cosquín*, con exhibición de minerales, piedras semipreciosas y piezas pertenecientes a los indios comechingones.

Avanzando por la ruta 38, se ingresa a la localidad de *Valle Hermoso*, pintoresca villa serrana, cuyo origen se remonta a 1735, con la construcción de la capilla *San Antonio de Padua*. De estilo neocolonial, el templo tiene muros de piedra y ladrillo revestido en partes por cerámicas andaluzas.

LA FALDA

Con un excepcional microclima, es otro afamado centro turístico del valle de Punilla. Su origen estuvo ligado a las estancias La Falda y La Zulema. A fines del siglo XIX se construyó el *Hotel Edén (MHN)*, de prestigio internacional, donde llegaron a

albergarse personalidades de la talla de Albert Einstein y el príncipe de Gales.

El hotel hoy funciona como un complejo histórico, cultural y turístico, conservando parte de su antiguo esplendor.

En los alrededores se encuentran el *Museo Arqueológico Argentino Ambato*, el *Museo del Ferrocarril en Miniatura*, y un poco más adelante El Chorrito, una vertiente natural.

Volviendo a la villa se accede al camino a *Huerta Grande*. Un centro urbano con un jardín botánico, una antigua capilla y un importante aserradero de mármoles. A continuación está *Villa Giardino*. Su origen es de 1580, y en el lugar se encuentra la capilla de *Las Chacras (MHN)* del siglo XVI. No se permite el acceso, ya que está dentro de una propiedad privada. Cruzando la vi-

Córdoba.
La Falda

lla se llega a la capilla *de Nuestra Señora de las Mercedes*, del siglo XVIII.

LA CUMBRE

Bella ciudad serrana rodeada de un excepcional paisaje, de clima particular e importante infraestructura turística. La zona era habitada primitivamente por grupos de comechingones. En 1585 fue entregada en merced, y posteriormente se asentó en el lugar la estancia San Jerónimo, que dio origen a la población de La Cumbre. La zona cuenta con una destacada arquitectura de grandes casonas con bellos jardines, y el lugar fue elegido actualmente por intelectuales y artistas, especialmente porteños, como residencia permanente.

En las cercanías se puede conocer el *Cristo Redentor*. La zona residencial de mayor jerarquía de La Cumbre se encuentra en los alrededores del Golf Club, con un Club House de líneas inglesas. Más adelante está el dique San Jerónimo, en un plácido entorno, con un pequeño espejo de agua. Desde aquí en dirección a Cruz Chica se llega a Los Cocos, por un camino acompañado de bellos parques e importantes mansiones, algunas destinadas a hotel.

LOS COCOS

Es una pequeña villa de desbordante belleza, y la zona es de protección de la naturaleza, donde la caza está prohibida. Con un perfumado entorno de plantas aromáticas y medicinales, en el lugar hay complejos de entretenimientos como El Descanso, con jardines, laberintos y museos y la Telesilla. Subiendo hasta la capilla Santa Teresita, hay una espléndida vista de la zona. En las inmediaciones se encuentra el pequeño poblado de San Esteban, con un balneario natural.

Volviendo a la ruta el paisaje se amplía y sobre el este se ve el cerro Uritorco, el más alto de las Sierras Chicas. Aquí se llega a Capilla del Monte.

CAPILLA DEL MONTE

Ubicada al pie del Uritorco, de 1.979 msnm, el cerro ha originado un gran auge

turístico a raíz de una serie de fenómenos naturales que han dado lugar a diferentes interpretaciones por parte de los estudiosos de los OVNI. Originalmente fue un área habitada por grupos comechingones, quienes dejaron leyendas sobre el origen del cerro, que aún perduran.

En 1575 las tierras de la zona fueron entregadas en merced, y en 1700 se levantó la Capilla de San Antonio del Monte. En torno a ella fue consolidándose la población, con la única calle techada de América del Sur, donde se pueden degustar los alfajores y dulces de la región, y comprar artesanías serranas.

El Balneario Calabalumba, con tres piletas de natación y camping sobre el río, ofrece bellas vistas del cerro Uritorco.

A 2 km se encuentra el acceso al **Uritorco**. El sendero nace cruzando el río por el pequeño puente y para acceder al circuito, que es propiedad privada, se paga entrada. La caminata lleva casi tres horas, y buena parte se hace a pleno sol, por lo que es conveniente salir muy temprano. Desde la cima hay amplias vistas hasta el dique Cruz del Eje.

En los alrededores de Capilla del Monte se encuentran los balnearios La Toma, Aguilas Blancas, Aguas Azules y Los Mogotes y el dique El Cajón, de reciente construcción.

El Paraíso

Córdoba.
Los Cocos

Pasando el Hotel Alto de Cruz Chica está "El Paraíso", la casa que perteneciera al conocido escritor Manuel Mujica Laínez, autor de "Bomarzo", entre otras obras.
Es actualmente un museo perteneciente a la Fundación que creó su esposa, Ana de Alvear. Se conserva tal como la dejó al morir, y en su interior se pueden recorrer sus diferentes habitaciones, donde sobresale su importante biblioteca y la gran colección de objetos, libros, fotografías y recuerdos de viaje que acompañaron al escritor en su prolífica obra.
La casa de estilo español es de 1922, y en el predio se encuentran otras seis construcciones inmersas en un bello parque. En el lugar funciona una sala de conferencias y exposiciones destinada a actividades culturales, y un gran atractivo es la puerta de hierro fundido que representa el paraíso.

Los Gigantes

Datos útiles

Obtenga más
información sobre
esta provincia
en la página

342

Desde Villa Carlos Paz se emprenden estos dos circuitos por diferentes rutas, casi paralelas. Una lleva por un camino de bellos paisajes hacia el macizo de Los Gigantes y a una estancia jesuita. El otro a las sierras Grandes, para terminar en el valle de Traslasierra.

Tanti

Por la RP28, y luego de transcurridos 15 km, se llega a Tanti. Es una apacible villa serrana. Con una pequeña plaza, servicios y confiterías en el entorno. El lugar recorre un arroyo donde están situados varios balnearios. Es un sitio elegido por montañistas que se dirigen a Los Gigantes.

Cerca del balneario La Isla está la capilla de Nuestra Señora del Rosario de 1880.

Con pintorescas caídas de agua en *El Diquecito* y en *Los Chorrillos* con una cascada de más de 100 m, la ruta sigue por un camino de tierra que va ascendiendo hasta la pampa de San Luis a 1.900 msnm, y desde aquí se llega a *Villa Amelita*, al pie del macizo.

Macizo de Los Gigantes

Luego de dejar el vehículo se puede emprender la subida a la mole de granito, para llegar a Los Mogotes, a 2.374 msnm, inconfundibles siluetas que se reconocen a la distancia por su forma gemela. El lugar, muy apreciado para escaladas deportivas en roca, está rodeado por el cerro de La Cruz, el valle de los Lisos y Los Cajones. Otras caminatas incluyen las nacientes del río Yuspe y tres refugios: el del Club Andino Córdoba, el de la familia Nores en Los Gigantes y otro en el valle de Los Lisos. El paisaje del recorrido está rodeado de un entorno imponente que combina quebradas rocosas y el verde de la paja brava y los pastizales. Es un camino que necesita de la compañía de conocedores de la zona.

Tomando de nuevo la ruta en dirección a Cuchilla Nevada, hacia La Candelaria, a 25 km, se llega a la *Estancia Jesuítica La Candelaria (MHN)*, un establecimiento originalmente ganadero, que fuera otorgado en merced. En 1673 es donada a la Compañía de Jesús, y tras la expulsión de

Hacia Los Gigantes

la Orden, quedó en manos privadas hasta su adquisición en 1978 por la provincia.

Fue una virtual fortaleza con murallas y escasas aberturas, como protección de los posibles malones. La estancia estuvo integrada por una capilla, cementerio, habitaciones para los sacerdotes, huertas y corrales. La iglesia es el testimonio más visible. Sencilla, pero de una fachada sólida y proporcionada, que remata en espadaña con tres campanas, y una cruz de hierro. En el interior se conservan las cabriadas de madera cubiertas con tejas, y el altar de mampostería decorado con motivos policromados.

Retomando la RP28, por una zona de soberbios paisajes se llega a Mina Clavero.

A TRASLASIERRA

Saliendo de Carlos Paz, por el camino paralelo al río San Antonio (RP14), poblado de balnearios, campings y diferentes villas, se llega a *San Antonio de Arredondo*, con su importante convento franciscano, y muy cerca el Monasterio de las Monjas Benedictinas Gaudium Marie, que posee hospedaje y venta de los productos realizados por las religiosas. La ruta pasa por Icho Cruz y Cuesta Blanca, con balnearios junto al río. Aquí comienza el ascenso con hermosas vistas panorámicas y miradores. Pueden admirarse, con el paisaje que incluye las sierras de los Cóndores y las sierras Chicas, parte del valle de Punilla, las sierras Grandes y Los Gigantes.

Desde la cima se llega a ver el Observatorio Astronómico y el dique Los Molinos.

Luego se cruza la **pampa de Achala**, a 2.000 msnm. Es una altiplanicie árida formada hace millones de años, con formaciones rocosas, y habitualmente muy ventosa.

Aquí está la base de la **quebrada del Condorito**, una abrupta bajada de 880 metros por el que corre el arroyo del mismo nombre. Es una caminata de 3 horas por paisajes de gran belleza, y el esfuerzo vale la pena. En el lugar es posible ver volar cóndores y aguiluchos. En 1995 se creó el proyecto del *Parque Nacional Quebrada del Condorito*, para proteger las especies que habitan en el área.

A partir del kilómetro 87 comienzan a disfrutarse las vistas del **valle de Traslasierra**, con el amplio panorama de la sierra de Panaholma, las localidades de Cura Brochero y Mina Clavero, y el macizo de las sierras Grandes. A lo lejos se ven los volcanes, la pampa del Pocho y el curso del río Los Sauces.

El entorno es de rocas erosionadas, que forman figuras diferentes, donde en algunas se cree reconocer diversos animales.

En el descenso se encuentran puestos de artesanía en cerámica negra, y el duro paisaje rocoso pasa a integrarse de un verde monte serrano. El final del trayecto empalma con la RP15.

Quebrada del Condorito

Valle de Calamuchita

Dique de Los Molinos

Saliendo de Alta Gracia por la RP5, se llega a Villa Ciudad América, un sector preferentemente de campings. En las cercanías se entra al área del dique Los Molinos.

DIQUE LOS MOLINOS

La obra fue realizada entre 1949 y 1951, sobre un proyecto del ingeniero Fitz Simón. El bello paisaje que rodea el lago, con vistas al cordón de las sierras Grandes, está poblado por clubes de pesca y canotaje. El espejo de agua, con interesantes miradores, recibe los aportes de los ríos Los Reartes, del Medio y Los Espinillos. La obra se completa con dos centrales hidroeléctricas y los diques de La Quintana y compensador Los Molinos.

La ruta continúa a nivel del lago acompañada por pinares con bajadas, que invita a demorarse y organizar un picnic.

En el kilómetro 47, a la derecha, sale el camino a La Cumbrecita. Siguiendo otros 4 km se ingresa a Villa General Belgrano.

VILLA GENERAL BELGRANO

Esta encantadora villa surgió del asentamiento en la zona de inmigrantes centroeuropeos que llegaron en los años treinta, al paraje conocido como El Sauce. La pintoresca construcción de neta influencia alpina donde prima la madera y los adornos de flores y motivos decorativos en sus frentes, le da a la ciudad un clima especial.

Las tradiciones se conservan aún en tres fundamentales fiestas: la de la Masa Vienesa en Semana Santa, la del Chocolate Alpino en las vacaciones de julio, y la famosa Fiesta Nacional de la Cerveza, durante el mes de octubre, emulando la Oktoberfest alemana, con bailes callejeros, comidas típicas, música y mucha cerveza.

En una visita se puede conocer la *Plaza José Hernández*, la iglesia *Nuestra Señora del Valle*, una moderna obra del prestigioso arquitecto cordobés Miguel A. Roca, el *Salón Cervecero*. En la plazoleta Graff Spee está el monumento que conmemora los 50 años de la Batalla del Río de la Plata, donde el buque del mismo nombre fue hundido, y sus tripulantes "internados" en territorio argentino. Muchos de ellos recalaron en la villa.

El sitio cuenta con buena oferta hotelera, y restaurantes con especialidades centroeuropeas. Continuando por la RP5, 7,5 kilómetros más adelante se llega a Santa Rosa de Calamuchita.

SANTA ROSA DE CALAMUCHITA

Nació en tierras que pertenecieron a Diego Garzón. Es cabeza departamental y posee variedad de servicios, por efecto de la construcción de las importantes obras hidroeléctricas y la Central Nuclear de la región. Hoy es un activo lugar de veraneo, con un turismo dedicado preferentemente a los deportes náuticos y a los baños en su río, donde se concentran gran cantidad de visitantes. En el lugar están los balnearios Municipal, La Olla y Miami, este último con amplias playas de arena en un bello paisaje. En el centro se encuentra la *capilla Vieja*, de fines del siglo XVIII.

Desde Villa General Belgrano, en dirección a *Los Reartes*, en 1,5 km cruzando el río se ingresa en esta pequeña población, con antiguas construcciones simples y la capilla de más antigüedad del valle, levantada a mediados del siglo XVIII en honor de la Pura y Limpia Concepción de María Santísima. De simple fachada y esbelto campanario con veleta, su ingreso está precedido por un amplio atrio.

Saliendo de la villa, el camino sigue por el valle, con formaciones rocosas, bosques de pinos y excepcionales panorámicas hacia las sierras Grandes. La ruta sigue subiendo y las vistas abarcan hasta el dique Los Molinos, zonas verdes próximas a la sierra de los Cóndores, las zonas urbanas, y a la sierra Grande, con la presencia del cerro La Mesilla en primer plano y detrás el cerro Champaquí, el de mayor altura de la sierra cordobesa.

El próximo pueblo es *Villa Berna*, que nació a instancias de la suiza Margarita Kellemberg en 1950. Muy pequeño, en un valle con abundante vegetación autóctona, que combinada con variedades exóticas, le da al lugar un gran atractivo.

Un paisaje agreste precede la llegada a La Cumbrecita.

LA CUMBRECITA

Pequeño y bellísimo lugar de estilo alpino. Asentada en un predio de 500 ha de irregular relieve, la paradisíaca villa posee un clima ideal, donde cada estación la pinta de diferentes colores. El otoño ofrece gamas doradas y rojizas, el invierno la tiñe del blanco de las nevadas, la primavera la llena de floraciones de frutales y flores, y el seco verano la torna verde, con abundantes frutos silvestres como zarzamoras y grosellas.

Villa General Belgrano. Fiesta Nacional de la Cerveza

Las estancias jesuíticas

La Orden de la Compañía de Jesús, de gran preponderancia en la historia de la provincia, diseminó importantes construcciones desde la capital, como las estancias de Alta Gracia, La Candelaria, San Ignacio de los Ejercicios y Santa Catalina. Estos establecimientos son una muestra de la gran capacidad de los jesuitas, que excedió su misión educativa y evangelizadora.

El imponente y bello complejo de Santa Catalina (MHN), sorprendente sin duda. Instalado en el llano, lejos de toda referencia urbana, está en tierras de Calabalumba, adquiridas por la Orden en 1622. La obra es un conjunto formado por la iglesia, el cementerio, la residencia, el noviciado y los talleres. De estos dos últimos sólo quedan vestigios. Se destaca la magnífica fachada de la iglesia, que emerge impactante con sus dos torres y la cúpula, en un verde entorno de añosos árboles. De estilo barroco, con una única nave, posee un altar con un retablo tallado y dorado a la hoja, así como dos altares laterales de líneas rococó con bella imaginería. El púlpito está realizado en madera de algarrobo.

Tras la expulsión de los jesuitas en 1767, la estancia fue vendida en subasta pública y adquirida por el alcalde de Córdoba don Antonio Díaz. Sus descendientes, actuales propietarios del lugar, han conservado cuidadosamente los edificios por más de dos siglos. Se permite sólo la visita de la iglesia.

Para llegar a Santa Catalina, se atraviesa Ascochinga, a 80 kilómetros de la ciudad de Córdoba, en dirección a Jesús María. Esta bellísima localidad posee encantadores balnearios con cascadas y ollas, en medio de agrestes paisajes.

En los alrededores hay dos paradigmáticas estancias: La Barrancas, con un famoso parque, y San Miguel, de la familia Cárcano.

En esta última se hospedó John F. Kennedy en 1941. Su esposa Jacqueline y sus hijos pasaron unos días en el lugar, un par de años después del atentado que terminó con la vida del presidente norteamericano.

En una visita se puede hacer un recorrido para conocer la confitería Liesbeth, cruzando el arroyo por una pasarela, o llegar al balneario remontando el arroyo para llegar a la profunda olla, al pie de la cascada, donde se puede nadar. Los alrededores ofrecen variados paseos, como el ascenso al cerro Cumbrecita, con una capilla ecuménica, en una zona con hoteles de bellos jardines. También para los amantes de las caminatas, llegar hasta la cascada, una hermosa caída de agua.

Otros paseos llevan al *Paseo Alto* por un encantador camino, o a las ollas que se forman en el recorrido del río Almbach, llegando a la confluencia con el río del Medio. En verano se puede disfrutar de un baño en el lugar. Quienes deseen permanecer en el pueblo por más de un día pueden conocer el *Remanso Negro* y *lago Esmeralda, Casas Viejas, Mejerei, el cerro Cristal,* o ascender al *cerro Wank.*

VILLA ALPINA

Desde Villa General Belgrano, pasando por Villa Berna hacia Athos Pampa y siguiendo el curso del río se llega a *Villa Alpina,* un típico refugio de montaña, con estupendas vistas, donde está el Albergue Juvenil Villa Alpina. En el lugar se alquilan caballos y se contratan guías para ascender al *cerro Champaquí,* de 2.790 msnm. Es el más alto de las sierras cordobesas. Su ascenso se emprende en dos etapas, por lo que es necesario pasar la noche en Puesto Domínguez.

Continuando el paseo se llega a *Villa Yacanto de Calamuchita,* con balneario y camping, y luego a *El Durazno,* con un bello río de aguas transparentes y profundas ollas, en un entorno de pinares.

EMBALSE DE RIO TERCERO

Por la RP5 desde Santa Rosa de Calamuchita se ingresa a *Villa Rumipal,* con embarcadero, balneario municipal, camping y aeródromo. En verano, en el lugar, se lleva a cabo el Festival del Lago, con gran afluencia de los amantes de los deportes náuticos.

Villa General Belgrano

La Cumbrecita. Capilla

Desde aquí el camino lleva a *Villa del Dique,* en un camino que se acerca al cerro Astrada y lo rodea hasta llegar al lago por extensas y largas bajadas. En el lugar hay un completo camping municipal y casas de veraneo. En el kilómetro 24 se llega al paredón del embalse.

Construido entre 1927 y 1936, el proyecto del ingeniero Fitz Simón alimenta una central hidroeléctrica. En el área hay quioscos de artesanías y una gruta.

EMBALSE

Es una localidad que concentra gran cantidad de restaurantes, hoteles y campings, junto al camino de la costa del lago. En las cercanías está la Unidad Turística Embalse, que depende del Ente Nacional de Turismo de la Nación. Fue habilitado en los años 40, durante la presidencia de Perón. Cuenta con siete grandes hoteles, 51 bungalows y servicios completos. También posee una capilla, centro deportivo, y playas sobre el lago. Rodeado de bosques de eucaliptos, en el lugar hay varios clubes náuticos.

Más adelante en el kilómetro 35 está la **Central Nuclear**, con visitas programadas con anticipación.

Santa Fe (capital)

Está formada por dos áreas: la franja costera y el área interior. La primera abarca desde la ciudad de Coronda a la ciudad de Helvecia. Aquí se concentra la tradición indígena y criolla de la primera fundación de la ciudad. También es llamada *Santa Fe la Vieja*. El área interior se caracteriza por un gran potencial agrícola, con la importante participación de los inmigrantes de distintas nacionalidades que comenzaron a asentarse en la segunda mitad del siglo XIX.

Fue fundada por primera vez en 1573 por Juan de Garay, en las cercanías de Cayastá. En 1660 fue trasladada, tanto por el continuo hostigamiento de los aborígenes como por las inundaciones del río San Javier, a su emplazamiento actual.

La historia argentina del siglo XIX dejó su impronta en la ciudad. La capital fue sede del *Congreso General Constituyente*

Santa Fe.
Vista de la capital

que el 1º de mayo de 1853 sancionó la Constitución Nacional; en 1994 volvió a ser *Sede Constituyente*. Hoy Santa Fe es una importante ciudad moderna, eje de una provincia preponderante en su producción agrícola-ganadera.

El acontecimiento más significativo es el que conmemora el milagro ocurrido el 9 de mayo de 1636. La procesión que sale de la *iglesia de los Milagros* se suma al recorrido histórico que incluye la *Casa de Gobierno*, la *Catedral*, la *Iglesia* y el *Convento de San Francisco* y el *Museo Etnográfico y Colonial Juan de Garay*.

❶ Iglesia de Nuestra Señora de los Milagros (MHN)
Fue construida entre 1667 y 1700 por la Compañía de Jesús, la primera orden reli-

Centro

Santa Fe 197

giosa que se instaló en Santa Fe. El milagro mencionado aconteció cuando el padre rector del colegio vio hilos de agua brotando de las manos de la Virgen. Se conservan de la época colonial parte de los muros, la fachada y el altar mayor realizado por indígenas de la reducción de Loreto.

❷ Casa de Aldao (MHN)

Vivienda colonial de 1711, de la cual se conserva sólo una pequeña parte. Con techos de tejas y paredes de tapia, posee un interesante balcón de madera.

❸ Museo Provincial de Bellas Artes Rosa Galisteo de Rodríguez

El edificio que fue donado en 1920 por sus herederos, posee 28 salas con 2.000 obras de autores nacionales y extranjeros. En el lugar se lleva a cabo el Salón Anual de Santa Fe, uno de los más importantes del país.

❹ Iglesia y Convento de San Francisco (MHN)

Las obras fueron comenzadas en 1673 y finalizadas en 1688. Los muros, de gran espesor, están apoyados sobre cimientos de piedra, material con el que fue construido. Entre sus tesoros está el Jesús Nazareno regalo del rey de España en 1650, y la Inmaculada de Garay, donada por la hija del fundador de la ciudad, Juan de Garay.

❺ Museo Etnográfico y Colonial Juan de Garay

Cuenta con material arqueológico de *Santa Fe la Vieja*. En sus salas está el Fondo Documental del Departamento, y el material arqueológico perteneciente al primer asentamiento de la ciudad.

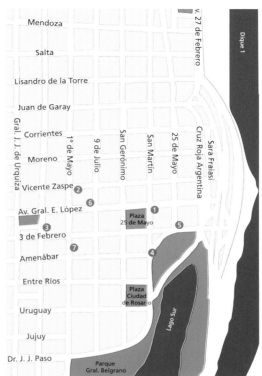

Santa Fe. Plano de la ciudad

Santa Fe. Iglesia de Nuestra Señora de los Milagros

❻ Casa del brigadier general Estanislao López (MHN)

Hoy Museo Histórico Provincial, fue inaugurado en 1943 y ocupa una casa colonial del siglo XVII. Cuenta con diferentes salas donde se exhiben muebles y objetos personales del brigadier López, pinturas de la época y tallas e imaginería americana, y cuadros de la escuela cuzqueña.

❼ Iglesia Nuestra Señora del Rosario (MHN)

Las primeras construcciones pertenecieron a los dominicos. En 1810 se alojó aquí el general Manuel Belgrano en su paso al Paraguay. El templo, de una sola nave, cuenta con 16 vitrales sobre la vida de los dominicos y bellos amoblamientos de madera ricamente tallados.

Más información

Dirección Provincial de Turismo
San Martin 1389
(3000) Santa Fe
Tel: (0342) 4580517
Fax: 4593572
Todos los días
de 7 a 13
Correo electrónico:
turismo@magic.santafe.gov.ar

Rosario

En sus comienzos fue un caserío, paso obligado del Camino Real que unía Buenos Aires con Asunción del Paraguay. En 1852 fue declarada ciudad y se la habilitó como *puerto de la Confederación Argentina con Aduana* propia. Hoy es una de las más importantes ciudades argentinas, con una fundamental área de influencia donde están asentadas importantes industrias del país.

Frente a la *plaza San Martín*, que tiene un monumento a dicho general realizado en mármol de carrara blanco en 1883, se destaca el *Correo Argentino*; su ubicación coincide con aquella del Camino Real.

Derecha:
Edificio
"Bola de Nieve"

Abajo:
Edificio
"Jockey Club"

Monumento Nacional a la Bandera (MHN)

Simboliza el acto de creación de la bandera nacional. El monumental conjunto fue construido en 1940 por los arquitectos Angel Guido y Alejandro Bustillo y los escultores José Fioravanti, Alfredo Bigatti y Eduardo Barnes. Debajo del Propileo –edificio que exalta al héroe anónimo de la Independencia– está la *Sala de las Banderas*.

Catedral de Rosario

Consagrada como basílica en 1910, ocupa el lugar de la capilla de principios del siglo XVIII. Fue construida entre 1882 y 1887. El altar mayor fue realizado en Génova en 1897, y traído en partes para ser armado en el lugar. Se destaca el altar de Nuestra Señora y los trabajos en vitrales.

Bola de Nieve

Este característico edificio construido entre 1904 y 1907 para una compañía de seguros, fue durante un tiempo el más alto de la ciudad. La construcción posee una torre cilíndrica que remata en la curiosa bola, símbolo de la empresa.

Teatro El Círculo

Inaugurado en 1904, de fachada mo-

numentalista y sala en forma de herradura con palcos y balcones, fue construido como teatro lírico, y por el pasaron, a principios del siglo XX, famosos artistas de renombre mundial como Enrico Caruso e Igor Stravinsky.

Jockey Club

El más antiguo y tradicional club de la ciudad es de 1900. De estilo neobarroco italiano, es un proyecto del arquitecto francés Edouard Le Monnier.

Gath y Chaves

Originalmente dedicada al comercio de ramos generales y posteriormente una famosa tienda. Propiedad de una importante sociedad anónima inglesa, se instaló en 1904, y su Tea Room congregaba a la alta sociedad de la época.

Palacio Fuentes

Era la sede de la poderosa Sociedad Agrícola-Ganadera del mismo nombre. Las fachadas del edificio son de estilo neorrenacentista italiano, con detalles Luis XV, realizadas en granito azul. Se destaca la trabajada puerta en ochava en bronce, fabricada en Alemania.

Tienda La Favorita

Otra tradicional tienda rosarina. Se construyó en 1912, en dos plantas. Se destaca su gran hall central y la claraboya de vitrales a la manera parisina.

Club Español

Es el edificio más admirado de la ciudad. Obra del catalán Francisco Roca, se inauguró en 1916. Un ejemplo del estilo conocido como modernista catalán, presenta una fachada con importantes elementos decorativos y una magnífica puerta de acceso con marquesina, realizada en Bélgica.

El circuito céntrico ofrece notables obras arquitectónicas con preponderancia del eclecticismo y el *art nouveaux*. Entre las más notables está la *Facultad de Humanidades,* la *Asociación Española,* el *Palacio Monserrat* y la *iglesia Anglicana.*

En el denominado *Paseo del Siglo* se puede ver un conjunto de edificios de gran valor patrimonial, que fueron rescatados y revitalizados. En el recorrido se aprecian lujosas mansiones, el *Antiguo Palacio de los Tribunales,* el *Palacio de la Jefatura de Policía,* el *Palacio Minetti* y la *Bolsa de Comercio,* todos ellos de comienzos del siglo XX.

Rosario.
Monumento Nacional
a la Bandera

Campo santafesino

Ruta a Reconquista

Esta ruta va desde Santa Fe hasta el límite con el Chaco. Es un camino que bordea el río Paraná, y en el circuito se encuentran poblaciones que hizo crecer el ferrocarril, en una tierra de asentamientos aborígenes, donde quedó su historia junto con las fronteras que fueron avanzando, y el legado de históricos combates que forjaron la independencia de la Nación.

ESPERANZA

A partir del convenio de colonización firmado en 1853 con la provincia, en el cual se concedían 33 ha en concesión a los

Reconquista.
Paseo por la ciudad

colonos que ocuparan esas tierras, comenzaron a llegar al lugar inmigrantes de distintas partes del mundo y el predio comenzó a poblarse de grupos de origen alemán, suizo, francés, belga e italiano.

La ciudad se fundó en 1856, y conservó su tradición de productora agropecuaria. En la primera semana de diciembre se celebra la Fiesta Nacional de la Agricultura. En los alrededores de la plaza San Martín donde se destaca el Monumento a la Agricultura, está la iglesia de la Natividad de la Santísima Virgen, patrona de Esperanza.

LAGUNA PAIVA

La localidad nació junto con el ferrocarril en 1915, ya que allí se instalaron los talleres del ex Ferrocarril Central Norte, donde además de los talleres de mantenimiento se llegó a fabricar vagones. En su momento de mayor productividad se construían 9,6 unidades por día, con 650 operarios.

Alrededor de los talleres se originó un complejo con almacenes generales y usina eléctrica. Los amantes de los ferrocarriles encontrarán en su interior una gran variedad de la época de oro, como máquinas a vapor y la plataforma giratoria manual.

SAN JOSE DEL RINCON

Su origen se remonta al capitán Antón Martín, a quien Juan de Garay le concedió estas tierras, siendo conocidas entonces como Rincón de Antón. En el lugar se instaló una capilla franciscana, pero el incipiente asentamiento no prosperó, quedando despoblado hasta principios del siglo XVIII.

A comienzos del siglo XIX, y luego de la instalación de Mariano Vera en la gobernación de Santa Fe, llega fray Francisco de Paula Castañeda, quien rebautizó el lugar con su actual nombre. Hoy es parte del municipio de la capital. Actualmente sobresale por su singular paisaje a orillas del río Ubajay.

• **Iglesia de Nuestra Señora del Carmen (MHP).** Es una iglesia con espadaña y campanario de finales del siglo XIX. Muy sencilla, sus paredes son de adobe y ladrillos con cimientos de piedra caliza del Paraná. El techo está sostenido por vigas de urunday labrado. En las inmediaciones se encuentra la Casa del Portugués, de arquitectura colonial, y muy cerca el Museo de la Costa Regional y Tradicional.

Continuando por la RP1 se cruza la localidad de *Santa Rosa de Calchines*, uno de los tantos asentamientos de los indios mocovíes de la Misión de San Javier, en 1834, con una bella iglesia parroquial.

• **Conjunto Monumental y Museo del Sitio Santa Fe la Vieja (MHN).** Pasando el poblado de Cayastá se encuentra este complejo que conserva los restos arqueológicos de la primera fundación de Santa Fe, en 1573, por Juan de Garay.

Menos de un siglo después, y luego de varias vicisitudes originadas por los continuos embates indígenas sumados a las crecientes del río, el Cabildo decidió el traslado de la ciudad. Este se realizó en 1660 al fundarse la actual Santa Fe de la Vera Cruz. La ciudad vieja fue desapareciendo, hasta que, en 1949, el doctor Agustín Zapata logró exhumar las ruinas.

El lugar cuenta con el sector Museo, donde se encuentran testimonios de la ciudad original y sus primitivos habitantes indígenas. En la zona de las ruinas se pueden ver restos de viviendas, del Cabildo y de las iglesias de La Merced, Santo Domingo y San Francisco. En el interior de esta última se encuentra el cementerio con varios esqueletos, entre ellos los restos de Hernando Arias de Saavedra, más conocido como Hernandarias, el primer gobernador criollo del Río de la Plata.

HELVECIA

Es la capital del departamento Garay y fue fundada en 1875 por Teófilo Romang. La construcción del lugar es preponderantemente de estilo itálico. En su costanera se encuentra el muelle flotante de pontones.

Reconquista.
Pesca del surubí

Costa del río Paraná

RECONQUISTA

Los orígenes de la región se remontan a 1748, cuando Francisco de Vera Mujica asentó una misión jesuítica con el nombre de San Gerónimo del Rey. En 1818 la población ya no existía, como consecuencia de la expulsión de la Compañía de Jesús en 1767.

El actual nombre se atribuye a que el general Manuel Obligado "reconquistó" la región en 1872, creando un asentamiento militar, un pueblo y una colonia, compuesta por criollos, indígenas e inmigrantes de orígenes diferentes.

A fines del siglo XIX una empresa francesa construyó el puerto y en la década siguiente llegó el ferrocarril desde Santa Fe, creando la conexión con Buenos Aires. Hoy la ciudad es un relevante polo forestal y ganadero.

• **Iglesia de la Inmaculada Concepción.** Tuvo dos construcciones anteriores en el siglo XIX, la actual es de 1927 en estilo neorrománico.

• **Casa Viscai.** Actual Palacio de la Jefatura de Policía, en un claro estilo academicista, fue construida en 1915.

• **Ex mansión Frey.** Construida en 1920, su estructura sigue los lineamientos de un verdadero palacio.

• **Casa Roselli.** Es la vivienda más antigua de la ciudad y su origen es de 1880.

PUERTO RECONQUISTA

Instalado sobre el río San Jerónimo, fue construido por una empresa francesa en 1889. Hoy genera poca actividad fluvial, pero en sus costas hay una variada pesca, que se puede degustar en las variadas casas de comida del lugar. La especialidad son las riquísimas milanesas de surubí. A mediados de julio se lleva a cabo el Concurso Argentino de Pesca del Surubí.

SAN JAVIER

Fue una reducción de indígenas mocovíes, instalada por jesuitas. En 1752, y bajo la dirección del padre Florián Baucke, se establece la misión con el nombre de San Francisco Javier, que es continuada por padres mercedarios después de 1767, y a partir de 1812 por monjes franciscanos.

El pueblo se organiza entre 1864 y 1898, con el aporte de los indígenas, y de las colonias agrícolas, adonde arribaron inmigrantes estadounidenses, friulanos, belgas, suizos, ingleses y franceses. En 1924, con la llegada del ferrocarril, el desarrollo de la región aumentó considerablemente.

Frente a la plaza San Martín, profusamente arbolada, se encuentra la *iglesia de San Francisco Javier*, de estilo neoclásico, construida en 1874, con un coro y retablo en madera policromada. Dentro de la mis-

Datos Utiles

Obtenga más información sobre esta provincia en la página

342

ma está el *Museo Histórico Parroquial*.

Recorriendo la ciudad se podrán apreciar mansiones de fines del siglo XIX, entre las que destacan la casa Migno y la casa Ayala. Desde San Javier, siempre por la RP11, se cruzan los pequeños poblados de Colonia California, Colonia Coreana y Colonia Teresa.

ALEJANDRA

Es una localidad establecida en 1870. La empresa inglesa fundadora le dio el nombre como homenaje a un miembro de la familia real británica. Se conservan el antiguo edificio de la administración inglesa de la colonia y el Templo Evangélico Metodista, los dos de fines del siglo XIX.

Esta zona posee una serie de cascos de estancia de notable arquitectura, con parques de gran exuberancia próximos al río San Javier. Las más interesantes son Casco Balziglia, Casco Davies, Casco Morgans y Casco Frommer.

AVELLANEDA

Cruzando el río desde Reconquista se llega a esta población donde se encuentra lo que fue el gran imperio de La Forestal, cuyos comienzos fueron una curiosa historia.

VILLA OCAMPO

Fue el primer poblado de la Argentina en contar con alumbrado eléctrico. Fue fundada en 1878 por el peruano Manuel Ocampo Samanez, como centro forestal y productor de caña de azúcar. En los alrededores se instalaron ingenios y una fábrica de tanino, que fue de La Forestal.

Siguiendo la ruta hasta el límite con el Chaco se encuentran varios poblados. **Puerto Ocampo**. Está sobre el río Paraná y perteneció a La Forestal. Es un centro de pesca deportiva. *Ingenio Tacuarendí*, fundado en 1884, conserva en su pequeño poblado edificios de la época de gran actividad, como la administración y un grupo de viviendas, todos de 1901.

San Antonio de Obligado. Fue una colonia mocoví, organizada por los padres franciscanos. Posee una bella iglesia, San

La Forestal

Como pago de una deuda contraída por el gobierno de la provincia de Santa Fe con la empresa londinense Murrieta y Cía., en 1880, le fue entregada a esta última 1.804.563 ha de bosque primitivo de la provincia, con la abundancia de quebracho colorado y su fuente de tanino. En 1894 se creó la Santa Fe Land Company, con la participación de Murrieta y Cía., comenzando la explotación de la zona. En posteriores diferentes fusiones con distintas empresas de origen inglés y estadounidense el grupo llegó a tener un inmenso poderío en la zona.

En su época de mayor esplendor, La Forestal, como se llamaba, llegó a poseer 2.100.000 ha de bosques y tierras de cultivo, 30 fábricas de tanino y 40 poblaciones con 400 km de vías férreas. Era dueña de los bienes y de todo lo que se consumía dentro de su territorio, llegando a tener una moneda propia virtual, ya que el trabajo de los obreros era pagado con vales, fichas, bonos y letras de cambio que se canjeaban con los proveedores autorizados. En 1948 comenzó la declinación del consumo del tanino y en 1963 se cerró definitivamente la empresa.

Antonio de Obligado, de 1891, con un altar tallado en estilo neogótico. El lugar posee un museo con recuerdos de la época de su fundación.

Las Toscas. Nació como colonia en 1880, y tiene una réplica de un mangrullo, como testimonio de su origen de fortín.

Villa Guillermina y puerto **Piracuacito** fueron dos puntos conectados a La Forestal.

Florencia es la última localidad antes de atravesar el límite con la provincia del Chaco.

Iglesia La Merced. Grabado

Rutas de la Conquista y la Independencia

Colonización del
Río de la Plata.
Grabado
de Ulrico Schmidt

El circuito es un viaje por los lugares donde se asentaron los primeros conquistadores y tuvieron lugar históricos combates por la independencia de la Nación.

FUERTE DE SANCTI SPIRITU

Situado en la confluencia de los ríos Carcarañá y Coronda fue la primera población blanca en territorio argentino, y también el primer sitio del cono sur de América donde se cosecharon cereales, se realizó un juicio, una subasta pública, se construyó un astillero y se celebró misa. Aquí se realizaron los primeros matrimonios entre indígenas y españoles, naciendo así el mestizo o criollo.

En 1541 Domingo de Irala clavó una gran cruz en el lugar.

Con la llegada del ferrocarril, en 1891 se aprobó la creación del puerto con el nombre de Sebastián Gaboto. Hoy es un bello pueblo de pescadores, con antiguas mansiones y una costanera con mirador dominando la confluencia de los ríos Carcarañá y Coronda. En lo alto se encuentra la réplica de la Cruz de Irala, y descendiendo, un monolito donde se cree estuvo primitivamente el fuerte de Sancti Spiritu (MHN).

En los alrededores se puede degustar la buena pesca del día.

Ubicado en el sitio probable que eligió Gaboto, se encuentra una réplica del Fuerte, basada en estudios realizados por el historiador Amadeo Soler y el arquitecto Mongsfeld.

SAN LORENZO

Siempre por la RN11, atravesando las ciudades de Granadero Baigorria, Capitán Bermúdez y Fray Luis Beltrán, se llega a la ciudad de San Lorenzo; en las inmediaciones se encuentra el *Convento de San Carlos* (MHN).

Fue en sus orígenes la estancia jesuítica San Miguel del Carcarañal, ocupada luego de la expulsión de la Orden por monjes franciscanos en 1780. Allí levantaron en 1796 un convento, cuya construcción recién se finalizó a mediados del siglo XIX. El complejo, de austera concepción, reúne un convento y la iglesia, el Colegio Seráfico, el de Nuestra Señora de la Misericordia y el Colegio San Carlos. Es de estilo tradicional colonial, con detalles del francés neoclásico de fines del siglo XVIII.

En las distintas salas están reunidos testimonios de un trascendental hecho histórico que ocurrió en las cercanías.

La Batalla de San Lorenzo

Significó el bautismo de fuego del Regimiento de Granaderos a Caballo, cuerpo creado por el coronel José de San Martín. La batalla ocurrió el 3 de febrero de 1813, y significó una rápida victoria de las fuerzas patriotas contra los españoles que desembarcaron en el lugar. En el fragor de la lucha, San Martín, que había quedado aprisionado por su caballo, herido de muerte, fue salvado en una heroica acción por el sargento Juan Bautista Cabral, que pagó con su vida el rescate de su jefe.

En el convento hay un *Museo Histórico* dedicado a rememorar la histórica batalla. Posee varias salas que incluyen la capilla Antigua, el Cementerio Conventual, la sala de Combate y el Refectorio.

Frente al convento está el *Monumento a la Batalla de San Lorenzo*, con el histórico pino donde San Martín escribió el parte de la contienda.

Saliendo de la zona se llega a *Puerto San Martín*, importante polo industrial, con la iglesia de *Nuestra Señora de Fátima* y la *Estación de Ferrocarril (MHP)*.

Cerca, en una barranca, una cruz recuerda la *Batalla de Punta Quebracho*.

Esta otra gesta patriótica, que tuvo como escenario el lugar, fue contra las flotas inglesas y francesas que intentaban llegar al Paraguay. En mayo de 1847 los invasores fueron vencidos luego de ser hundidos un buque y tres goletas. En 1850 aceptaron la derrota y las condiciones exigidas por el gobierno nacional.

Puerto Gaboto

Siguiendo por la ruta se llega a la Terminal 6 S.A., importante centro semillero, y luego a Timbúes, con un agradable centro turístico que ofrece una completa gama de servicios, además de bungalows y pileta de natación.

Lugo de atravesar la Estación de Ferrocarril (MHP), está *Puerto Gaboto*, en homenaje al marino italiano del mismo nombre, quien llegó a estas tierras como piloto mayor del rey de España en junio de 1527, fundando el fuerte de *Sancti Spiritu*.

"Batalla de San Lorenzo", óleo de Angel Della Valle. Museo Histórico Nacional. Buenos Aires

Santa Rosa de Toay

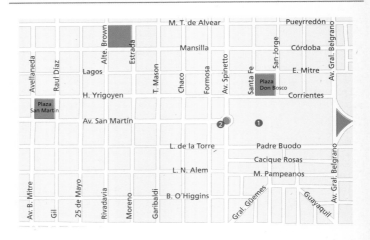

El 22 de abril de 1892 fue fundada Santa Rosa de Toay por Tomás Mason en tierras de su estancia. El pequeño poblado se convertiría en capital definitivamente en 1904. Actualmente es el más importante centro de la provincia y principal núcleo de actividades de la región. El rápido crecimiento de las últimas décadas la convirtió en una ciudad moderna y de sofisticada arquitectura.

Santa Rosa de Toay.
Plano de la ciudad.
Vista aérea

Parque Luro.
Parque Provincial y
Reserva faunística

❶ Centro Cívico

Esta obra, del reconocido arquitecto Clorindo Testa, es un conjunto de edificios administrativos único en el país. En el complejo están ubicados la Casa de Gobierno, los ministerios, la Cámara de Diputados de la Provincia, y un anfiteatro donde se llevan a cabo espectáculos culturales.

❷ Dirección de Turismo

Es un edificio donde existe una exposición permanente de artesanías realizadas por comunidades mapuches. Más de 500 artesanos trabajan con el auspicio del Ente Provincial de Turismo. En el lugar se pueden ver importantes trabajos de telar en lana, matras de gruesa textura, ponchos y alfombras. Las piezas en cuero de potro son variadas, entre ellas las botas de potro, tradicional elemento de la vestimenta del gaucho pampeano.

Un recorrido lleva a la plaza, enfrentada por la Iglesia Catedral y el Museo de Historia Natural. En las cercanías se encuentra el Museo de Artes y la laguna Don Tomás, un espejo de agua con balneario y camping.

RECORRIENDO LA PROVINCIA

Parque Luro

El Parque Provincial y Reserva Faunística es además un coto cerrado. Sólo se puede recorrer parte de la reserva por senderos y caminos delimitados, ya que una buena parte de ella es área intangible. El lugar fue propiedad de la familia Luro, a principios del siglo XX, quienes pensaron instalar allí un coto de caza al estilo de los mejores europeos. A las especies autóctonas existentes les agregaron otras traídas de Europa, como el ciervo colorado de los Cárpatos y el jabalí europeo, los que se reprodujeron libremente, creando una población permanente de ejemplares. En 1965 fue adquirido por la provincia de La Pampa. En el lugar existe un Centro de Interpretación Ecológica, con una exhibición didáctica de la flora y fauna pampeanas, y el Museo de Carruajes.

El Casco de San Huberto, de 1910, conocido también como el castillo, es una impactante construcción a manera de los castillos europeos emplazado en el bello parque. Conoció épocas de esplendor, con im-

Más información

Secretaría de Turismo
Luro esq. San Martín,
Santa Rosa
Tel: (02954) 425060
y 424404
Todos los días de 9 a
13.30 y de 16 a 21
En Internet:
www.lapampa.gov.ar

portantes huéspedes que venían de Europa atraídos por la caza de la zona.

La reserva cuenta con un pequeño zoológico, y en época de brama, de marzo a julio, es toda una experiencia al atardecer escuchar el coro de bramidos de los ciervos machos llamando a las hembras.

Desde aquí se pueden hacer viajes a las salinas grandes, un interesante recorrido en las tierras de lo que fueran las tolderías del cacique Calfucurá.

LIHUE CALEL

General Acha

La Pampa.
Prendas criollas.
Arreos vacas

Es el principal centro urbano del sur de La Pampa, y núcleo de entronque con la ruta que va a Neuquén. Está en el límite de la llanura pampeana, y el desierto patagónico, y es un necesario apoyo en la larga travesía de la pampa árida. El lugar cuenta con un motel, estación de servicio, restaurante y parrilla.

Siguiendo la RP20, se llega a una gran laguna desde donde es ya posible ver a lo lejos la serranía de Lihué Calel.

Parque Nacional Lihué Calel

Situado en una extensión de 10.000 ha, fue creado en 1977. Ya era conocido por sus primitivos habitantes. Lihué Calel es una voz araucana que significa Sierra de Vida, y es aquí donde los indígenas buscaron refugio durante las últimas persecuciones, antes de perder el domi-

nio de las pampas. Sobre cerros rocosos, la visita al parque se hace por senderos autorizados. La flora del lugar es muy rica, sobresaliendo las especies cactáceas. Recorriendo 7 km se llega a la zona de pinturas rupestres, de origen tehuelche, con una antigüedad estimada en 1.500 años. Se encuentran además los restos de la antigua estancia Santa María, que dio origen al parque. Aunque en proceso de desintegración, las ruinas son un atractivo componente del paisaje. La nutrida fauna autóctona está compuesta principalmente por pumas, liebres patagónicas, zorros, gatos monteses, vizcachas, gatos del pajonal, lagartos colorado y overo, zorrinos y ñandúes. Todas estas especies son de difícil avistaje, los guardaparques del lugar pueden brindar una completa información.

Siguiendo el camino se entra en una zona de salinas, con los enormes salitrales que bordean las lagunas de Urre Lauquén y La Aurora.

Los araucanos Calfucurá y Namuncurá

El pueblo araucano provenía de Chile, donde estaban asentados. Era un pueblo dedicado al cultivo y de indómita tradición. Fueron el símbolo de la gran resistencia contra los españoles. Su influencia, especialmente la lengua, tejidos, cerámicas y la religión, se esparció por toda la pampa, dominando a los pehuenches a fines del siglo XVII, quienes ya araucanizados propagaron el proceso en la pampa. De la suma de estos factores surgen los ranqueles, tenaces enemigos de los nuevos asentamientos españoles en la región. A comienzos del siglo XIX distintas tribus araucanas (mapuches: gente de la tierra) conocidas como vorogas se radicaron en la zona. Allí surgen caciques de un futuro gran protagonismo como Pincén y Coliqueo.

Con la expedición de Juan Manuel de Rosas en 1833, comienza la destrucción del poder de los ranqueles. La consecuencia de estas acciones origina la radicación en la región del cacique andino Juan Calfucurá, pehuenche araucanizado, quien llegó para combatir el poder de los ranqueles, constituyendo el cacicazgo de las Salinas Grandes, con el proyecto de dominar toda la Pampa Húmeda. Luego de desalojar a los vorogas del lugar, se movió manejando desde sus dominios pactos e intrigas, convirtiéndose en el gran caudillo general de la confederación indígena de las pampas. Pactó con Rosas, recibiendo a cambio tributos varios, y luego con Urquiza, quien fue padrino de su hijo Manuel Namuncurá. Llegó a cartearse con el obispo de Buenos Aires e importantes figuras de la escena nacional, y mantuvo contacto con otros caciques. En 1872 reunió a los principales caciques de la pampa y unidos decidieron avanzar sobre territorio blanco. Allí los esperaba el general Rivas, quien con 655 soldados y 1.000 lanceros de las tribus de Catriel y Coliqueo los derrotaron en la batalla de San Carlos, una batalla particular, ya que en definitiva se trató de una batalla entre indígenas. Calfucurá nunca pudo sobreponerse a esta derrota, y murió en 1873, ya anciano, en su toldería.

A su muerte le sucedió como jefe de la confederación su hijo, Namuncurá, quien llegó a tener 25 caciques y más de 2.500 guerreros. Disconforme con un tratado que le obligó a firmar el gobierno de Buenos Aires, organizó una sangrienta rebelión junto a José Catriel en 1875, continuándola con malones conocidos como la "invasión grande". Finalmente fueron vencidos en el terrible combate de La Tigra en 1876, por el teniente coronel Vintler. Aunque Namuncurá siguió su lucha por varios años, muchos de sus guerreros desertaron. Se entregó finalmente en la provincia de Neuquén, en 1884.

Datos útiles

Obtenga más información sobre esta provincia en la página

342

Ciudad de Buenos Aires

"El aire de Buenos Aires, éste es el aire que cautivó a los españoles, y cada día estoy más convencido que ellos la bautizaron 'La Ciudad de los Buenos Aires', porque fueron seducidos por su perfume y su ilusión. A mí se me hace cuento que empezó Buenos Aires: la juzgo tan eterna como el agua y el aire."

J. L. Borges, Fundación Mítica de Buenos Aires.

Buenos Aires. Vista aérea

Envuelta en la amplitud de sus avenidas, parques y jardines, con cúpulas y palacios, bellos testimonios de épocas pasadas, Buenos Aires, la "Reina del Plata", se distingue de cualquier otra capital latinoamericana. Ninguna otra ciudad de América del Sur le permite al visitante sumergirse en esa mezcla imprecisa de caprichosa elegancia europea que se percibe en Recoleta o en Plaza San Martín.

Para realizar una primera lectura de Buenos Aires habría que remontarse a su pasado de inmigrantes provenientes de distintos lugares de Europa que a fin del siglo XIX llegaron a las costas del Río de la Plata. Quizás fueron ellos los que le imprimieron el persistente deseo de parecerse a diferentes capitales del Viejo Mundo. El resultado está a la vista: Buenos Aires tiene mucho de ellas pero sólo se parece a sí misma.

La ciudad está diseñada para recorrerla fácilmente a través de la previsible geometría de su trazado, enmarcada por el legado de una rica arquitectura que puebla sus calles, bellas plazas, los bosques de Palermo, sus costaneras que enfrentan el descomunal río, y resabios de la aldea colonial en históricos barrios.

La capital de la República Argentina es una invitación permanente para el turista, pero Buenos Aires es más que un fascinante paisaje ciudadano. Es también el vértigo de sus calles, su gente y sus cafés, y la cultura desplegada en tantas librerías. Es el Teatro Colón, los restaurantes donde se saborean sus famosas carnes y los buenos vinos del país, y la famosa noche porteña plena de atracciones, con el tango como música de fondo.

La ciudad en 8 recorridos

Recoleta

Plaza de Mayo

Palermo

Corrientes, Obelisco y
Nueve de Julio

Plaza San Martín y Florida

San Telmo

La city

La Boca

Centro

Recoleta

Cafés y terrazas

Centro Cultural
Recoleta

Es una de las zonas más antiguas de la ciudad. Su denominación se debe al asentamiento del convento de monjes recoletos que se estableció en el área a principios del siglo XVIII. En este barrio, declarado recientemente patrimonio histórico de la ciudad, se concentra una gran oferta de actividades culturales. Los museos, centros culturales y de exposiciones, sus esculturas, las plazas y los jardines poblados de magnolias y gomeros integran una de las zonas más atractivas de la ciudad.

❶ Cementerio de la Recoleta

El lugar, con reminiscencias europeas, posee una importante variedad de esculturas que decoran las bóvedas. La mayoría de los sepulcros pertenece a familias de la aristocracia porteña. El cementerio es de 1881 y alberga estatuas de gran importancia, muchas

de las cuales han sido declaradas monumento histórico nacional. Entre los distintos mausoleos de los personajes fundamentales de la historia argentina sorprende la discreta bóveda que atesora los restos de Eva Perón. El camposanto permanece abierto todos los días de 7 a 18.

❷ Iglesia del Pilar

Es una de las capillas más antiguas de la ciudad. La construcción, realizada por el jesuita Andrés Blanqui, es de 1791. En su interior se conservan piezas de gran valor, como el frontal de plata del altar mayor –una obra maestra del barroco–, el sol incaico hecho por artesanos indígenas y el altar de las reliquias, obsequio del rey Carlos III de España.

❸ Centro Cultural Recoleta

Este complejo está ubicado en la estructura edilicia que formó parte de los claustros del convento y de los pabellones del Asilo de Mendigos General Viamonte, del año 1886. A fines de 1980 se construyó esta obra que conserva los claustros coloniales, la fachada y la capilla neogótica. El lugar ofrece durante todo el año y en forma gratuita una gran variedad de exposiciones de arte, conferencias, muestras y espectáculos de todo tipo.

❹ Monumento al General Alvear

La obra, de principios del siglo, realizada por Antoine Bourdelle es una de las más bellas estatuas ecuestres de América.

❺ Sala Nacional de Artes Plásticas

Originalmente conocido como Palais de Glace, fue una pista de hielo a principios del siglo XX. En la actualidad es un extraordinario espacio de exposiciones con una magnífica cúpula de vidrio que durante el día deja pasar la luz natural a las salas interiores.

❻ Paseo del Pilar y Buenos Aires Design Center

Este paseo, parte del complejo del Centro Cultural, reúne restaurantes y cafés en sus amplias terrazas, y se complementa con un centro de diseño dedicado a la arquitectura y la decoración.

❼ Plaza Francia

Es uno de los sitios más atractivos y refinados de la zona. El parque está rodeado de jardines diseñados por el paisajista francés Carlos Thays, y tiene en su entorno valiosas estatuas y monumentos.

❽ Museo Nacional de Bellas Artes

Fácilmente reconocible por su fachada de intenso color rosa, con escalinatas y co-

lumnas, está situado sobre la Avenida del Libertador. El museo atesora más de 10.000 obras de colecciones privadas y propias, entre las que se cuentan pinturas de Goya, El Greco, Tintoretto, Renoir, Toulouse-Lautrec, Van Gogh, Degas, Kandinsky, Klee y Picasso, así como también cuadros de los mejores exponentes de la pintura argentina.

En el edificio funciona una muestra de arte contemporáneo. En sus inmediaciones se encuentran la imponente *Facultad de Derecho* y el *Centro Municipal de Exposiciones*, moderna construcción en la que se realizan grandes muestras.

Paseo del Pilar

Museo de Bellas Artes

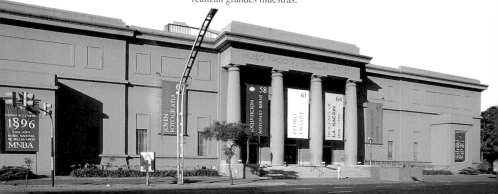

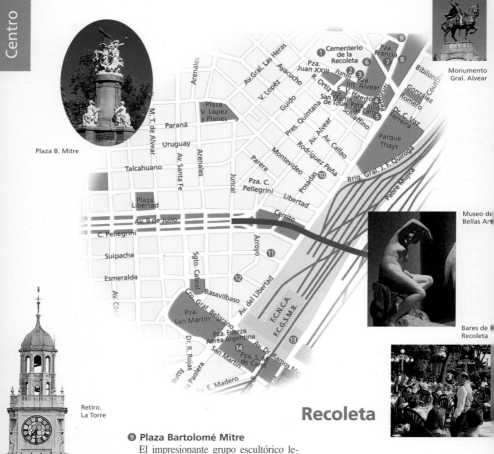

Plaza B. Mitre

Monumento Gral. Alvear

Museo de Bellas Art...

Bares de Recoleta

Retiro. La Torre

Recoleta

⑨ Plaza Bartolomé Mitre

El impresionante grupo escultórico levantado en homenaje al general Bartolomé Mitre fue emplazado en el año 1923 sobre un terreno en barranca rodeado por escaleras y románticas balaustradas. Detrás de la plaza hay un interesante barrio conocido como La Isla, donde se ven importantes casonas, como la aristocrática residencia de la *Embajada Inglesa*.

El circuito incluye el paso por la imponente mole de la *Biblioteca Nacional*, obra del arquitecto Clorindo Testa.

Palacio Errázuriz

En la propiedad que fue el hogar de la familia Errázuriz se encuentra actualmente el *Museo Nacional de Arte Decorativo y Arte Oriental*. La institución exhibe una espléndida colección de muebles, esculturas, pinturas, bronces, piedras duras, lacas, tapices, instrumentos musicales, cerámica, platería, porcelanas, encuadernaciones y diferentes ediciones.

Palermo Chico y Barrio Parque

Es una zona que concentra residencias señoriales y palacetes de principio de siglo, en un barrio parque de serpenteante recorrido.

Avenida Alvear

La calle más exclusiva de la ciudad, muestra en el transcurso de pocas cuadras una importante serie de mansiones y palacios de fines del siglo XIX, construcciones realizadas por prestigiosos arquitectos europeos. Entre ellas sobresalen el *Alvear Palace Hotel*, la *Residencia Hume*, la *Casa de la Cultura*, el *Palacio Duhau* y la *Nunciatura Apostólica*, situada en lo que fue la residencia Anchorena. Frente a la plaza *Carlos Pellegrini*, uno de los lugares más bellos y elegantes de la ciudad, se encuentran la *Embajada del Brasil*, ex casa Pereda, la *Embajada de Francia*, ex casa Ortiz Basualdo, y la *Residencia Alzaga*.

⑩ Patio Bullrich

Fue una feria de remates de hacienda que se recicló conservando su estructura original. Hoy es el paseo de compras más exclusivo de la ciudad, con locales de importantes marcas nacionales e internacionales. Tiene un patio de comidas, un complejo de salas cinematográficas y un elegante café ubicado en la planta baja.

⑪ Museo de Arte Hispanoamericano Isaac Fernández Blanco

En la estructura del antiguo Palacio Noel está instalado el museo. En su interior se puede ver la muestra de platería colonial más importante de Sudamérica. El edificio, de estilo neocolonial con influencias hispánicas, está rodeado de un bello jardín que invita al visitante a detenerse para disfrutar de su pacífico entorno.

⑫ Edificio Estrugamou

Es una monumental construcción de vivienda colectiva levantada en una estructura de palacio que simula distintas fachadas. En una de sus entradas señorea una importante Victoria de Samotracia.

⑬ Estación Retiro Ramal Mitre

La monumental estación de principios del siglo XX fue la mejor equipada del país y una de las más grandes del mundo. Bajo el estilo del academicismo inglés, sus es-

Palacio Errázuriz

El proyecto fue encargado por el ex embajador de Chile Matías Errázuriz y su mujer, Josefina de Alvear, al arquitecto francés René Sergent, quien nunca llegó a la Argentina. La realización corrió por cuenta del estudio Lanús y Hary. Sergent se inspiró en la arquitectura de Jacques Gabriel, cuyos edificios sirven de marco a la parisina Place de la Concorde.

La decoración interior se encargó a distintos especialistas: Mr. Nelson, una autoridad en el tema del Renacimiento, decoró el imponente hall; Mr. Carlhian fue el responsable de los salones siglo XVII de la planta baja, donde ubicó la *boisserie* del Hotel Letellier de París; Mr. Hoentschel ambientó el comedor Luis XIV con mármoles, y el pintor catalán José María Sert ornamentó el pequeño salón del primer piso.

El palacio fue cita obligada de viajeros ilustres como García Lorca, García Sánchez, Blasco Ibáñez y Arturo Rubinstein, quien ofreció un concierto para los anfitriones. La gran bailarina rusa Ana Pavlova bailó *La muerte del cisne* para una privilegiada y exclusiva legión de invitados de los Errázuriz.

La familia vivió en el palacio hasta 1937, cuando lo adquirió el gobierno nacional para ubicar en ella la sede del Museo.

tructuras metálicas fueron diseñadas en Liverpool, Inglaterra. La construcción es un claro ejemplo de la asociación de la ingeniería y la arquitectura.

⑭ La Torre

La antigua Torre de los Ingleses fue un obsequio de los residentes ingleses en la Argentina con motivo de la conmemoración del centenario de la Revolución de Mayo, en el año 1910. Los materiales utilizados y los técnicos que trabajaron en su construcción fueron traídos desde Londres.

Datos útiles

Obtenga más información sobre la ciudad en la página

343

Palermo

Parque Tres de
Febrero

Planetario
Galileo Galilei

Los parques de Palermo son el gran pulmón de la ciudad de Buenos Aires. Su superficie es la isla verde elegida por los porteños para recorrerla durante los fines de semana y disfrutar de la práctica de deportes al aire libre.

Fue el lugar elegido por Juan Manuel de Rosas para levantar su residencia, en una zona de terrenos bajos y anegadizos. En 1874, el presidente Domingo Faustino Sarmiento dio las directivas para hacer un gran parque público al estilo del parisino Bois de Boulogne. Para realizar el proyecto se contrató al brillante arquitecto y paisajista francés Carlos Thays, res-

ponsable del diseño de los más bellos parques y jardines de la ciudad.

❶ Parque Tres de Febrero

En su recorrido de avenidas y bulevares poblados de finas esculturas y monumentos, el espacio verde ofrece una serie de atractivos de gran belleza. En el área se encuentran jardines tradicionales, como el Rosedal o el Patio Andaluz y el exuberante bosque con glorietas y puentes que rodea los lagos. En el parque también está el planetario, y en la zona se encuentran los jardines Zoológico y Botánico de la ciudad, dos imperdibles paseos.

❷ Monumento de los Españoles

Emplazado en el cruce de las avenidas del Libertador y Sarmiento, es un espectacular grupo escultórico basado sobre una fuente. Sus figuras representan los Andes, el Río de la Plata, La Pampa y el Chaco. El monumento, de 25 m de alto, fue el homenaje de los residentes españoles en el centenario de la Revolución de Mayo, en 1910.

Monumento a Sarmiento

Esta escultura original del francés Auguste Rodin fue inaugurada en 1911. En sus cercanías está el lago artificial llamado Victoria Ocampo, en tributo a la escritora argentina, ubicado en el lugar donde originariamente se encontraba la residencia de Rosas.

❸ Monumento a Justo José de Urquiza

La estatua ecuestre rememora al vencedor de la Batalla de Caseros y presidente de la Confederación Nacional.

❹ Planetario Galileo Galilei

El lugar ofrece espectáculos de divulgación científica relativos a la astronomía en una sala para trescientos cincuenta espectadores, donde se puede observar la proyección de la bóveda celeste.

❺ Jardín Japonés

Diseñado por el arquitecto japonés Isakari, es una donación de la colectividad japonesa a la ciudad. El paseo mantiene el clásico estilo paisajístico del país oriental, con variedades de especies florales, espejos de agua con peces carpa y puentes curvos que conectan pequeños islotes.

❻ Lagos de Palermo

En este refinado paisaje se encuentran varios sitios atractivos.
• **El Rosedal.** Es un paseo de jardines con senderos simétricos, canteros de diseño armónico y fuentes y farolas dispuestas en un romántico entorno. En su superficie se encuentra el Jardín de los Poetas, donde hay importantes esculturas; el Patio Andaluz,

Lagos de Palermo

Monumento de los Españoles

con mayólicas españolas, y el Jardín de las Rosas, un lugar poblado por diferentes tipos de rosales de variados colores que conforman un apacible sitio de descanso.
• **El lago.** En el hermoso espejo de agua se pueden realizar paseos en bote, y durante los fines de semana concentra una gran cantidad de visitantes. En el lugar está el característico puente con su pérgola. Enfrente del lago se encuentra el Museo de Artes Plásticas Eduardo Sívori.

Desde los bosques se llega a dos lugares fundamentales de la ciudad.

Hipódromo Argentino de Palermo

La institución inaugurada en 1876 es un exponente del esplendor arquitectónico característico de la Belle Epoque. La tribuna oficial tiene una pérgola de acceso con esculturas, escalinatas y farolas. En este hipódromo se realizan los grandes premios República Argentina y Carlos Pellegrini.

Campo Argentino de Polo

Campo de Polo

Son las mejores canchas del país para practicar el deporte en el cual los argentinos obtuvieron el lugar más destacado en el ámbito internacional. Todos los años en noviembre se realiza el Campeonato Abierto Argentino de Polo, un evento de gran importancia deportiva y social.

❼ Jardín Zoológico

En 1888 el zoológico original adquirió carácter científico. Su interior está compuesto por recintos donde los animales vi-

Rosedal de Palermo

Lagos de Palermo

Palermo

Monumento Gral. Urquiza

Hipódromo

Jardín Zoológico

ven libremente en diferentes hábitat, con edificios que responden a los estilos arquitectónicos de sus países de origen. Entre las construcciones más importantes están: el Pórtico Bizantino, con auténticas ruinas de 1902 originarias de Trieste; el Palacio de los Elefantes, una réplica del templo de la diosa Nimaschi de Bombay; el Templo de Vesta y el Templo Indostánico de Bombay de 1901, que alberga a los camélidos. Otros atractivos son la jaula condorera, de 1903, y el pabellón de los loros, donado en 1899. El recorrido se completa con lagos y esculturas.

❽ Jardín Botánico

En este espacio integrado por un grandioso conglomerado de plantas se percibe un apacible clima de aislamiento. Las primeras obras fueron realizadas por el jardinero de los palacios soberanos de Baviera y continuadas por el paisajista francés Carlos Thays en 1890. El lugar ofrece importantes esculturas, como la *Ondina del Plata* situada en el estanque de la entrada. El recorrido lleva a internarse en senderos donde están las principales especies vegetales del mundo separadas por regiones.

El colosal invernáculo, en el sector Jardín Francés Luis XV, es una construcción premiada en la Exposición Internacional de París, que se desarmó y se volvió a armar en el lugar.

❾ Sociedad Rural Argentina

Es un gran predio donde todos los años, en julio, se realiza la Exposición Internacional de Ganadería y Agricultura. El lugar conserva pabellones de fin del siglo XIX que contrastan con el amplio espacio moderno dedicado a diversas exposiciones y muestras que se incorporó recientemente.

Plaza San Martín y calle Florida

Plaza San Martín

Edificio Kavanagh

❶ Plaza San Martín

El parque está emplazado sobre una barranca original ubicada frente al río, como una inmensa isla verde con grandes magnolias, gomeros, palos borrachos y jacarandás, que en primavera tiñen el paisaje de rosa. La más bella plaza porteña está rodeada de espectaculares palacios del siglo XIX, lo que produce un efecto escenográfico de gran elegancia.

En un extremo se encuentra el Monumento Ecuestre del General José de San Martín, que señala con su mano la cordillera de los Andes, ruta de su gesta libertadora; y en la parte baja está el memorial a los soldados caídos en la Guerra de las Malvinas. Esta es una de las zonas más antiguas de la ciudad, donde en el siglo XVII un monje instaló su ermita. Desde ese momento se conoce el paraje como "del retiro".

Fue sucesivamente mercado de esclavos, plaza de toros y albergó al Regimiento de Granaderos a Caballo del general San Martín. A fines del siglo XIX comenzó a perfilarse el paisaje definitivo de la plaza y su entorno. Allí nace la calle Florida, la gran peatonal de Buenos Aires. En ella se produce la mayor concentración de galerías, espacios de arte, boutiques y negocios de la ciudad.

❷ Monumento al General José de San Martín

El grupo escultórico fue erigido en 1862. Obra del escultor francés Louis Joseph Daumas, es el más antiguo monumento ecuestre del país. Por las mañanas, entre las 9 y 10, es posible participar del homenaje oficial que se lleva a cabo en el lugar y ver el colorido Regimiento de los Granaderos a Caballo y a sus integrantes engalanados con uniformes de neto estilo prusiano.

vantado en Buenos Aires. Allí funciona el *Museo de Armas*.

Al cruzar la calle Marcelo T. de Alvear se ve, en la esquina, el edificio donde vivió durante muchos años el escritor Jorge Luis Borges hasta que emigró a Ginebra, donde murió. El lugar está destacado por una placa recordatoria.

❼ Parques Nacionales

La edificación, ex residencia Haedo, es actualmente la sede de este organismo. La construcción aporta, con sus agudas torres estilo gótico, un aire particular al paisaje.

La bajada hasta la avenida *Leandro N. Alem* incluye varios interesantes edificios que enfrentan la plaza y termina en el *Buenos Aires Sheraton Hotel & Towers*.

Monumento al
General José
de San Martín

❸ Edificio Kavanagh

El emblemático icono porteño se construyó en 1935. Fue por muchos años el edificio más alto de América del Sur y el primero levantado en hormigón armado.

❹ Plaza Hotel

El aristocrático frente del hotel, de 1909, es uno de los más tradicionales de la ciudad, y conserva sus bellas carpinterías de hierro en los "bow windows".

❺ Palacio San Martín

Actualmente funciona como sede protocolar del Ministerio de Relaciones Exteriores. Fue originalmente el Palacio Anchorena, obra realizada en 1909 por el arquitecto Christophersen. Su estilo combina el academicismo francés con el borbónico. La fachada llama la atención por su gran portal de hierro que marca la importancia del lugar desde el acceso.

❻ Círculo Militar

La institución está ubicada en el ex Palacio Paz. La edificación, realizada por el arquitecto francés Louis Sortais, se inauguró en 1925 y es una de sus obras más importantes construida fuera de Francia. De inspiración borbónica, probablemente es la casa particular más grande que se haya le-

❽ Calle Florida

La peatonal más famosa de la ciudad es también la más transitada por los porteños y los turistas. La multitud disminuye sólo a partir de la hora de cierre de las oficinas y los negocios de la zona.

Florida fue una de las primeras calles empedradas de la ciudad de Buenos Aires y hasta principios de siglo era una elegante zona residencial con casonas y palacetes. Hoy es una suerte de paseo de compras al aire libre que incluye negocios de todo tipo.

Nueva York en Buenos Aires

En el sector conocido como *Catalinas Norte* está el principal conglomerado de torres de la ciudad. Allí se ven obras de los más destacados arquitectos argentinos. En las modernas estructuras de cristal están instaladas las oficinas de varias empresas importantes.

Plaza San Martín y Florida

Edificio Kavanagh

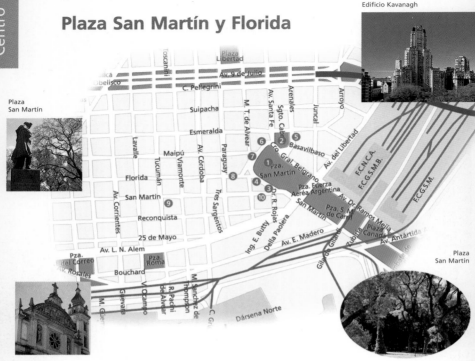

Plaza San Martín

Plaza San Martín

Iglesia N.S. de la Merced

Galerías Pacífico

En las dos primeras cuadras, desde la plaza San Martín, se encuentran las mejores casas de pieles del país, con dos de las galerías de arte más prestigiosas: *Ruth Benzacar* y *Federico Klemm*.

Florida Garden

Es el café más tradicional y reconocido de la zona. Este prestigioso espacio es el punto de encuentro de empresarios, artistas, escritores y políticos.

The Coffee Store

En un original local de principios del siglo XX hábilmente reciclado, funciona este interesante lugar donde se pueden saborear cafés de diferentes partes del mundo.

Harrods

El monumental edificio de 1914 que ocupa casi una manzana fue durante muchos años la filial de la original casa inglesa y tradicional tienda porteña. Hoy permanece cerrado, a la espera de su refacción.

❾ Centro Naval

La construcción se levantó en 1914 en el estilo Beaux Arts. Su fachada tiene un importante trabajo artesanal en sus molduras y curvas muy bellas. El imponente portal de entrada está realizado en hierro y bronce con juego de arabescos.

⑩ Galerías Pacífico

Al igual que la parisina Lafayette o la Vittorio Emmanuele de Milán, el establecimiento se construyó en 1889, como las grandes tiendas Bon Marché, pero nunca funcionó como tal. La estructura fue comprada en 1946 por el Ferrocarril al Pacífico y desde ese momento adoptó su nombre actual. En esa época, los maestros Spilimbergo, Berni, Castagnino y Urruchúa pintaron en la bóveda central obras que aún se conservan. Es un importante paseo de compras que durante el día ilumina con luz natural sus amplios corredores laterales. En su interior está el más importante patio de comidas del centro. El lugar se complementa con salas de cine, y alberga al *Centro Cultural Jorge Luis Borges*, que ofrece muestras y espectáculos de gran nivel.

Iglesia y Convento de Santa Catalina de Siena (MHN)

La institución se instaló en 1745, cuando se asentaron las primeras monjas trinitarias descalzas. Aunque el convento dejó de funcionar, aún se conserva la iglesia.

⑪ Basílica del Santísimo Sacramento

El interior del templo está decorado con suntuosas mayólicas en sus cinco torres y un hermoso púlpito tallado. En la basílica se realizan las bodas más destacadas de la sociedad porteña. La iglesia fue consagrada en 1916.

⑫ Galería Jardín

En el lugar ocupado originalmente por el Jockey Club funciona este paseo de compras con una gran cantidad de negocios especializados en cuero.

⑬ Sociedad Rural Argentina

La exclusiva entidad, que nuclea los sectores más poderosos de la producción ganadera del país, es un club cerrado instalado en un elegante edificio con confortables salones y un pequeño restaurante que sólo atiende a los socios.

Confitería Richmond

Este tradicional reducto porteño fue recientemente reciclado pero conservando su primitivo estilo inglés.

Buenos Aires.
Calle Florida

Plaza San Martin.
Vista aérea

Centro

Las librerías

Los viajeros lectores, encontrarán en Buenos Aires un gran número de librerías, que son parte del paisaje ciudadano. Las hay de todo tipo, pequeñas y grandes, y las últimas versiones con cafés y sectores de lectura incluidos. Las megalibrerías, como algunas de la calle Florida, o en el cruce de la Av. Santa Fe y Av. Callao, ofrecen presentaciones y exposiciones, conformando verdaderos centros culturales.

Para los buscadores de tesoros, en el subsuelo de la galería Buenos Aires, en Florida al 800, hay una serie de pequeños negocios especializados en libros antiguos y curiosidades.

El Ateneo

La antigua y tradicional librería se modernizó bajo un criterio equilibrado que mantuvo su estética original. En el interior se exhibe una de las más completas colecciones de libros de la ciudad.

"La Nación"

El matutino porteño funcionó por muchos años en este particular edificio de fachada neocolonial arequipeña.

Galería Güemes

La más antigua galería de Buenos Aires conserva su estilo original y tiene una salida a la calle San Martín. Funciona desde 1915, con columnas de mármol y techos abovedados.

En las esquinas del cruce de las calles Florida y Diagonal Roque Sáenz Peña –más conocida como Diagonal Norte– se observan edificios de formas redondeadas con extraordinarias cúpulas que se recortan contra el cielo. El lugar merece detener el paso para disfrutar de la vista.

Puerto Madero. Vista desde los diques

La city

Al recorrer el centro financiero de la ciudad se percibe el gran proyecto de país que ya existía a comienzos de siglo. Sus calles están pobladas por monumentales edificios de principios del siglo XX, que como catedrales testimonian la fuerte concentración de poder de la época.

En la zona se encuentran las sedes de la mayoría de las entidades bancarias del hemisferio sur. Las cuarenta manzanas que integran la city originan una actividad febril permanente en sus calles, donde el deambular de la población compite con el alto tránsito de los camiones de caudales, únicos vehículos con libre tránsito en el área. Este panorama contrasta con la soledad y la quietud que reinan durante las noches y los fines de semanas.

• **Iglesia Anglicana Catedral San Juan Bautista.** Del año 1836, fue la primera Iglesia Metodista de la ciudad.
• **Banco de Boston.** Levantado en 1923 bajo el estilo colonial hispano, tiene una cúpula y puertas de bronce.

• **Ex Banco Santander.** El edificio donde funcionó el Banco del Hogar Argentino se construyó en la década del 20. En la estructura de estilo *art-deco* se destaca la carpintería de bronce que complementa la fachada.
• **Banco Crédit Lionnais, ex Banco Tornquist.** Retirado de la línea de edificación predominante, en la construcción se observan una gran puerta y columnas dóricas.
• **Banco de la Pcia de Buenos Aires.** En la obra de sobrio estilo *art-decó* se destaca la importante carpintería de bronce. La estructura tiene un espacio central de grandes dimensiones revestido de mármoles.
• **Banco Lloyds.** La construcción original es de 1863. El actual, uno de los más bellos de la zona, se destaca por su aspecto monumental y por la original propuesta espacial.

Catalinas Norte.
Torres de cristal

Banco Francés

Puerto Madero

Las Nereidas,
de Lola Mora

• **Banco Francés.** La construcción, reciclada recientemente, conserva el importante interior en varios mármoles con columnas, y la fabulosa cúpula con *vitreaux*.

• **Basílica de Nuestra Señora de la Merced** (MHN). Es una de las iglesias más antiguas del microcentro. Se construyó en el siglo XVIII y durante las invasiones inglesas sirvió de trinchera.

• **Banco Central de la República Argentina.** El edificio de 1876 tiene una fachada neoclásica con columnas y cariátides que repite el esquema de manera simétrica en su contrafrente, sobre la calle San Martín. En su interior está el *Museo de Numismática*, donde se pueden ver monedas de la época virreinal y un panorama explícito de lo que fue la inflación en la Argentina.

• **Museo Mitre.** Cuando el general Bartolomé Mitre dejó la presidencia, un grupo de amigos le obsequió esta casa.

En la antigua construcción hay piezas, objetos y documentos históricos.

• **Banco Español del Río de la Plata.** Con una fachada de importante decoración, el edificio exhibe una hermosa cúpula. En su interior se puede observar un hall central de doble altura con vidrios decorados.

Frente al horizonte del río de la Plata están sus costaneras, que integran un circuito donde se obtienen extraordinarias vistas.

Puerto Madero

En esta zona se ven las estructuras que durante muchos años estuvieron abandonadas. En 1994 fueron recuperadas para un proyecto monumental, y los antiguos docks de ladrillos sobrevivieron en un gran espacio que bordea los diques. Es uno de los lugares favoritos de los porteños y de los turistas. En un trayecto de aproximadamente 2 km se observa el trabajo de reciclaje que conservó el estilo original de los dieciséis edificios, donde funcionan oficinas, viviendas estilo "lofts", bares y restaurantes. Lo complementa un complejo de ocho salas cinematográficas, un hotel de cinco estrellas y el campus de la *Universidad Católica Argentina*. En las terrazas que miran a los diques se puede comer o tomar un café en medio de un entorno apacible. muy próximo a la city.
Junto a los espejos de agua ubicados a lo largo del recorrido se encuentran dos de las más antiguas fragatas de la Armada de la República Argentina, la *Uruguay*, y la gloriosa *Fragata*

Sarmiento, protagonista de la historia en importantes gestas patrióticas. Actualmente estas embarcaciones funcionan como museos que pueden ser visitados de 10 a 18.

COSTANERA SUR

La romántica zona de bulevares y glorietas de principios del siglo XX fue y es un paseo obligado de los porteños durante los fines de semana.

Ubicado frente a la Reserva Ecológica Costanera Sur, conserva interesantes construcciones y una serie de monumentos y esculturas de gran interés.

• **Fuente de las Nereidas.** La obra, realizada en 1902 por la escultora tucumana Lola Mora, hirió el pudor de la época, por lo que fue trasladada en 1918 a su emplazamiento actual. El bello conjunto escultórico, en mármol de Carrara, posee una intensa armonía. Su diseño combina tritones y dos nereidas que sostienen una valva donde descansa la figura de Venus Afrodita.

Costanera Sur.
Laguna Los Coipos

• **Museo de Calcos y Escultura Comparada.** En el antiguo edificio rodeado de un verde entorno funciona la Escuela de Bellas Artes Ernesto de la Cárcova. Exhiben los calcos o copias en yeso de importantes esculturas existentes en los principales museos del mundo.

• **Museo de Telecomunicaciones.** Está ubicado en el edificio *art-decó* de 1927 que perteneció a la antigua Cervecería Munich, tradicional lugar porteño. En su interior hay una muestra de testimonios de la evolución de las comunicaciones.

• **Reserva Ecológica Costanera Sur.** Es el sitio ideal para los amantes de la naturaleza. Esta reserva ocupa una extensión de 350 ha de tierras ganadas al río. Es un espacio abierto dedicado a la conservación de la fauna y la flora de la zona. A través de varios circuitos señalizados se puede recorrer el lugar hasta aproximarse a la costa del Río de la Plata. En el área de lagunas y pastizales hay un sector de bosques salvajes, donde se pueden observar varias especies animales que incluyen una interesante variedad de avifauna.

El paso de la Costanera Sur a la Costanera Norte se realiza a través del Puerto de Buenos Aires, donde se encuentran la Dársena Norte, el antiguo Hotel de Inmigrantes y Puerto Nuevo, con sus elevadores de granos y sus barcos provenientes de todas partes del mundo.

COSTANERA NORTE

Es una avenida arbolada de gran extensión, con parapetos bajos de cemento. En su recorrido ofrece la posibilidad de asomarse a las amplias vistas del río de la Plata. En el trayecto del lugar elegido por los amantes de la pesca está el Club de Pescadores, una estructura de innegable fisonomía inglesa que se interna en el río.

Un gran centro de exposiciones y varios lugares dedicados a la práctica del golf completan la zona.

El *Aeroparque Jorge Newbery* es el aeropuerto doméstico de la ciudad, donde confluyen todos los vuelos nacionales. En su perímetro se encontraban los famosos "carritos", improvisados lugares donde se podían degustar las famosas carnes argentinas. Actualmente perduran unos cuantos bajo la forma de restaurantes formales.

En el final del recorrido está la *Ciudad Universitaria*, donde se encuentran las Facultad de Arquitectura y de Ciencias Exactas, de la Universidad de Buenos Aires, con su campus deportivo.

Datos útiles

Obtenga más información sobre la ciudad en la página

343

Costanera Norte.
Club de Pescadores

Plaza de Mayo

Fiel al trazado original de Juan de Garay, el fundador de lo que sería una de las mayores urbes americanas, la plaza de Mayo fue y es la caja de resonancia de las grandes manifestaciones populares del país.

Con excepción de la declaración de la Independencia y las batallas que se libraron para conquistarla, se puede decir que todo lo trascendente de la vida de los argentinos sucedió en "la plaza". Desde el 25 de mayo de 1810, cuando un apretado grupo se reunió para sustituir al virrey por una Junta de Gobierno, una serie de hechos la ubican como escenario de la historia. Muchos años después, las multitudinarias concentraciones de cada acto peronista, el negro período de los golpes militares y el fervoroso reencuentro con la democracia junto a la persistente presencia todos los jueves de las Madres de Plaza de Mayo, sigue siendo el espacio central de expresión popular.

En un principio, la actual plaza de Mayo sólo abarcaba la manzana que da sobre la Casa Rosada y funcionaba como plaza mayor. En su entorno estaban los edificios públicos más significativos, como el fuerte, el cabildo y la iglesia.

En el centro está la *Pirámide de Mayo*, que se instaló en 1856. La plaza, tal como la vemos hoy, es obra del arquitecto paisajista francés Carlos Thays.

Plaza de Mayo.
Pirámide de Mayo

Casa de Gobierno.
Casa Rosada

Plaza de Mayo. Cabildo

los doce apóstoles, cinco naves y una cúpula de 46 m de alto. En su interior está el mausoleo donde descansan los restos del *General José de San Martín*.

❹ Manzana de las Luces

El predio fue nominado así por el periódico "Argos" en 1822, por hallarse allí el centro intelectual y espiritual del país durante los siglos XVIII y XIX. En la edificación, de origen jesuítico, se asentaron los primeros religiosos luego de su expulsión en 1663. La Compañía construyó en las inmediaciones varios edificios, algunos de los cuales aún perduran.

En una misma cuadra y en las adyacentes están la *Basílica de San Ignacio* y el *Colegio Nacional de Buenos Aires*. La iglesia es de 1675. En su interior se destaca su bello amoblamiento y el altar mayor con un retablo barroco. El colegio, que fue Procuraduría de Misiones en 1730, es hoy uno de los centros de enseñanza más prestigioso del país. En este circuito se alzan las iglesias más antiguas de la ciudad de Buenos Aires.

- **Santo Domingo.** La estructura levantada en 1773 atesora importantes retablos de madera labrada. En el camarín de la Virgen del Santísimo Rosario se guardan banderas rescatadas de las invasiones inglesas. En el atrio se encuentra el *Mausoleo del General Manuel Belgrano*.
- **Iglesia Basílica de San Francisco y Capilla de San Roque.** El templo permaneció cerrado entre 1770 y 1771 y fue restaurado en 1821. Sobre el altar se ve uno de los tapices más grandes del mundo, de 8 m x 12 m.
- **San Ignacio de Loyola.** Es un edificio levantado en 1734 y uno de los más antiguos de la ciudad. En la torre izquierda tiene un antiquísimo reloj que estuvo en el Cabildo, donde se usaba para determinar la hora oficial durante el siglo XIX.
- **Nuestra Señora de la Merced.** Construida en 1769, la iglesia posee un hermoso altar barroco. Su estructura linda con el antiguo convento de los monjes mercedarios, donde funcionó un asilo y un hospital.

❶ Casa de Gobierno o Casa Rosada

El color que la caracteriza fue elegido por el presidente Sarmiento, que buscó simbolizar la unión nacional entre los federales –rojos– y unitarios –blancos–. La sede del Poder Ejecutivo ocupa los terrenos que pertenecían a la fortaleza Juan Baltazar de Austria, el correo y la aduana. El primer presidente que la ocupó fue Bartolomé Mitre, en 1862. La custodia de la Casa Rosada está a cargo del histórico Regimiento de Granaderos a Caballo General José de San Martín y es un espectáculo participar del cambio de guardia. En el lugar está el *Museo de la Casa de Gobierno*.

❷ Cabildo

El primer edificio se construyó en 1609. La definitiva silueta colonial la adquirió en 1765, de acuerdo con el diseño del jesuita Andrés Blanqui. Su fachada tenía once arcadas en cada nivel, y en el medio, una torre central con reloj. En el Cabildo se reunieron los patriotas de la Revolución de Mayo en 1810 junto al pueblo que esperaba en la plaza.

❸ Catedral Metropolitana

En 1593 se erigió el primer templo realizado en barro y paja. El actual edificio, con la fachada inspirada en el palacio Borbón de París, es obra de los arquitectos franceses Catelin y Benoit. La construcción tiene doce columnas que simbolizan

Plaza de Mayo

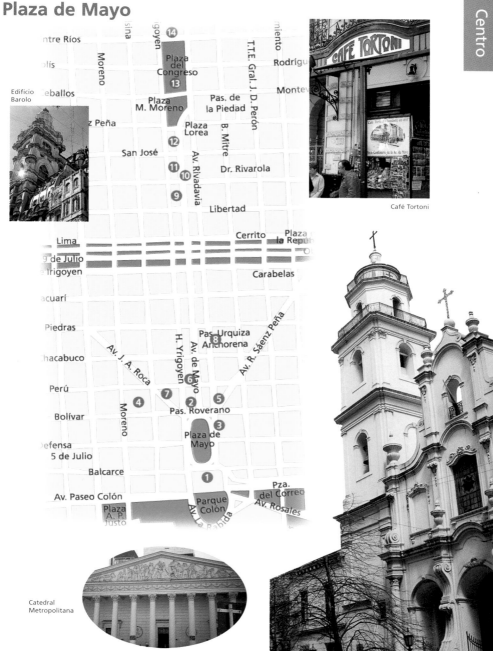

Edificio Barolo

Café Tortoni

Catedral Metropolitana

Map labels:

ntre Ríos
Moreno
olís
eballos
z Peña
San José
Lima
9 de Julio
Irigoyen
acuarí
Piedras
hacabuco
Perú
Bolívar
efensa
5 de Julio
Balcarce
Av. Paseo Colón
Plaza A. P. Justo

goyen
14
Plaza del Congreso
13
Plaza M. Moreno
12
11 10
9
Plaza Lorea
Av. Rivadavia

T.T.E. Gral. J. D. Perón
Pas. de la Piedad
B. Mitre
Dr. Rivarola
Libertad

miento
Rodrígu
Monte

Cerrito
Plaza la Repú
Carabelas

Pas. Urquiza
Anchorena
8
H. Yrigoyen
Av. de Mayo
Av. R. Saenz Peña
Av. J. A. Roca
Moreno
7 4
6
2 5
Pas. Roverano
3
Plaza de Mayo
1
Parque Colón
Av. La Rábida
Pza. del Correo
Av. Rosales

Avenida de Mayo

AVENIDA DE MAYO

Desde el inicio de la avenida se aprecia una vista única del palacio del *Congreso Nacional*, ubicado al final. La apertura de este primer bulevar se acompañó en 1884 con un desfile de antorchas, con el cual Buenos Aires celebró el paso de aldea a urbe moderna.

Con la convocatoria de arquitectos italianos, anglosajones y franceses que diseñaron sus fachadas, la *Avenida* se convirtió en una vía única en su género en toda América latina. Aunque los albañiles y artesanos que ornamentaron los frentes de los edificios fueron italianos, paradójicamente la avenida de Mayo es el sitio más español de Buenos Aires.

Hacia 1910, la avenida concentraba los mejores hoteles de la ciudad, cafés y restaurantes, donde se daban cita intelectuales, políticos y periodistas.

⑤ Palacio Municipal

La construcción de 1902 es un excelente exponente del estilo academicista francés. A su lado está el *diario La Prensa*, levantado también de 1902, que hoy es ocupado por la *Casa de la Cultura*. Es un edificio de imagen francesa, en el cual se destaca el balcón unificado sobre el que se apoyan los faroles eléctricos, el reloj y la monumental farola que representa el periodismo. El diario fue el más antiguo de circulación nacional. Su fundación se realizó en 1869. Enfrente se encuentra el *Pasaje Roverano*, con detalles de carpintería de bronce.

⑥ Estación Perú

En la esquina, junto al tradicional café *London City*, está la estación de subterráneos *Perú*, un testimonio de la época en que comenzó a funcionar el primer subterráneo. El aspecto actual es obra del *Museo de la Ciudad*.

⑦ Concejo Deliberante

El edificio, construido en estilo académico francés, tiene una torre de 97 m de alto y posee cinco campanas llamadas La Argentina, La Porteña, La Niña, La Pinta y La Santa María. Su frente está adornado con 26 estatuas. En su interior, un carrillón de 30 campanillas toca hermosas melodías.

Enfrente está el restaurante *Pedemonte*,

El café

El café, liturgia porteña y permanente lugar de encuentro del porteño. ¡Qué sería de los porteños sin el café! No estamos hablando de la conocida infusión, sino del café como institución, como parte de la vida cotidiana, y todo lo que significa para el habitante de Buenos Aires. Un conocido tango, "Cafetín de Buenos Aires", llega a decir: "*si sos lo único en la vida que se pareció a mi vieja*".

Los cafés están para todo. Es el lugar de reunión obligado de los amigos y de los solitarios impenitentes. Un imprevisto encuentro con un viejo conocido llevará inmediatamente a un: "¿Tomamos un café?", y ésta será la excusa para desgranar viejos recuerdos. El café es el lugar de los enamorados. En los cafés se inspiran y componen sus primeros borradores los escritores más famosos, se cierran importantes negocios y se tejen tramas políticas. Inefable sitio para románticos y melancólicos, permanente salón de lectura, improvisada tribuna popular los días de partidos importantes de fútbol, todo parece más fácil frente a una humeante taza de café.

fundado en 1890. Su decoración conserva intacto el estilo de la época. El circuito continúa con edificios de fachadas francesas e italianas que tienen importantes detalles de figuras alegóricas, esculturas, macetones, balaustradas y finos trabajos de herrería en las barandas de los balcones.

⑧ Café Tortoni

El tradicional café porteño se fundó en 1858. Por sus mesas pasaron los más prestigiosos intelectuales porteños. Peña obligada de escritores y artistas, este espacio contó con la presencia de Carlos Gardel como asiduo concurrente, y artistas famosos como Josephine Baker, Arthur Rubinstein y Ortega y Gasset. En el Steinway del Tortoni se tocó por primera vez en Buenos Aires una pieza de Erik Satie. Actualmente, durante las noches se ofrecen diversos espectáculos de tango y de jazz. En el establecimiento también funciona un centro de informaciones turísticas.

Al cruzar la *avenida 9 de Julio*, el recorrido continúa y aparecen magníficos exponentes arquitectónicos como el *hotel París* y el *hotel Castelar*. Este último fue el lugar de reunión de importantes políticos argentinos y alojó a visitas ilustres como Federico García Lorca. Escritores y poetas fueron habitués del lugar.

⑨ Teatro Avenida

Inaugurado en 1908, mantuvo fielmente su tradición hispana como importante teatro de zarzuela y sainete lírico. En 1979, un incendio destruyó totalmente su fachada. En 1994 se reinauguró con una presentación del tenor Plácido Domingo.

⑩ Diario "Crítica"

En este edificio funcionó desde 1913 uno de los órganos más importantes del periodismo argentino. La construcción es un claro ejemplo del *art-decó*, con sus cuatro esculturas en la fachada.

⑪ Pasaje Barolo

El espectacular edificio inaugurado en 1922 fue durante trece años el más alto de la ciudad de Buenos Aires. La exuberante obra del arquitecto italiano Mario Palanti fue diseñada como el reflejo del expresionismo en la arquitectura. Su frente tiene un juego de curvas y un faro de 300 mil bujías en la cúpula. En la planta baja, un pasaje que cruza hasta la calle Hipólito Yrigoyen crea una atmósfera de misteriosa intimidad.

Confitería Ideal

Edificio Barolo

⑫ La Inmobiliaria

Enfrente del amplio paisaje de la plaza del Congreso se encuentra este edificio de 1912. Su estructura tiene reminiscencias morisco-españolas y exhibe unas bellas torres en las esquinas.

Datos útiles

Obtenga más información sobre la ciudad en la página

343

⑬ Plaza del Congreso

Con la grandiosa estructura del *Parlamento Nacional* al fondo, en la plaza del Congreso se encuentra una de las seis copias en bronce que existen en el mundo de *El Pensador,* de Auguste Rodin (1907). Más atrás está el imponente *Monumento a los Dos Congresos,* con una fuente de gran tamaño. Desde este punto se obtiene una vista panorámica de la avenida de Mayo, con la Casa Rosada a la distancia.

En el contorno de la plaza, entre otros hermosos edificios se encuentran el *teatro Liceo,* que funciona desde 1911, y la *Confitería El Molino,* de 1915, denominada así debido al molino que se encontraba en la plaza. Actualmente está a la espera de ser refaccionada.

⑭ Congreso Nacional

El actual edificio, uno de los más notables de la ciudad, fue diseñado por el arquitecto Víctor Meano y construido entre 1898 y 1908. Su estilo grecorromano simboliza los valores eternos de la democracia. La cúpula pesa 30.000 toneladas. Para que el edificio pudiera soportarla se realizó una excavación de 10 m y se construyó una cúpula al revés. Una visita por el interior del Congreso permite observar los lujosos salones del palacio, como el Recinto de Sesiones de la Cámara de Diputados, el Salón de Pasos Perdidos y el Salón Azul.

En las horas del crepúsculo, la silueta del Congreso iluminada para las fiestas cívicas cobra una monumentalidad única en la arquitectura argentina.

Congreso Nacional.

Página opuesta:
Plaza Lavalle.
Palacio de Tribunales

Plaza de la República.
Obelisco

Obelisco, Corrientes y avenida 9 de Julio

❶ Obelisco

Es el gran símbolo de la ciudad. Instalado en la plaza de la República, es el corazón de Buenos Aires y el lugar fundamental a la hora de festejar todo suceso trascendental de la vida de los porteños. Sobre la avenida 9 de Julio, el monumento ofrece durante todo el día y buena parte de la noche una animada concentración de transeúntes, ya que es el camino obligado hacia puntos clave como Tribunales, la calle Corrientes, Florida y la city, la zona financiera de la ciudad. Construido en 1936 en conmemoración del cuarto centenario de la fundación de Buenos Aires, con sus 68 m de altura es el protagonista del centro de la avenida 9 de Julio, que en sus 140 m de ancho ostenta el privilegio de ser la calle más ancha del mundo.

❷ Plaza Lavalle

En plena zona de Tribunales, muestra añosos árboles y frondosos ombúes. Posee piezas escultóricas de gran valor y en su centro exhibe, sobre un bello pedestal en forma de columna, la figura del general Lavalle. Los alrededores de la plaza tienen un porte muy europeo, donde es posible observar los principales estilos arquitectónicos que predominan en la ciudad.

❸ Palacio de los Tribunales

Sede de la Justicia Federal y de la Corte Suprema, este imponente edificio de 1940, caracterizado por su fuerte eclecticismo, es una obra del arquitecto Maillart.

Teatro Colón

Es una de las salas más importantes y de mejor acústica del mundo. El proyecto, de claras influencias itálicas, fue comenzado por el ingeniero Tamburini, y continuado por los arquitectos Víctor Meano y Julio Dormal. La obra fue concluida en 1907 y tiene capacidad para 2.490 espectadores.

La entrada del monumental edificio, sobre la calle Libertad, está enmarcada por una imponente y exquisita marquesina de hierro que da al hall central, de grandes dimensiones. Este está trabajado en estuco con textura de mármol boticcino, rodeado por columnas, con importantes detalles en bronce. La cúpula de *vitreaux* es de la Casa Gaudin de París, con gran transparencia y bellos colores.

La palaciega escalera, que lleva a la platea y palcos, está realizada en varios mármoles. El excepcional trabajo fue ejecutado por el escultor Chapasco, autor también del Salón de los Bustos, donde en la parte superior de cada puerta se encuentra representado un músico famoso. Rodeando el hall principal se encuentra el Salón Dorado, de amplias dimensiones, y deslumbra por la riqueza de su decoración, con detalles en oro. Es una ambientación principesca, con muebles franceses y varias arañas en bronce obra del escultor Trinquero. En estos salones se celebran conferencias, conciertos o disertaciones.

La imponente sala, dispuesta en forma de herradura, está rodeada de palcos hasta el tercer piso; luego cazuela, tertulia, galería alta y paraíso, rematada por una cúpula con frescos del pintor Raúl Soldi y la araña central, construida en Francia, que es considerada una magnífica obra de cincelado de la época.

El gran escenario, de más de 35 m de ancho y 34 m de profundidad, fue instalado en 1931. El foso de la orquesta, con capacidad para 120 músicos, tiene 5 ascensores que lo elevan al nivel del escenario para los grandes conciertos sinfónicos.

El Teatro Colón es un teatro de espectáculos y, a su vez, escuela y taller. Allí se encuentra el Instituto Superior de Arte y se dictan las carreras de danza, canto y caracterización. En sus talleres de escultura, peluquería, sastrería, zapatería y escenografía se confeccionan trajes y adornos, pelucas, máscaras, tocados y sombreros. La entidad cuenta con Orquesta Estable, Orquesta Filarmónica, Coro Estable con un centenar de voces, y el cuerpo de baile, conocido como Ballet del Teatro Colón. En la función inaugural se montó "Aída" de Giusseppe Verdi. Arturo Toscanini fue la atracción principal de la temporada 1912. También se presentaron los ballets rusos de Serge Diaghilev, con Vaslav Nijinsky y Thamar Karsavina. Se destacaron en 1915 las actuaciones de Enrico Caruso y la velada donde él y Tita Ruffo cantaron "I'Pagliacci". Se puede decir que las más importantes figuras internacionales de la lírica, la música clásica y el ballet pasaron por el Teatro Colón. Entre ellas: Richard Strauss, Manuel de Falla, Toscanini, Caruso, la Callas, von Karajan, Margot Fonteyn, Rudolf Nureyev, Mikhail Barishnicov, Lorin Maazel, Zubin Mehta, Dabiel Baremboin, Plácido Domingo y Luciano Pavarotti. También las principales orquestas sinfónicas y filarmónicas de todo el mundo. El teatro cuenta con visitas guiadas (consultar antes los horarios).

Calle Lavalle

Plaza de la República. El Obelisco

Plaza Gral. Lavalle

Talcahuano

Plaza Libertad

Cerrito

Av. 9 de Julio

C. Pellegrini

Carabelas

Suipacha

Esmeralda

Maipú

Florida

San Martín

Corrientes y 9 de Julio

Librería Avenida Corrientes

❹ Escuela Presidente Julio A. Roca

De estilo neoclásico, la construcción de fachada con frontispicio y columnas se inauguró en 1902.

❺ Teatro Nacional Cervantes

Es uno de los pocos exponentes de la ornamentada arquitectura de estilo español. Su fachada copia la de la Universidad y Colegio de Alcalá de Henares a modo de homenaje a la Madre Patria.

En el entorno se encuentra la sinagoga más importante de la Capital y una serie de edificios que integran un paisaje de construcciones variadas donde se mezclan cúpulas de pizarra de estilo netamente francés, con obras neoclásicas, una fuerte influencia del *art-nouveau*, y un importante número de estructuras racionalistas.

❻ AVENIDA CORRIENTES

La avenida más porteña de la ciudad conservó por muchos años su genuino encanto dado por una gran concentración de atracciones. Es el lugar de la noche, ligado desde siempre al tango, la cultura, los teatros y las librerías. Los noctámbulos y los desvelados encuentran en ella un espacio donde recalar. El lugar elegido puede ser uno de sus tantos cafés, alguna de las pizzerías o los múltiples "boliches" que pueblan la zona, restaurantes cuya especialidad son las pastas y las carnes a la parrilla.

• **La Opera.** Es uno de los últimos testimonios de un clásico de Buenos Aires: la confitería. A diferencia del café, toda una institución porteña, las lánguidas y románticas confiterías han ido desapareciendo con el paso del tiempo.

• **Gandhi.** Es una especie de complejo cultural donde funciona una librería, una casa de discos y una videoteca. El lugar también tiene un auditorio donde se ofrecen espectáculos de todo tipo.

• **El Gato Negro.** El tradicional local de ventas de especias funciona en un ámbito con un encantador clima *art-nouveau*. En el espacio hay un café y un bistrot. Los fines de semana hay espectáculos musicales.

• **Teatros Presidente Alvear, Astral y Corrientes.** En una cuadra se encuentran estas tres importantes salas, donde se realizan espectáculos culturales, musicales y obras de teatro de revista.

• **La Plaza.** El complejo combina locales comerciales en un circuito de shopping abierto con tres salas de teatro. Los cafés del lugar invitan a tomarse un descanso en un entorno de árboles y plantas.

• **Liberarte.** Es otra de las clásicas librerías de la calle Corrientes que tiene una disquería y un videoclub y sala de espectáculos. En el lugar las noches vibran al ritmo de la buena música y de los espectáculos teatrales de avanzada.

• **Teatro Municipal General San Martín.** La sobresaliente obra que alberga al más importante complejo cultural porteño fue diseñada por M. R. Alvarez y M. O. Ruiz. La construcción se creó para ser usada por todos los niveles sociales. Los precios populares de sus localidades y los espectáculos culturales gratuitos hacen del complejo uno de los polos más concurridos de la ciudad. En su interior tiene tres salas teatrales: Martín Coronado, Casacuberta y Cunill Cabanellas, y una sala para ciclos de revisionismo cinematográfico, la Leopoldo Lugones. Una parte del complejo está integrada

Avineda 9 de Julio. Obelisco

Teatro Opera

por el Centro Cultural San Martín, un edificio anexo con espacios dedicados a muestras, debates, conferencias y una fotogalería con exposiciones permanentes.

• **Los Inmortales.** Esta tradicional pizzería es parte de la calle Corrientes y testigo de su historia. Prueba de ello es la efigie de Gardel, donde el "zorzal criollo", de impecable frac y galera, sonríe seductor desde un mural. *Güerrin* y *Banchero* son las otras dos clásicas pizzerías porteñas.

• **Teatros Lola Membrives, Blanca Podestá, Metropolitan y Broadway.** En sus marquesinas se pueden ver entremezcladas ofertas de teatro tradicional, comedias musicales y obras del teatro de revista, la versión porteña del antiguo *burlesque* donde se combinan números musicales con la presencia de vedettes y cómicos cuyos monólogos son casi siempre de contenido político en clave de "humor grueso".

Al cruzar la avenida 9 de Julio el clima agitado de la calle Corrientes se va diluyendo, aunque continúan las atracciones.

• **Teatros El Nacional, Gran Rex y Opera.** Tres importantes salas donde reconocidas comedias musicales alternan con

Buenos Aires.
Calle Lavalle

recitales de músicos de nivel internacional.

• **Luna Park.** Diseñado originalmente como recinto para espectáculos de boxeo, el estadio es en la actualidad el lugar más prestigioso donde se llevan a cabo recitales multitudinarios de todo tipo.

❼ Calle Lavalle. En el trayecto de cinco cuadras hay más de veinte salas donde se pueden ver los últimos estrenos y las películas más exitosas de la temporada, junto a una profusa oferta gastronómica donde las pizzerías y las parrillas son los lugares más concurridos. En su recorrido se encuentran muchas de las originalmente monumentales salas cinematográficas de los años 40 y 50. Algunas de ellas han sido divididas en confortables multicines y otras dejaron de existir al ser reemplazadas por negocios más rentables, como bingos o auditorios manejados por predicadores evangelistas, lo que transformó la tradicional calle Lavalle en una suerte de feria de variedades. El paseo es una insólita mezcla de lugares que atraen una hormigueante multitud. Cuando la gente sale de los cines, la concentración de personas es impresionante y el desplazamiento por la calle es todo un desafío.

San Telmo

San Telmo es el corazón de la historia de la ciudad. El barrio más antiguo de Buenos Aires conserva aún sus estrechas callecitas adoquinadas y sus casas seculares con floridos patios y rejas que son testimonios de la aldea original.

En 1536, don Pedro de Mendoza se arrodilló en el parque Lezama y fundó la ciudad de Santa María de los Buenos Aires. En San Telmo transcurrieron los primeros tiempos de la colonia bajo la dirección del virreinato.

Con historias de tango y malevaje, de cuchilleros y candombe, el pasado está presente en cada metro de este barrio.

San Telmo es el punto de concentración turística más importante de la ciudad. Los domingos, en la plaza Dorrego, funciona la feria de antigüedades, donde se puede ver una gran cantidad de viajeros en busca de objetos únicos. Un paseo entre los puestos de anticuarios permite adivinar el pasado de opulencia de la ciudad a través de las piezas de toda naturaleza que se exhiben de manera desordenada. En las pequeñas tiendas se reúne una multitud de argentinos y viajeros de todas partes del mundo que curiosean entre la cantidad de antigüedades. Artistas callejeros pueblan el lugar, donde el tango tiene un lugar preferencial. Esta combinación de diferentes ramas del arte convierte la plaza en un espectáculo colorido con claras características porteñas.

❶ Casa de Moneda

La construcción, que en la actualidad ocupa el Archivo General del Ejército, responde a la tradición de la arquitectura inglesa y presenta un interesante frente de ladrillos a la vista con detalles de relieves y bovedillas.

Michelángelo

Tradicional lugar donde se realizan espectáculos de tango. El antiguo edificio de ladrillos conserva parte de su antigua estructura original.

San Telmo. Calle Carlos Calvo

Monumento a Pedro de Mendoza

Feria en
San Telmo

La Trastienda

En este reducto ubicado frente a Michelángelo es posible escuchar artistas nacionales y extranjeros de alta calidad.

❷ Pasaje San Lorenzo

Hasta el siglo pasado fue el límite físico del barrio de San Telmo. En la actualidad se conservan atractivos edificios de la época. En el Nº 380 hay una curiosidad: la casa más angosta de Buenos Aires, cuyo frente mide sólo 2,20 m. En el mismo pasaje se encuentra Los Patios de San Telmo, con talleres de artesanos y artistas.

❸ Facultad de Ingeniería

El imponente edificio que se construyó para ser la sede de la Fundación Eva Perón tiene el mismo estilo monumentalista de la Facultad de Derecho, con escalinatas que rematan en columnas.

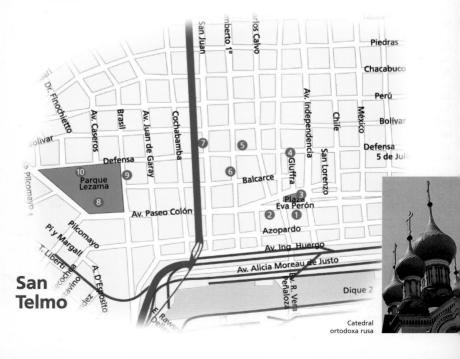

Catedral
ortodoxa rusa

❹ Secretaría de Agricultura y Ganadería

En dos interesantes edificios gemelos de estilo normando con frente de ladrillos, funcionan las dos secretarías.

❺ Canto al Trabajo

Realizado en 1927 por el escultor argentino Rogelio Yrurtia, muestra figuras en bronce que arrastran una gigantesca piedra.

❻ Pasaje Giuffra

Llamado originalmente Puentecito Luján, el pasaje de 1840 posee una homogeneidad edilicia que lo hace un buen exponente de la estética del barrio. En su corto recorrido se encuentran la Fundación San Telmo y la Universidad del Cine.

Casa de Castagnino

En la edificación del siglo XVIII funcionó el correo durante la época rosista; vivió el pintor argentino Juan Carlos Castagnino.

Iglesia Danesa

El templo protestante luterano se construyó en 1931. La estructura de ladrillo a la vista y estilo neogótico mantiene el sello nórdico en su diseño.

Casa de Esteban de Luca

La edificación que perteneció al poeta es hoy uno de los más concurridos restaurantes de la zona.

Mercado de San Telmo

El edificio, construido en 1897, es el más antiguo en su tipo y es el único que sobrevive. Aún conserva sus estructuras de hierro originales.

❼ Plaza Dorrego

En el lugar, a principios del siglo XIX se detenían las carretas arrastradas por bueyes. De esa época data el gigantesco ombú que está en su centro. Gracias a la protección del Gobierno de la Ciudad, las casas que circundan la plaza, muchas de ellas transformadas en elegantes comercios de antigüedades, mantienen fidelidad

San Telmo.
Plaza Dorrego

a su aspecto original. Durante los días de semana las mesas de los cafés vecinos invaden la plaza. En cambio, los domingos de 10 a 17 la plaza es ocupada por la Feria de San Telmo.

Fundación Forner-Bigatti

En el lugar que fue vivienda y taller del escultor Alfredo Bigatti y su mujer, la pintora Raquel Forner, se exhiben obras de ambos artistas. Algunas de las esculturas de Bigatti obligaron a desarmar parte de la fachada para poder sacarlas, debido a su gran tamaño.

Iglesia de Nuestra Señora de Belén o Parroquia de San Pedro Telmo

La estructura de 1735 ocupa la manzana donde estaba el asentamiento jesuita en la ciudad de la Trinidad. Cuando la orden fue expulsada de la región, en 1767, el lugar se destinó para depósito y residencia de asilo.

Datos útiles

Obtenga más información sobre la ciudad en la página

343

El tango

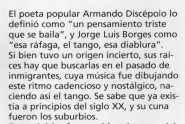

El poeta popular Armando Discépolo lo definió como "un pensamiento triste que se baila", y Jorge Luis Borges como "esa ráfaga, el tango, esa diablura". Si bien tuvo un origen incierto, sus raíces hay que buscarlas en el pasado de inmigrantes, cuya música fue dibujando este ritmo cadencioso y nostálgico, naciendo así el tango. Se sabe que ya existía a principios del siglo XX, y su cuna fueron los suburbios.

En sus inicios fue considerada una música transgresora y por mucho tiempo estuvo prohibida. Los improvisados bailongos de extramuros lo hicieron suyo desde el inicio, y solía escuchárselo en los arrabales. Fue en ese entorno donde comenzó a diseñarse la compleja coreografía del baile, que en un difícil juego de arabescos enlaza al hombre y a la mujer en un apretado abrazo. Entre los años 20 y 30, el tango llega al centro y se crean los salones de moda donde escuchar y bailar la nueva música. Aparece Carlos Gardel, "el zorzal criollo", "el mudo", dándole el gran impulso a la era de oro del tango. Indiscutido ídolo argentino, aunque nació en Toulouse, Francia, fue el gran embajador de la música ciudadana por el mundo, llegando a seducir a Hollywood, donde filmó varias películas. Su temprana y trágica muerte en Medellín, Colombia, lo convirtió en mito y gran símbolo nacional.

Los originales grupos formados por flauta, violín y acordeón de los primeros tiempos dieron paso en los años 30 a las grandes orquestas típicas, que son parte de la historia del tango, como las de Di Sarli, D´Arienzo y Canaro, con un 2 x 4 fuertemente acentuado por bandoneones, el ritmo ideal para los bailarines que llenaban los salones.

Con la llegada de músicos innovadores como Aníbal Troilo, alrededor de los años 50, el tango toma otro cauce, volviéndose más musical y melódico. Es la época de grandes poetas ciudadanos de la altura de Manzi, Castillo, Expósito, Cadícamo y Contursi, entre otros, que dieron letra a títulos inolvidables, a los cuales músicos como Salgán y Pugliese le agregaron sus notables estilos. Pero la definición más acabada del paisaje ciudadano la consigue Astor Piazzolla, heredero natural de Troilo. Nacido en Mar del Plata y criado en Nueva York, logra una estilización única muy resistida por los tangueros tradicionales. Piazzolla consigue una nueva definición del tango, hasta alcanzar el espíritu de la música de cámara y hasta sinfónica. Reconocido internacionalmente como uno de los más importantes músicos del siglo, su música sigue apasionando a públicos de todo el mundo. El tango, famoso en el mundo entero, por muchos años no fue el ritmo más exitoso en nuestro país. Tuvo que ser el auge que le imprimió el exterior, especialmente Francia, y los innumerables filmes donde se incluyeron conocidos tangos en su banda sonora los que revalorizaron esta música en el país. Surgieron así nuevos conjuntos y lugares donde poder escucharlos, junto a una profusión de academias donde principalmente los porteños son asiduos clientes, ansiosos por aprender a bailarlo. Hasta las nuevas generaciones fueron seducidas por este ritmo único y comenzaron a incursionar en el tema. Es común verlos bailar en lugares públicos como la calle Florida o los domingos en la Feria de San Telmo.

En 1806 se creó la parroquia. El conjunto tiene un aspecto muy ecléctico, posee elementos barrocos y a su vez los azulejos del revestimiento de los campanarios reflejan la influencia española. En su interior puede apreciarse una bella imagen del siglo XVII de la Virgen Dolorosa. Al lado de la iglesia está el lugar donde funcionó la cárcel correccional de mujeres, que conserva las galerías con pesadas rejas y bóvedas. Junto al patio se encuentra la única construcción que permanece intacta desde el siglo XVIII, la pequeña capilla de Belén.

Galería de la Defensa

La antigua casona de los Ezeiza, levantada en 1850, aloja en su interior con galerías varios puestos de antigüedades.

❽ Museo de Arte Moderno

En la construcción original funcionó una antigua fábrica de cigarrillos. Exhibe actualmente la colección Ignacio Pirovano de grandes pintores modernos de este siglo.

❾ Iglesia Ortodoxa Rusa

La obra de los arquitectos Mijail Timofeievich Preobrajenski y Alejandro Christophersen fue realizada en 1898 en el estilo ruso bizantino del siglo XVII. La edificación tiene cinco cúpulas de forma acebollada de color azul intenso.

❿ Parque Lezama

La plaza asentada sobre barrancas naturales fue una lujosa quinta con vista al río perteneciente a Gregorio Lezama. Su antiguo propietario creó el paseo actual al trazar caminos, construir glorietas y escalinatas, distribuir pequeñas estatuas, fuentes y lagos artificiales y rodear todo con un alto cerco de rejas. Su viuda cedió la propiedad en 1894 a la Municipalidad.

Con bellas esculturas, entre las que se destaca el monumento a don Pedro de Mendoza, el sitio y su romántico entorno sirvió de inspiración al famoso escritor argentino Ernesto Sabato para su novela *"Sobre Héroes y Tumbas"*.

⓫ Museo Histórico Nacional

En el establecimiento hay fragmentos del período virreinal de la historia argentina, reliquias de misiones, pinturas del siglo XV y banderas tomadas a los españoles en las batallas de Suipacha y Montevideo, entre otros objetos. Pero es en las salas que albergan las colecciones pictóricas donde se observan los mejores apuntes de los usos y costumbres de la época.

La Boca

La Boca.
Vuelta de Rocha.
Caminito

Es el más pintoresco de los barrios porteños. Su paisaje, que se abre sobre las costas del Riachuelo y se pierde en la amplitud del río de la Plata, tiene las contundentes estructuras metálicas de los antiguos puentes y transbordadores como telón de fondo. El entorno es una escenografía magnífica.

Fue la inmigración genovesa que en 1850 se asentó junto al entonces puerto fluvial la que delineó este barrio que originalmente era marinero. Los inmigrantes le imprimieron a La Boca la impronta que aún está presente en sus altas veredas –algunas de hasta 1 m– que recuerdan las temibles inundaciones, en las construcciones de chapa acanalada, en los conventillos y en las casas típicas del lugar, con sus multicolores frentes y los floridos patios, balcones y escaleras que exhiben la ropa tendida al sol. Estos elementos definen un paisaje clásico del neorrealismo italiano. Un ejemplo es el sinuoso recorrido de la calle Caminito.

La "República de la Boca", como la han bautizado los lugareños, cuenta con uno de los más populares equipos de fútbol del país, Boca Juniors. Su estadio es conocido como "La Bombonera".

❶ Riachuelo

Los dos imponentes puentes que dominan la desembocadura del Riachuelo son siluetas características de esta parte de la ciudad. La estructura más antigua es la de hierro, el puente-transbordador Nicolás Avellaneda. Aunque actualmente está en desuso, la obra de ingeniería fue levantada por el Ferrocarril del Sud en 1914. La otra silueta característica del paisaje es el Nuevo Puente Nicolás Avellaneda, construido en 1939, que hoy en día es la principal entrada y salida del sur de la ciudad.

❷ Plazoleta Vuelta de Rocha

El punto donde nace Caminito está declarado lugar histórico nacional. Enfrente nace un mercado artesanal de corto recorrido y muy pintoresco. El nombre del lugar se debe al del primitivo propietario de esas

tierras. En el lugar el almirante Brown instaló sus arsenales. En la plazoleta triangular contigua hay un viejo cañón que perteneció a una de sus naves.

❸ Escuela Pedro de Mendoza y Museo de Bellas Artes de La Boca

El museo está ubicado en los altos de una cercana y colorida escuela pública. En el último piso está la terraza con esculturas y el estudio-vivienda del famoso pintor Quinquela Martín, donde actualmente funciona el museo, que tiene una agradable vista del Riachuelo. En el área está el *Teatro de la Ribera*, el complejo donado por el artista, antiguo benefactor del barrio.

❹ Feria de Artes Plásticas

Es un circuito de puestos de pintores que ofrecen su variada producción en el transcurso del recorrido de Caminito.

❺ Caminito

Originalmente era el trayecto de una vía del ferrocarril que dejó de funcionar hacia 1920. Por iniciativa del pintor Quinquela

La Boca.
Caminito

La Boca

Puente Nicolás
Avellaneda

Trasbordadores de La Boca

Recientemente inaugurada, una rambla recorre la ribera, donde una serie de cantinas con mesas en sus terrazas enfrentan el paisaje de río y las embarcaciones.

Fundación Proa

Este importante centro de exposiciones de arte está ubicado en una construcción antigua y reciclada. Desde sus terrazas se accede a las más bellas vistas del Riachuelo y de los puentes.

Estadio del Club Atlético Boca Juniors

Comúnmente llamado "La Bombonera", el estadio es la sede del popularísimo equipo del fútbol argentino, el de "la mitad más uno" del país. El recinto deportivo tiene forma de herradura y sus tribunas –a causa del reducido tamaño del terreno– son tan inclinadas que provocan una extraña resonancia cuando el público estalla. Las paredes exteriores tienen murales de los pintores Pérez Celis y Rómulo Macció.

Museo Histórico de Cera

Instalado en una vieja casona, exhibe en su interior figuras típicas relacionadas con la historia de la ciudad.

Martín, a mediados de los años 50 este baldío se convirtió en una calle peatonal con casas pintadas en vibrantes colores. El paseo, inaugurado en 1959, desemboca en la calle Garibaldi, donde pasan las vías del tren. En ella se asoman todavía algunas viviendas típicas de La Boca. Estas casas fueron hechas por inmigrantes genoveses trabajadores de la ribera. Su construcción se realizó de la misma manera con que se arman los barcos. Son desarmables y fueron levantadas sobre pilotes por los mismos maestros astilleros que conocían la necesidad de construir un hábitat desmontable, tanto por el tipo de terrenos, bajos e inundables, como por las crecidas del río y por el hecho de ser alquiladas. Las mismas técnicas que usaban para botar los barcos se aplicaron para trasladar las casas de un lugar a otro.

Alrededores
de Buenos Aires

Buenos Aires cuenta con un paseo muy atractivo a sólo unos minutos de la Capital. El Delta del Paraná es uno de los pocos habitables en el mundo. La intrincada red de ríos y arroyos que desembocan en el río de la Plata forma en su recorrido islas entre las que se esconde una reserva ecológica natural de grandes proporciones. Frondosos montes naturales de gran belleza salvaje, con palmeras, álamos, jacarandás, araucarias y casuarinas constituyen esta selva autóctona habitada por una diversa fauna. Todo esto se puede apreciar a menos de una hora de la ciudad.

TIGRE

La isla conocida en sus orígenes como Pago de las Conchas se convirtió, a fines del siglo XIX, en un centro de veraneo con una fuerte actividad social. En el área se construyeron grandes mansiones, algunas de las cuales aún existen. El epicentro mundano de la época lo constituyó el Tigre

Hotel, una edificación del año 1900. Sus terrazas con columnatas que representan el estilo Belle Epoque todavía pueden apreciarse. En la actualidad el partido de Tigre es una extensa zona que concentra el área turística alrededor de la estación del tren y la terminal fluvial.

Terminal fluvial de Tigre

Es el punto de partida y llegada de las lanchas colectivas, que desde principios de siglo XX realizan sus recorridos por los distintos circuitos de los ríos del Delta. Estas embarcaciones son el único medio de transporte regular de los isleños y el habitual de los turistas. En el lugar atracan también los catamaranes estilo Misisipí, que combinan paseos y comidas a bordo.

Terminal fluvial
de Tigre

Club de Regatas
La Marina.

Delta del Paraná

Más información

Secretaría de Turismo
Sarmiento 1551
5° piso (1042), Bs. As.
Tel: (54-11) 4372-3612
L a V de 8 a 20
Visitas guiadas:
(54-11) 4374-7651
Fax: (54-11) 4374-7533 y
4374-4373/3929
En internet:
www.buenosaires.gov.ar

En un recorrido corto por los alrededores, frente a los ríos Tigre y Luján, se puede conocer:

• **Paseo Victorica.** Una bella zona, con clubes de remo, confiterías y restaurantes donde se puede almorzar viendo la entrada y salida de las embarcaciones.

• **La Marina.** Un club de regatas de 1876 que funciona en un importante edificio de líneas inglesas.

• **Museo Naval de la Armada Argentina.** El edificio de 1880, declarado monumento histórico, era un antiguo taller de la armada que exhibe modelos a escala de todo tipo de embarcaciones.

• **Centro Cultural.** El sitio que antes era el Tigre Club hoy es Concejo Deliberante, Centro Cultural, y alberga al *Rowing Club*, un tradicional club de remo. El edificio de 1900 es monumento histórico nacional y tiene el estilo de los grandes hoteles de los balnearios europeos.

DELTA

Es una vasta región de 14.000 km^2 –una porción equivalente a la superficie de la mitad de Bélgica y Holanda juntas– con extraordinarios paisajes que rodean las islas pobladas por una exuberante vegetación.

El paisaje del Delta es romántico. Un aspecto melancólico se observa en las antiguas casas de madera levantadas sobre pilotes. Muchas de estas construcciones son de fines del siglo pasado y fueron realizadas por los extranjeros emprendedores de la época, especialmente ingleses y alemanes, que eligieron el lugar para vivir. Aún se conservan algunas casonas con las típicas galerías sumergidas en parques con magnolias y palmeras que le confieren a la vista un aire africano colonial.

En los últimos años creció el número de clubes, que junto a los tradicionales recreos –hosterías– del recorrido, son los lugares indicados para disfrutar de un almuerzo en un entorno magnífico.

La duración de los paseos por el Delta varía según el itinerario elegido. Entre los más atractivos están los circuitos por los ríos *Sarmiento, Capitán, San Antonio, Carapachay y Paraná de las Palmas.*

Mercado de Frutos de Tigre

Funciona en tres dársenas en las que antiguamente ingresaban los lanchones que llegaban de las islas. El lugar se transformó paulatinamente en un mercado de artesanías, aunque todavía abundan los locales de venta de fruta y de verdura. Las artesanías más comunes son los muebles de caña, la cestería en mimbre y tejido en formio o sisal. Todos éstos son productos naturales del Delta.

Tren de la Costa y Parque de la Costa

Este ferrocarril se inauguró en 1995. Para su realización se utilizó el trayecto de un antiguo ramal a Tigre. El complejo se complementa con un recorrido por once esta-

Basílica de Nuestra
Señora de Luján

San Antonio
de Areco.
Atuendos
tradicionales

Basílica de Nuestra Señora de Luján

Las torres del templo impresionan por su monumentalidad y se destacan desde la distancia. En el lugar se venera una imagen de terracota de la Virgen María, a la cual se le atribuyen cualidades milagrosas basadas en las circunstancias en que llegó indemne a la región en el siglo XVII, a pesar de un larguísimo viaje lleno de penurias desde Pernambuco, Brasil. El lugar origina multitudinarias peregrinaciones a pie desde la ciudad de Buenos Aires.

La Basílica de estilo gótico presenta un hermoso frente con sus dos torres de 106 m de altura, el reloj y el campanario con diecisiete campanas de origen italiano. En el interior se aprecian los hermosos vitrales franceses, el camarín de la Virgen y la cripta.

San Antonio
de Areco

ciones, muchas de las cuales funcionan como pequeños paseos de compras con confiterías y restaurantes. En el último tramo se accede al Parque de la Costa, un importante parque de diversiones ubicado frente al río Luján.

La ciudad cuenta además con importantes museos como el Histórico Colonial, un complejo con los sectores Casa del Virrey y Cabildo de la Villa de Luján; el Museo del Transporte y el Museo Municipal de Bellas Artes.

LUJAN

La ciudad nació con el santuario a la Virgen María en 1671. Desde Luján salieron, durante el siglo XVIII, las expediciones a las salinas. Sus tierras fueron escenario de largas luchas contra los indios de la región. Actualmente es una encantadora ciudad a la vera del río Luján, un escenario de gran atractivo turístico y un lugar venerado por los católicos devotos de la Virgen de Luján.

SAN ANTONIO DE ARECO

Es uno de los cascos históricos próximos a la capital donde aún se conservan estancias de tradiciones gauchescas. En esta localidad vivió, a principios del siglo XX, Ricardo Güiraldes, autor de *Don Segundo Sombra*, una fundamental novela costumbrista que retrata el ambiente de la zona. La ciudad conserva un conjunto de propiedades consideradas patrimonio cultural. En San Antonio de Areco se lleva a cabo la importante Fiesta de la Tradición durante la segunda semana de noviembre. En el lugar es posible disfrutar de varios espectáculos gauchescos, como carreras de sortijas, carreras cuadreras y jineteadas.

En la zona se puede visitar la *Iglesia Parroquial San Antonio de Padua*, la *Quinta Guerrico*, la *Casa de Doña Dolores Goñi de Güiraldes*, la *Antigua Municipalidad*, la *Casa de los Martínez*, las *estancias Río Areco* y *La Porteña* y el *Museo Ricardo Güiraldes*, un lugar donde se conservan testimonios de la tradición gauchesca y se puede ver la pulpería La Blanqueada. Vale la pena visitar también el Museo y Casa de la Estancia, compuestos por diferentes salas.

San Antonio de Areco.
Desfile tradicionalista

La Plata

La capital de la provincia de Buenos Aires fue fundada en 1882 por Dardo Rocha y es llamada "la ciudad de las diagonales" debido a su trazado irregular. La Plata posee una importante vida cultural generada por su reconocida Universidad y numerosos centros de estudio. Bosques, plazas y paseos alternan su presencia con la de una gran cantidad de museos, algunos de ellos con prestigio internacional, y una serie de atracciones que merecen ser visitadas.

❶ Iglesia Catedral

La construcción de estilo neogótico comenzó a realizarse en 1885 y se inauguró en 1932. En su interior muestra importantes vitrales, algunos realizados en Francia, un bello piso que combina graníticos blancos, rojos y negros y un órgano con mueble de interesante tallado.

❷ Museo de Ciencias Naturales

El importante establecimiento reconocido a nivel mundial funciona en un gran edificio de estilo neoclásico inaugurado en 1889. El museo exhibe notables piezas en sus diferentes salas dedicadas a la Mineralogía, Arqueología, Etnografía, Botánica, Entomología y Paleontología.

La Plata.
Museo de Ciencias
Naturales

Detalle de la Catedral

❺ Casa Curutchet

La edificación, declarada Monumento Histórico Nacional, es un relevante exponente del racionalismo arquitectónico. El proyecto pertenece al famoso arquitecto suizo Le Corbousier.

❻ Basílica del
Sagrado Corazón de Jesús

El hermoso edificio realizado bajo el criterio del estilo románico-bizantino posee un altar con importante ornamentación y la imagen de María Auxiliadora bendecida por Don Bosco.

La Plata.
Iglesia Catedral

Arr. derecha
Casa Curutchet

❸ Museo Provincial de Bellas Artes

El origen de la institución se debe a la donación de la colección Benito Sosa, en el año 1928. En él se puede apreciar una muestra de arte argentino que cubre el período que va desde el siglo XVII al XIX. También hay obras pictóricas contemporáneas americanas y europeas.

❹ Teatro Argentino

La prestigiosa sala fue destruida por un incendio en 1977 y restaurada recientemente. El teatro alberga tres salas: la Lírica, con capacidad para dos mil doscientas personas, la Prosa, que recibe setecientos cincuenta espectadores y la sala cinematográfica, con trescientas butacas.

República de los Niños

Se trata de una reproducción en escala infantil de una ciudad conformada por cuarenta construcciones en miniatura que reproducen la iglesia, la casa de gobierno, el destacamento policial, varios comercios, una confitería y una sala de primeros auxilios, entre otras. Los edificios copian distintos estilos arquitectónicos de diferentes lugares del mundo.

❼ Casa de Ricardo Balbín

Declarada monumento histórico nacional, la edificación se encuentra dentro de los lineamientos academicistas. La vivienda fue residencia del doctor Ricardo Balbín, el destacado político argentino.

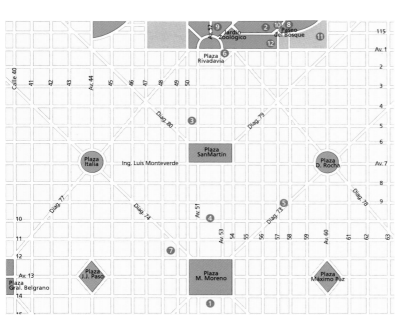

8 Paseo del Bosque

Esta superficie de 60 ha es uno de los puntos más bellos y atractivos de la ciudad. Entre sus paseos rodeados de frondosa arboleda se encuentra el *Jardín Zoológico,* *Museo de Ciencias Naturales, Observatorio Astronómico* y los estadios de los clubes *Gimnasia y Esgrima y Estudiantes de La Plata.*

La Plata.
Museo de
Ciencias Naturales

Datos útiles

Obtenga más información sobre la ciudad en la página

344

La costa atlántica

Playa de la
costa Atlántica

Pinamar.
Médanos

Desde Buenos Aires hasta Bahía Blanca, la costa se va adentrando en pleno océano Atlántico, formando una serie de playas acompañadas por villas veraniegas, pueblos e importantes ciudades, algunos muy próximos a zonas de campos y estancias que son el complemento fundamental del paisaje de la provincia.

Saliendo de Buenos Aires y por la RP11, hay una serie de playas donde el río de la Plata está presente aún en la bahía de Samborombón; a partir de allí el mar Atlántico comienza a aparecer junto a las primeras playas y a los médanos que acompañan casi todo el circuito.

SAN CLEMENTE DEL TUYU

Fue recorrida por los primeros exploradores españoles en el siglo XVI. Con playas que se extienden por 96 km, y llegan a 30 m de ancho, posee aguas cálidas y mansas. Llegando al sur del partido comienzan a aparecer médanos. El lugar cuenta con Mundo Marino, un oceanario con importantes espectáculos y shows en piscinas y lagos artificiales. Los protagonistas son delfines y orcas. Estas últimas existen en sólo 15 acuarios del mundo.

Desde San Clemente aparece una sucesión de villas veraniegas a orillas del mar, en una zona donde los médanos van cobrando cada vez más preponderancia. Los más des-

tacados son **Las Toninas, Santa Teresita, Mar del Tuyú, Costa del Este, Aguas Verdes, La Lucila del Mar** y **Costa Azul.**

SAN BERNARDO

Esta localidad balnearia creció considerablemente en los últimos años, generando construcciones de edificios de varios pisos junto a la playa. Conocida como "la ciudad del sol y la familia", fue parte de la estancia del mismo nombre hasta 1943, cuando comenzó la urbanización del lugar.

PINAMAR

Este bello balneario, con una sobresaliente forestación e importantes casas, es uno de los centros de veraneo exclusivo de la costa, con una gran actividad social alrededor de sus conocidos clubes de golf y tenis, en un entorno de imponentes médanos. Tiene importantes hoteles y un completo centro comercial. Frecuentado por políticos, genera en verano un gran protagonismo.

OSTENDE

Sus comienzos son de principios del siglo XX, donde comenzó su urbanización con una forestación de pinos y tamarindos. El lugar fue llamado así en referencia al balneario de Flandes, y sigue conservando su espíritu europeo en la típica construcción del hotel Ostende, ex Thermas Hotel, muy apreciado aún por extranjeros que valoran la placidez del lugar.

VALERIA DEL MAR

Pequeña villa veraniega de bella vegetación y casas simples pero confortables, para amantes de la naturaleza y la quietud. Posee hosterías sobre la playa.

CARILO

Emplazado sobre médanos forestados a principios del siglo XX, el lugar es uno de los más bellos de la costa atlántica. Su bosque, de gran exuberancia, posee más de 650 variedades vegetales, y en él se mezclan colores y fragancias naturales en un entorno de gran placidez. Importantes casas, exclusivas posadas, restaurantes gourmet, un club de golf y uno hípico, y un pintoresco centro comercial completan el lugar.

VILLA GESELL

El paraíso de los jóvenes para pasar el verano, fue urbanizada por Carlos Idaho Gesell, un pionero europeo amante de las plantas. En los años 60 era una simpática villa de calles de arena recorrida por singulares carritos de ruedas de cubiertas de autos. Hoy es una importante ciudad balnearia que concentra multitudes en temporada. Con gran cantidad de hoteles, bares, confiterías, restaurantes y discotecas desarrolla una animada vida nocturna. Es famosa su repostería europea. Posee una Reserva Forestal e interesantes paseos a Punta Médanos y su faro, Mar de las Pampas, Mar Azul y el faro Querandí. En las cercanías se encuentra la ciudad de Madariaga, fundada en 1839, de antigua tradición, rodeada de importantes estancias.

MAR DEL PLATA

Es la ciudad balnearia más importante de la Argentina, y en la estación veraniega suele congregar un turismo masivo, particularmente nacional, que llega a los 3.000.000 de visitantes. En 1877, cuando Patricio Peralta Ramos donó sus tierras, comenzó a perfilarse el primer asentamiento, pero el personaje que le daría el gran empuje al proyecto fue Pedro Luro, convirtiendo el puerto de poca importancia en un balneario al estilo europeo.

A fines del siglo XIX arribaron los

San Clemente del Tuyú. Mundo Marino

primeros veraneantes, y a partir de la llegada del ferrocarril el 26 de setiembre de 1886, el lugar hizo el gran despegue. Con la construcción del Bristol Hotel, de gran atracción mundana, la ciudad comienza a perfilarse como la Biarritz argentina y a partir de 1890 se edifican importantes casas de veraneo en diferentes estilos, pero siempre en elegantes adaptaciones del inglés y el francés. Las ramblas comienzan a ser el eje de convergencia de la clase alta argentina. Las dos primeras de madera desaparecieron, y en 1913 se construye la Rambla Bristol, de relevante diseño *art-nouveau* y efímero destino. En 1938 se demuele para dar paso a la nueva Rambla con los monumentales edificios del Casino y el Hotel Provincial. Paisaje que perdura hasta nuestros días.

El sector más importante de playas cubre un recorrido de 20 km. Todas con sus particularidades, generalmente muy concurridas. En el circuito está *La Perla*, tradicionalmente marplatense, con escolleras; *Punta Iglesia*, con un simpático parador con terrazas. *Popular y Bristol* son las más céntricas y populosas, símbolo del turismo masivo que genera la ciudad.

Datos útiles

Obtenga más información sobre esta provincia en la página

343

Mar del Plata.
Playa Bristol
y Casino

Varese

Está en la antigua Playa de los Ingleses, y en un nuevo proyecto se convirtió en una suerte de inmensa piscina donde practicar deportes náuticos.

Playa Grande

Una de las más tradicionales y exclusivas playas, en las cercanías del Ocean Club, el Golf Club y el Barrio Los Troncos.

Punta Mogotes

Un extenso complejo de balnearios, que abarca 3 km; amplias playas, con posibilidades de mayor tranquilidad, aunque en plena temporada también es populoso.

El Faro

Es una zona de playas abiertas, sin espigones, con fuerte oleaje. A partir de aquí se suceden una serie de balnearios de moda, con carpas y sombrillas, y servicios de bar y restaurantes.

LA CIUDAD

1 Rambla Casino

El monumental proyecto del arquitecto Bustillo es de 1938. Comprende la Rambla con una gran explanada y escalinatas,

y los edificios gemelos más representativos del paisaje marplatense: el Casino y el Hotel Provincial.

❷ Catedral de los Stos. Pedro y Cecilia

De estilo neogótico de fines del siglo XIX. Sus torres fueron durante muchos años lo más sobresaliente del entorno.

❸ Museo Municipal de Ciencias Naturales Lorenzo Scaglia

Con valiosas colecciones de fósiles de la región y piezas únicas en el mundo.

❹ Capilla Santa Cecilia (MHN)

De estilo neoclásico, es el edificio más antiguo de la ciudad. Construida en 1873, se levanta sobre una loma.

❺ Torreón del Monje

Uno de los iconos del paisaje marplatense, es de 1904, y su inconfundible torre almenada se destaca sobre el bulevar marítimo. Actualmente es una confitería con galería de arte.

❻ Torre Tanque

Conocida también como Torre de Agua, se levanta sobre una de las más elevadas lomas del lugar. Desde su mirador se obtienen importantes panorámicas de la ciudad.

❼ Capilla Stella Maris

En lo alto de la loma de su mismo nombre está esta pintoresca capilla de 1908. Aquí comenzó el culto en este país a la advocación de Stella Maris.

Mar del Plata.
Vista aérea

Torreón
del Monje

Mar del Plata.
Vista de Cabo
Corrientes

Centro Cultural
Villa Victoria

P. opuesta:
Mar del Plata.
Plano de la ciudad.
Villa Ortiz Basualdo

Bellas construcciones que aún se conservan son testimonios de la época de oro de Mar del Plata.

❽ Villa Victoria

Importante centro cultural, perteneció a la conocida escritora Victoria Ocampo. Es prefabricada, de origen noruego y comprada en Inglaterra. Fue armada aquí por su padre en 1905, y actualmente se brindan conciertos al aire libre en su bello jardín.

Villa Ortiz Basualdo

Imponente testimonio del estilo normando en este paradigmático chalet. Realizado por los arquitectos franceses Dubois y Pater, es de 1909. Actualmente Museo de Arte Juan C. Castagnino.

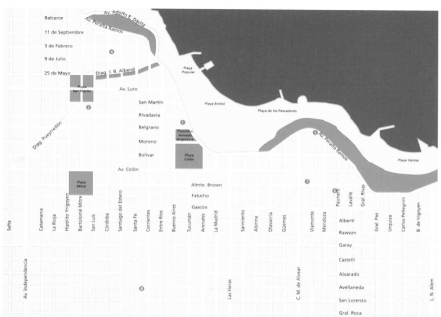

Residencia Concepción Unzué de Casares

En Moreno y Olavarría se conserva esta enorme mansión también en estilo normando, con monumentales techos y aleros.

Golf Club Mar del Plata

En el mejor estilo inglés, se levanta este importante edificio emplazado en un sitio privilegiado, con su famosa cancha de amplias vistas al océano. Allí se alojó el príncipe de Gales en su visita a la ciudad.

Instituto Saturnino Unzué

Fue un asilo de huérfanas, obra del francés Faure-Dujarric, inaugurado en 1912. Posee un pequeño templo neobizantino de notable estética, Oratorio de la Inmaculada Concepción (MHN).

Barrio Los Troncos

Con la construcción del chalet Los Troncos, en 1935, su singular arquitectura le dio el nombre al exclusivo barrio residencial, próximo a Playa Grande.

Puerto de Mar del Plata

Es el principal puerto pesquero del país. Nació en 1911 y posee aún el encanto de sus banquinas con las lanchas pesqueras, en una brillante concentración de colores. Es todo un espectáculo ver la entrada de las embarcaciones con la pesca del día, y la descarga de las mismas por los pescadores, generalmente de origen italiano, hablando aún en el idioma de sus abuelos. El lugar tiene una zona de restaurantes donde comer pescados y mariscos.

Acquarium

Con una escenografía natural y el mar como telón de fondo, en el complejo se ofrecen espectáculos con fauna marina.

Bosque Peralta Ramos

En una extensión de 400 ha está situado este bello lugar con bosques de coníferas y eucaliptos. Es de 1862, y perteneció a la estancia de Patricio Peralta Ramos.

Alrededores de Mar del Plata

Barranca de los Lobos

Sitio de imponentes barrancas y playas abiertas, usualmente poco frecuentadas.

Playas de Chapadmalal

Con la antigua Unidad Turística Chapadmalal, un complejo del Estado, con importantes edificios, en un agradable entorno. En el lugar se encuentra la residencia presidencial de veraneo.

Laguna y Sierra de los Padres

La laguna es un espejo de agua de más de 130 ha. En la entrada se puede ver la reconstrucción de la Reducción de Nuestra Señora del Pilar, antiguo asentamiento de los misioneros Falkner, Strobel y Cardiel en 1746, y en los alrededores el Museo Tradicionalista José Hernández, en lo que fuera el casco de la estancia Laguna de los Padres. El poeta argentino vivió allí en su juventud. La Sierra de los Padres es un paseo a un encantador lugar con un Mini Zoo del Paraíso, con pequeños animales en libertad en un marco natural. El sitio cuenta con la cancha de 18 hoyos del Sierra de los Padres Golf Club.

Santa Clara del Mar y Laguna Mar Chiquita

Hacia el norte se encuentra esta villa de reciente urbanización, con lindas playas. En las cercanías se encuentra la laguna Mar Chiquita, que es en términos geográficos una albúfera. Sus aguas son, por el ingreso del mar, salobres, pero el desagüe de varios arroyos en el lugar le agregan agua dulce. Un paisaje de gran belleza, paraíso de pescadores y amantes de los deportes náuticos.

BALCARCE

En el antiguo partido fundado en 1877 está la pintoresca ciudad serrana lugar de nacimiento de Juan Manual Fangio. En el lugar está el **Museo del Automovilismo Juan Manuel Fangio**, que reúne muestras

Sierras de Balcarce

Tandil.
Serranías

Vía Crucis

de la historia del quíntuple campeón mundial, y una historia del automóvil en interesantes piezas. En las inmediaciones se encuentra la **laguna La Brava**, un hermoso espejo de agua con bella vegetación, y la **Estación Terrena de Balcarce**, importante centro de comunicaciones. Siguiendo la RN226 se llega a la ciudad de **Tandil**. Rodeada de sierras, en una de las cuales está el trayecto de un Vía Crucis muy visitado en Semana Santa, la zona está poblada por tradicionales estancias, algunas de ellas de las más importantes del país.

RUMBO A MIRAMAR

En la ruta que bordea el mar con permanentes vistas panorámicas se encuentran varios puntos de interés. **Golf Club Mar del Plata Los Acantilados**, con una cancha de 27 hoyos; **Estancia Santa Isabel (PCR)**, un espléndido exponente de establecimiento ganadero de la zona. Muy cerca está **Marayuí**, un exclusivo country club privado, con lo que fuera la casa de veraneo de estilo inglés de la familia Zorraquín, como Club House.

Club del Mar

Un armónico complejo que incluye un avanzado centro de talasoterapia, con confortables instalaciones de piletas climatizadas y baños de barro. En el encantador balneario rodeado de médanos se encuentran confortables cabañas y un restaurante con ventanales al mar.

MIRAMAR

Conocida como la ciudad de las bicicletas, por la profusión de este vehículo que puebla permanentemente las calles, es la más familiar de las ciudades balnearias de la costa. Es de 1888, y tiene una extensa avenida frente al mar. El lugar cuenta con un importante paisaje verde y posee varios viveros de plantas, donde descuella el Vivero Dunícola Florentino Ameghino, de 502 ha, con una gran producción de ejemplares madre y semillas.

MAR DEL SUD

Para los amantes de los paisajes solitarios y la tranquilidad existe esta villa entre médanos y barrancas. El pintoresco paisaje conserva un antiguo hotel, el Boulevard Atlantic Hotel, de 1888, que es el símbolo de la zona.

NECOCHEA

Con la llegada en 1893 del ferrocarril, nace la villa veraniega, que se llamó Los Baños, y alrededor de los años 70 cobró gran importancia con la construcción de los edificios frente a las playas, la Rambla y el nuevo Casino, pasando a ser uno de los balnearios más importantes de la costa atlántica. El lugar cuenta con la notable forestación del parque Miguel Lillo, y el **Puerto Quequén**. Su gran capacidad de embarque se puede observar en los importantes silos y elevadores de granos que se encuentran en el lugar. La zona cuenta con un tradicional balneario, el Quequén, con una importante escollera.

CLAROMECO

Enfrentando el Mar Argentino se encuentra este agradable balneario que se originó en 1901, alrededor de un hotel que existió en la zona. Son las playas frecuentadas mayormente por los habitantes de Tres Arroyos y Azul, las más importantes ciudades en una de las mayores regiones agropecuarias de la provincia, con significativas estancias. En las cercanías está la desembocadura del arroyo Claromecó, con pequeñas playas en sus costas, el faro con su bonita torre y Dunamar, un lugar con pequeñas residencias y una forestación de excepción.

ORENSE

Pequeño pero poblado balneario atlántico, llamado originalmente Punta Desnudez. Con un paisaje de dunas que se pierden en el horizonte y bajada para vehículos playeros. Sobresale en el lugar el Médano 40, llamado así por la altura del médano original, un agradable lugar de camping.

MONTE HERMOSO

Próxima a la ciudad de Bahía Blanca, una de las más importantes del país, está ubicada esta ciudad balnearia de un gran crecimiento. La ciudad está situada sobre grandes médanos, en pendiente hacia el mar. Con calles anchas y arboladas, pobladas por residencias con jardines, posee un centro comercial y de entretenimientos, un Museo Municipal de Ciencias Naturales y un Casino. En los alrededores se encuentran el balneario Sauce Grande, donde es posible juntar almejas, ya que sólo se encuentran a 30 cm de profundidad, y la Laguna de Sauce Grande.

PEHUEN-CO

Una apacible villa veraniega, que complementa médanos con un frondoso entorno de bosques. Se distingue del resto de los balnearios de la costa, y se puede visitar la capilla de la Sagrada Familia y el Bosque Encantado, una reserva forestal de 150 ha con balneario.

Datos útiles

Obtenga más información sobre la ciudad en la página

343

Bahía Blanca

Es la ciudad más importante del sur argentino, notable centro industrial y económico de la provincia de Buenos Aires. Fue fundada en 1828, como fortín de avanzada en la Campaña del Desierto. Actualmente, con una población de casi 300.000 habitantes, es una moderna urbe con numerosos edificios torre, lujosos centros comerciales y grandes shoppings. Posee además en Puerto Galván el antiguo Puerto Ing. White, y el Polo Petroquímico Bahía Blanca, uno de los más importantes del país. Desde la ciudad se pueden hacer interesantes paseos, entre ellos a la Base Naval de Puerto Belgrano y a Sierra de la Ventana. Estas son las sierras más altas de la provincia y es una villa turística de agradable entorno, con arroyos, balnearios y campings.

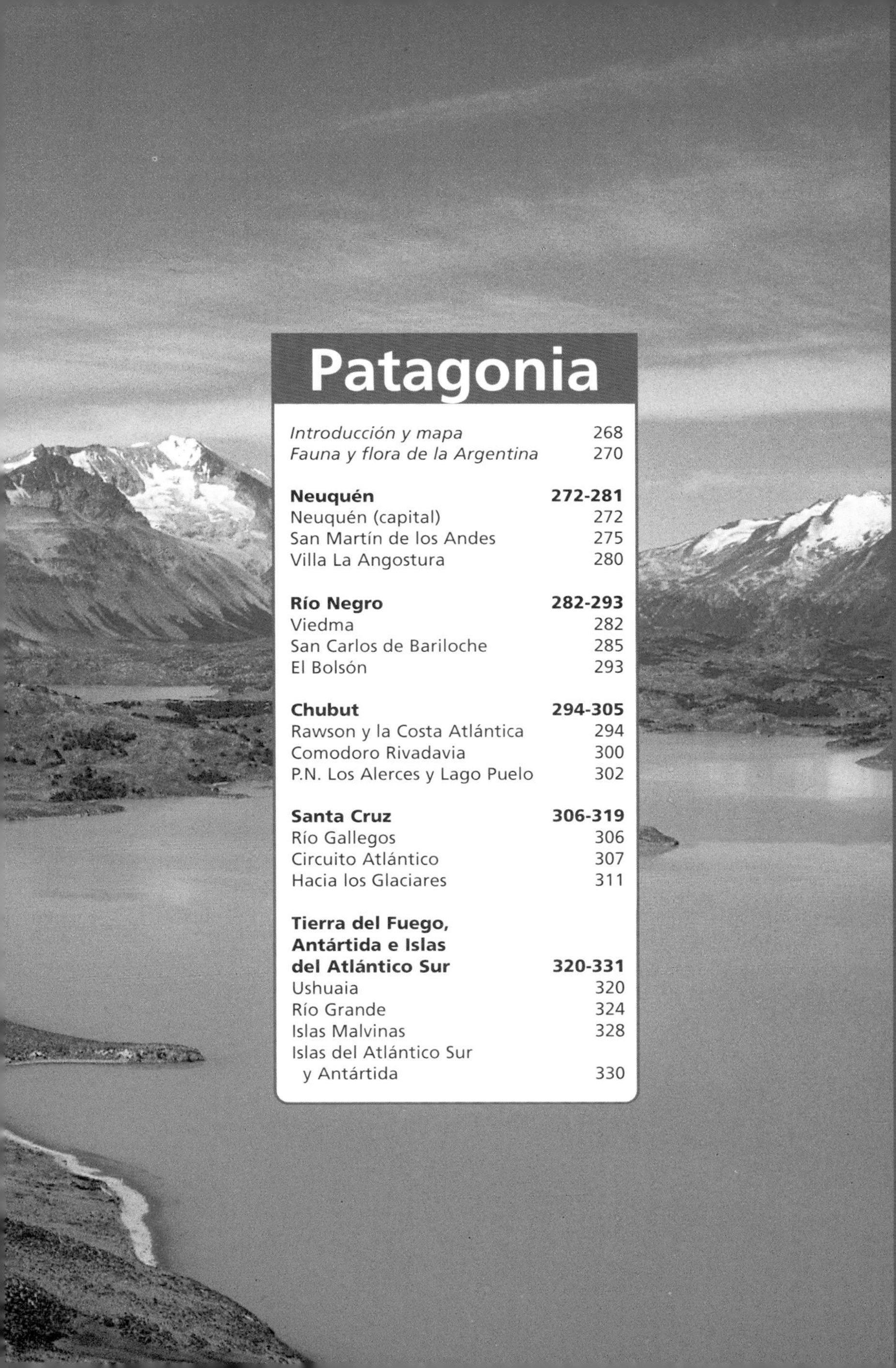

Patagonia

Introducción y mapa 268
Fauna y flora de la Argentina 270

Neuquén **272-281**
Neuquén (capital) 272
San Martín de los Andes 275
Villa La Angostura 280

Río Negro **282-293**
Viedma 282
San Carlos de Bariloche 285
El Bolsón 293

Chubut **294-305**
Rawson y la Costa Atlántica 294
Comodoro Rivadavia 300
P.N. Los Alerces y Lago Puelo 302

Santa Cruz **306-319**
Río Gallegos 306
Circuito Atlántico 307
Hacia los Glaciares 311

**Tierra del Fuego,
Antártida e Islas
del Atlántico Sur** **320-331**
Ushuaia 320
Río Grande 324
Islas Malvinas 328
Islas del Atlántico Sur
y Antártida 330

Patagonia

*Inagotable meta de conquistadores, pioneros y aventureros, la Patago-
nia generó una mitología donde abundan increíbles historias que
acompañan la extraordinaria belleza de sus contrastantes paisajes.*

Desérticas inmensidades, planicies y
mesetas donde el indio dejó sus huellas en
inigualables pinturas rupestres, bosques
petrificados, parques nacionales desbor-
dantes de especies naturales, lagos de ruti-
lantes colores y ríos con generosa pesca,
todo esto encerrado por las amplias costas
del océano Atlántico y las altas cumbres de
los Andes, con sus desafiantes picos que
reúnen permanentemente a escaladores de
todo el mundo. Un paraíso donde se encuentran lugares únicos como península
Valdés, riquísima reserva faunística, donde
es posible avistar sus famosas ballenas; Lago Argentino y sus descomunales glaciares; Tierra del Fuego, la ciudad del fin del
mundo, junto a la permanente presencia de
innumerables estancias, ingrediente natural
del panorama patagónico.

NEUQUEN

Recostada sobre la cordillera de los Andes donde comienza la Patagonia, poblada
de lagos, ríos y volcanes, Neuquén forma
parte del paisaje. Sus tres grandes áreas generan una creciente corriente turística: la región de los lagos con sus bosques y montañas nevadas, el distrito de Copahue-Cavia-
hue con aguas termales y barros de embalse,
y la gran variedad de servicios de la capital.

RIO NEGRO

Es la primera de las provincias patagónicas que ofrece la fantástica combinación
de dos inmensos paisajes: la cordillera de
los Andes y las infinitas costas sobre el
Mar Argentino, en una combinación de recorridos por bellos lagos, bosques y parques nacionales, extensas llanuras, un lito-

ral con imponentes acantilados y verdes oasis productores de las mejores manzanas del mundo.

CHUBUT

Una de las más ricas provincias del país, la provincia de Chubut presenta dos regiones marcadamente diferenciadas: la meseta patagónica y la cordillerana oeste. El territorio donde sobresale la impronta de los pioneros galeses, pleno de recursos naturales, en él se mezclan su inagotable subsuelo y la riqueza de las aguas que bañan sus costas, ofreciendo además el espectacular accidente geográfico de península Valdés, con una de las reservas faunísticas más importantes del mundo y una zona cordillerana con bellísimos paisajes en sus parques nacionales y múltiples lagos.

SANTA CRUZ

Tierra de indios patagones –que generaron tantas leyendas– y de paisajes inhóspitos de riguroso clima, las riquezas inmensas del territorio engendraron una saga de expediciones y aventuras que son parte de la historia de la región. Su paisaje ofrece una de las maravillas del mundo, el glaciar Perito Moreno, declarado Sitio de Patrimonio Mundial por la UNESCO, míticos picos como el cerro Fitz Roy, y espectaculares lagos, que se complementan con importantes recursos mineros en grandes yacimientos de petróleo, carbón, gas y el potencial de su producción ictícola y lanera.

TIERRA DEL FUEGO

La parte argentina de la Isla Grande de Tierra del Fuego es una extraordinaria región montañosa de laderas andinas que caen al mar, con el estrecho de Magallanes al norte y el canal Beagle al sur. Su territorio, surcado de cabos, bahías, lagos, penínsulas e islas, ofrece los extraordinarios paisajes de la provincia más austral del país. Fue descubierta por Hernando de Magallanes en 1520, en su búsqueda de un paso interoceánico, el estrecho que hoy lleva su nombre.

Fauna y flora de la Argentina

Selva valdiviana

La inmensa región combina en su territorio la permanente presencia de la cordillera de los Andes, que limita con Chile, y las mesetas y extensas planicies patagónicas. En Neuquén, donde comienza el largo circuito de importantes lagos, las montañas son áridas, con imponentes volcanes como el Lanín. Río Negro presenta cumbres de gran altura entre las que se extienden diversos lagos y relieves amesetados. El paisaje se continúa en Chubut con numerosos ríos de vastas cuencas, alimentados por el deshielo cordillerano, característica hidrográfica de esta zona. Santa Cruz comparte las grandes alturas de los Andes y las costas acantiladas, con su importante desarrollo glaciario, pleno de campos de hielos continentales. En el confín del país, Tierra del Fuego muestra mesetas de poca elevación al norte y centro, y la prolongación de los Andes Patagónicos.

1. Lechuza Bataraz
2. Azor Variado
3. Alerces
4. Aguilucho Cola Rojiza
5. Coihue
6. Caburé Grande
7. Barba de Viejo
8. Carpintero Patagónico
9. Ñire
10. Cachaña
11. Pudú
12. Zorro Gris Chico
13. Teniú
14. Huet-Huet
15. Lenga

Neuquén (capital)

Neuquén.
Vista de la capital

dustrial, con amplias avenidas de alamedas y una intensa vida nocturna.

En la confluencia de los ríos Limay y Neuquén está asentada la capital de la provincia, la más populosa del Alto Valle. Los sistemas de riego que modificaron la desértica región y la llegada del ferrocarril en 1902 permitieron en 1904 el traslado definitivo de Neuquén a su lugar actual. Hoy la ciudad es un activo centro comercial e in-

❶ Balcón del Valle

Es el mirador de los neuquinos, desde allí se puede ver la capital y a lo lejos la confluencia de los ríos. También se ve la ciudad vecina, Cipolletti, y de noche, Cinco Saltos y Centenario. Al lado, en Parque Centenario está la *Plaza de las Banderas*, con 21 mástiles, que conmemora a los regimientos de la Campaña del Desierto. Al pie del mirador se encuentra la sede de la *Universidad Nacional del Comahue*, el más importante centro de estudios de la región.

❷ Casa de Gobierno

Construida en 1916 con el aspecto de una fortaleza.

❸ Artesanías Neuquinas Sociedad del Estado Provincial

Es un ente del gobierno que estimula y regula la producción artesanal de comunidades aborígenes. En el lugar hay destacados trabajos mapuches.

❹ Museo Histórico Municipal Doctor Gregorio Alvarez

Creado en 1901, fue originalmente galpón de máquinas del Ferrocarril Sud. Incluye sectores de paleontología, arqueología y Campaña del Desierto.

Otras atracciones

En el Microcentro del Alto están la *Catedral* y la *Avenida Argentina*, que a manera de paseo peatonal concentra gran cantidad de gente. En la estación ferroviaria se encuentra la *Feria de los Artesanos*, con excelentes objetos.

Los balnearios sobre el río Limay más destacados son: el *Balneario Municipal*, el *Río Grande* y *El Biguá*. Este último en un brazo del río Limay, pertenece al club El Biguá, el más exclusivo de la ciudad.

Termas de Caviahue y Copahue

Partiendo de la capital por la RN22 hacia el oeste y continuando luego por la RN 237, se llega a Plaza Huincul, que antiguamente fue una posta de carretas. Pueblo petrolero por excelencia, en el lugar se puede ver el histórico pozo de donde surgió petróleo por primera vez en 1918. En el poblado existe el *Museo Municipal Carmen Funes* con piezas de zoología y paleontología, entre las que sobresalen las vértebras del dinosaurio más grande del mundo, de 60 cm de diámetro.

A 3 km está el acceso a Cutral-Có, otro centro petrolero que, junto con Plaza Huincul, conforman el gran centro de explotación del hidrocarburo en la región.

En camino a Zapala se pueden ver santuarios y una capillita a la vera del camino.

ZAPALA

La ciudad tiene la característica de ser el centro de servicios y de concentración de los turistas que emprenden los diversos recorridos que ofrece la región. Portal hacia las mesetas y los Andes de Neuquén, con sus múltiples lagos y centros termales. Es una ciudad minera, de pastoreo, y con importantes industrias cementeras como Sapag y Loma Negra. Se puede visitar el *Museo Profesor Olsacher*, que en un sencillo edificio, ofrece una interesante colección de mineralogía a nivel mundial, resultado del intercambio permanente con 80 países.

Saliendo hacia Caviahue por la RN22, el camino bordea el río Agrio, y cruza varios arroyos. Desde uno de ellos, el Codihué, partió en 1888 en canoa el francés Gastón de Martignac, llegando hasta Carmen de Patagones. Siguiendo la ruta se llega a **Loncopué**, un pueblo rural, y más adelante comienzan a aparecer curiosas formaciones rocosas, anticipando los Riscos Bayos, formados por varios tipos de erosión. Son de tonalidades amarillentas y caprichosas formas. Haciendo un corto trecho se encuentran vertientes que manchan de verde el paisaje, y aparecen los primeros ranchos de piedra, chapa y caña colihue, característicos de los veraneantes.

Neuquén.
Termas de Copahue

Más información

Secretaría de Turismo
Félix San Martín 182
Neuquén
Tel: (0299) 4424089
Todos los días de
7.00 a 20.00
Correo electrónico:
turismo@neuquen.com.ar

Parque Provincial. Copahue

Aquí aparece el azul profundo del *lago Caviahue*, rodeado de pehuenes, columnas basálticas de cerros, murallones, y cascadas, con el volcán Copahue al fondo.

CAVIAHUE

Es una moderna villa con una oferta variada de atractivos turísticos, en un proyecto de la provincia para desarrollarla como un centro al estilo europeo, preservando la calma y la quietud del lugar, y estimulando deportes de nieve no tradicionales: trineos, raquetas, esquí de fondo y de aventura.

Los residentes mapuches de la región llegan al centro turístico con sus haciendas, y es posible verlos montados en sus caballos con sus vestimentas, mezclándose con los viajeros y los paisanos del lugar.

En la villa se pueden alquilar caballos para hacer varios paseos por el Parque de Caviahue. En el circuito están la *Laguna Escondida, Cascada Escondida, Las Cascadas* y el *Salto del Agrio*, todos paseos en entornos de gran belleza.

COPAHUE

Este recorrido es posible sólo en la temporada del 1º de diciembre hasta el 15 de abril. En el camino de 17 km desde Caviahue, se ven pilas de piedra, que son "santuarios del camino", testimonios de la religión mapuche. Antes de llegar al volcán, existe una terma de agua sulfurosa llamada **Las Máquinas** por el rumor que originan. Luego se pasa por **Laguna La Melliza**, donde está situada la *Planta Piloto Geotér-*

Termas de Copahue. Fangoterapia

mica con la gran reserva de aguas a 150°C, para ser utilizadas en un proyecto que permitirá su uso energético.

El paisaje se torna desértico, y se enfrenta al volcán Copahue, con sus laderas de cambiantes colores que varían de celestes o tibios turquesas a rosados pálidos.

Las famosas termas están dentro del Parque Provincial, y se extienden en una depresión oval de 10 ha, protegidas por escarpadas barrancas. El paisaje es yermo, carente de toda vegetación, y el suelo está poblado por perforaciones, grietas, respiraderos, olletas y fumarolas, tapizado por el barro mineral de color morado, rico en azufre, que al igual que las aguas aciduladas emergen a distintas temperaturas. En este singular paisaje a 2.000 msnm, con un microclima de aire seco y puro, está instalado el complejo termal, junto a sencillos hoteles y comercios. El *Centro de Balneoterapia de Copahue* es un moderno edificio de 6.000 metros cuadrados, que encierra un complejo con Oficina de Turismo, banco, correo, restaurante, cafetería, espacio de belleza y gimnasio. En el centro de balneoterapia hay equipos especiales. En la parte antigua están las lagunas exteriores, y las aguas barrosas especiales para fangoterapia.

Desde Zapala y por la RN40 se llega a Junín de los Andes.

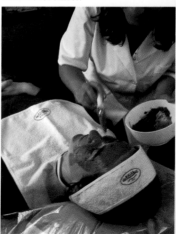

A San Martín de los Andes

Situado en el valle a orillas del río Chimehuín con la extraordinaria vista dominante al volcán Lanín, **Junín de los Andes** es el acceso al Parque Nacional Lanín, con su circuito de espejos de agua en un singular encuentro con la naturaleza.

JUNIN DE LOS ANDES

Nacida en la última etapa de la Conquista del Desierto en 1883 como Fuerte de Junín de los Andes, fueron los salesianos, con la construcción de su Misión, los que dieron un fundamental crecimiento a la zona. Actualmente en las inmediaciones de la villa existe una población de 2.700 indígenas. En el lugar se puede visitar el Museo de Ciencias Naturales, con una interesante muestra de rocas y fósiles de la zona.

Por la RP61 se llega al acceso del *Parque Nacional Lanín* por la zona de Huechulafquen, con los lagos *Paimún*, *Curruhé* grande y chico, las *termas de Epulafquen*, *El Escorial* y el *valle de Hueyenthue*, un lugar donde se practica el esquí de fondo. El majestuoso **volcán Lanín** es el punto de encuentro de los andinistas. La la-

dera norte de la impresionante mole de 3.770 msnm es un gran desafío para los deportistas. Dos grandes lagos de la zona el Huechulafquen y el Epulafquen ofrecen un maravilloso entorno de bosque de araucarias, una rica fauna en ciervos colorados, zorros, jabalíes, liebres y nutrias, y la posibilidad de hacer paseos en catamarán.

Neuquén.
Lago Huechulafquen

San Martín de los Andes.
Lago Lácar

El *lago Huechulafquen* tiene una superficie de 84 km cuadrados, con el entorno del volcán Lanín, y los cerros Contra y Los Angeles. En su contorno se encuentran bosques de coihues, flora excepcional en el parque. El recorrido lleva a la bellísima bahía Cañicul, con playas y embarcadero ideal para campings, y Puerto Canoa, con muelle y lugares para acampar. Este lugar posee dos hosterías, el Refugio del Pescador, y en el camino a la Pampa de Ruca Leufú con una espectacular vista a la pared sur del volcán la Hostería Paimún, un exclusivo parador de pescadores, cerca del lago del mismo nombre.

Hacia el noroeste están los lagos *Quillén* y *Tromen* en un paisaje andino de abruptos cerros. El lago Tromen es el camino al paso del mismo nombre que cruza a Chile, en un trayecto de espectacular belleza.

Por la RP234, a 40 km se llega a San Martín de los Andes.

SAN MARTIN DE LOS ANDES

Frente al lago Lácar, envuelta por el anfiteatro natural de sus montañas, entre los bosques y lagos del Parque Nacional Lanín está la hermosa villa de montaña, capital turística de la provincia de Neuquén. Sus atractivos son muchos, ya que es un centro de pesca, caza mayor, esquí, y excursiones lacustres y terrestres de incomparable belleza. Su origen se remonta al fuerte construido en 1883. Actualmente el lugar posee un completísimo abanico de servicios, conectado con Chapelco, un importante centro de esquí, que congrega todos los años en temporada un gran caudal de visitantes. En el centro de la villa se encuentra la Intendencia del Parque Nacional Lanín, donde se puede obtener toda clase de informes para emprender los diferentes paseos.

San Martín de los Andes

Lago Lácar

Enmarcado por bosques de roble pellín, lenga, chiues y ñires, es un magnífico entorno para la práctica de deportes náuticos. En auto se puede hacer un recorrido de aproximadamente 90 km que se inicia con un mirador. El camino que faldea el cerro Curruhinca llega hasta el *Mirador Bandurrias* con maravillosas vistas de casi la totalidad del lago.

Centro de Esquí Chapelco

Está emplazado a 1.250 msnm recostado sobre el lado norte de la cadena Chapelco, cuya cima llega a 2.394 msnm. Con completas instalaciones de confiterías, clubes de esquí, alquiler de equipos y medios de elevación, es uno de los centros de deportes de invierno más importante de la Argentina. En su base se encuentra Los Techos, un encantador parador con restaurante y salón de té donde descansar enfrentando soberbios paisajes.

Parque Nacional Lanín

El parque de 378.000 ha fue creado en 1937, y recorre 137 km de norte a sur, y 40 km de este a oeste. Su superficie encierra varios lagos, y la importancia del parque radica en

la conservación de especies boscosas especiales como la araucaria, el roble pellín y raulí. Estas especies de hojas caducas ofrecen en el otoño paisajes de extraordinario colorido.

Otros atractivos del lugar lo proporcionan su fauna, donde sobresale el ciervo ro-

Centro de esquí Chapelco

Parque Nacional Lanín. Volcán Lanín

jo, siendo la zona un importante centro de caza mayor, con cotos privados que atraen a cazadores de todo el mundo, al igual que la pesca con mosca de las truchas que abundan en los lagos del parque. Por este motivo la región está poblada de pintorescas hosterías y exclusivas estancias.

Paseos desde San Martín de los Andes

Desde San Martín de los Andes se pueden realizar diferentes paseos.

VILLA QUILA QUINA

El recorrido atraviesa una reservación mapuche donde se encuentran los descendientes del cacique Curruhuinca. El camino en permanente zigzag lleva a la villa, un paradisíaco lugar con importantes residencias veraniegas de piedra y troncos. En la entrada se encuentra el muelle sobre el lago Lácar, recostado sobre la imponente pared del cerro Abanico. En las cercanías está la caída de agua mineral, y bordeando el lago un sendero que lleva a encantadoras playas con bellas vistas.

RIO HUA HUM

La entrada al circuito que lleva al paso con Chile del mismo nombre está saliendo del Mirador Bandurrias, y es un recorrido con hermosos bosques en un camino que faldea los cerros Quilanlahue y Malo. Transcurridos 38 km se ingresa al lago Nontué, un poco más adelante está la Hostería Hua Hum sobre el lago. Después del puesto de aduana se llega al lago Queni, en plena selva valdiviana, un bosque húmedo con gran variedad de helechos y líquenes. Continuando por la ruta internacional está el límite con Chile, donde se hacen los trámites para una excursión por el día al lago Pirihueico y al río Hua Hum, donde se practica rafting.

Saliendo de San Martín de los Andes por la RP234 se accede al Parque Nacional Nahuel Huapi pasando por el Lago Traful, y hacia Villa La Angostura en el límite con la provincia de Río Negro. Es el comienzo del Circuito Grande.

Pesca en el lago
Lácar

Pág. opuesta:
Volcán Lanin desde
el Parque Nacional

Lago Traful

En plena cordillera está el lago, con un lugar de camping en Puerto Arrayán. En el ingreso está la Villa Turística, con importantes residencias construidas con los típicos materiales de la región: troncos y piedra. El sector de servicios está cerca del muelle, y en las cercanías dos hosterías donde recalan los pescadores que llegan al lugar. El lugar ofrece variadas excursiones. Un paseo imperdible es el camino que lleva al Mirador del Traful; desde la cima se disfruta de extraordinarias vistas del Parque Nacional. Siguiendo la ruta se llega al *Valle del Traful*, un paradisíaco entorno rodeado de altas montañas con dos espectaculares estancias: La Primavera, actualmente propiedad del magnate norteamericano Ted Turner, y Arroyo Verde, hoy transformada en un refinado hotel adonde llegan viajeros de diferentes partes del mundo a practicar pesca con mosca en los ríos de la zona.

Villa La Angostura

Pasando los lagos *Espejo* y *Correntoso*, se encuentra este importante centro turístico. La villa a orillas del lago Nahuel Huapi esconde pequeñas y encantadoras bahías con exclusivos clubes y hosterías, donde llega turismo internacional de alto nivel.

Villa La Angostura

En los alrededores se encuentra el complejo turístico Bahía Manzano, el tradicional *Country Club Cumelén*, con excelentes canchas de golf y el centro de esquí Cerro Bayo. Desde su mirador a 1.500 msnm se obtienen incomparables vistas sobre casi la totalidad del lago Nahuel Huapi. Muy cerca está *Las Balsas*, exclusiva hostería con embarcadero sobre el lago.

VILLA LA ANGOSTURA

En las primeras décadas del siglo XX nació el pueblo, estimulado su crecimiento por la construcción de Cumelén, obra del prestigioso arquitecto Bustillo. A partir de allí fueron atraídas al lugar personas importantes de la vida económica del país, donde construyeron sus residencias de verano edificadas bajo estrictas normas estéticas. El área comercial, con bancos, correos, restaurantes y confiterías están en el barrio El Cruce, sobre la ruta a Bariloche, que se comunica con el puerto.

Desde la villa se pueden hacer paseos a la Capilla de la Asunción, pintoresca construcción que sigue los lineamientos arqui-

tectónicos de otras tres diseñadas para el Parque Nahuel Huapi. A unos metros está el acceso a El Messidor, la imponente residencia de la provincia que aloja esporádicamente a personalidades políticas, rodeada de un hermoso bosque de coihues.

Puerto Villa La Angostura

Aquí está el antiguo hotel Correntoso sobre un puerto con dos muelles, uno a cada lado del istmo. Desde el lugar se llega a la *península de Quetrihue*, con excursiones a caballo hasta el bosque de Los Arrayanes, y en otro paseo hasta la Laguna Verde, una reserva municipal de flora.

Puente sobre el río Correntoso

Por muchos años fue el más famoso lugar de pesca de truchas con mosca. En la boca del río está el hotel construido en 1922, que sufrió sucesivas reformas, siendo hasta los años 70 la gran concentración turística de la zona. Por un camino de tierra que pasa debajo del puente se llega al lago Correntoso, con balneario y playas frente al bonito lago.

Bordeando el río Limay se llega al bello Valle Encantado.

Viedma

Tomando en Bahía Blanca la RN3, se llega a Viedma, la capital de la provincia. La ruta atraviesa una rápida transición entre la Pampa Seca y la Patagonia, que comienza luego de atravesar el río Colorado. El camino transcurre entre campos medanosos, con sectores de monte virgen. En el kilómetro 95 comienza el sistema de regadío de la región. En el camino se encuentra el *Balneario Laguna La Salada*, apta para bañarse, con algunos servicios de cantina y comestibles. Un poco más adelante está el pueblo *Pedro Luro*, importante localidad de regadío del valle inferior del río Colorado. Fue importante toldería indígena, y hoy es paseo obligado para visitar la tumba de *Ceferino Namuncurá*, la iglesia de *María Auxiliadora*, el *Fortín Mercedes* y el hotel *Terma Los Gauchos*, con un pozo surgente de aguas yodadas a 80°C.

VIEDMA

La capital de la provincia y Carmen de Patagones están enfrentadas y separadas por el río Negro. Nacieron simultáneamente en 1779 y se comunican entre sí con lanchas de pasajeros.

Para iniciar una visita a Viedma, una ciudad de servicios y preponderantemente administrativa, se aconseja un recorrido a pie que comienza en los cuidados jardines que enfrentan los bancos y el Ministerio de Hacienda. Más adelante está la *Residencia de los Gobernadores*, de estilo renacimiento, y luego la *Casa de Gobierno*, de principios del siglo XX, en estilo francés. Enfrente está el *Museo Gobernador Eugenio Tello*, primitiva municipalidad de Viedma, que atesora la más importante biblioteca de temas patagónicos. El importante *Centro Cultural Salesiano* es de 1887, y fue la primera biblioteca pública de la Patagonia.

Siguiendo el recorrido está la interesante exposición didáctica del *Museo del Agua y del Suelo* y el *Museo Cardenal Cagliero*, de fines del siglo XIX, con capilla decorada y tres salas. La *Catedral de la Merced* es de 1912, y fue construida por religiosos salesianos. El paseo termina en la costanera, donde se encuentra el Balneario Municipal, con buenas playas, siempre muy concurridas.

Cruzando a **Carmen de Patagones**, la última ciudad de la provincia de Buenos

Aires, se puede disfrutar de su entorno que conserva un patrimonio de casas antiguas recuperadas enfrentando el río, reflejadas en los paisajes del pintor Alcides Bigatti. En una rápida visita se puede conocer el *Museo Histórico Regional Carmen de Patagones*, *Torre del Fuerte*, iglesia parroquial *Nuestra Señora del Carmen*, *casa de Tahona* y *La Carlota*, un rancho colonial.

Desde Viedma siguiendo la costa se pueden hacer dos excursiones. Al balneario *El Cóndor*, una villa turística con completos servicios frente a playas de suave declive y arenas finas.

Reserva Faunística Provincial Punta Bermeja. Conocida como La Lobería, en una zona de acantilados y piletas naturales de agua salada, está esta importante colonia de lobos marinos. En el lugar hay un Centro de Interpretación Faunística.

A San Antonio Oeste y Las Grutas

Es un camino costero por la RP1, paralelo al mar, acompañado por costas acantiladas y medanosas, caletas y marismas. En la ruta se abren impresionantes panoramas, como *Bahía Rosas*, de arenosas playas, desde donde se avistan los veloces trazos de las toninas y delfines. *Bahía Creek*, magnífico escenario de playas y acantilados. *Caleta Los Loros*, área natural protegida de la provincia, con playas, mamíferos y avifauna, ya sobre el golfo San Matías.

En el kilómetro 190 comienza la sucesión de magníficas y amplias playas.

SAN ANTONIO OESTE

El puerto está levantado sobre la caleta con forma de saco que da al golfo San Matías. Fue Hernando de Magallanes el primero en recorrer la zona recalando con su flota en el lugar un 18 de febrero, día de San Matías, de allí su nombre. El golfo fue conocido por todos los navegantes que surcaron esas aguas, y su historia es riquísima en expediciones pobladoras que pasaron por el lugar en diferentes siglos. Navegantes y científicos conocieron este sitio como el mejor puerto natural del litoral argentino. A fines del siglo XIX la zona comenzó a generar un notable movimiento maríti-

Playas patagónicas

mo, pero en el entonces llamado Puerto del Este, antiguo Saco Viejo, convirtiéndose en un puerto de embarque de lanas y frutos de la zona. Tuvo subprefectura marítima, faro, telégrafo y una concentración de fuertes firmas acopiadoras.

San Antonio Oeste nació alrededor de 1905, por ser geográficamente más cómoda para el tráfico de carretas que llegaban del sur. El enlace ferroviario del lugar con San Carlos de Bariloche –en una monumental obra que comenzó en 1908 atravesando mesetas, hasta llegar a Nahuel Huapi en 1934, sumado al último tramo ferroviario con Viedma a partir del cual se pudo viajar desde Plaza Constitución (Buenos Aires) a Bariloche– marcó la declinación del puerto, que fue reemplazado por los puertos de Bahía Blanca.

En un paseo por la ciudad se puede conocer la residencia del ingeniero Guido Jacobacci, artífice de la obra ferroviaria, el balneario Municipal y la Galme Pesquera, un típico puerto pesquero. El camino costero lleva a las bellas playas *La Baliza*, *El Molino*, *La Bomba* y *La Conchilla*. A 59

Las Grutas

km está San Antonio Este. El puerto fue abandonado en 1905. Actualmente nuevas instalaciones convierten el lugar en el principal puerto frutero del país.

LAS GRUTAS

Hoy es el principal balneario de toda la Patagonia. A 12 km de San Antonio Oeste, y dentro del *golfo San Matías*, se ha convertido en los últimos años en un lugar de gran crecimiento, con importantes emprendimientos en el área residencial, edificaciones turísticas de estilo mediterráneo y completo núcleo de servicios con campings, casino, restaurantes y una activa vida nocturna. En enero se lleva a cabo la *Fiesta del Golfo Azul*. Sus playas acantiladas con cálidas aguas oceánicas a 20°C, de una increíble transparencia, son especiales para practicar buceo. En la zona es posible avistar ballenas blancas.

En su costanera se encuentra la *Playa Central* de 2.500 m en declive, y de arenas doradas. Los acantilados del entorno tienen peculiares grutas formadas por el tiempo y el agua, que dieron el nombre al lugar.

Camino a Bariloche

Desde San Antonio Oeste se llega a San Carlos de Bariloche por la RN23. Este interesante camino transita la "línea Sur", paralela al tradicional recorrido del ferrocarril, atravesando una ruta que va ascendiendo desde la costa atlántica atravesando mesetas patagónicas, hasta enfrentarse con la cordillera de los Andes.

El viaje comienza por un sector de vegetación achaparrada, con lejanas vistas a mesetas que son el límite norte del *Area Natural Protegida de Río Negro*. Conocida como la meseta de Somuncurá, de 1.600.000 ha, es una de las tres más grandes del país. Es una altiplanicie basáltica con formaciones volcánicas, sierras y cerros, algunos de hasta 1.770 m de altura. En estas grandes soledades se han desarrollado en los últimos años excursiones de ecoturismo, muy apreciadas por los amantes de la naturaleza en estado puro.

Continuando el recorrido, en el kilómetro 102 está el pueblo de **Valcheta**, un tradicional oasis conocido desde tiempos inmemoriales por los indígenas de la región. Con un arroyo, jardines y abundante arboleda, es un lugar ideal de descanso para el viajero. En junio en el lugar se festeja la *Fiesta de la Matra*, una variante de tapiz tejido en telar, pero de gruesa textura. Se puede visitar el *Museo Regional de Valcheta*, donde se destacan huevos fosilizados de dinosaurios.

Más adelante y sucesivamente están los poblados de *Ministro Ramos Mexia, Sierra Colorada* y *Los Menucos*. El entorno sigue siendo de monte achaparrado con algunas sierras de color rojizo. Antes de llegar a **Ingeniero Jacobacci** se encuentra *Aguada de Guerra*, lugar de crianza de caprinos donde todos los años, en el mes de abril, se celebra la *Fiesta de la Cabra*. Unos 35 km más adelante se divisa el característico cerro Abanico, en cuyas inmediaciones se encuentra el pueblo de **Maquinchao**, con la estancia del mismo nombre de 1890, de origen inglés.

San Carlos de Bariloche.
Lago Nahuel Huapi

Ingeniero Jacobacci.
La Trochita

Ingeniero Jacobacci

Bautizado así en homenaje al ingeniero italiano responsable de la obra del ferrocarril de San Antonio Oeste a San Carlos de Bariloche, es el principal centro de servicios de la Línea Sur. Instalado en medio de mesetas escalonadas, su clima es riguroso. Es un importante centro acopiador de lanas y cueros silvestres, y es lugar de reunión de agrupaciones mapuches.

La gran atracción turística del poblado es el ferrocarril *La Trochita*. El peculiar tren es uno de los cinco en su tipo que funcionan en el mundo. Su particularidad reside en el ancho de trocha de 75 cm, los pequeños vagones y la locomotora a vapor. Hace el trayecto de Jacobacci a Esquel zigzagueando por un recorrido de 401 km, con 620 curvas, en 14 horas. Es una experiencia inolvidable hacer la travesía completa, o en Esquel realizar el recorrido turístico.

Se puede visitar el *Museo Naturalístico, Antropológico e Histórico Jorge H. Gernhold* y la plaza de *Troncos Fósiles*.

Retomando la RN23 se atraviesa el pequeño poblado de **Clemente Onelli** a 1.080 msnm, llamado así en homenaje al primer director del Jardín Zoológico de Buenos Aires. Desde el pueblo sale un camino de 50 km a la reserva indígena de la familia Prafil, cerca del cerro Anecón Grande de 2.010 metros sobre el nivel del mar.

anuales. Su aeropuerto internacional, el fe-rrocarril, las rutas asfaltadas, y su comunicación con el sur de Chile hacen de Bariloche un centro fundamental de la Patagonia.

El primer asentamiento, del cual no quedan vestigios, fue la misión jesuítica del Nahuel Huapi. A fines del siglo XIX llegó al lago Francisco Moreno, izando por primera vez la bandera argentina en el lugar. Por su destacada labor en la zona a lo largo de años, se lo designó perito en el arbitraje de límites con Chile.

San Carlos de Bariloche fue fundada en 1903. La característica arquitectura de la ciudad tiene su más bello ejemplo en el *Centro Cívico (MHN)*, con su pintoresco estilo de bonitas construcciones en piedra inspirado en la urbanización de Berna, Suiza. El complejo, lugar de concentración de turistas y residentes, tiene formas abiertas hacia el lago. En el sitio se encuentran la plaza Expediciones del Desierto, con el monumento ecuestre del general Julio A. Roca, la Intendencia del Parque Nacional Nahuel Huapi y la Municipalidad, con su llamativa torre-reloj. En la recova peatonal se encuentra la Secretaría Municipal de Turismo, la Intendencia de Parques Nacionales y el Museo de la Patagonia Perito Moreno.

La principal arteria comercial es la calle Mitre, donde predominan las construcciones bajas con fachadas de madera. En la zona hay numerosos comercios, galerías comerciales, agencias de turismo, cafés, bares y restaurantes, así como hoteles y hosterías, y un importante casino. En el circuito está la capilla de la *Inmaculada Concepción (MHN)*, instalada en una subida con mirador hacia el centro, y la Iglesia Catedral, de 1905, construida en madera.

Más información

Secretaría Provincial de Turismo
Emilio Frey y avenida
12 de octubre 605
S.C. de Bariloche
Tel: (02944) 423188/9

San Carlos de Bariloche

Siguiendo el camino con cañadones y serranías se llega a **Comallo**, un pueblito al pie del cerro La Cruz con completos servicios. El paisaje serrano, veteado de turquesa por la presencia de sales de cobre, lleva a *Pilcaniyeu*, una villa con construcciones revestidas en piedra toba. Unos 50 km más adelante comienzan a aparecer interesantes serranías de erosión, de color rojizo y caprichosas formas, antes de acceder al último tramo del trayecto que lleva hasta la estación de ferrocarril Perito Moreno. Avanzando en permanente subida se llega a la estancia San Ramón, desde allí se ve a lo lejos el lago Nahuel Huapi.

SAN CARLOS DE BARILOCHE

Segundo polo turístico de la Argentina, con una temporada que ocupa casi todo el año, donde se alterna playas y nieve, el lugar concentra más de 500.000 visitantes

San Carlos de
Bariloche.
Centro Cívico

Sobre la calle Moreno encontramos dos llamativas construcciones: Casa Marciani, antiguo almacén de ramos generales, y casi contigua la Vivienda Esperanza, cuyo propietario, el carpintero Capraro, construyó de manera artesanal en madera de ciprés.

En la costanera de la ciudad está la Iglesia Catedral, de estilo neogótico, obra del arquitecto Bustillo, y el Puerto San Carlos, el lugar desde donde se emprenden los paseos lacustres.

Abierta a viajeros de todas partes del mundo, Bariloche cuenta con una intensa vida artística y cultural, donde sobresale el famoso Camping Musical y la Camerata Bariloche.

El bosque de arrayanes

Uno de los paseos lacustres más interesantes es el que lleva al Parque Nacional Los Arrayanes, en la península de Quetrihué, a través de la isla Victoria. El bosque natural, con ejemplares centenarios de singular colorido anaranjado-canela y retorcidas formas, es una escenografía de gran belleza. Walt Disney, que visitó el bosque en los años 30, fue inspirado por el lugar, usándolo como un decorado natural del recordado filme "Fantasía".
Al parque se puede llegar también desde Villa La Angostura, en lancha, a pie o a caballo.

CIRCUITO CHICO

Saliendo del Centro Cívico, por la avenida Exequiel Bustillo se encuentra una importante fábrica de chocolates, producto típico de la zona. El camino transcurre bordeando el lago junto a las laderas del cerro Runge, con bosques de coihues y cipreses, llegando al barrio Melipal, con graciosos chalets y cuidados jardines. Enfrente está el Club Náutico de San Carlos de Bariloche que alberga gran cantidad de embarcaciones.

Continuando el circuito aparecen vistas a la *península Huemul*, antes de llegar al *teleférico Cerro Otto*. Emplazado en una base de hormigón, con pequeñas góndolas para 4 personas, llega a la confitería giratoria de la cumbre del cerro Otto a 1.405 msnm, con magníficas vistas al lago y sus brazos, costas y la imponente cordillera.

Al retomar el camino está el hotel La Cascada, excepcional residencia con un bello parque que da al lago. En ella se alojaron importantes personalidades mundiales. Muy próxima se halla *Playa Bonita*, un sitio donde en verano se realizan deportes náuticos. Desde su muelle, antiguamente el más importante del lago, se emprende la excursión a la *isla Huemul*, donde están las instalaciones de lo que fuera un centro atómico, hoy abandonado.

Después del primer desvío al cerro Catedral, está la capilla de San Ignacio. En las proximidades se encuentra el *Centro Atómico Bariloche* e *Instituto Balseiro* donde funciona la Escuela de Ingeniería Nuclear. El instituto es reconocido internacionalmente por su calidad de formación.

Al cruzar el puente sobre el arroyo Gutiérrez, sale un desvío al cerro Catedral, que ofrece una variante del circuito por la orilla sur del lago Moreno. Allí está el hotel *El Casco*, por muchos años el más exclusivo de la zona. En sus reducidas dimensiones la familia von Ellrichshausen, armó un ambiente de refinada decoración con una renombrada cocina difundida en varios libros. Un poco más adelante se llega a *Bahía Serena*, un sitio ideal para practicar actividades náuticas, especialmente windsurf. Tiene la única playa de arena del circuito, y en el entorno hay una hostería y están las instalaciones del Jockey Club, con un hipódromo y boxes para caballos.

Datos útiles

Obtenga más
información sobre
la ciudad
en la página

343

San Carlos de
Bariloche.
Lago Nahuel Huapi

Lago Nahuel Huapi

Desde aquí el circuito se interna en un paisaje de bosques nativos, y comienzan las vistas al *Brazo Campanario* y *Península San Pedro*, pobladas de importantes residencias con inmensos parques. El camino va faldeando las laderas del *cerro Campanario,* de 1.050 m de altitud, pasando por el acceso a la aerosilla. Esta llega hasta la cumbre del mismo donde hay una confitería, con espléndidas vistas sobre casi todo el lago Nahuel Huapi, lago Moreno y entorno.

Ingresando a la zona de Llao-Llao, se encuentra el exclusivo *hotel Tunquelén,* emplazado en un amplio parque de 7 hectáreas, y la capilla de San Eduardo en total armonía con el *hotel Llao-Llao.* El hotel, instalado en un excepcional punto panorámico hacia el lago Moreno y al monte Tronador, es una monumental obra de armónica arquitectura con 164 habitaciones y suites de lujo, cancha de golf, caballerizas, canchas de tenis y pileta de natación climatizada.

Enfrentando el hotel está *Puerto Pañuelo,* punto de partida de las excursiones lacustres sobre el lago Nahuel Huapi, la isla Victoria y del cruce a Chile. Recorriendo la pequeña península, atravesando bellos jardines, se llega al *Camping Musical,* una institución que nació en 1949 a instancias de Máximo y Linda Rautenstrauch, creando un centro para músicos con cursos de verano. En 1962 se abrió el curso especializado en Música de Cámara, y en 1966 se conformó la Camerata Bariloche, prestigioso grupo musical nacional. Ambos emprendimientos están apoyados por la Fundación Bariloche, un organismo dedicado a la investigación y aplicación de la ciencia y el arte.

Desde aquí el recorrido se hace por un espeso bosque de coihue y caña colihue hasta *Bahía López.* Es la *Reserva Municipal del Bosque de Llao-Llao.* La villa residencial Villa Tacul está en pleno bosque, y en verano se puede acceder a su playa de arena. Continuando el camino hacia la izquierda está el lago Moreno, y aparecen las cumbres de los cerros *López* y *Capillita.*

Emprendiendo el camino de regreso del Circuito Chico se llega al puente La Angostura, que en unos pocos metros une los lagos Moreno y Nahuel Huapi. En un entorno de arrayanes y orillas de transparentes aguas, el área de la extensa península Llao-Llao conserva su entorno original, al margen de los loteos que cambiaron los paisajes de los alrededores de Bariloche.

En el kilómetro 40 se llega al *Punto Panorámico,* un mirador de altura en uno de los lugares más bellos del Circuito Chico, desde donde en una visión de 180° se puede ver todo el recorrido realizado, en un panorama que abarca el *lago Moreno, hotel Llao-Llao, Puerto Pañuelo, lago Nahuel Huapi* e *Isla Victoria.*

CERRO CATEDRAL

Es el más grande y más completo centro

de esquí de América del Sur. En su base se encuentra la villa con las sedes de los clubes y la escuelas de esquí, chalets residenciales, hoteles y una importante infraestructura de servicios. El estilo arquitectónico imperante es el montañés centroeuropeo. Ubicado en la ladera oeste del cerro Catedral, la base está a 1.050 msnm y las pistas trepan hasta los 2.000 metros de altura. El lugar cuenta con 2 aerosillas, 31 medios de elevación y un cable carril. En el recorrido de las pistas están instaladas varias confiterías, quioscos y restaurantes.

Próximo al cerro Catedral está el *lago Gutiérrez*, con una villa en un encantador entorno de bosques de coihues y cipreses. En el camino que bordea el lago está Villa Arelauquén, con cancha de golf y un exclusivo club, y siguiendo sus costas se encuentran campings, restaurantes y casas de té. En el extremo sur se accede al camino que lleva al lago Mascardi.

Lago Mascardi

Por Villa Mascardi se accede a este lago en forma de herradura y al Brazo Tronador, de gran belleza. Desde el muelle sale la excursión lacustre al monte Tronador, que combina lancha y ómnibus para conocer el valle del Manso Superior, Pampa Linda y Los Ventisqueros.

Por la RN258 se llega al lago Guillelmo y luego de atravesar el puente el camino se dirige al Tronador en paisaje de bosques de ciprés, maitén y retamo, poblados de campamentos de verano, universitarios y religiosos. En el lugar hay esporádicas vistas del cerro Catedral Sur y la Torre Catedral de 2.388 m. A lo lejos aparecen los cerros Bonete y Cresta de Gallo. Más adelante está el Mirador, un balcón natural con un imponente paisaje hacia el Brazo Tronador del lago Mascardi, con increíbles colores que tiñen el lago, y siguiendo el camino el hotel Tronador, que posee tres edificios construidos en troncos rústicos, rodeados de un amplio jardín.

El paseo se completa con una visita al *Valle del río Manso Superior*, en un amplio valle glaciar, rodeado por formaciones rocosas, con un extraordinario mirador. Desde aquí se accede a Pampa Linda, con una hostería de rústica construcción en troncos, frecuentada por excursionistas y andinistas.

El camino se acerca al monte Tronador atravesando el *Ventisquero del Manso* o *Ventisquero Negro*, un glaciar que desprende enormes bloques produciendo una enorme "cascada de hielo", especialmente en verano. En este punto se está muy cerca del monte Tronador, pero sus laderas superiores y su cumbre no se ven desde aquí. La cima del Tronador tiene tres cumbres: pico Chileno, Argentino e Internacional.

San Carlos de Bariloche. Centro de esquí Cerro Catedral

El Bolsón

Desde Bariloche hasta El Bolsón se recorre un camino rodeado de altas cordilleras, con bellos lagos cordilleranos, atravesando valles transversales cuyos ríos desaguan en el Pacífico. Saliendo por la RN258 en dirección al lago Guillelmo, se llega al *valle del río Villegas*, con hermosas vistas hacia el cerro de Tres Picos, al sur del lago Puelo.

En el kilómetro 66 hay un desvío de 2 km que lleva al mirador de los *lagos Steffen* y *Martín*, con una magnífica vista al profundo valle y los lagos, rodeados de macizos rocosos donde sobresale el Bastión de 2.120 m y bosques vírgenes. El camino que lleva a los lagos es dificultoso, con caminos de cornisa y descensos en zigzag, especial para vehículos 4x4. En la zona está el legendario *cañadón de la Mosca*.

Retomando la ruta se encuentra el pequeño poblado de **El Foyel**, quien fue un famoso cacique indígena. El lugar tiene servicios, escuela, capilla y dos confiterías. Un lugar especial para descansar y disfrutar del entorno con espléndidas vistas hacia los cerros Perito Moreno y Hielo Azul.

El camino sigue en una gran amplitud con el marco de los cerros Fortaleza, catedral y el Cordón Serrucho, y desciende en zigzag al *valle del río Foyel*.

Llegando a El Bolsón está la *cascada de la Virgen*, que desciende impetuosa por las laderas del Cordón Serrucho. A la izquierda sale el camino a El Maitén.

EL BOLSON

Es una pintoresca población ubicada en la margen del río Quemquemtreu, sobre el fértil Valle Nuevo, rodeada por los cerros de la Loma del Medio y el cordón Pilquitrón. Su microclima y la altura promedio del valle lo convierte en una población netamente agrícola. En un marco de chacras, campiñas y verdes cerros, con arroyos y cascadas, el lugar es un paraíso para los amantes de la ecología y el agroturismo. El pueblo, con casas mayoritariamente edificadas en piedra con techos de tejuelas de ciprés, es un gran productor frutícola, siendo la frutilla, frambuesa, cereza, lúpulo, grosella, saúco y la rosa mosqueta las variedades más cultivadas en el lugar. Con una población de especiales características, donde abundan los artesanos y gente que llegó al lugar para apartarse de la civilización, su influencia sobre la arquitectura, la vestimenta y el estilo de vida general es muy notoria.

Desde el Bolsón se llega al *Mirador Cerro Piltriquitón*, *Mirador Cabeza de Indio*, *Cascada de Mallín Ahogado* y *Cascada Escondida*. También se accede al Parque Nacional Lago Puelo y a Epuyén, en la provincia del Chubut.

Alto Valle del Río Negro

El viaje es un recorrido de 90 km, desde la ciudad de Neuquén hasta el principal centro de agroindustria de la provincia y uno de los más importantes del país. Su notable producción frutícola, especialmente peras y manzanas, provee al mercado nacional y es reconocida mundialmente generando un permanente perfil exportador de estos productos. En los últimos tiempos se han agregado los viñedos del valle cuyos vinos varietales comienzan a ser reconocidos entre los mejores de la Argentina. Los tres principales núcleos productivos se concentran alrededor de Cipolletti, general Roca y Villa Regina.

CIPOLLETTI
El fuerte fundado en 1881 por el general Vintter se llamó primitivamente Confluencia, para cambiar posteriormente su nombre, en homenaje al ingeniero italiano César Cipolletti, quien realizó importantes estudios de la regulación de los ríos de la región y de Mendoza. En la moderna ciudad, que concentra gran poderío económico, se puede visitar el Museo Provincial Carlos Ameghino, con importantes testimonios paleontológicos y de arqueología, y el Fortín Primera División, un museo histórico sobre la campaña del desierto. En los alrededores se encuentran importantes establecimientos de producción frutícola, así como las bodegas y viñedos Canale, productor de reconocidos vinos, especialmente de uvas "semillón blanc" y "cabernet sauvignon" . El lugar tiene un interesante museo de la bodega.

GENERAL ROCA
Es la ciudad más grande de Río Negro, junto a Bariloche. Fue el primer núcleo urbano del Alto Valle, a partir de un asentamiento militar. La pujante ciudad conservó sólo cuatro edificios antiguos: el del desaparecido banco de Río Negro y Neuquén, la casa Salgado, la ex librería Carvajal y el ex Correo, una peculiar construcción en estilo andino. Aquí se celebra anualmente la Fiesta Nacional de la Manzana, en el mes de marzo. La ciudad ofrece visitas al Museo Regional Lorenzo Vintter con cuatro salas dedicadas a la conquista del desierto, la catedral Nuestra Señora del Carmen, la Casa de la Cultura y el Paseo del Canalito, donde en verano se ofrecen espectáculos musicales y de teatro.

VILLA REGINA
Fue un importante asentamiento de la inmigración italiana de la primera posguerra. El nombre es un homenaje a Regina Pacini, esposa del presidente Marcelo Torcuato de Alvear, que fuera una conocida cantante lírica italiana. La ciudad, de trazado irregular, atraviesa chacras, bodegas y empacadoras de frutas, en las cercanías del río Negro. En su entorno, con gráciles álamos, que protegen el valle de los vientos de la zona, se encuentra el balneario y camping Isla 58, con deportes náuticos y el acceso a la balsa que recorre la costa del río. El lugar es el punto de detención de la regata de kayacs Neuquén-Viedma, la más larga del mundo. También se puede conocer la cooperativa La Reginense, un centro de colonos de la zona, elaboradora de las mejores sidras del país. Saliendo, está el anfiteatro donde todos los años se lleva a cabo la Fiesta Provincial de la Vendimia. Otros lugares de interés son el mirador Indio Comahue con bellas vistas panorámicas sobre el valle, y la Champagnera, sitio de agroturismo donde conocer el proceso de elaboración del champagne.

Rawson y la costa atlántica

La moderna ciudad está emplazada sobre la costa del océano Atlántico. Fue fundada por el comandante Julián Murga el 15 de setiembre de 1865. Primer conglomerado urbano de la colonización galesa, hoy es un importante centro pesquero del litoral marítimo argentino. Las barcas que se dedican a la pesca dan un especial colorido a la zona portuaria. En los restaurantes del lugar se pueden degustar variados platos con la pesca del día. Rawson tiene también industrias de hilados sintéticos, metalúrgicas y de la construcción. Anualmente, desde el 31 de enero al 6 de febrero se celebra la Fiesta Nacional del Atlántico Sur, y el 28 de julio, la llegada de los colonos galeses en 1865, con el típico té galés y concursos corales.

En la ciudad se visita la *Capilla Histórica Galesa*, conocida como *"Capel Berwyn"*, y los museos *Regional Salesiano*, de *Rescate Histórico de la Ciudad* y de la *Ciudad*. El *Parque Recreativo General San Martín*, rodeado de una añosa arboleda, posee un zoológico con fauna autóctona y exótica, parque infantil y las reproducciones del velero Mimosa y de la Capilla San José. En los alrededores se encuentra Playa Unión, una pintoresca villa veraniega ubicada sobre la costa atlántica.

Desde la capital se llega por la RP1 hasta Punta Tombo en un camino rodeado de lomadas medanosas, con el mar siempre presente en la lejanía.

Pingüinera de Punta Tombo

Es *Area Natural Protegida de la Provincia de Chubut*. En la punta de rojizas rocas de 600 m de ancho, que penetran por más de 3 km en el mar, anidan los pingüinos. Se

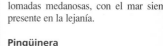

los puede observar caminando entre ellos y los miles de nidos del lugar. Los mansos animales, con su cómico andar y la impresión de su permanente "traje de etiqueta", despiertan una inmediata simpatía. La especie que habita en el sitio es el pingüino de Magallanes, característica del extremo sur de Sudamérica, costas de océanos Atlántico y Pacífico. Junto al pingüino de Humboldt, del Pacífico y el de las Galápagos, es el que vive en latitud más al norte.

La misma ruta lleva a Camarones, un tranquilo pueblo marino, en la bahía del mismo nombre. Con un pequeño puerto pesquero e instalaciones para la cosecha de algas marinas, en el lugar se celebra en febrero la Fiesta del Salmón. La zona está poblada de estancias ovejeras, productoras de la preciada lana patagónica.

En las inmediaciones está la agreste *playa Elola* y la *caleta Sara*, antes de llegar a la *Reserva Faunística Cabo Dos Bahías* con la lobería de ejemplares de dos pelos. La zona está poblada por gran cantidad de guanacos. Por la RN3 se llega hasta Comodoro Rivadavia.

TRELEW

Nació en 1884. El nombre, que en galés significa *"pueblo de Luis"*, le fue dado en homenaje a Lewis Jones, su fundador. Fue uno de los líderes del movimiento colonizador, creador del primer periódico patagónico, y constructor del ferrocarril de Trelew a Puerto Madryn.

Pingüinera Punta Tombo

Situada sobre la margen izquierda del río Chubut inferior, Trelew es una activa ciudad y centro comercial de la zona. Posee una importante infraestructura turística, con numerosos hoteles, confiterías, comercios y lugares nocturnos.

En la ciudad se puede conocer el *Museo Regional Pueblo de Luis (MHN)* de 1889. Instalado en la antigua terminal del ferrocarril muestra la historia del ferrocarril y objetos de la colonización galesa; *Museo Paleontológico*, con importantes piezas fósiles de la Patagonia de más de 300 millones de años; la *Capilla Tabernac* de 1889; *Salón San David*, sede cultural de la colectividad galesa, y el *cementerio Moriah*, donde se encuentran las tumbas de los primeros colonos. El 28 de julio se celebra la llegada de los colonizadores, y anualmente se festeja el *Eistedvod*, un evento de origen galés donde compiten músicos y poetas.

Saliendo de Trelew por la rotonda, haciendo 20 km se accede a la capital de la provincia a través del puente metálico sobre el río Chubut.

Más información

Secretaría de Turismo y Areas Protegidas
9 de Julio 280
Tel: (02965)
481113/5271/72/74
L a V de 7 a 13.
www.patagoniachubutur.com.ar

Estancia chubutense

Puerto Madryn

Puerto Madryn.
Playas y meseta

Saliendo de San Antonio Oeste por la RN3, el camino recorre un paisaje de mesetas acompañado por vegetación rala, paralelo a las costas del Mar Argentino. Es un extenso trayecto que lleva a la extraordinaria zona de Puerto Madryn, con el monumento natural y ecológico de la península Valdés, pasando por la capital de la provincia hasta llegar a Comodoro Rivadavia, importante polo petrolero de la Argentina.

Atravesando las sierras de Pailemán, comienza a aparecer el perfil de la Sierra Grande y luego aparece la meseta de Somuncurá, un área de reserva provincial rionegrina. Pasando Sierra Grande, una población de tradición minera donde se puede visitar un yacimiento ferrífero y el bello balneario Playas Doradas, únicas de su tipo en el país, a 44 km se ingresa en la provincia de Chubut.

La ruta emprende una larga recta de 116 km hasta atravesar la RP2 que lleva a la península Valdés y muy próxima se encuentra Puerto Madryn.

PUERTO MADRYN

Situada sobre el golfo Nuevo, rodeada de médanos, está la pujante ciudad patagónica. Sus orígenes se deben a la colonización galesa que llegó a estas costas en la goleta *"Mimosa"* en 1865, para asentarse definitivamente en la zona. Actualmente es un núcleo carretero y puerto de escala de buques de carga y pasajeros (cruceros). La moderna ciudad cuenta con residencias en la costa que enfrentan los amplios horizontes oceánicos. Llamada "capital subacuática argentina", cuenta con varias amplias playas de agua serena y de gran transparencia a 17°C en verano, lo que permite la penetración solar hasta una profundidad de 70 m, ideal para el buceo, la exploración, tomas fotográficas y filmación submarina. La pesca deportiva se realiza desde un muelle de 500 m de longitud.

Desde sus balnearios, con completos servicios, se practica windsurf, canotaje, navegación a vela, avistaje de ballenas y el bautismo submarino.

En la ciudad se puede visitar el *Museo Provincial de Ciencias Naturales y Oceanográfico, Museo de Arte Moderno, Universidad Nacional de la Patagonia,* cuya carrera principal es biología marina, y las importantes instalaciones de Aluar, una planta de aluminio.

A 4 km está Punta Cuevas, el punto de desembarco de los colonizadores galeses, con el monumento al indio y una extraordinaria panorámica del mar. Otro paseo lleva a la Reserva Provincial de Punta Loma, un área protegida de acantilados, con una importante población de lobos marinos de un pelo.

Saliendo de Puerto Madryn se llega al istmo Ameghino, una angosta faja de 35 km de extensión, que separa los golfos de San José y Nuevo, desde donde se accede a

la *isla de los Pájaros,* declarada zona intangible. Situada dentro del *Parque Marino Provincial Golfo San José,* el islote posee un mirador con binoculares de veinte aumentos. En el lugar habita por un tiempo la ballena franca, y es habitualmente recorrida por científicos. Una importante avifauna del litoral anida en los acantilados. Hay gaviotas, albatros, petreles, cormoranes, pelícanos y biguás, entre otras.

Isla de los Pájaros

Alrededores de Puerto Madryn

Península Valdés

Al llegar al portal de acceso a la *Reserva Integral Península Valdés*, se paga la entrada a la misma. Allí se visita el *Centro de Interpretación F. Ameghino* y *Museo Regional Fuerte San José*, con objetos representativos de la zona, y fotos y documentos sobre la fauna acuática y terrestre de la región. Desde el mirador se obtiene una asombrosa vista de ambos lados del mar simultáneamente. Pasando el casco de la estancia La Adela se entra en la península, que debe su nombre a un ministro de la marina española. El sorprendente accidente geográfico, casi una isla que avanza alrededor de 80 km hacia el mar, fue declarada

Reserva Provincial en 1982.
A la derecha del extraordinario monumento natural aparece *Puerto Pirámides*, un pequeño poblado marítimo, antiguo fondeadero, donde se encuentra una escuela, puesto sanitario y la vieja capilla de zinc. En su resguardada bahía alberga una bonita costa con playas y camping. Aquí llegan visitantes del país y extranjeros para observar la ballena franca. Los operadores turísticos del lugar organizan paseos de una hora en potentes lanchas y catamaranes, convenientemente provistos de chalecos salvavidas, en un inolvidable paseo de aventura. Desde Puerto Pirámides se llega a la lobería del mismo nombre, en un panorama natural de importantes acantilados hasta llegar al balcón que da a la colonia de lobos. En el Circuito Chico se llega a la *Elefantería* y *Lobería Punta Cantor*.

Por el Circuito Grande se va a *Punta Pardelas*, donde se practica buceo, a la *Reserva Natural Punta Norte*, elefantería y lobería, llegando a la *Reserva Natural Turística Punta Delgada*, con lobería y faro. En el lugar hay un hotel en la reciclada ex guarnición militar, lugar visitado por extranjeros y argentinos. Entre estas reservas naturales se encuentra la *Reserva Natural Turística Caleta Valdés*, con elefantería.

Los golfos *San José* y *Nuevo* son Parque Marino Provincial y Reserva Faunística Provincial, respectivamente; a ellos llega puntualmente en el mes de mayo la ballena franca, declarada Monumento Natural Nacional.

Comodoro Rivadavia

Desde la península Valdés, retomando la RN3 en dirección a Trelew, por un camino recto con vistas panorámicas al valle, se llega a una rotonda luego de transitar 63 km. A la derecha se entra a la ciudad.

Comodoro Rivadavia. El petróleo

Es una moderna ciudad petrolera, con un importante movimiento generado por los próximos yacimientos y las industrias petroquímicas derivadas que pueblan la zona. Fue fundada en 1901 por Francisco Pietrobelli, poblador del lugar. El tráfico de su aeropuerto, los caminos y su puerto de 17 pies de calado para servir al movimiento petrolero, crean una intensa vida comercial. El 13 de diciembre de 1907 se encontró petróleo en el lugar, cuando se buscaba agua para la población. Fue José Fuchs el protagonista del hallazgo. Anualmente se celebra en ese día la *Fiesta Nacional del Petróleo*. La ciudad es también cabecera del Corredor Bioceánico que une de este a oeste al océano Atlántico con el océano Pacífico.

Gaiman. Antigua estación de tren

En el lugar se encuentra la *Universidad Nacional de la Patagonia*, y lugares de interés como los museos *Regional Patagónico Profesor Antonio Garcés* y el *Histórico Gral. Mosconi*. Desde la ciudad se pueden visitar los cerros vecinos y las costas donde se practica pesca deportiva. También, con permiso previo, las instalaciones de

Gaiman

A 16 km de Trelew se encuentra esta localidad emplazada en las márgenes del río Chubut, donde se asentaron desde 1874 colonos galeses conservando sus antiguas tradiciones. Famosa por sus casas de té, donde degustar su exquisita repostería con recetas conservadas desde la inmigración, tiene también lugares de interés turístico donde sobresalen las pintorescas capillas galesas de ladrillo de los alrededores. En una visita se puede conocer el *Museo Histórico Regional*, con documentos, fotografías y objetos de la época de la colonización, y el *Parque Paleontológico Bryn Gwyn*, donde se pueden observar interesantes restos fósiles.

El pueblo, importante industrializador de algas marinas, celebra todos los años la festividad conocida como Eistedvod de la Juventud.

YPF, y a 3 km General Mosconi, donde se halla el pozo que marca el hallazgo de petróleo en la zona, con un Museo del Petróleo. A 14 km está *Rada Tilly* con extensas playas enmarcadas por cerros. Posee balnearios, restaurantes, discotecas, casino y camping. A 18 km se llega a Parque Eóli-

co, con molinos de viento que generan electricidad, y muy cerca la lobería de la *Reserva Natural Turística Punta Marqués*.

Desde Comodoro Rivadavia tomando la RN 26 que va a Esquel se llega, por un camino de extensas planicies y serranías, a los grandes lagos *Colué Huapi* y *Musters*.

En las cercanías de este último se encuentra el *Bosque Petrificado Parque Ormaechea*, con un Centro de Interpretación, y guardaparque que proporciona las indicaciones para visitarlo. Esta ruta atraviesa el interior de la provincia alternando cuencas, valles y cañadones. La zona es de gran aridez, asociada con lugares donde crecen gramináceas y la cuenca del río Chubut, lo que permite la importante cría de ovinos de la región.

Meseta patagónica

Bosque petrificado

Parques Nacionales
Los Alerces y Lago Puelo

La franja cordillerana encierra en sus paisajes la plenitud de la naturaleza. Montañas boscosas y nevadas, valles glaciarios, lagos, ríos de impetuoso recorrido y magníficos bosques, todo esto en la conjunción de la grandiosidad de sus parques nacionales con parajes de belleza sin par, que son un permanente estímulo para el turista que los recorre.

LAGO PUELO
Llegando desde El Bolsón por la RN258 a la localidad de Lago Puelo, con edificios públicos, se accede al *Parque Nacional Lago Puelo*. Desde aquí sale una senda que lleva a la frontera con Chile en una caminata de 5 a 6 horas. También se pueden programar travesías a caballo, con autorización previa de Gendarmería y Parques Nacionales. El Parque, de 23.700 ha de extensión, está dentro de una geografía de montaña y valles glaciarios que van al Pacífico atravesando el río Puelo. Su vegetación, con una

marcada presencia de la selva valdiviana chilena, es única en el país con avellanos, tiques, urmos y voqui blanco.

El *lago Puelo* se halla encajonado entre altas y escarpadas montañas que llegan a 2.000 msnm y posee una playa, muelle y lugar de camping. Sus aguas, de gran belleza, son de color verde azulado y aun celeste, debido a la arcilla de origen glaciar que la componen. Se puede practicar natación, navegación y pesca deportiva de truchas y salmones. En el lugar existe una *Reserva Natural* y una *Zona intangible de máxima protección*. Desde aquí hay hermosas vistas al cerro Tres Picos.

Regresando por el mismo camino se llega al *Hoyo de Epuyén*, un pequeño pueblo agrícola instalado en una gran cuenca con bellas perspectivas, donde se destaca su iglesia de madera, y en las cercanías una cascada de 80 m de alto.

Desde aquí se accede al *lago Epuyén*, con playas desde donde se obtienen vistas a los

Chubut. Lago Puelo

valles del Cordón Cholila. En *Puerto Patriada* se encuentra una zona de acampar, con servicios. El camino que bordea el lago atraviesa un puente sobre el río Cataratas rodeado de sauces, entre paredes rocosas y desfiladeros hasta llegar al *río Epuyén*. En el lugar hay bosques de arrayanes y mañío.

Saliendo de la zona está el *pueblo de Epuyén*, de antigua data, con edificios públicos a lo largo del camino.

Nuevamente en la RN258, que empalma posteriormente con la RP71, sigue un camino de estepa entre los cordones Leleque y Cholila. En una casa de madera en el kilómetro 70, según la leyenda de la zona, habitó el bandido estadounidense Butch Cassidy, uno de los tantos aventureros que transitaron la Patagonia.

Un poco más adelante se llega a **Cholila**, una población próxima al *Parque Nacional Los Alerces*. La villa, con una espléndida vista al cerro Tres Picos, es el centro administrativo del valle. En dirección sur, bordeando el Cordón de los Castillos, con varios establecimientos ganaderos, chacras y casas se cruza el pórtico de troncos del Parque Nacional Los Alerces. De 263.000 ha de extensión, su nombre se debe a esta valorada especie de la flora autóctona, de muy difícil reforestación. En el lugar se pueden ver extraordinarios ejemplares de hasta 60 m de altura, con troncos de 3,5 m de diámetro, con edades de más de 3.000 años. El paseo al bosque de alerces se hace por una excursión lacustre al lago Menéndez y al lago Cisne.

El Parque Nacional incluye un variado sistema de lagos que desaguan en el lago Futaleufú, atravesando la cordillera hasta llegar al océano Pacífico. El hermoso paisaje montañoso está acompañado por el Cordón de las Pirámides, el cerro Torrecillas y el Cordón Situación. Siguiendo la ruta se llega al mirador de bellas vistas sobre el lago Rivadavia.

Rodeado de un bosque de maitenes, cipreses, retamos y sauces, el camino que bordea el lago es de cornisa con buenas panorámicas al lago. En el acceso al mismo se halla el camping *Bahía Catemú* y la casilla del guardaparque con indicaciones de

Datos útiles

Obtenga más
información sobre
esta provincia
en la página

346

Cabalgata sobre el
río Epuyén

Alrededores
de Cholila

campings y hosterías. Al final del recorrido se asciende a un portezuelo en un bosque de coihues. Un poco más adelante vale detenerse en el mirador de altura que da al *lago Verde*, ríos *Rivadavia* y *Arrayanes*.

El camino baja al río Arrayanes con un puente colgante, y se accede al *lago Menéndez*. Es el más grande de los lagos del Parque, con tres brazos y una isla.

Desde *Puerto Chucao*, en verano se organizan paseos lacustres hasta el Brazo Norte, donde se visitan los alerzales en lago Cisne. Para llegar al puerto se emprende una caminata de 45 minutos, desde allí se llega al puente colgante donde se disfru-

Alrededores de Esquel

tan de las cristalinas aguas del río Arrayanes, en un paisaje de gran belleza. Desde aquí el camino va bordeando el río con coloridos arrayanes en sus orillas.

Parque Nacional los Alerces

Muy cerca espera el *lago Futalaufquen*, el más bello de la región, con lindas playas y amplios servicios. Tiene puerto y barcos, y tres angostos brazos rodeados de selva. En su entorno se encuentra la hostería Cumehue, Punta Matos y Playa del Francés con camping. Desde aquí el camino va en ascenso con magníficas vistas al Brazo Sur y el Cordón de las Pirámides.

Más adelante está el mirador de altura con espléndidas vistas al Brazo Sur, a la Punta Brava y al extremo este del lago. Descendiendo, junto a la ribera, una serie de campings, cabañas, clubes de pesca y hosterías de pescadores. En el cruce de caminos se encuentra *Villa Futalaufquen* con servicios y una completa proveeduría. Aquí, en un edificio de piedra, está la *Intendencia del Parque Nacional Los Alerces*, con un Centro de Interpretación. Desde el lugar se llega a *Puerto Limonao*, el principal del Parque, desde donde parten los barcos de excursión a los lagos Futalaufquen, Verde y Menéndez, esta última permite el acceso al milenario bosque de alerces, en una corta caminata al lago Cisne. En los meses de enero y febrero se incluye el paseo lacustre hacia el lago Kruger.

ESQUEL

Es el centro comercial y ganadero del oeste de Chubut, e importante nudo de comunicaciones aéreas y terrestres. Originalmente fue un núcleo galés, al que se sumaron otros grupos inmigratorios, convirtieron el lugar en el principal centro de abastecimiento de la colonia galesa, de estancias de la región y las reservas indígenas. En 1925 se fundó la Sociedad Rural de Esquel, estableciéndose posteriormente la Sociedad Importadora y Exportadora, actualmente la tradicional "La Anónima", con un importante almacén de ramos generales. Unos años después se creó el Parque Nacional Los Alerces, que con la llegada del primer tren de trocha angosta al lugar en 1945, estimuló el crecimiento de la ciudad.

En un recorrido se pueden visitar los museos *Municipal de Bellas Artes* e *Indigenista del Chubut*. El lugar conserva casas históricas, de ladrillo colorado, como el almacén "Las Familias", y algunos edificios estilo galés como la capilla *Selon* y el *Vestay*, antiguo centro de la comunidad, hoy un salón de té con un Museo de Arte Naif.

La gran atracción del lugar sigue siendo "La Trochita", el singular ferrocarril que hace un viaje completo a Ingeniero Jacobacci, y una excursión de 2 horas y media hasta Nahuel Pan, ida y vuelta.

Desde Esquel se toma la RN259 hasta Trevelín, a 23 km de distancia.

TREVELIN

En 1885 en los fértiles valles del río Percey, Corintos y Esquel, una expedición de colonos galeses decidió instalar un primer asentamiento al que llamaron Cwn Hyfryd, "Valle Hermoso".

Posteriormente se llamó Colonia Agrícola Pastoril 16 de Octubre, con una superficie de 125.000 ha, distribuidas entre 50 familias. Recién en 1906 se alambraron los campos, ya poblados de ganado ovino y vacuno, con sembradíos de trigo. La colonia agrícola-ganadera se convirtió con el tiempo en el centro poblacional y comercial más importante de la zona.

En el lugar se visita el *Museo Galés*, instalado en un viejo molino, y los alrededores de la plaza donde se descubren antiguas casas galesas de ladrillos, y una profusión de casas de té, con la particular repostería de la comunidad.

En auto se llega 2 km más adelante al Complejo Hidroeléctrico Futaleufú, sobre el nacimiento del río del mismo nombre.

En los alrededores se encuentra la *Escuela N⁰ 8 (MHN)* y el Mirador con extraordinarias vistas al marco cordillerano del Macizo del Cónico, boquete del Futaleufú, lago Amutui Quimei y el Cordón Situación; a lo lejos se divisa el Cordón Esquel y Cerro Nahuel Pan.

Trevelin

Río Gallegos

Río Gallegos

Más información

Subsecretaría de Turismo
Roca 863
Río Gallegos
Tel: (02966) 422702
L a V de 8 a 20.
En Internet:
www.scruz.gov.ar
Correo electrónico:
tur@spse.com.ar

La capital de la provincia de Santa Cruz fue fundada en 1885 en la margen sur del río (LHN), y se cree que debe su nombre al piloto Gallegos de la expedición de Magallanes. Es la ciudad con más población al sur de Comodoro Rivadavia. Tradicional núcleo petrolero, desarrolla una intensa actividad administrativa y comercial, y en la actualidad es un pujante centro urbano con hoteles, restaurantes, servicios, comercios y bancos. Desde su aeropuerto se vincula con ciudades del norte y con Tierra del Fuego. Río Gallegos es además el portal turístico hacia la zona de los glaciares.

En una visita se puede conocer el *Balcón de Roca (MHN) (1)*, lugar desde donde habló el general Julio A. Roca a la vuelta del encuentro con el presidente chileno Federico Errázuriz Echáurren;

Museo de los Pioneros (2), instalado en la "Casa Parisi", una típica construcción patagónica que alberga mobiliario y objetos donados por las familias pioneras.

La catedral (MHN) (3) es de 1900, construida en madera y chapa según diseño del salesiano Juan Bernabé. En la Av. Roca está el *Museo Regional Manuel Molina (4)* y el *Centro de Artesanos (5)*.

Realizando un paseo costero por los alrededores se pueden observar cormoranes, albatros y gaviotas revoloteando sobre el agua.

Circuito atlántico

Tomando la RN3 desde Comodoro Rivadavia (Chubut), el camino recorre largas y desoladas distancias, algunas veces paralelo al mar. A 74 km se llega a Caleta Olivia.

CALETA OLIVIA

Es un puerto natural. A fines del siglo XIX tuvo una gran expansión como efecto de la fuerte producción lanera de la zona. Alrededor del poblado nacieron gran cantidad de estancias y se radicaron firmás importadoras y exportadoras. Posteriormente el lugar fue superado por el gran crecimiento de Comodoro Rivadavia y Puerto Deseado.

En una etapa posterior, el descubrimiento de petróleo en 1944 cambió la fisonomía de la ciudad. El pozo 0-12 donde se encontró el hidrocarburo a 1.000 metros de profundidad es hoy Monumento Histórico Nacional. Su explotación originó la nueva ciudad, instalándose la empresa YPF, la que construyó barrios para alojar a los obreros que vinieron de todas las provincias argentinas. Un testimonio de la importante gesta lo da El Gorosito, imponente escultura al obrero petrolero.

En la agradable costanera con balneario municipal y camping se pueden pescar róbalos y pejerreyes. A lo largo de la costa hay recolección de mejillones, cholgas y pulpitos.

Para hacer el viaje a Puerto Deseado se debe retomar la ruta que desde aquí va casi pegada al golfo San Jorge, con magníficas vistas al siempre azulado mar. En el kilómetro 208 se arriba a Puerto Deseado.

PUERTO DESEADO

Es un casi desconocido tesoro ecológico y paisajístico de la Patagonia. La ciudad se levanta en un promontorio sobre el mar que en 1520 vio por primera vez Magallanes. Pero recién en 1586 el inglés Cavendish remontó la ría con su nave "Desiré". Quizás de allí surgió el nombre de Deseado.

Caleta Olivia

Según los científicos, la ría Deseado, de 42 km de extensión, es única en América del Sur por su conformación geológica y faunística. En este marco se lleva a cabo un importante fenómeno natural: la extraordinaria diversidad de su avifauna marina, donde sobresalen cinco especies de cormoranes, tres de ostreros, dos de pingüinos y tres de gaviotones. También hay mamíferos como los lobos de uno y dos pelos, delfines, toninas y varias especies de tiburones.

En 1977 se creó la Reserva Natural Ría Deseado, como protección de otras reservas costeras, convirtiendo el lugar en punto de creciente interés para el ecoturismo y el turismo de aventura.

Estancia Hill Station. Anfitriones

La localidad ofrece bellas vistas panorámicas sobre el puerto y la ría. Se puede visitar el vagón histórico, construido en 1898, que incluía un salón de estar-come-

Puerto Deseado. Reserva natural

dor, literas, baño y cocina. Actualmente es la oficina de informes turísticos. Unos metros más adelante está la *Estación Central de Ferrocarril (MHN)* y la iglesia *Nuestra Señora de la Guarda*.

La agradable costanera lleva hasta Punta Cascajo, un mirador con bellas vistas a la ría. En las proximidades de la ciudad se encuentran dos atracciones turísticas: *Gruta de Lourdes y Cañadón del Puerto*.

Desde Puerto Deseado se emprenden una serie de circuitos de turismo aventura, especiales para ser recorridos en vehículos apropiados. Entre ellos: *Reserva Natural Bahía Laura, Punta Medanosa, Reserva Natural Intangible Cabo Blanco y Monte Loayza*. Las excursiones náuticas llevan a la *Isla Chaffers, Isla Quiroga, Barranca de los Cormoranes; Isla de los Pájaros, Cañadón del Puerto, Isla de los Conejos; Península Stokes, y Caleta Tiburón en bahía Concordia; Travesía a Paso Marsicano y a Isla Pingüinos* (penacho amarillo).

Hacia Puerto San Julián desde Puerto Deseado se llega primero a Fitz Roy por la RP281. Desde aquí se retoma la RN3. El camino es una larga recta por dilatadas planicies, casi sin vegetación, ni atractivos a destacar. En el kilómetro 134 está la

localidad de *Tres Cerros* con hospedaje, restaurantes y algunos servicios. Luego de transcurrir 135 kilómetros se llega Puerto San Julián.

PUERTO SAN JULIAN

Este pequeño punto del camino es de gran significancia histórica. El nombre le fue dado por Magallanes cuando llegó aquí el 31 de marzo de 1520. La misa que dio al día siguiente fue la primera oficiada en el país. Dos siglos después se instaló un campamento destinado a extraer sal para ser enviada a Buenos Aires, pero el proyecto tuvo un final trágico.

En 1780 Antonio de Viedma funda la Colonia de la Florida Blanca, siguiendo la política española de establecer poblaciones para defender las costas atlánticas. Para levantar estas colonias-fuertes se reclutaron 200 familias a las que se les ofreció bueyes, semillas y enseres, pero las peripecias que debieron sufrir los colonos fueron infinitas. Los impresionantes relatos están narrados en *Descripción de la costa meridional* y en el *Diario de un viaje a la costa de Patagonia*, ambos libros compilados en una publicación que se puede obtener en la Dirección de Turismo de San Julián. La ruinas de la Colonia existen, aunque casi imperceptibles. Se pueden visitar con autorización.

El poblamiento de la zona fue producto de la colonización ganadera de fines del siglo XIX. Actualmente en el puerto operan barcos pesqueros de empresas que producen enfriados y conservas para la exportación.

La ciudad cuenta con todos los servicios básicos y un excelente Centro Artesanal. Se puede visitar el *Museo Regional* y *Museo de Arte Marino*. Entre los paseos está el de las playas y Punta Tumba, para llegar a Cabo Curioso, centro recreativo de verano de los lugareños. El Club Náutico organiza una excursión marina por la bahía de San Julián, donde avistar la variada avifauna del lugar.

En la región, a 153 kilómetros, existen pinturas rupestres de la cultura Casapedrense, con más de 25 cuevas. Están instaladas dentro de la estancia La María, y pueden visitarse. Desde Puerto San Julián, en 48 kilómetros se llega a Comandante Luis Piedra Buena.

COMANDANTE LUIS PIEDRA BUENA

Este lugar es un remanso verde que aparece inesperadamente en la inmensa estepa de la región. La proximidad del río convirtió el lugar en un oasis, con álamos, sauces y algunos jardines que rompen la monotonía del paisaje.

Puerto San Julián.
Pingüinera

Zorro patagónico

El pueblo se originó en 1859, cuando el capitán Luis Piedra Buena levantó un rancherío y su vivienda. Entre los primitivos pobladores se encontraba su piloto, Gregorio Ibáñez, quien levantó su casa en la margen norte del río considerada hoy la iniciadora del pueblo. En la zona de la localidad, que cuenta con servicios completos, está la *Isla Pavón*, un interesante sitio de interés histórico y recreativo. El lugar cuenta con sencillo museo con piezas históricas de la época del pionero marino, y un camping con fogones y minizoológico.

El área de Piedra Buena contiene un nudo vial, con conexiones a diferentes puntos de la provincia, y especialmente a El Calafate bordeando el río Santa Cruz. Por la RN3 muy próximo está Puerto Santa Cruz.

PUERTO SANTA CRUZ

También ubicado sobre una ría, el antiguo pueblo conserva sus viviendas de ladrillos y mampostería, así como otras de chapas acanaladas. Los servicios del lugar están principalmente dedicados a los establecimientos ganaderos aledaños. Posee una Sociedad Rural en la que se llevan a cabo remates y ferias. Se puede visitar en el lugar la avenida costanera con una gran cruz y el monumento al comandante Piedra Buena, y el *Museo Regional de Historia*. Muy cerca está el cerro Misioneros con su cañadón, donde en 1898 desembarcó el comodoro Luis Py, e izó la bandera argentina en un acto de reafirmación de la soberanía del país en tierras patagónicas.

Desde Puerto Santa Cruz se llega a Río Gallegos, capital de la provincia.

Volviendo a la RN3, desvío por la RN1 hacia Cabo Vírgenes. El camino, de 129 kilómetros, transita una llanura que pasa por la *estancia Monte Dinero* de la familia Fenton, ubicada casi sobre el límite internacional. Es un establecimiento modelo de cría de ovinos, donde se organizan visitas a los apostaderos de lobos marinos y pingüinos. También se ofrece almuerzo y hospedaje.

En 13 kilómetros más, por un camino de huella se llega a *Cabo Vírgenes*. Es un desolado confín, de extrema soledad, azotado por los vientos patagónicos. En 1876 se halló oro mezclado en la arena, lo que estimuló una fiebre aurífera, llegando pocos años después la expedición Moyano a bordo del "Villarino", para investigar la existencia del preciado metal. A partir de allí tuvo un rápido crecimiento de población, pero en corto lapso, las terribles condiciones de vida e incontables dificultades terminaron con la insostenible quimera.

Actualmente en el lugar hay importantes instalaciones petroleras de YPF, y en las inmediaciones se encuentra un fundamental gasoducto que conecta Santa Cruz con Tierra del Fuego y el resto de la Argentina.

En la zona hay una poblada colonia de pingüinos, y en el extremo sur está el Cabo Vírgenes con el faro de 1904, del mismo nombre, de 26,5 m, cuyo haz de luz alcanza 44 kilómetros.

Datos útiles

Obtenga más información sobre la ciudad en la página

347

Hacia los glaciares

Desde Alto Río Senguer en la provincia de Chubut, pasando por Río Mayo y siguiendo la RN40 se inicia este circuito a través de inigualables paisajes cordilleranos. Poblado de lagos con bellas estancias, milenarias cuevas pintadas y parque nacionales de incalculable riqueza natural, llega hasta el Parque Nacional Los Glaciares, nominado Patrimonio de la Humanidad por la UNESCO.

Desde el poblado de Río Mayo, atravesando un camino de estepa y mesetas bajas se accede a la zona urbana de Perito Moreno.

PERITO MORENO

Declarada Capital Arqueológica de Santa Cruz en 1981 por su proximidad con la Cueva de las Manos, la localidad fue conocida como Pan Aike por los nativos. Al paraje llega Musters en 1869, y en 1952 se la nombra Perito Moreno en homenaje al reconocido científico y propulsor de la Patagonia.

Es un lugar pensado para el turista, con servicios hoteleros, campings y casa de comida. Es utilizado como base para emprender los diferentes circuitos de la zona.

Desde el pueblo por la RP43 en pocos kilómetros se alcanza a ver el gran lago Buenos Aires.

Lago Buenos Aires

Es argentino-chileno, y por su extensión es el segundo de América del Sur. Sus aguas que mezclan tonalidades azules con el turquesa de las costas, tienen 2.240 kilómetros cuadrados de extensión, de las cuales 881 corresponden a nuestro país. El lago desagua en el océano Pacífico.

Estancia
La Serena

De una gran profundidad, aún desconocida, genera casi siempre un gran oleaje, excepto en sus tranquilas playas de canto rodado. El entorno es de mesetas, con altas barrancas rocosas, en un paisaje árido, con una rala vegetación arbustiva. En la zona se encuentra la hostería La Serena, la antigua estancia La Ascensión, y el Vivero Forestal.

A 60 kilómetros, atravesando pequeños oasis de chacras, se llega a Los Antiguos.

LOS ANTIGUOS

De un excelente microclima, el lugar está caracterizado por su producción frutihortícola, especialmente la de frutas finas como las frutillas y variedades de "berries". Pero las más famosas son sus cerezas. Durante la primera semana de enero, todos los años, se lleva acabo la Fiesta Nacional de la Cereza.

El poblado fue un apartado espacio sagrado de los ancianos tehuelches; las ancestrales raíces aún se perciben en el lugar.

Cuenta con dos miradores: *de la Cruz y del río Jinemeni*, con buenas vistas, y la chacra El Paraíso, de los belgas Amand de Mendieta, establecimiento pionero donde comprar la gran variedad de dulces de las frutas del lugar.

Desde el pueblo se hacen excursiones a Río, Bosque y Cerro Zeballos. Una travesía que lleva al Cajón del Río Jeinemeni por montañas erosionadas de tonos turquesa y rojizo que caen sobre aguas de verdes brillantes. El viaje, que dura un día entero, es especial para vehículos 4x4.

Yendo por la RN40, 165 kilómetros al sur se llega a la Cueva de las Manos. Antes se atraviesa la Estancia Turística Telken, la Cuesta del Portezuelo de Sunich con excelentes panorámicas y el Paso Roballos, punto de enlace con el circuito Monte Zeballos, Los Antiguos y lagos Posada-Pueyrredón. Más adelante está Bajo Caracoles. Desde allí por un accidentado camino vecinal de 45 kilómetros se accede al río Pinturas.

Cueva de las Manos (MHN)

Llegando, se ofrece la espectacular vista del cañadón del río Pinturas flanqueado por farallones, con un cauce de 240 msnm. Allí está el Centro de Interpretación.

En el extraordinario cañadón se encuentra la Cueva de las Manos a 50 metros sobre el nivel del río. El entorno es realmente conmovedor con las altas paredes de tonalidades de ocres y verdes, y allí uno puede imaginar el porqué del sitio elegido hace miles de años por los primitivos habitantes para plasmar su manera de ver la vida. De la Cueva de las Manos hay fotografías tomadas por el cura Agostini en 1941, y en 1949 y 1967 fueron estudiadas en profundidad por los investigadores Rex Gonzales y Escalada.

El arte rupestre del río Pinturas está localizado en cuevas, aleros y paredones. La Cueva de las Manos tiene 24 m de profundidad, 15 de ancho y 10 de altura, y en un fuerte declive ascendente el techo baja hasta los 2 m de altura. En la cueva se puede ver un gran número de manos humanas, pintadas en positivo y en negativo y sus contornos resaltados en colores ocres, amarillos, rojos, verdes, blancos y negros. También hay escenas de caza en esquemáticas representaciones de figuras humanas y animales en movimiento, acompañadas de puntos y círculos concéntricos. La Cueva de las Manos incluye tres niveles culturales, cuya antigüedad se estima desde 7370 a.C hasta el 1000 de nuestra era.

Volviendo a *Bajo Caracoles*, un viejo poblado modernizado en 1980, virtual portal turístico hacia la Cueva de las Manos, Lago Posadas, Los Antiguos, y al Parque Nacional Perito Moreno, se emprende la RN40 en dirección oeste. La ruta atraviesa la estepa árida, con amplias planicies. Antes de llegar a *Hipólito Yrigoyen*, una villa de 200 habitantes, que cubre los servicios del área de cría de ganados de la zona, se obtiene una buena vista del lago Posadas. El pueblo es punto de enlace de escaladores extranjeros del cerro San Lorenzo, la cumbre más alta de los Andes australes argentinos.

Pesca con mosca en el lago Posadas

PENÍNSULA DE LOS LAGOS POSADAS-PUEYRREDON

Estos dos lagos, de gran proximidad, están separados por un istmo. Sorprende en tanta cercanía sus contrastantes colores: azul intenso el Pueyrredón, celeste claro el Posadas. Todo esto en un entorno de montañas de nieves eternas, coloridos cerros y barrancosas orillas. Cruzando la península hasta la otra orilla se puede apreciar un excepcional sitio turístico, *Lagos del Furioso*, con cabañas de lenga, muebles de haya, huerta, sauna finés y paseos con guías.

Desde el lago Posadas se emprenden excursiones al campamento base del monte San Lorenzo, importante hito del andinismo mundial. También al Cañón del Furioso, Garganta y Cerro de los Amonites, y Río Baker y lago Cochrane en Chile.

Algunos de estos paseos son sólo para hospedados en el complejo turístico.

Saliendo nuevamente a la RN40 en un tramo de poco más de 100 kilómetros se llega al *Hotel de Campo Las Horquetas*. Al sur del hotel, oculto por la Meseta del Viento se encuentra el lago Strobel, con buena pesca.

Cañón de la Cueva de las Manos

Siguiendo por el cruce de la RN40 con la RP37, se llega al Parque Nacional Perito Moreno, con un último tramo de camino vecinal con profundas huellas, en no muy buenas condiciones. El ingreso al área es a través de tranquera. Un cartel anuncia la entrada al parque.

Parque Nacional Perito Moreno

Desde el portal los cerros envuelven el paisaje como un gran anfiteatro, sobresaliendo el Heros de 2.770 msnm, el más alto del parque. Cerca está la monumental cumbre del cerro San Lorenzo de 3.706 msnm. La zona, que es área protegida, incluye bosque subantártico, de estepa y de transición. Las tres áreas poseen distintas variedades de fauna y flora.

En el lugar también existen yacimientos paleontológicos y ejemplares de huemules, especie protegida en peligro de extinción.

La gran atracción de este parque es su agreste entorno preservado por la lejanía de la ruta de acceso. Sin embargo, en los últimos años muchos viajeros tuvieron noticias del lugar y los visitantes aumentaron de 200 a 4.000 anuales. Está reservado para viajeros que se hospedan en estancias de la zona, o para quienquiera acampar en las orillas del lago

Burmeister, donde existe un bello lugar con fogones –en el resto del área está prohibido hacer fuego– en un bosque de lengas y ñires, que protegen del viento.

El largo itinerario del parque ofrece varias opciones, entre ellas la península del lago Belgrano, con un lago color turquesa con población de flamencos y patos. Otra opción es llegar al río Lácteo, desde donde se accede a un paisaje de cerros, entre ellos el Peinado, cerro Cono, cerro Tres Hermanos y el cerro Arido. En el circuito al lago Burmeister, con casa de guardaparque, se visita una cueva con pinturas rupestres, y bordeando el lago hasta el cerro Casa de Piedra se encuentran siete cavernas con diferentes figuras representativas, simbólicas y abstractas.

Dos cuencas lacustres recorren la superficie del parque, *la del 80 con los lagos Península, Mogote, Azara, Escondido y Nansen* que desaguan en el Pacífico, y la del lago Burmeister que a través de los ríos Roble, Belgrano y Chico desagua en el Atlántico, cruzando la Patagonia. El *lago Belgrano* es el más accesible con su península de bosques y hermosas vistas. En el lago Burmeister, más alejado, se hallan pinturas rupestres y yacimientos de fósiles. Actualmente está en etapa de finalización un centro de Interpretación Arqueológica, con completa señalización.

Cerros Torre y Fitz Roy

Parque Nacional
Perito Moreno.
Lago Belgrano

Por la RN40, en una ruta que pasa por las estancias La Verde, La Paloma y Las Coloradas se entra a la playa del lago Cardiel.

Lago Cardiel

Este espejo de agua es un paraíso para los amantes de la pesca deportiva, ya que hay abundancia de salmónidos y percas. El lugar es propicio para acampar y disfrutar de sus costas y la vida al aire libre.

De bello colorido turquesa, el lago está poblado de cisnes blancos de cuello negro e importante colonia de flamencos, y en la margen norte se eleva el cerro El Puntudo. En la zona se encuentran infinidad de campa-

mentos de pescadores, así como refugios precarios de clubes de pesca. Es importante respetar el Reglamento de Pesca Deportiva, disponible en la oficina de turismo.

Otra vez en la RN40, en 115 kilómetros se cruza el pequeño *pueblo Tres Lagos*. Su nombre se debe a que desde allí, por la RP31 se accede a la zona de los lagos Viedma, Tar y San Martín.

Parque Nacional Perito Moreno. Pinturas rupestres

Lago San Martín

Luego de pasar el pequeño lago Tar (agua sucia, en tehuelche), de aguas color marrón, se llega al lago San Martín. Luego por la estancia La Federica, antes de acceder a la península Cancha Rayada. El agreste paisaje recuerda al Parque Nacional Perito Moreno. En el área está el bello brazo Cancha Rayada y por la margen sur se interna en la cordillera donde aparece el casco de la estancia La Maipú, con instalaciones y servicios de primera. En la zona es posible ver cóndores sobrevolando el lago.

Lago Viedma

Es un espejo de agua de forma largada, con un promedio de 15 km de ancho. En su

ribera norte está el gran glaciar Viedma y recibe las aguas del Campo de Hielo y los cerros Torre, Fitz Roy y Puntiagudo, entre otros. Atravesando la estancia La Margarita se avista el glaciar. Desde este lago se ingresa al Parque Nacional Los Glaciares.

EL CHALTEN

Este pequeño caserío está dentro del Parque Nacional, y su crecimiento está ligado al desarrollo turístico de la zona. Cuenta con hosterías, cabañas y camping. De reciente asentamiento, la villa, asentada en la confluencia de los ríos Las Vueltas y Fitz Roy, es un paraíso para los amantes de la naturaleza. Montañistas y trekkers pasan permanentemente por el lugar. Desde aquí se inician las caminatas hacia los campamentos base, por las sendas marcadas por el transitar de la multitud de jóvenes que acampan en el área, a veces por semanas o meses, esperando el tiempo propicio para escalar las torres de granito y hielo de la zona. Desde aquí se llega al fabuloso monte Fitz Roy de 3.405 msnm, una maravilla natural que junto al cerro Torre de 3.128 msnm y el cerro Puntiagudo de 1.768 msnm es el gran núcleo de desafío para los amantes del montañismo.

Desde El Chaltén se realizan varias excursiones de trekking y ascensiones guiadas al Mirador del Fitz Roy. El paseo hasta Laguna del Desierto, por un camino de ripio que lleva al valle que forma el río de las Vueltas, con cascadas y altas cumbres nevadas, merece la pena.

EL CALAFATE

Conocido como "la capital de los glaciares", la villa turística es un pueblo cordillerano y el gran oasis en medio del desierto, que concentra una intensa actividad turística todo el año. Su nombre se debe el arbusto calafate, que en primavera tiñe con sus flores amarillas el entorno. Da frutos dulces color morado.

Con una gran oferta hotelera, desde modestos hoteles y albergues juveniles, hasta lujosos establecimientos y exclusivas estancias en los alrededores, la simpática vi-

Alrededores de El Chaltén y cerro Fitz Roy

Estancia Alta Vista

lla es el centro de servicios turísticos que llevan a los circuitos del Parque Nacional Los Glaciares, al lago Viedma, y expediciones al Hielo Continental.

Recibe anualmente infinidad de visitantes nacionales e internacionales.

En la villa está el *Centro de Informes Turísticos*, el *Museo Regional* y una serie de negocios de buenas artesanías. Las orillas de la Bahía Redonda, muy cercana al centro, merecen una visita.

Lago Argentino

De 125 km de longitud y 20 km de ancho, se encuentra a 185 msnm. Desde su superficie salen las ramificaciones del Brazo Upsala, Brazo Norte, Brazo Rico y Brazo Sur. En el espejo de agua, a través del Canal de los Témpanos, se unen los brazos Rico y Sur.

En 1873 llegó al lago el marino Valentín Feilberg, y no lo bautizó creyendo que era el lago Viedma. Francisco Moreno y Carlos Moyano arribaron cuatro años después, y luego de comprobar el error de Feilberg, el 15 de febrero de 1877 lo llamaron "Argentino".

Los paseos por el lago se hacen en embarcaciones que salen de Puerto Bandera y Bajo de la Sombra. Recorren el canal de Los Témpanos, penetran en el Brazo Norte y Upsala, y el Brazo Rico.

Monumento Natural Bosques Petrificados

La Reserva fue creada en 1951 para preservar intacto el fenómeno de la petrificación. En el lugar del guardabosque se aprecia una muestra de fósiles, y se recibe toda la información didáctica de la historia geológica de la zona. El entorno es árido y muy ventoso, carente de toda vegetación, lo que hace difícil imaginar que el área estuvo cubierta hace 150 millones de años por bosques. La región estaba poblada por árboles gigantescos, antecesores de los actuales pehuén y araucarias. En la época jurásica, hace 130 millones de años, una intensa actividad volcánica, junto al afloramiento de la cordillera de los Andes, produjo una densa lluvia de cenizas, causando la muerte inmediata de la vida natural. En un proceso posterior se produjo la mineralización del bosque. El lugar está poblado por los árboles petrificados más grandes del planeta. Algunos troncos, de 35 m, corresponden a árboles que ya tenían 1.000 años al morir bajo la ceniza.

El cerro Madre e Hija de 400 m es la altura dominante del área, y desde su cumbre se obtienen completas vistas del lugar. Desde la casa del guardaparque se hacen paseos que llevan a un morro vecino donde anidan águilas y a una zona escalonada que parece un paisaje lunar. Al Monumento Natural se llega desde Fitz Roy, en las cercanías de Puerto Deseado.

Parque Nacional Los Glaciares

Declarado Monumento del Patrimonio Mundial por la UNESCO, fue creado en 1937. El parque encierra el Hielo Continental Patagónico, del que surgen glaciares (47 mayores), mezclándose con bosques selváticos, lagos, cumbres y torrentosos ríos.

Las nieves eternas de la cordillera de los Andes forman el Campo de Hielo, que en una extensión alargada de 150 km por 50 km de ancho desciende en glaciares mayores como el Viedma, Upsala, Marconi, Peineta, Bolados, Moyano, Spegazzini, Agassiz, Mayo, Onelli, Ameghino y Perito Moreno. Los glaciares son masas de hielo y nieve en perpetuo movimiento, con una zona de acumulación y una zona de pérdida. Los hielos presentan diferentes estados: los geloides de mayor transparencia y las masas cristalinas azuladas llamadas hielo glaciario.

Saliendo del portal del Parque Nacional, bordeando el Brazo Rico por un sinuoso camino poblado de ñires, lengas y coihues, se atraviesa una zona de campings y fogones. Transcurridos 4 kilómetros se llega a la "curva de los suspiros", que hace referencia al inevitable gesto que inspira la espectacular vista panorámica al inmenso Glaciar Perito Moreno. Aquí está la bella hostería Los Notros, y la península del Bajo de la Sombra, desde donde salen las excursiones lacustres. El encantador camino sigue por la península de Magallanes de 1.600 msnm, bañada por las aguas del Brazo Rico; un desvío peatonal llega al glaciar.

cayera con gran estrépito, registrándose por primera vez este fenómeno. El glaciar avanza a una velocidad de 100 m por año, produciendo en el deslizamiento desprendimientos de bloques de hielo de su frente principal. Algunos suelen ser de gran tamaño y levantan olas, por lo que está prohibido salirse del área de observación. Desde la zona se organizan diversos paseos.

Minitrekking por el glaciar. El paseo comienza en el embarcadero Bajo de la Sombra. En botes neumáticos cerrados se cruza el Brazo Rico desde la península de Magallanes hasta la orilla opuesta, donde se desembarca. Allí los viajeros son provistos de grampones metálicos para el calzado. La caminata sobre el glaciar lleva a grietas profundas de un intenso azul. Está prohibido fumar o comer en el trayecto.

Excursión lacustre al glaciar Upsala y Bahía Onelli. El punto de embarque es Puerto Bandera. Las lanchas cubren el trayecto navegando el Brazo Norte del lago Argentino y luego el Brazo Upsala. En el viaje se llega muy cerca del glaciar Upsala, donde las naves pasan entre bloques de hielo azul, desprendidos del mismo. En Bahía Onelli se desembarca para emprender una interesante caminata de 1.500 m por un bello bosque austral hasta llegar a la laguna Onelli, donde confluyen los glaciares Agassiz, Bolados y Onelli. El final del circuito llega hasta el glaciar Spegazzini.

En un paseo al área del lago Roca se pueden ver varias estancias, en un paisaje dominado por los cerros Moreno y el cordón Barrancas de la Estancia, donde anidan cóndores. En las inmediaciones está la Hostería Alta Vista, un exclusivo casco de estancia de suntuosa decoración, con sólo seis habitaciones y una espectacular suite, y servicios de alto nivel.

GLACIAR PERITO MORENO

Este monumento natural crea una emocionante experiencia. La impresión del gigante dormido, en un paisaje de un gran silencio, que de pronto cobra vida con crujidos y explosiones que resuenan de tanto en tanto, dejando caer grandes bloques de hielo, ante los admirados espectadores de semejante fenómeno.

El glaciar avanza sobre el lago Argentino cerrando el Canal de los Témpanos, ascendiendo por las laderas de la península de Magallanes, donde produce una compuerta natural que impide el libre desagote de los brazos de Rico y Sur. Esto hace que el caudal de éstos crezca hasta lograr una diferencia de altura con el lago Argentino de 35 m. A principios de 1899 el glaciar estaba separado de la península unos 750 m, y siguió avanzando hasta 1918 donde se unió a la península, alcanzando a cerrar el canal por un tiempo. En 1936 el Perito Moreno volvió a cerrar el Canal de los Témpanos. Tras 4 años de acumulación, el agua siguió socavando hasta lograr que el dique de hielo

Ushuaia

La capital de la provincia de Tierra del Fuego y Antártida fue una pintoresca villa, que sufrió una gran transformación. En 1970 un censo contaba 5.677 habitantes. A raíz de un régimen promocional especial se radicaron en el lugar una gran cantidad de personas. En 1980 los pobladores sumaban casi el doble, y en los últimos 10 años la cantidad de personas que viven en la ciudad se ha triplicado, creando una nueva población donde los fueguinos nativos no son más del 10%.

La capital, ubicada a orillas del canal Beagle, es el centro turístico de la provincia, y cuenta con una completísima gama de servicios, además de un aeropuerto internacional, hoteles de todas categorías y una proverbial gastronomía basada en la buena pesca del lugar, donde descuella la centolla, un preciado crustáceo del lugar.

Fue nombrada Ushuaia por los indios yaghanes o yámanas, y significa "bahía que penetra hacia el oeste". En 1869, misioneros anglicanos levantaron las prime-

Museo Carcel de
Reincidentes

ras viviendas en el lugar, y emprendieron la evangelización de los aborígenes.

En 1884 llegó una expedición argentina, al mando de Augusto Lasserre, y se construyeron algunas casillas de madera para la Subprefectura, como una muestra de la soberanía del país en la región, iniciando las comunicaciones con el continente. Con la construcción de la Penitenciaría a comienzos del siglo XX, que impulsó su desarrollo, los argentinos comenzaron a reconocer la ciudad.

La imagen actual de Ushuaia es resultado de la Ley de Promoción, que le dio a Tierra del Fuego el privilegio de Area Aduanera Especial.

El lugar ofrece gran cantidad de excursiones por los alrededores, paseos marítimos, un pintoresco tren de trocha angosta, paseos en trineos y esquí de fondo, entre otros. También, en verano, recalan en su puerto exclusivos cruceros que recorren los canales fueguinos y las costas chilenas, y otros la ruta hacia la Antártida Argentina.

Costanera Av. Maipú

Es la costa marítima de la ciudad, que acompaña el recorrido del canal Beagle. El trayecto pasa por el puerto de Ushuaia y el Club Náutico, y más adelante por la Pasarela Fique, costeando la bahía Encerrada. En invierno el lugar se congela y sirve de pista de patinaje.

Hacia el centro, con una serie de edificios públicos, se llega a la histórica *Casa de Beban*. En torno a esta reliquia se levantó el Pueblo Viejo, una reconstrucción de la época pionera. La *Plaza Cívica* tiene un obelisco y el Arbol del Centenario. Enfrente se encuentra el *Muelle Turístico*, desde donde salen las lanchas y catamaranes de excursión.

Presidio y Cárcel de Reincidentes y Museo

Fue clausurado en 1947, y aún conserva en estado original una de las alas del edificio con las celdas-habitación para convictos. Tras las frías y sólidas paredes de la antigua prisión vivieron los más peligrosos criminales que hubo en el país en tiempos pasados.

Además de proveer de leña para la calefacción del presidio y del pueblo, el lugar tuvo la primera imprenta, taller de herrería, sastrería, zapatería, farmacia y servicio médico. También la ciudad se benefició a través de la cárcel, de luz eléctrica, teléfono, pan y leche. En el sitio funciona un interesante museo con reproducciones de barcos a escala.

Los indios patagónicos

La Patagonia fue habitada por pueblos de distinto origen, que llegaron a través del estrecho de Behring, que une América con Asia. La región es étnicamente conservativa ya que aún se pueden encontrar rasgos raciales y culturales arcaicos de cazadores, pescadores y recolectores en los indígenas patagónicos, así como influencias posteriores, presentes en el arte rupestre. Los principales grupos fueron los indios de canoas: *alacalufes* y *yámanas*; los cazadores: *tehuelches* o *patagones* en el continente, y *onas* en Tierra del Fuego. Eran cazadores nómadas dedicados al avestruz y el guanaco. Se sabe que los tehuelches hablaban al menos tres lenguas diferentes, según las regiones, y los onas, dos. Los *araucanos*, hoy *mapuches*, asentados principalmente en la provincia de Neuquén y en el valle central de Chile, producían tejidos y cerámicas de excelente factura y platería. Su rica lengua andina, se conserva aún a través de los Andes, y se calcula que unos 300.000 individuos todavía la hablan. También han mantenido la música, los instrumentos y su característica vestimenta.

Museo del Fin del Mundo

El pequeño museo fue creado en 1979, y muestra la historia fueguina y una sala de aves con todas las especies de la isla. También hay objetos indígenas, de los exploradores y de los misioneros. Está el mascarón de proa del buque "Duchess of Albany", dominando el lugar.

Puerto de Ushuaia

Alrededores de Ushuaia

Ferrocarril Austral Fueguino

Ferrocarril Austral Fueguino

Un bello tren de trocha angosta, una verdadera obra de arte, que sale de la estación del Fin del Mundo, recorriendo el Parque Nacional Tierra del Fuego.

Parque Nacional Tierra del Fuego

Tiene 63.000 ha y es el único del país con costa marítima. Con una accidentada topografía, de montañas escarpadas, ripios, lagos y profundos valles, es cruzada por cordones montañosos y cubierta por densos bosques. Estos, llamados bosques subantárticos, están poblados por lengas, coi-

Crucero por los canales fueguinos

hues, guindos y canelos. Con gran variedad de fauna, posee lugares de camping en Lago Roca, Laguna Verde, Río Pipo, Bahía Ensenada, Las Bandurrias y Los Cauquenes. Sólo una pequeña parte del Parque está habilitada, el resto está sujeto a protección, con zonas de Reservas Estrictas.

Bahía Ensenada

Es un bello lugar sobre el canal Beagle, donde hacer picnics. Se recomienda no recoger mejillones en el lugar, ya que suelen estar afectados por la conocida marea roja. Muy cerca está la cascada del río

Pipo y el lago Roca. Por sus aguas pasa el límite internacional a Chile, en el Hito Fronterizo XXIV.

Llegando al Punto Panorámico Laguna Verde, un recodo del río Lapataia, se ingresa a Laguna Negra, un pequeño espejo de aguas muy oscuras. Desde aquí se llega a bahía Lapataia, donde finaliza la RN3. Un cartel que lo indica, invita a una fotografía. Es el final de un largo camino.

OTRAS EXCURSIONES

- **Centro de Esquí de Fondo Francisco Jerman.** Con excelentes pistas, es del Club Andino Ushuaia.
- **Aerosilla Glaciar Marcial.** En 18 minutos de ascenso se llega a la cumbre, desde donde se inicia la caminata al glaciar.
- **Refugio Akeaata-Altos Valles.** Centro de cría de perros para trineos. Alquiler de esquís y raquetas para nieve.
- **Valle de los Huskies.** Paseos en trineo tirados por perros siberianos, recorriendo bellos senderos.
- **Refugio Haruwen.** Cabaña de madera de lenga, con alquiler de esquís, snowcats, bungalows y otras comodidades. Especial para los amantes del trekking.
- **Puerto Almanza.** Atracadero de naves de pesca y turismo, con casas y criadero de salmones. Desde aquí se ve Puerto Williams en la isla Navarino (Chile).
- **Estancia Harberton.** Fundada en 1886 por Thomas Bridges, es la casa familiar más antigua de la isla. El reverendo Bridges llegó a la isla en 1871, y fue el primer hombre blanco radicado aquí. Amigo de los yaghanes y onas, los indígenas encontraron siempre en Harberton un lugar seguro, donde nadie los molestaba. La estancia es hoy un lugar histórico, y reserva natural privada, con un circuito botánico que merece ser visitado. En su confitería Manacatush, con repostería casera, hay una exhibición de objetos indígenas y fósiles.

NAVEGACION DESDE USHUAIA

- **A Isla de Lobos.** Es una excursión en catamarán por el canal Beagle por el faro Les Eclaireurs e Isla de los Lobos. Se pasa

por la isla Alice, poblada de cormoranes.
- **A Lapataia.** La excursión va hacia Puerto Arias, en bahía Lapataia. Incluye visita a la isla de los Pájaros y de los Lobos.
- **A la isla Gable, Pingüinera y estancia Harberton.** Es un paseo combinado por agua y micro. Va hasta Puerto Almanza, donde se puede optar por seguir en ómnibus a Harberton o tomar el catamarán que rodea la isla Gable, y la pingüinera de isla Martillo.
- **A Puerto Williams en Isla Navarino, Chile.** Un paseo de todo el día, donde se visita el poblado de Puerto Williams, con museo y hostería.

Desde Ushuaia se emprenden cruceros a las islas Malvinas, Georgias del Sur y península Antártica, visitando el archipiélago de las Malvinas y Puerto Argentino, las Georgias del Sur, con colonias de elefantes marinos del sur y pingüinos rey. En aguas antárticas, las islas Shetland del sur, llegando a la península Antártica donde se visitan bases científicas y diversas colonias de pingüinos.

También están los cruceros como el Terra Australis y Skorpios, donde se puede comenzar un viaje en Puerto Montt o Punta Arenas (Chile) y recorren las costas fueguinas hasta recalar en Ushuaia.

Estancia Maria Behety

Datos útiles

Obtenga más información sobre la ciudad en la página

347

Río Grande

Cabalgata en
Cabo San Pablo

Desde Río Gallegos por la RN3, luego de 68 km se llega al *Paso de Integración Austral, Monte Aymond*. Allí se hace el control aduanero y de migración con la declaración del plan de viaje, y si se quiere ingresar a Punta Arenas (Chile). Pasada la tramitación se atraviesa el puesto fronterizo. Hay que recordar que no se pueden ingresar productos perecederos (carnes, fiambres, quesos, frutas y verduras).

Luego de recorrer 16 km se llega al estrecho de Magallanes.

Más información

Dirección de Turismo
Elcano 159
Río Grande
Tel: 430790/93
L a V de 9 a 17

Estrecho de Magallanes

Se accede al punto más próximo de la isla al continente, llamada la Primera Angostura. Habitualmente es un lugar muy ventoso, pero el lugar merece una detención para observarlo. Descubierto por Hernando de Magallanes en 1520, fue por siglos el paso obligado del tráfico marítimo entre Oriente y Occidente, hasta que se abrió el Canal de Panamá. Famosos navegantes como Sarmiento de Gamboa, piratas y corsarios como Drake y Cavendish, y notables exploradores como Piedra Buena, surcaron sus aguas.

En el embarcadero se toma el transbordador: una nave de pasajeros y vehículos que demora de 20 a 30 minutos en hacer el viaje. El pasaje se abona a bordo en moneda argentina, dólares o pesos chilenos. El cruce termina en el *Embarcadero Bahía Azul*, ya en la isla. Son 42 km hasta *Cerro Sombrero* encantador pueblo petrolero chileno, con un lindo centro deportivo, un jardín botánico de interior, con especies exóticas para esta latitud, y un Casino Social donde comer. Se puede pernoctar en una hostería del lugar.

Por la Ruta 257 de Chile son 118 km hasta *Frontera San Sebastián*, donde se hacen los trámites de salida del país. En otros 15 km se llega al paso *Fronterizo San Sebastián*, donde luego de las tramitaciones de rigor se ingresa a la provincia de Tierra del Fuego y Antártida.

Aquí se retoma la RN3 que va hasta Río Grande por un camino solitario llegando hasta las serranías de Carmen Sylva, desde donde se tiene una bella vista de la bahía de San Sebastián. Muy próximo está el casco de la Estancia Sara, uno de los grandes establecimientos de la Patagonia. Perteneció a Sara Braún y llegó a tener cientos de miles de hectáreas. La estancia posee en sus tierras una gran zona de la cuenca petrolera fueguina, con campos de extracción e infraestructura para su explotación. El camino, de cierta monotonía, sólo interrumpida por riachos, llega hasta la Misión Salesiana, antes de entrar en Río Grande.

Río Grande

RIO GRANDE

Importante centro ganadero y petrolero, la ciudad está ubicada en la margen del río del mismo nombre.

Los primeros habitantes de la ciudad provinieron de las minas de oro de San Sebastián, hacia 1830. En 1921 se fundó la ciudad, y en sus primeros 50 años, su economía estuvo ligada a la ganadería ovina. Con el descubrimiento de petróleo por la Compañía Tennessee, comenzó la era petrolera, lo que originó una gran inmigración a la zona. Con la Ley de Promoción Económica, durante los años 70 y 80 llegó una segunda ola de pobladores. La ciudad es la capital económica de la provincia y cabecera de la parte norte de la isla.

En una visita se puede conocer la *Misión Salesiana de la Candelaria*, fundada por Monseñor Fagnano en 1893, para albergar y educar a los indios onas. Hoy funciona en el lugar la *Escuela Agrotécnica Salesiana*, modelo en toda la Patagonia. El sitio tiene la pequeña y bella *Capilla (MHN)*, que ha sido restaurada, y es el edificio más antiguo de la zona de Río Grande. También se habilitó la Casa de la Misión, donde se puede ver cómo vivían los padres pioneros, y el museo histórico y de ciencias naturales, con piezas históricas y del ambiente fueguino.

• **Museo de Ciencias Naturales e Historia.** Con objetos de la historia riograndense y sectores dedicados a la fauna y flora de la región.

• **Casa de la Cultura.** Un moderno cine-teatro donde se realizan actividades culturales. En los alrededores hay hoteles y buenos lugares donde comer. En los lagos y ríos próximos hay excelente pesca, principalmente de trucha marrón de arroyo y arco iris de muy buenos tamaños. Es necesario sacar licencia de pesca.

PASEOS DESDE RIO GRANDE

• **Estancia María Behety.** Está a 14 km de la capital, y aunque no es un establecimiento turístico, con permiso previo se puede visitar. Es interesante ver los diferentes

Río Grande. Estrecho de Magallanes

rentes edificios que casi conforman un pequeño pueblo. Con construcciones en madera y chapa acanalada, típicas de la arquitectura fueguina, la estancia hace pensar en lo que fue el lugar en las épocas de prosperidad del negocio de la carne y la lana ovina. Fundada por José Menéndez en 1899, llegó a tener 150.000 ha de superficie. Tras sucesivas divisiones por herencias, actualmente posee 63.000 ha. En su época de oro llegó a levantar puentes, crear líneas marítimas, poblar, habilitar puertos y construir frigoríficos. Hoy, como muestra, queda el antiguo puente colgante sobre el río Grande, que levantó la empresa en 1918 para el cruce de ganado.

• **Lago Yehuin.** Desde Río Grande por la RN3 se llega al lago Yehuin, pasando por el *Chorrillo del Salmón*, donde funciona una "estación de piscicultura natural", donde las truchas eligen el lugar donde desovar. La pesca en este lugar está absolutamente prohibida. Luego de pasar algunas estancias, enfrenta el establecimiento Los Cerros, que es el camino de ingreso al lago Yehuin. Con suaves costas en declive que llaman a una caminata, el lago tiene un pequeño muelle para naves deportivas y botes. Los cerros que rodean al lago se reflejan sobre el mismo, a manera de un gran espejo. En el sitio se puede acampar y se avistan aves. Muy próximo se encuentra el *Refugio y Hostería Yawen*, lugar especial para pescadores deportivos. Retomando el camino se atraviesan importantes campos con cascos de estancias.

• **Cabo San Pablo.** Sobre la ruta F que se acerca al mar en *Punta María*, se pueden alquilar caballos y disfrutar de un asado, en un paisaje de llanura. Los amaneceres de la zona, sobre el ancho mar, son inolvidables. En los alrededores se encuentra la *Estancia Viamonte,* iniciada por los hijos de Thomas Bridges, un misionero de Harberton. Lucas, que nació en 1874, es el autor de una de las más bellas epopeyas americanas: *El último confín de la Tierra.* Criado entre yáganas, aprendió la lengua y su modo de vida, estableciendo vínculos con los onas de la región, quienes lo invitaron a vivir en sus tierras. Allí nació la estancia Viamonte en 1902. Fue amigo, compañero de cacerías, guía y protector de los onas, refugiándolos y dándoles trabajo rentado.

Siguiendo el camino, en el kilómetro 121 está *Cabo San Pablo.* Un bello sitio sobre el Atlántico, al sur de la caleta del mismo nombre. Con altas barrancas de rocas de areniscas de caprichosas formas, encierra un panorama de anchas playas y bosques. En el lugar hay una pequeña hostería. El camino sigue hasta la estancia *María Luján,* la última hacia el este. La punta del accidente geográfico culmina en el estrecho de Le Maire, frente a la isla de los Estados, llamada *península Mitre.*

Estancia patagónica.
Cría de ovejas

DESDE RIO GRANDE A USHUAIA

Este estupendo paseo recorre las estepas en dirección a las montañas, con el extraordinario cruce de los Andes y la vista al lago Fagnano.

Saliendo de Río Grande por la RN3, en el kilómetro 93 se accede al lago Yehuin.

Continuando el camino está *Tolhuin*, un centro con aserraderos y punto de abastecimiento entre Río Grande y Ushuaia. El pequeño poblado cuenta con completos servicios, y sus calles llevan nombres de los últimos indios onas. En el kilómetro 120 se ingresa a la cabecera del lago Fagnano.

Lago Fagnano

De forma alargada, tiene 100 km de extensión. Es el sexto lago más grande de América del Sur, luego del Maracaibo, Titicaca, Poopó, Buenos Aires y Argentino. Es navegable, aunque la zona está permanentemente azotada por fuertes vientos. Esto hace que el área esté profusamente habitada por aves como albatros, petreles, pardelas y cauquenes, ave típica de la Patagonia.

El nombre recuerda a monseñor José Fagnano, uno de los primeros salesianos enviados por San Juan Bosco a la Argentina. En el lago está la Hostería Kaikén, que es la parada obligada de los micros que hacen la línea Ushuaia-Río Grande. En la zona se pueden hacer cortas caminatas sobre sus costas acantiladas, y a los diques de castores. Muy próxima se ingresa a las Aguas Termales, con instalaciones inconclusas, carente de servicios. Más adelante se llega al lago Escondido.

Lago Escondido

Paradisíaco lugar con la Hostería Petrel, hotel y restaurante. Las habitaciones que dan al lago ofrecen maravillosos amaneceres, y la pesca en el lugar o largas caminatas por sus costas son una inolvidable experiencia. El petrel, que da nombre al lugar, es un ave típica de la zona que al igual que el albatros vuela planeando.

En las orillas del Escondido se ven castores, que fueron traídos de Canadá en 1945. En el transcurso de los años la primitiva decena se ha multiplicado en la zona en forma extraordinaria modificando la totalidad del bosque, con sus construcciones de embalses. En los alrededores se pueden ver los troncos roídos por sus fuertes dientes.

En el kilómetro 167 se llega al punto más alto del trayecto (430 msnm), el *Paso Sobrestante Luis Garibaldi*, un paso de montaña a través de la cordillera fueguina, que en este punto corre de oeste a este, cortando la isla en dos.

Aquí comienza un fuerte descenso hacia la costa del Beagle. En el camino se atraviesan densos bosques y amplios valles glaciares cubiertos de turbales. Estos sectores de musgos del tipo Sphagnum, son virtuales esponjas gigantes y vivientes, que por las condiciones climáticas de la región, inician un proceso de carbonización produciendo la turba. Antes de llegar a Ushuaia se cruzan lugares turísticos como el *Refugio Haruwen, Refugio Las Cotorras, Hostería Tierra Mayor, Valle de Huskies y Refugio Akeaata-Alto del Valle*.

Datos útiles

Obtenga más información sobre la ciudad en la página

347

Islas Malvinas

Puerto Argentino.
Paseo Costero

Arriba:
Reserva Faunística.
Puerto Enriqueta

El archipiélago, que se integra con la provincia de Tierra del Fuego, está conformado por varias islas e islotes de 11.410 kilómetros cuadrados de extensión. Las principales son la Gran Malvina y Soledad. Sus terrenos se levantan sobre una elevada meseta submarina, con sierras erosionadas de escasa altura que se enlazan con la Patagonia.

Las islas, cuya soberanía está actual-mente en disputa con el Reino Unido, fueron inicialmente avistadas por Esteban Gómez, al mando de una de las naves de la expedición de Magallanes. En 1690 el capitán inglés John Strong llegó a la región, reconociendo el estrecho que separa las dos islas mayores, al que le dio el nombre de Falkland, denominación que posteriormente se extendió a todo el archipiélago.

El pabellón español fue izado por vez primera en 1767 por don Felipe Ruiz Puente, y los británicos fueron expulsados de las islas en 1770. Tres goletas norteamericanas llegaron a saquear estas costas en 1831, pero el atentado más grave se cometió en 1833 cuando la fragata inglesa "Clío", al mando del capitán John Onslow, llegó a la colonia y la ocupó militarmente. La usurpación motivó que sucesivos gobiernos argentinos reclamaran por vía diplomática la soberanía de las islas por muchos años, llegando hasta las Naciones Unidas, donde se concluyó que los territorios en litigio debían ser incluidos entre los sujetos a descolonización. El Reino Unido,

renuente a acatar la resolución, forzó el enfrentamiento bélico entre los dos países, entre abril y junio de 1982, donde las fuerzas argentinas debieron retirarse.

Si bien el litigio continúa, desde octubre de 1999, luego de un acuerdo firmado entre el Reino Unido y la Argentina, se reanudaron los vuelos al archipiélago desde la ciudad de Río Gallegos.

Puerto Argentino

Es la ciudad cabecera de las islas. De pintoresco entorno, con construcciones donde predomina la combinación de madera, chapa, mampostería y piedra local, instaladas en la línea costera, suelen contar con pequeños y floridos jardines. Los edificios más notables son el *Town Hall*, sede de la Corte de Justicia y del Consejo de Legislación, la residencia del gobernador y los templos de *Santa María* –católico– y la *Catedral Anglicana*. En las cercanías se encuentra un pequeño museo.

Los principales atractivos turísticos están en el faro *Cabo Pembroke*, con reserva de animales silvestres; *Isla Pájaros*, de importante avifauna; *río Murrell*, un estuario poblado por cisnes de cuello negro; *caleta Mullet, Punta Foca* y la reserva faunística *Puerto Enriqueta*, con pingüinos, focas y pájaros.

Islas Malvinas.
Puerto Argentino

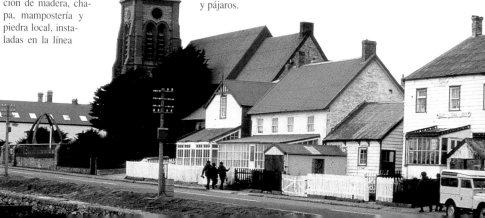

Islas del Atlántico Sur y
Antártida Argentina

ISLAS DEL ATLANTICO SUR

Su estructura geológica es parte de la Cordillera Andina Continental, cuya prolongación fue interrumpida al sur de Tierra del Fuego por el desvío de la Antártida hacia el polo. La proximidad al ambiente antártico hace de sus características climáticas y biológicas un ecosistema separado, típico de las zonas subantárticas más templadas.

La región corresponde a los archipiélagos existentes entre Tierra del Fuego y el continente Antártico con las islas Shetland del Sur, Orcadas, Sandwich, Georgias del Sur, Rocas Cormorán y Negra. Excepto las bases científicas instaladas en las islas Orcadas del Sur (Argentina), isla Laurie e isla Signy (Reino Unido), el archipiélago carece de población estable.

Antártida Argentina.
Base Marambio

ANTARTIDA ARGENTINA

Su superficie es de 965.597 kilómetros cuadrados. Incluye la península Antártica o Tierra de San Martín y numerosas islas. Con un clima riguroso, seco y ventoso y escasas precipitaciones, en la región se dan las mínimas más bajas del mundo, que llegan a alcanzar los 85°C bajo cero.

Documentación existente prueba que barcos loberos argentinos enarbolaron la insignia patria en esas tierras en 1819. A comienzos del siglo XX comienza un proceso de exploración y reconocimiento de la Antártida, dándole un creciente impulso, destacándose la histórica misión del alférez de fragata José M. Sobral, quien integrando en 1901 la expedición del sueco Nordenskjöld, al naufragar su barco, invernó por dos años consecutivos en una cabaña de madera situada en la isla Snow Hill, hoy monumento histórico. En 1903 el teniente de navío Julián Irízar logró la hazaña del rescate de la tripulación.

En 1902 se instala el Observatorio de la Isla Año Nuevo, y dos años después, el 22 de febrero, se iza el pabellón nacional en las islas Orcadas, declarándose la fecha Día de la Antártida Argentina.

A partir de allí las tareas de exploración y ocupación fueron permanentes, sobresaliendo la expedición militar terrestre que en 1965, comandada por el coronel Jorge E. Leal, logra llegar al Polo Sur.

Actualmente la Argentina posee seis bases permanentes en la Antártida: Base Orcadas, Base Esperanza, Base Marambio, Base San Martín, Base Belgrano II y Base Jubany.

Desde hace varios años esta helada región convoca gran cantidad de turistas de todas partes del mundo, que llegan al lugar en confortables cruceros para participar de un turismo aventura único. Los paisajes que ofrece el lugar donde el día en verano se prolonga por 24 horas, son de una belleza incomparable. Costas que dibujan canales y estrechos, circundadas por montañas e inmensos glaciares de donde caen grandes masas de hielo y témpanos que flotan

Antártida Argentina.
Base científica

por doquier dotan al panorama de una asombrosa grandeza.

La flora es casi inexistente, salvo líquenes y musgos. La fauna en cambio es rica, y la gran atracción son las poblaciones de pingüinos, que forman comunidades de hasta 150.000 ejemplares. Se han detectado 17 diferentes especies, de las cuales sólo cuatro nidifican en el Antártico. También hay mamíferos como focas, leopardos marinos, elefantes marinos y la ballena. Entre las aves es común ver albatros, petreles, cormoranes, skúas y gaviotines.

Noroeste   **335**

Centro Oeste   **336**

Noreste   **33**

Datos útiles

Cuyo 339 Centro 341 Patagonia 345

Moneda

Desde hace ya unos años Argentina mantiene la paridad cambiaria con el dólar. En las casas de cambio las comisiones de la transacción puede hacer oscilar en centavos la cifra, lo que la diferencia en el cambio dólar-peso siempre será ínfima. La moneda de los EE.UU es aceptada en casi todos los negocios siempre con el valor: un dólar, un peso y no tendrá dificultades en usarla (si se trata de billetes chicos) a la hora de pagar un café, y hasta un taxi. La capital y todo el país cuenta con una amplia red de cajeros automáticos, de diferentes entidades bancarias, donde retirar dinero y hacer transacciones las 24 horas del día.

Propinas

En la Argentina la consumición en cafés y restaurantes no incluyen el servicio, por lo que la propina está institucionalizada. Aunque la cifra queda a voluntad del consumidor, lo habitual es un mínimo de 10 o 15% de lo facturado. Los taxis cobran exactamente lo que marca el reloj, aunque es común redondear la cifra del costo del viaje, dejando los centavos para el taxista.

Comunicaciones

En la capital y en todo el país existe una red de cabinas telefónicas, llamados locutorios, desde donde poder hacer llamadas nacionales e internacionales con tarifas normales, ostensiblemente menores que desde los hoteles. Sorprenderá encontrar uno en plena Puna o en un pueblito de la Patagonia. Los locutorios poseen también habitualmente servicio de fax y e-mail.

Transportes

Buenos Aires está diseñada para ser recorrida a pie, pero para aquellos viajeros que quieran incursionar en transportes públicos la ciudad ofrece una extensa red de micros que la atraviesan en todas direcciones. Los vehículos tienen máquinas expendedoras de boletos, y sólo aceptan monedas. La cifra no tiene necesariamente que ser exacta, ya que dan cambio. El valor del viaje varía según la distancia, por lo que se recomienda consultar con el chofer al ascender al transporte. Si se quiere recorrer la capital fuera de los circuitos turísticos es recomendable proveerse de una guía de transportes de la ciudad, están en todos los kioscos de diarios y no cuestan mucho. La red de subterráneos de Buenos Aires, la más antigua de Sudamérica, es muy recomendable, excepto en las horas de entrada y salida del trabajo, donde los coches van atestados de gente. En los últimos años muchas líneas han sido modernizadas, construyendo nuevas estaciones, algunas con negocios de comidas, locales con ropa y accesorios, casas de música, cajeros automáticos y hasta bancos.

Horarios

Buenos Aires, la ciudad que jamás duerme, tiene también sus reglas en cuanto a horarios. Por regla general los comercios abren a las 10 h y cierran a las 20 h, de lunes a viernes. Los sábados, al estilo inglés, de 10 a 13 h, pero hay excepciones. Por ejemplo la calle Florida, pareciéndose cada vez más a un paseo de compras, puede tener negocios ya abiertos a las 9 h, y extender el cierre de los mismos hasta las 21 h, también los sábados y domingos. Los Shopping Centers están abiertos de lunes a domingos de 10 a 22. Inclusive los feriados.

Seguridad

Buenos Aires es una gran capital, y por muchos años una de sus más difundidas particularidades fue la seguridad de las calles céntricas, donde era posible transitar libremente hasta altas horas de la madrugada. Si bien en reglas generales esto sigue sucediendo, el hecho de que el centro de la ciudad ha crecido en forma descomunal en los últimos años, ha traído aparejado algunos cambios, y es aconsejable tomar radio taxis o remises, dado que las tarifas son casi iguales a la de los vehículos comunes. El radio céntrico, donde se encuentra la mayor concentración de hoteles, es por lo general una zona segura, y salir a caminar en las cercanías del alojamiento, después de cenar, es una alternativa sin peligros. Seguramente encontrarán gente paseando y mirando vidrieras.

Feriados Nacionales

1° enero - Año Nuevo
marzo/abril - Semana Santa
1° mayo - Día del Trabajo
25 mayo - Aniversario del Primer Gobierno Patrio
10 junio - Día de las Islas Malvinas y sector Antártico
20 junio - Día de la Bandera
9 julio - Día de la Independencia Nacional
17 agosto - Aniversario de la Muerte del Gral. San Martín
12 octubre - Día de la Raza
8 diciembre - Día de la Inmaculada Concepción
25 diciembre - Navidad

Noroeste

GASTRONOMIA

El noroeste argentino es sin duda la zona más rica en gastronomía del país. En la región han quedado resabios de la tradicional cocina de la colonia, que posteriormente fue modificada y enriquecida con productos autóctonos, configurando una amplia gama de sabores únicos. En los restaurantes de las capitales de las provincias se pueden degustar empanadas hechas en horno de barro, tamales y humitas, así como locro, carbonada y huascha locro, y quesos artesanales de cabra y vaca.
Todas estas especialidades se acompañan con los notables vinos de Cafayate, donde sobresale el torrontés, un vino blanco de sabor frutado, único en el mundo.
Los golosos encontrarán, especialmente en Salta, variedad de exquisiteces. Entre ellas los dulces de cayote y cuaresmillo –que se comen con quesillo de cabra–, colaciones, nueces confitadas, alfeñiques y gaznates.

ARTESANIAS

Salta y Jujuy conservan tradiciones en platería y alpaca. Allí se pueden ver bellas piezas de diseños coloniales como fuentes, jarras y pequeños objetos combinados con asta, en elaborados trabajos, especialmente en hebillas para cinturones y rastras. El cuero crudo se trabaja con trenzados.
Los telares de la región son famosos, especialmente en tramas originales como el barracán y el picote, y el tradicional poncho salteño, rojo con guardas negras. En madera, sobresalen las máscaras de los indios chané y los trabajos de los wichis, que realizan figuras

de animales de la región, algunas combinadas con asta.
Santiago del Estero posee una tradicional cestería en paja clara combinada con brillantes colores. En Río Hondo se festeja anualmente la Fiesta Nacional del Canasto.

JUJUY

S. S. DE JUJUY
SALUD
• **Emergencias Médicas
Urgencias** Tel: 107-102
• **Hosp. Pablo Soria**
Tel: 4221256-62-65

TRANSPORTE TERRESTRE
• **Terminal de Omnibus**
Iguazú y Dorrego
Tel: 426299
• **Alquiler de Autos**
Avis:
Belgrano 1295 - Tel: 422932
Rent a Car:
Belgrano 566 - Tel: 429697
• **Taxis**
Taxitel: 427924
Teletaxi: 426178

TRANSPORTE AEREO
• **Aeropuerto Internacional
El Cadillal** - Tel: 491102

RESTAURANTES
Hotel Alto Laviña, El Exodo y Manos Jujeñas.

FESTIVIDADES
Del 15 al 31 de enero se festejan la Fiesta de Tilcara, el Carnaval, Semana Santa y el descenso de la Virgen de Copacabana.

HUMAHUACA
• **Información Turística**
Tucumán esquina Jujuy (4630)
Tel: (0388) 7421011
• **Restaurantes**
Cacharpaya, Colonial y La Hostería.

LA QUIACA
• **Información Turística**
Pellegrini esquina Rivadavia (4650) - Tel: (0318) 5422201

• **Turismo en estancias**
Información sobre turismo en estancias disponible en la Secretaría de Turismo de San Salvador de Jujuy.

**Casa de la Provincia de
Jujuy (Buenos Aires)**
Av. Santa Fe 967
Tel: 4393-1295/ 6096 - 4394-3012
En Internet:
www.jujuy.com.ar

SALTA

SALTA (capital)
SALUD
• **Emergencias Médicas**
Hospital San Bernardo
Tobías 69 - Tel: 4224255

TRANSPORTE TERRESTRE
• **Terminal de Ombibus**
Tel: 4315227
• **Radio Taxi**
Taxi Car: 4390530/2020
Rapi Tax: 4236663
• **Alquiler de autos**
Acay Rent a Car: Funes 362
Tel: 4321191/ 4314477
Localiza: 15-6830915/ 431-1045

TRANSPORTE AEREO
• **Aeropuerto Internacional
Martín Miguel de Güemes**
Tel: 4243115

RESTAURANTES
Mamma Gaucha, La Terraza de la Posta y el Patio de las Empanadas.

FESTIVIDADES
Día de la Virgen y Señor del Milagro, 15 de septiembre. Día del General Güemes (desfile tradicionalista), 17 de junio.

TURISMO EN ESTANCIAS
• **Turismo San Lorenzo**
Tel: (0387) 4921757
Correo electrónico:
zsan_lorenzo@insat1.com.ar

TREN A LAS NUBES
•**En Salta:**
Caseros 431
Tel: (0387) 431-4984/ 4986

• **En Buenos Aires:**
Esmeralda 1008
Tel: (54-11) 4311-4282
Correo electrónico:
trenes&turismo@salnet.com.ar
En Internet:
www.trenubes.com.ar

CACHI
• **Municipalidad (centro de Informes)**
Tel: (03868) 491053/ 491116
• **Restaurantes**
Hostería del ACA

CAFAYATE
• **Municipalidad (centro de Informes)**
Tel: (03868) 421124/15-639707
• **Restaurantes**
Comedor Criollo, La Apacheta y la Carreta de Olegario.

Casa de la Provincia de Salta (Bs. As.)
Av. Pte. R. S. Peña 933
Tel: 4326-1312/4 - 4326-3500/ 2456
En Internet:
www.salta.gov.ar
Correo electrónico:
casadesaltabsas@movi.com.ar

TUCUMAN

SAN MIGUEL DE TUCUMAN
SALUD
• **Emergencias Médicas Asistencia Pública**
(0381)4212329

TRANSPORTE TERRESTRE
• **Terminal de Omnibus**
Tel: 4225702
• **Alquiler de Autos**
Avis:
Congreso 76 - Tel: 4300670
Dollar:
Congreso 89 - Tel: 4304629

TRANSPORTE AEREO
• **Aeropuerto Benjamín Matienzo** Tel: 4260016

RESTAURANTES
Floreal, La Leñita y Churqui.

FESTIVIDADES
Fiesta Nacional del Antigal, de la Verdura y de la Humita,

en enero. Fiesta Nacional de la Pachamama, y del queso, en febrero. Fiesta Nacional de la caña de azúcar, en octubre.

TAFI DEL VALLE
• **Información Turística**
Tel: (03867) 421084
• **Restaurantes**
El Portal del Tafí y El Rancho de Félix.

Casa de la Provincia de San Miguel de Tucumán (Buenos Aires)
Suipacha 140
Tel: 4322-0564/ 65
www.tucuman.gov.ar

SANTIAGO DEL ESTERO

SANTIAGO DEL ESTERO (capital)
SALUD
• **Emergencias Médicas**
Tel: 107

TRANSPORTE TERRESTRE
• **Terminal de Omnibus**
Tel: 421513/ 4213746
• **Alquiler de Autos**
Gran Hotel:
Avellaneda 201 - Tel: 4212496
La Gauchita:
Alsina 2161 - Tel: 4391355

TRANSPORTE AEREO
• **Aeropuerto Madre de Ciudades**
Tel: 4222386

RESTAURANTES
Mia Mamma, Sociedad Española y La Casa Del Folklorista.

FESTIVIDADES
Fiesta de la Chacarera, en enero. Festividad de la Virgen de Montserrat, en enero. Celebración de los carnavales en la Banda, Capital y Frías.

TERMAS DE RIO HONDO
• **Información Turística**
Av. Alberdi 245
Tel: (03858) 421571

• **Emergencias Médicas**
Tel: 423050
• **Restaurantes**
Los Nonos, Don Quijote y la Cabaña de los Changos.
• **Festividades**
Fiesta Nacional del Canasto (Río Hondo), tercera semana de septiembre.

Casa de La Provincia de Santiago del Estero (Buenos Aires)
Florida 274
Tel: 4322-1389
En Internet:
www.mercosur.com/santiagodelestero

Centro Oeste

GASTRONOMIA
La Rioja y Catamarca conservan tradiciones culinarias de la época de la colonia como las provincias del noroeste, aunque con algunas variantes regionales. Las ricas empanadas catamarqueñas son más grandes, y su relleno más jugoso. Los tamales, humitas, locro y el chivito asado estarán siempre presentes, tanto en las capitales como en los pueblitos de los valles. La región, famosa por sus olivares, ofrece buenos aceites artesanales y ricas aceitunas. También posee importantes plantaciones de nogales. Exquisitas las nueces confitadas, y los reconocidos dulces de la zona como el de membrillo, que se realiza todavía en pailas de cobre, a la vieja usanza.
En los viñedos de La Rioja se cultivan uvas finas. Su torrontés, algo diferente al salteño, fue el primero en ganar una medalla de oro en uno de los más importantes certámenes mundiales de vinos.

ARTESANIAS
Los reconocidos telares de Catamarca son parte de su

tradición, así como las "teleras", artesanas que siguen trabajando las tramas con las mismas técnicas heredadas a través de generaciones. El poncho catamarqueño, un fino tejido realizado en lana de oveja, alpaca, llama o vicuña, dio origen a la Fiesta Nacional del Poncho, todos los años durante el mes de julio. Allí es posible ver los mejores trabajos en ponchos, mantas y alfombras realizados por las tejedoras de diferentes pueblos catamarqueños. En La Rioja se realizan trabajos en cerámica, cuero, telar, madera y plata. En el Mercado Artesanal de la capital riojana está la mejor muestra de piezas realizadas por artesanos del interior de la provincia, conservando ancestrales técnicas, cuyos nombres figuran en los correspondientes trabajos. Recorriendo el interior se encuentran interesantes artesanías, como las figuras en arcilla de Famatina.

CATAMARCA

S. F. DEL VALLE DE CATAMARCA (capital)
SALUD
• **Emergencias Médicas**
Tel: 107

TRANSPORTE TERRESTRE
• **Terminal de Omnibus**
Tel: 423777/423239
• **Remises**
Viaje Bien: 433555
Amanecer: 432300
• **Alquiler de Autos**
Localiza Rent a Car
Esquiú 786 - Tel: 435838

TRANSPORTE AEREO
• **Aeropuerto Felipe Varela**
Tel: 430080

RESTAURANTES
Las Tinajas, Sarmiento 533.
La Querencia, Camino al Rodeo.
Ñaupa, Caseros 715.

FESTIVIDADES
Fiesta de la Virgen del Valle, 8 de diciembre y 15 días después de Pascuas. Fiesta Nacional del Poncho, julio.

TURISMO EN ESTANCIAS
Tel: (03833) 437594
Correo electrónico:
turismocatamarca@cedeconet.com.ar

ANTOFAGASTA DE LA SIERRA
• **Información Turística**
Municipalidad de Antofagasta de la Sierra
Tel: (03835) 471001/002
• **Festividades**
Feria Artesanal y Ganadera de la Puna/
Raid Internacional de la Puna, 15 al 20 de marzo.

BELEN
• **Información Turística**
Municipalidad de Belén
San Martín frente a la Plaza
Tel: (0835) 461539
Horario: L a D de 8 a 13 h.

• **Festividades**
Nuestra Señora de Belén, 6 de enero. Cristo del Milagro, 15 de enero.
• **Restaurantes**
Doña Goya, San Martín 410.
María Ortiz, General Paz 425.

Casa de la Provincia de San Fernando del Valle de Catamarca (Buenos Aires)
Av. Córdoba 2080
Tel: 4374-6891/2/3/4
Correo electrónico:
info@casacatamarca.com.ar

LA RIOJA

LA RIOJA (capital)
SALUD
• **Emergencias Médicas**
Hospital Presidente Plaza
Calle Olta esq. Ex ruta 38
Tel: 03822-427782
Guardia: 03822-453541

TRANSPORTE TERRESTRE
• **Terminal de Omnibus**
España y Artigas
Tel: 03822-425453/427991

• **Remises**
Remis Car: 03822-437127/ 432771
Remis-Coop: 03822-430132
Santo Domingo:
03822-431212/ 431155

TRANSPORTE AEREO
• **Aeropuerto Almandos Almonacid** Tel: 439211

RESTAURANTES
La Vieja Casona, Rivadavia 427.
El Viejo Boulevard, Av. Ortiz de Ocampo 1606. Tratoría La S'tanzza, Dorrego 164.

FESTIVIDADES
Tinkunaco o Topamiento, 31 de diciembre al mediodía. La chaya riojana, durante las festividades del carnaval.

CHILECITO
• **Restaurantes**
El Quincho

Casa de la Provincia de La Rioja (Buenos Aires)
Av. Callao 745
Tel: 4813-3417/9- 4815-1929/3418
En Internet:
www.lariojanews.gov.ar
Correo electrónico:
larioja@infovia.com.ar

Noreste

GASTRONOMIA
La región, surcada por grandes ríos e importante pesca, posee una gastronomía basada especialmente en los exquisitos pescados de la zona. En todas las provincias existe una variada oferta de lugares donde comer la pesca del día, pero las opciones como el codiciado dorado, el pacú, patí y el surubí están sujetas a épocas de veda que varían según la provincia. Estos pescados a la parrilla son la delicia de los gourmets. La receta más popular litoraleña son las milanesas de surubí.

Corrientes y Misiones son las principales productoras de yerba mate del país. En un viaje se puede probar la tradicional infusión rioplatense, el mate, en importantes establecimientos de la región, y el tereré, que es una versión del mismo pero con agua fría a la que se le agregan yuyos (hierbas aromáticas). En la zona se cultiva el palmito, por lo que es recomendable probarlos en estado natural.

ARTESANIAS

El litoral argentino cuenta, en las provincias de Formosa y Chaco, con una importante población de indios wichis. Su artesanía, que también se puede encontrar en la provincia de Misiones, es particularmente original, sobre todo el chaguar, un tejido en forma de red. El material es la chaguarata, una planta cuyas hojas dejan secar por varios días para luego estirarlas con mortero hasta conseguir la fibra para el tejido. Teñida en la gama de colores castaños con colorantes naturales, con ella confeccionan prendas y accesorios. También realizan encantadoras réplicas en madera de la fauna de la región: tucanes, yaguaretés y el tatú carreta.
Misiones cuenta con importantes yacimientos de piedras semipreciosas. En los negocios de Wanda se encuentran bellos adornos y bisutería.
Entre Ríos y especialmente Corrientes ofrecen una amplia selección de prendas realizadas en carpincho, o pecarí, un cerdo salvaje americano, de fina piel gamuzada.

MISIONES

MISIONES (capital)
SALUD
• **Emergencias Médicas**
Hospital Madariaga
Tel: 447775/ 782/ 783
TRANSPORTE TERRESTRE
• **Terminal de Omnibus**
Tel: 454888
• **Remises**
Remises Agencia: 440314
Remises Los Pinos: 468822/00/
0800-888-6880
• **Alquiler de autos**
Rent a Car: Av. Victoria
Aguirre 279 - Tel: 422224

TRANSPORTE AEREO
• **Aeropuerto General
San Martín** Tel: 445204/903/199

RESTAURANTES
Hotel Continental, City Hotel y Club La Aventura.

FESTIVIDADES
Fiesta Nacional del Mate, enero, en Posadas. Fiesta Provincial de los Reyes Magos, enero, en Posadas. Fiesta Provincial del Inmigrante, septiembre, en Posadas. Fiesta Provincial de las Colectividades, noviembre, en Posadas.

PUERTO IGUAZU
Hotel Esturión, Hotel Cataratas y Hotel Sheraton (Parque Nacional Iguazú).

Casa de la Provincia de Misiones (Buenos Aires)
Av. Santa Fe 989
Tel: 4322-0686
En Internet:
www.misiones.gov.ar
Correo electrónico:
infomisiones@catamarket.com.ar

CORRIENTES

CORRIENTES (capital)
SALUD
• **Emergencias Médicas**
Servicio de Emergencias
Tel: 20697
Hospital Llano
Tel: 21345/21081

TRANSPORTE TERRESTRE
• **Terminal de Omnibus**
Tel: 446000
Terminal de Omnibus Goya
J. Gomez 953
Tel: 422147/2341
• **Remises**
Remises del Sur
Tel: 420761
Remises Iberá
Tel: 432213
• **Alquiler de autos**
Localiza Rent a Car
Tel: 15600186/434444
Ansa Internacional
Tel: 462341

TRANSPORTE AEREO
• **Aeropuerto
Dr. Pirayini Niveiro**
Tel: 431628

RESTAURANTES
Club de Regatas, El Recreo y El Torito. Hostería Jardín del Paraná y Complejo Náutico Virgen de Itatí, (Paso de la Patria).

FESTIVIDADES
Fiesta Nacional del Carnaval, febrero- marzo, en todas las localidades del interior de la provincia y se completan en la capital. Fiesta de la Cruz de los Milagros, 3 de marzo. Fiesta Nacional del Chamamé, diciembre, en el anfiteatro. Fiesta de San Baltasar, 6 de enero, en el Parque Cambá Cuá.

ESQUINA
Sociedad Sportiva Esquinense, El Aljibe y El Colonial.

Casa de la Provincia de Corrientes (Buenos Aires)
San Martín 333
Tel: 4394-0859/ 2808/ 7390/ 7418/ 7432/ 9490

ENTRE RIOS

PARANA
SALUD
• **Emergencias Médicas**
Hospital San Martín

Pte. Perón 450
Tel: 4312222/ 4234545

TRANSPORTE TERRESTRE
• **Terminal de Omnibus**
Av. Ramírez al 2400
Tel: 4221282/4315053
• **Remises**
Ahora Remises
Tel: 4244243
Remisera el Tunel
Tel: 4234200
• **Alquiler de autos**
Localiza Rent a Car
Tel: 4233885/4319109
Maran Rent a Car
Tel: 4231707/ 0800-555-5627

TRANSPORTE AEREO
• **Aeropuerto
General Urquiza**
Tel: 4362177/2013

RESTAURANTES
Hotel Mayorazgo, La Posada
de Fanny y Luisito.

FESTIVIDADES
Estudiantina, fines de
octubre. Fiesta del Litoral,
primeros días de diciembre.

CONCEPCION
DEL URUGUAY
• **Oficina de Información
Turística**
9 de Julio 844
Tel: (03442) 425820/423676
• **Restaurantes**
La Delfina, Isondú, El Telar
de San José.

COLON
• **Informes Turisticos**
Av. Costanera y Gouchon
Tel: (03447) 421233/1525
Terminal de Omnibus
Tel: 421716
• **Restaurantes**
Hotel Quirinale, Mangrullo y
Balneario Piedras Coloradas.

*Casa de la Provincia de
Entre Ríos (Buenos Aires)*
Suipacha 844
Tel: 4393-3732
En Internet:
www.turismoentrerios.com
Correo electrónico:
turismoer@infovia.com.ar

CHACO

RESISTENCIA
SALUD
• **Emergencias Médicas**
Hospital Julio C. Perrando
Av. 9 de julio 1101
Tel: 425050/ 442399/ 425409/
425944

TRANSPORTE TERRESTRE
• **Terminal de Omnibus**
Tel: 60113/60789
• **Remises**
Remises Resistencia: 42500
Remises Acuario: 30107
• **Alquiler de autos**
Rent a Car: 450005

TRANSPORTE AEREO
• **Aeropuerto Internacional
Resistencia General San
Martín**
Tel: 46800/ fax: 46801

RESTAURANTES
El Pescador, El Chino
y La Estaca.

FESTIVIDADES
Fiesta Nacional del algodón
y Ferichaco X Feria
Nacional y VII Feria
Internacional, septiembre
en Resistencia.
Concurso Nacional e
Internacional de escultura,
Primera Bienal
Internacional, 18 al 28 de
julio en Resistencia, Plaza
25 de Mayo de 1810.

*Casa de la Provincia de
Chaco (Buenos Aires)*
Av. Callao 322
Tel: 4372-3045/5209
En Internet:
www.ecomchaco.com.ar
Correo electrónico:
casadelchaco@ecomchaco.com.ar

FORMOSA

FORMOSA (capital)
SALUD
• **Emergencias Médicas**
E.M.A (emergencias Médicas
Ambulatorias)
Corrientes 830
Tel: 03717-424143

TRANSPORTE TERRESTRE
• **Terminal de Omnibus**
Tel: 03717-451130/1817
• **Remises**
Coop. La Liebre
Fotheringham 253
Tel: 03717-420943
Remises Fontana
Av. Pantaleón Gómez 636
Tel: 03717-435552
• **Alquiler de autos**
Auto rent: España 557
Tel: 03717-31721
part.450782

TRANSPORTE AEREO
• **Aeropuerto Argentina
2000 S.A.**
Tel: 03717-450463/ 0521

RESTAURANTES
El Fortín, El Tano Marino
y Raíces.

FESTIVIDADES
Semana de la Fundación,
del 4 al 8 de abril. Fiesta
de Doma, Jineteada y
Folklore Trofeo Mercosur,
en mayo. Festividad de la
Virgen del Carmen, 16 de
julio. Fiesta Nacional del
Río, en noviembre. Fiesta
de la Luna, 8 y 9 de
diciembre, en el balneario
Banco Marina.

*Casa de la Provincia de
Formosa (Buenos Aires)*
Hipolito Yrigoyen 1429
Tel: 4381-7048/ 2037
En Internet:
www.casadeformosa.gov.ar
Correo electrónico:
turismo@casadeformosa.gov.ar

Cuyo

GASTRONOMIA
En Cuyo, especialmente en
Mendoza, la tradición
gastronómica conserva raíces
de los inmigrantes que se
afincaron en el lugar, y
toques de cocina criolla. Así
se combinan la pizza de
campo y todo tipo de pastas
con rústicos pasteles de
humita y calabaza, el típico

cuyano tomaticán de tomate, cebolla y huevo, y empanadas. La oferta la completan los productos de la región, como excelentes embutidos, aceitunas y quesos. El chivito estará siempre presente, especialmente en San Luis, donde es el gran orgullo de la provincia. El postre mas cuyano: dulce de alcayota con nueces.

La gran atracción de la región son sin duda sus afamados vinos. Ideal para hacer un recorrido por las bodegas, muchas de las cuales se pueden visitar. En Maipú, llamada la Capital del Vino y la Aceituna, San Martín, Godoy Cruz y Agrelo –todas en los alrededores de Mendoza– se encuentran algunos de los más famosos viñedos donde degustar los buenos vinos y champañas del país.

ARTESANIAS

En los mercados artesanales de las capitales de las provincias se pueden apreciar los diferentes trabajos de la región. En Mendoza se pueden ver y comprar piezas provenientes de Guanacache, Las Heras, La Paz, Santa Rosa y Malargüe. Hay aperos en cuero de vaca y lonja de potro, pellones de oveja, tejidos de telar y bellas canastillas de cestería huarpe. San Juan ofrece telares de buena calidad, realizados en pueblos de la provincia, y cerámica. San Luis, conocida por sus canteras de ónix, tiene gran variedad de artesanías de ese material: desde pequeñas cajitas y figuras, hasta muebles. También alfombras tejidas en telares artesanales, principalmente a pedido, copiando diversos dibujos.

MENDOZA

MENDOZA (capital)
SALUD
• **Emergencias Médicas**
Hospital Central

Alem y Salta
Tel: 4200600

TRANSPORTE TERRESTRE
• **Terminal de Omnibus**
Av. Costanera y Acceso oeste
Tel: 431-3001/ 5000
• **Alquiler de autos**
Avis: San Martín 160
Tel: 428760
• **Taxis**
La Veloz del Este: 4239090
Mendocar: 4236666
Radio Taxi - Tel: 4303300

TRANSPORTE AEREO
• **Aeropuerto El Plumerillo**
Tel: 448-0017

RESTAURANTES
Casa Vieja, Belgrano 1227,
Tel. 4257727.
Los Lagares, Arístides
Villanueva 650, Tel: 4290554
El Mesón Español.
Montevideo 244, Tel: 4243825

FESTIVIDADES
Fiesta Nacional de la
Vendimia, primer sábado de
marzo. Día de la Hispanidad,
13 de Octubre, En Plaza
España. Festa in Piazza,
primera semana de marzo,
en Plaza Italia.

TURISMO DE AVENTURA
• **Andinismo**
Aconcagua Trek
Tel: 061-4242003/ 4245459,
fax: 061-4255749
• **Rafting**
Betancourt Rafting
Tel: 061-4390229

TURISMO EN ESTANCIAS
Informes:
estancias@arnet.com.ar

SAN RAFAEL
• **Dirección Municipal de Turismo**
Av. Hipólito Irigoyen esq.
Ballofet - Tel: (0627) 424217
Horario: L a D de 8 a 21 hs.
• **Terminal de Omnibus**
Tel: 428310
• **Alquiler de autos**
Avis, San Martín 160
Tel: 428760

• **Restaurantes**
Club Español, Comandante
Salas y Day - Tel: 422907
Muroa, Av. Mitre 4850
Tel: 425967
Jockey Club, Belgrano 338
Tel: 422336
• **Festividades**
Fiesta Departamental de la
Vendimia, febrero, en el
Teatro Griego.

MALARGÜE
• **Dirección Municipal de Turismo**
Ruta 40 Norte s/n, "Parque del Ayer"
Tel: (0627) 471659

Casa de la Provincia de Mendoza (Buenos Aires)
Av. Callao 445
Tel: 4371-0835/ 7301
4374-1105- 4373-2580
En Internet:
http://pic.mendoza.gov.ar
http://mendoza.com.geografía.
turismo.producción

SAN JUAN

SAN JUAN (capital)
SALUD
• **Emergencias Médicas**
AME
General Acha 484 sur,
esquina Av. Córdoba
Tel: 4223202/ 4217070

TRANSPORTE TERRESTRE
• **Terminal de Omnibus**
EE.UU. 492 sur
Tel: 4221604
• **Alquiler de autos**
Localiza
Tel: 4219494/ 4274440
Renta Auto San Juan
Tel: 4226018
• **Taxis**
Taxilibre - Tel: 4272705
• **Radio taxi**
Tel: 4217777
Taxi 25 de Mayo - Tel: 4212020

TRANSPORTE AEREO
• **Aeropuerto Las Chacritas**
Tel: 4250400

RESTAURANTES
Las Cubas, Av. Libertador Gral.

San Martín y Perito Moreno.
Alonso Quijano,
Av. Circunvalación
y Av. Libertador
Gral. San Martín oeste.
Las Leñas, Av. Libertador Gral
San Martín 1674 oeste.

FESTIVIDADES
Fiesta Nacional del Sol,
diciembre. Fiesta de la
Tradición, primera quincena de
noviembre. Fiesta de la Semilla
y Manzana Iglesianas, primera
quincena de marzo.

CALINGASTA
• **Información Turística**
Averiguar en la
Municipalidad del lugar
• **Restaurantes**
Hotel Calingasta, La Capilla y
Quincho El Nevado.

**Casa de la Provincia de
San Juan (Buenos Aires)**
Sarmiento 1251
Tel: 4382-5580/ 9241

SAN LUIS

SAN LUIS (capital)
SALUD
• **Emergencias Médicas**
Policlínico Regional
Caídos en Malvinas 110
Tel: 422330

TRANSPORTE TERRESTRE
• **Terminal de Omnibus**
Av. España entre
San Martín y Rivadavia
Tel: 424021
• **Taxis-Remises**
Gatín - Tel: 431900

TRANSPORTE AEREO
• **Aeropuerto Brigadier
Cesar Ojeda**
Tel: 423491

RESTAURANTES
El Colonial, Pederrera 1460
Hotel Quintana,
Av. Presidente Arturo Illia 546
Sofía, Colón esq. Bolivar

FESTIVIDADES
Virgen de la Quebrada,
3 de mayo.

MERLO
• **Dirección de Turismo**
Ruta 5, entrada a Merlo
Tel: (02656) 476079
• **Restaurantes**
Monte Grappa,
Av. del Sol 280
El Establo, Av del Sol 450
Hotel El Parque,
Av. del Sol 821

**Casa de la Provincia de
San Luis (Buenos Aires)**
Azcuénaga 1087
Tel: 4822-3641/ 0426
Correo electrónico:
casaprovsanluis@sion.com

Centro

GASTRONOMIA
Esta amplia región, que incluye
además la Capital Federal, la
oferta gastronómica está muy
diversificada. Córdoba es sin
duda la única con una rica
cocina de raigambre colonial.
Se conservan, al igual que en
el norte, muchas tradicionales
recetas, pero con menos
contenido indígena. Muy
aconsejable el chivito asado,
típico plato de la provincia. Los
dulces, de innegable
raigambre española, están
presentes en la ambrosía, islas
flotantes y huevos quimbos.
No dejar de probar los
famosos alfajores y las
colaciones. Santa Fe ofrece
gastronomía internacional, con
los toques itálicos que dejó la
fuerte inmigración de ese país.
En el norte, sobre la costa, se
disfruta de buenos lugares
donde comer diferentes
pescados, especialmente el
surubí. En los largos recorridos
de La Pampa y de la provincia
de Buenos Aires es posible
hacer turismo de campo, y en
sus estancias disfrutar de un
auténtico asado criollo, hecho
a la cruz.

CAPITAL FEDERAL
Buenos Aires posee una
amplia oferta gastronómica
internacional con

restaurantes de todo tipo y
precio. Las reconocidas
carnes argentinas son sin
duda la gran atracción de la
ciudad y en cualquier
restaurante se podrá
saborear un buen bife de
chorizo. Las pastas y pizzas
forman parte también de la
cocina tradicional porteña.
Como toda capital
cosmopolita, Buenos Aires
tiene lugares de alta
gastronomía, con cocina de
autor y de diferentes
lugares del mundo. La lista
es extensa. Para los
paladares gourmets, en las
librerías existen guías de
restaurantes confeccionadas
por especialistas en el tema.
Las principales zonas
gastronómicas de la capital,
con gran concentración de
restaurantes, están en
Puerto Madero, Paseo del
Pilar (Recoleta), la calle
Posadas y Carlos Pellegrini,
y el barrio Las Cañitas
(Palermo).
Los buenos vinos
argentinos, donde descuella
el malbec, se pueden
degustar en los
restaurantes, los wine bar, o
comprar una botella en
alguna de las vinerías y
apreciarlos en el cuarto del
hotel, luego de un día
agitado. Merecen la pena.
Buenos Aires es la ciudad de
los cafés y otro de sus
atractivos. Imposible dejar
de probar la combinación
de café y medialunas.

TANGUERIAS
• **Sr. Tango**
Vieytes 1655 - Tel: 4303-0231/34
• **Bar Sur**
Estados Unidos 299
Tel: 4362-6086
• **Michelangelo**
Balcarce 433 - Tel: 4328-2646
• **Café Tortoni**
Av. de Mayo 827 - Tel: 4342-4328
• **Club del Vino**
Cabrera 4737 - Tel: 4833-0050
• **Homero**
Cabrera 4946 - Tel: 4777-7015

ARTESANIAS

La zona central de la Argentina tiene en La Pampa la más rica producción de artesanías. En la Dirección de Turismo de Santa Rosa se encuentran las artesanías locales elaboradas por comunidades mapuches localizadas al oeste de la provincia. La componen más de 500 artesanos que trabajan principalmente tejidos y el cuero de potro. En lana hay bellas alfombras, ponchos y matras. En tientos de cuero crudo cinturones, fajas y cinchas, así como las famosas botas de potro de los gauchos de la región. También Córdoba ofrece interesantes trabajos artesanales, destacándose la cerámica, especialmente cerámica negra, objetos en piedras de la región, mantas y ponchos en telares y cestería.

CORDOBA

CORDOBA (capital)
SALUD
• **Emergencias Médicas**
Clínica Hotel Virgen del Rosario
General Deheza 542
Tel: 4530543/ 4524511

TRANSPORTE TERRESTRE
• **Terminal de Omnibus**
Tel: 4230162
• **Remises**
Auto Remis - Tel: 452-6000
Córdoba Car - Tel: 461-4000
• **Alquiler de autos**
Avis: Corrientes 452
Tel: 4261110/1
Dollar Rent a Car
Chacabuco 185 - Tel: 421-0426

TRANSPORTE AEREO
• **Aeropuerto Antonio Tarabela**
Camino Pajas Blancas Km 11
Tel: 4750392

RESTAURANTES
La Mamma, Av. Figueroa Alcorta 270.

La Compañia, Av Figueroa Alcorta 45.
Beto's, Bv. San Juan 454.

FESTIVIDADES
Automovilismo. Rally Mundial, mayo. Festival Nacional de Folklore, Cosquín, segunda quincena de enero. Fiesta Nacional de la Cerveza (Oktoberfest), octubre.

VILLA CARLOS PAZ
• **Información Turística**
Av. San Martín 400
Tel: (03541) 421624 - Horario: todos los días de 9 a 21hs.
• **Terminal de Omnibus**
Averiguar en Información Turística.

SANTA ROSA DE CALAMUCHITA
• **Información Turística**
Córdoba esq. el Nogal
Tel: (03546) 420762
Casa de la Provincia de Córdoba (Buenos Aires)
Av. Callao 332
Tel: 4371-1668
Correo electrónico:
doss@arnet.com

SANTA FE

SANTA FE (capital)
SALUD
• **Emergencias Médicas**
Tel: 103

TRANSPORTE TERRESTRE
• **Terminal de Omnibus**
Belgrano 2910 - Tel: 4574128

TRANSPORTE AEREO
• **Aeropuerto Sauce Viejo**
Tel: (042) 4750386

RESTAURANTES
Del Hostal, España y El Quincho de Chiquito.

FESTIVIDADES
Procesión de Nuestra Señora de los Milagros, 9 de mayo. Festival Folklórico de Santa Fe, primera semana de febrero. Fiesta Provincial del Lino, fines de noviembre.

RECONQUISTA
• **Oficina de Turismo**
San Martín 1077
Tel: (0482) 420393
• **Restaurantes**
Hotel Magni y Sociedad Sirio Libanesa.
• **Festividades**
Festival Folklórico del Noroeste Argentino, enero Concurso Argentino de Pesca del Surubí, mediados de julio.

ROSARIO
• **Dirección Municipal de Turismo**
Av Belgrano y Bs. As.
Tel: (0341) 4495140/6322/9619
Horario: L a V de 8 a 14 hs.
• **Terminal de Omnibus**
Tel: 4372384
• **Aeropuerto Internacional de Rosario (Fisherton)**
Tel: 4511226
• **Restaurantes**
Mercurio, Bolsa de Comercio Parrillas: Viejo Balcón y La Estancia.

Casa de la Provincia de Santa Fe (Buenos Aires)
Montevideo 373
Tel: 4375-4570/ 1/ 2/ 3
En Internet:
www.santafe.gov.ar /
www.santafeciudad.gov.ar
Correo electrónico:
delegacionsantafe@ciudad.com.ar

LA PAMPA

SANTA ROSA
SALUD
• **Emergencias Médicas**
Hospital Lucio Molas
Tel: 455000

TRANSPORTE TERRESTRE
• **Terminal de Omnibus**
Av. Luro y Corrientes
Tel: 422952
• **Remises**
Remis La Primavera
Tel: 437700/5000/7400
• **Alquiler de Autos**
Santa Rosa
Av. Luro 165
Tel: 436950

TRANSPORTE AEREO
• **Aeropuerto Santa Rosa**
Tel: 432369

RESTAURANTES
La Casona de Zulema
y Club Español.

FESTIVIDADES
Fiesta Provincial del Teatro,
en agosto y septiembre.
Octubre Coral, en octubre.

**Casa de la Provincia de
La Pampa (Buenos Aires)**
Suipacha 346
Tel: 4326-0511/0603/0963
En Internet:
www.lapampa.gov.ar
Correo electrónico:
informes@turismolapampa.gov.ar

BUENOS AIRES

BUENOS AIRES
• **Secretaría de Turismo**
Sarmiento 1551 5° piso
(1042), Bs. As.
Tel: (54-11) 4372-3612
Visitas guiadas
Tel: (54-11) 4374-7651
Fax: (54-11) 4374-7533/
4373/ 3929
http://www.buenosaires.gov.ar
• **Centros de Información
Turística**
Sarmiento 1551 PB°
Lunes a Viernes de 10.00 a
17.00 hs.

**OFICINAS DE
INFORMACIÓN TURÍSTICA**
FLORIDA
Av. Diagonal Roque Saénz
Peña y Florida.
Horario: L a V de 9 a 17 hs.
OBELISCO
Carlos Pellegrini 217
Horario: L a D de 10 a 18 hs.
PUERTO MADERO
Dique 4, grúa 8, Alicia
Moreau de Justo 200.
Horario: L a V de 10 a 18 hs;
S y D de 10 a 20 hs.
RETIRO
Terminal de Omnibus, Av.
Antártida Argentina esq.
calle 10 L83
Horario: L a V de 6 a 12 hs;
Sábado de 6 a 13hs.

LA BOCA
Lamadrid y calle Caminito.
Horario: L a D de 10 a 18 hs.

• **Emergencias Médicas:** 107
• **Nuevas Numeraciones:** 120
• **Operadora Nacional:** 19
• **Operadora Internac.:** 000

TRANSPORTE TERRESTRE
•**Terminal de Omnibus
de Retiro**
Calle 10 y Antártida Argentina
Tel: 4310-0700
Teba: 4310-0707
Tel/Fax: 4310-0709
• **Radio Taxi**
Blue Way Tel: 4777 - 8888
Pídalo Tel: 4956 - 1200
Porteño Tel: 4566-5777
Llámenos Tel: 4555-1111
• **Remises**
Catalinas Tel: 4315 - 4399
Car Service Tel: 4307 - 4843
Autoremy Tel: 4812 - 5383
Agencia Obelisco Tel: 4327-0749
• **Alquiler de autos**
Avis. Cerrito 1527
Tel: 4326 - 5542
Budget Rent a Car
Sta. Fe 869
Tel: 4311 - 9870
Dollar Rent a Car
M.T. de Alvear 523
Tel: 4315 - 8800
Hertz Rent a Car
Córdoba 657. P. 5°
Tel: 4314 - 2208

TRANSPORTE AEREO
• **Aeropuerto Internacional
Ministro Pistarini - Ezeiza**
Tel: 480-0217/ 0011/9
• **Aeroparque
Jorge Newbery**
Tel: 317-3000
• **Vuelos de Cabotaje**
AEROLINEAS ARGENTINAS,
Bouchard 547
Tel: 0810-222-86527/
4130-3000/ 4778-4100
AUSTRAL, Alem 1134
Tel: 0810-222-86527/
4317-3600/ 4778-4460
DINAR, Pellegrini 675 p. 9 y 10
Tel: 5371-1100/1
Pluna, Florida 1 PB
Tel: 4329-9211/ 4342-4420
SOUTHERN WINDS, Cerrito 1318
Tel: 4814-1170/4772-7072

LAER, Suipacha 844
Tel: 4311-5237/4777-7887
LAPA, C. Pellegrini 1075
Tel: 4114-5272
LADE, Peru 714
Tel: 4361-7071/ 4514-1524

**TRANSPORTE FLUVIAL
ALISCAFOS**
Buquebus - Tel. 4311-1119
Ferrytur - Tel. 4315-6800

MUSEOS
• **Dirección General
de Museos**
Defensa 1220
• **Museo Nacional de
Bellas Artes**
Av. del Libertador
Gral. San Martín 1473
Mar a V de 12.30 a 19.30 hs.
S, D y feriados de 9.30
a 19.30 hs.
Entrada gratuita
• **Museo de Arte Decorativo**
Av. del Libertador 1902
Mar a D de 14.00 a 19.00 hs.
Entrada: $1
• **Salas Nacionales de
Cultura Palais de Glace**
Posadas 1725
L a V de 13.00 a 20.00 hs.
S y D de 13.00 a 20.00 hs.
Entrada: $2 (varía según la
muestra)
• **Museo de la Ciudad**
Alsina 412
L a V de 11.00 a 19.00 hs.
Domingos de 15.00 a 19.00 hs.
Entrada: $1. Miércoles gratis.
• **Museo de Arte
Hispanoamericano Isaac
Fernández Blanco**
Suipacha 1422
Mar a D de 14.00 a 19.00 hs.
Entrada: $1. Jueves gratis.
• **Museo de Motivos
Argentinos José
Hernández**
Av. del Libertador 2373
Mié a D de 13.00 a 19.00 hs.
S y D de 15.00 a 20.00 hs.
Entrada: $1. Domingos gratis
• **Museo de Arte Moderno**
(sede San Juan)
Av. San Juan 350
Mar a V de 10.00 a 20.00 hs.
S, D y Feriados de 11.00 a
20.00 hs.
Entrada: $1. Miércoles gratis

- **Museo de Arte Moderno**
(sede Corrientes)
Av. Corrientes 1530 9° piso
Mar a D de 12.00 a 20.00 hs.
- **Museo de Artes Plásticas
Eduardo Sívori**
Av. Infanta Isabel 555.
Parque 3 de Febrero
Mar a D y Feriados de 12.00
a 18.00 hs.
Entrada: $1. Miércoles Gratis
- **Centro Cultural Recoleta**
Junín 1930
Mar a V de 14.00 a 21.00 hs.
S, D y Feriados de 10.00 a
21.00 hs. Entrada Gratuita

EVENTOS ANUALES

Feria Internacional de
Buenos Aires. El Libro del
Autor al Lector, Abril
ArteBA. Feria Internacional
de Arte, Abril. Feria de
Anticuarios, Mayo
Buy Argentina. Feria
Internacional de Turismo,
Mayo. Exposición de
Buenos Aires del libro
infantil y juvenil, Julio.
Exposición de Ganadería,
Agricultura e Industria
Internacional, Julio
FITUR. Feria Internacional
de Turismo de América
Latina, Octubre.
Campeonato Argentino
Abierto de Polo,
Noviembre. Campeonato
Abierto de la República
Argentina de Golf, en
diciembre.

CONSULADOS

BOLIVIA
Av. Corrientes 545 P.2
Tel. 4394-6042/6640/1463
BRASIL
Cerrito 1350
Tel. 4814-4685/815-8737
CANADA
Tagle 2828
Tel. 4805-3032
CHILE
San Martín 439 9° piso
Tel. 4327-1762
COLOMBIA
Carlos Pellegrini 1363 P.3
Tel. 4325-0258/0494
COSTA RICA
Av. Callao 1103 P. 9 Of. 1

Tel. 4815-8159/8160
CUBA
Virrey del Pino 1810
Tel. 4782-9089/49
ECUADOR
Av. Quintana 585. P. 9 y 10
Tel. 4804-0073/74
EL SALVADOR
Av. Santa Fe 882 P. 12 Of.A
Tel. 4311-1864
ESPAÑA
Guido 1760
Tel. 4811-0070/0078
ESTADOS UNIDOS DE NORTE
AMERICA
Av. Colombia 4300
Tel. 4777-4533/34/46/40/05.
FRANCIA
Cerrito 1399
Tel. 4819-2930
HONDURAS
Paraná 275 P. 4 Of.7
Tel. 4371-4885/372-0823
ITALIA
Marcelo T. de Alvear 1125
Tel. 4816-6132
MEXICO
Larrea 1230
Tel. 4821-7172/7210/1366
NICARAGUA
Av. Corrientes 2548 P.4 Of.1
Tel. 4951-3463
PANAMA
Av. Santa Fe 1461 P.5
Tel. 4814-3655/811-1254
PARAGUAY
Av. Las Heras 2545
Tel. 4802-3826/3432
PERU
Av. del Libertador 1720
Tel. 4802-2000/2551
REPUBLICA DOMINICANA
Av. Santa Fe 1206 P.2 Of.C
Tel. 4811-4669
URUGUAY
Av. Las Heras 1907
Tel. 4807-3041/40/50/60/61
VENEZUELA
Virrey Loreto 2035
Tel. 4785-2226.

**Casa de la Provincia
de Buenos Aires**
Av. Callao 237
Tel: 4371-3587/ 5777/ 7045/
7047/ 9909- 4373-2636
En Internet:
www.gba.gov.ar
Correo electrónico:
subcom@casaprov.gba.gov.ar

LA PLATA

INFORMACIÓN TURÍSTICA
- **Dirección de Turismo**
Tel: (0221) 4291000
- **Municipalidad de La Plata**
Tel: (0221) 4291000

SALUD
- **Emergencias Médicas**
Hospital Prof. Rossi
Calle 37 entre 116 y 117
Tel: 424-7603/ 7599

TRANSPORTE TERRESTRE
- **Terminal de Omnibus**
Calle 4 y 41 Tel: 4212182
- **Alquiler de Autos**
Localiza: Plaza Paso N° 92
Tel: 483-1145
- **Remises**
Remises París Tel: 484-6060
Agencia América
Tel: 450-4444

MUSEOS
- **Museo de Ciencias
Naturales**
Paseo del Bosque
Tel: 425-9161/425-7744/
4234925
- **Museo Dardo Rocha**
Calle 50 entre 13 y 14
Tel: 4275591
- **Museo de la Catedral**
Calle 14 entre 51 y 53
Tel: 4240112
- **Almafuerte**
Calle 66 entre 5 y 6
Tel: 427-5631
En el pasaje Dardo Rocha
están el Museo Municipal de
Bellas Artes; MUGAFO
(museo y galería fe fotos) y
MACHA.

FESTIVIDADES
Fiesta de La Plata, 19 de
Noviembre.

MAR DEL PLATA
- **Información Turística**
EMTUR
Belgrano 2740
Tel: (0223) 4944140/ 4996327
Horario: L a V de 8 a 15hs.
- **Emergencias Médicas**
Av. Juan B. Justo s/n
Castelli 2450
Tel: 4770030

• **Terminal de Omnibus**
Alberti 1602
Tel: 4515406
• **Alquiler de Autos**
Localiza, Córdoba 2270
Tel: 4933461
• **Remises**
Remís Alas
Tel: 4782200
Remisera Mar del Plata
Tel: 4862441/ 2
•**Aeropuerto**
Brig. Gral. de la Colina
Ruta 2, km 386
Tel: 4780744/ 3990
• **Museos**
MUSEO GUILLERMO VILAS
Olavarría y Bv. Marítimo
Tel: 4511903
Horario: averiguar en Emtur
CENTRO CULTURAL
VICTORIA OCAMPO
Villa Victoria Matheu 1851
Tel: 492-0569
Horario: averiguar en Emtur
CENTRO CULTURAL JUAN
MARTÍN DE PUEYRREDÓN
25 de Mayo 3108
Tel: 493-6767/ 499-6384
Horario: averiguar en Emtur
MUSEO MUNICIPAL DE ARTE
JUAN CARLOS CASTAGNINO
Av. Colón 1189
Tel: 486-1636
Horario: Averiguar en Emtur
• **Festividades**
Fiesta Nacional del Mar,
enero. Fiesta Nacional de
Pescadores, febrero. Semana
Fallera Valenciana, marzo.

Patagonia

GASTRONOMIA
De una gran diversidad de
productos, la región es un
paraíso para el turista de
buen paladar. El Valle de
Río Negro provee las
mejores frutas y verduras
del país, y los buenos vinos
de sus viñedos,
especialmente el semillón.
La costa atlántica, ofrece
la riqueza de su pesca,
donde descuellan los
frutos de mar: langostinos,
pulpitos, mejillones, vieiras,
ostras y la extraordinaria

centolla fueguina.
La cordillera de los Andes
tiene lagos y ríos,
pletóricos de truchas y
salmones, en un entorno de
pequeños valles con
minicultivos de frutas rojas
(frambuesas, grosellas,
cassis, rosa mosquetas, etc.)
y gran variedad de hongos
silvestres.
En la Patagonia hay zonas
de caza, por lo que es
posible encontrar ciervo y
jabalí en las cartas de los
buenos restaurantes, así
como también la especial
calidad del cordero
patagónico.
Los dulces de frutas finas y
los reconocidos chocolates
artesanales están presentes
en toda la ruta de la
precordillera.

ARTESANIAS
La inmensa Patagonia
conserva artesanías de
raíces indígenas, así como
también interesantes
trabajos realizados por los
nuevos pobladores de la
región, especialmente
jóvenes artesanos, como en
el caso de El Bolsón.
Neuquén ofrece piezas
realizadas en madera,
telares y platería. En
Chubut y Santa Cruz se
pueden encontrar bellos
tejidos de lana hechos por
descendientes de indios
tehuelches, y rústicos
trabajos en cuero, lo mismo
que en Río Negro. Las
artesanías más
características de Tierra del
Fuego la constituyen los
trabajos en la madera
llamada nudos de lengas, y
máscaras de aborígenes en
madera.

NEUQUEN

NEUQUEN (capital)
SALUD
• **Emergencias Médicas**
AMEN
Juan B. Justo 542

Tel: 448-2222/1155/ fax: 443-1112
Correo electrónico:
amenadm@neunet.com.ar

TRANSPORTE TERRESTRE
• **Terminal de Omnibus**
de Neuquén
averiguar en hotel
Mitre 147
• **Remises**
Remiquen: 4460744
Remises Neuquén: 4486635
• **Alquiler de autos**
Dollar: Belgrano 18
Tel: 442-0875/ 155800577
Correo electrónico:
dollarneu@neunet.com.ar
Ai Rent a Car Internacional
Perticone 735 - Tel: 4438714
Correo electrónico:
tentacar@neuquen_online.com.ar

TRANSPORTE AEREO
• **Aeropuerto General Juan**
Domingo Perón (Neuquén)
Conmutador
Tel: 4440446/ 0072/ 0328
Correo electrónico:
turinfo@neuquen.gov.ar

RESTAURANTES
La Mamma
Diagonal 9 de Julio 56
Tel: 4425291
Holiday Inn
Goya y Costarica
Tel: 4490100
Las Antorcha
Diagonal Alvear y San Martín
Tel: 4434354

FESTIVIDADES
Fiesta Provincial del Pelón,
en San Patricio del Chañar,
en febrero. Fiesta del
Piñón, principios de
febrero, en Caviahue.
Fiesta de San Sebastián,
del 18 al 20 de enero, en
Las Ovejas.

SAN MARTIN
DE LOS ANDES
• **Secretaría de Turismo**
J. Rosas y San Martín
Tel: 427347/695
Horario: todos los días
de 7 a 22 hs.
• **Terminal de Omnibus**
Tel: 427044

Aeropuerto Carlos Campos
Tel: 428388/98
• **Restaurantes**
El Radal
Pto.Moreno 838 - Tel: 427817
La Tasca
M.Moreno 866 - Tel: 428663
Avatarías
Tte. Ramayón 765 - Tel: 427104

**Casa de la Provincia de
Neuquén (Buenos Aires)**
J D. Perón 687
Tel: 4326-0433/ 2533/ 6385/
6812/ 9265
En Internet:
www.casadelneuquen.com.ar
Correo electrónico:
casadelneuquen@ciudad.con.ar

RIO NEGRO

VIEDMA
SALUD
• **Emergencias Médicas**
Tel: 107
TRANSPORTE TERRESTRE
• **Terminal de Omnibus**
Tel: 426850
• **Remises**
Taxi News - Tel: 424809
• **Alquiler de autos**
Bs. As. Y Colón - Tel: 420799

TRANSPORTE AEREO
• **Aeropuerto Gobernador
Castello (Viedma)**
Tel: 425311/3276–422003

RESTAURANTES
La Cantina, Av. Rivadavia 1179
La Balsa, Av. Villarino 27
Complejo El Barco, Av.
Villarino casi Bv. Ayacucho.

FESTIVIDADES
Fiesta del Vino Chocolí,
mediados de junio, en el
fortín Coronel Pringles.

SAN CARLOS
DE BARILOCHE
• **Secretaría Provincial
de Turismo**
Emilio Frey y Av. 12 de
Octubre 605
(02944) 423188/9
• **Terminal de Omnibus**
RN 237 a 2km del Centro
Cívico - Tel: 430211

• **Alquiler de Autos**
Dollar Rent a Car, San Martín
536, Tel: 425850/430358
Taxis Sur, 422510
• **Aeropuerto**
Tel: 429183/432969
• **Restaurantes**
Caza Mayor, Elflein s/n.
Casita Suiza, Quaglia 342.
Chalet Suisse, San Martín 830.

CARMEN DE
PATAGONES
• **Información Turística**
Bynon 186
Tel: 462053, int 253
Fax: 461780
• **Restaurantes**
Tío Pepe, Bynon y Arostegui

**Casa de la Provincia de
Río Negro (Buenos Aires)**
Tucumán 1916
Tel: 4371-7078/7273

CHUBUT

RAWSON
INFORMACION TURISTICA
• **Secretaría de Turismo
y Areas Protegidas**
9 de Julio 280
Tel: (02965)
481113/5271/72/74
Horario: L a V de 7 a 13 hs.
www.patagoniachubutur.com.ar

SALUD
• **Emergencias Médicas**
Tel: 107
Hospital Santa Teresita
J A. Roca 545 - Tel: 481260

TRANSPORTE TERRESTRE
• **Terminal de Omnibus**
Tel: 4485166
• **Remises**
San Cayetano - Tel: 484012
Santa Catalina
Tel: 482632
• **Alquiler de autos**
Localiza Rent a Car
Sarmiento 237 - Tel: 424417
Riesta
Av. San Martín 1504
Tel: 421321/ fax: 421588

TRANSPORTE AEREO
• **Aeropuerto (Río Gallegos)**
Tel: 442011/1

• **Aeropuerto Almirante
Zar (Trelew)**
Tel: 4421257

RESTAURANTES
Hotel Provincial, Mitre 550.
La Escalerita, L. Jones 274.
La Casa de Juan, Conesa 266.

FESTIVIDADES
Fiesta del Atlántico Sur,
enero. Fiesta Nacional de los
Pescadores del Sur, enero.

TRELEW
• **Información Turística**
Av. San Martín 171
Tel: 421785/443479
• **Terminal de Omnibus**
Urquiza 170 - Tel: 420121
• **Alquiler de Autos**
Localiza
Uruguay 310 - Tel: 435344
Rent a Car
San Martín 125 - Tel: 420898
• **Taxis**
Tel: 420404/420218
• **Aeropuerto Internacional**
Tel: 433746
• **Restaurantes**
La Primera, Rivadavia y
Pasaje de Mendoza.
EL Quijote, 25 de Mayo 90.
Rancho Aparte, Fontana 236.

PUERTO MADRYN
• **Secretaría Municipal
de Turismo**
Av. Roca 223
Tel: (02965) 453504/2148
• **Terminal de Omnibus**
Hipólito Yrigoyen entre
G. Maíz y San Martín
• **Aeropuerto Trelew**
Tel: 421257
• **Restaurantes**
La Chemineé, Moreno 60.
La Terraza, Av. Gales 32.
Puerto Marizko, Av. Rawson
4 (junto al muelle viejo).

COMODORO
RIVADAVIA
• **Dirección Municipal
de Turismo**
Av. Rivadavia 430
Tel/fax: (0297) 4474111
• **Terminal de Omnibus**
Carlos Pellegrini s/n
Tel: 4467305/7405

• **Alquiler de Autos**
Localiza
En Hoteles
Tel: 4460334
Avis Rent a Car
9 de Julio 687
Tel: 4476382
Patagonia Sur Car
Rawson 1190
Tel: 4466768
• **Aeropuerto General Mosconi**
Tel: 4548355
• **Restaurantes**
Puerto Cangrejo,
Av. Costanera.
Restaurante Patagonia,
Moreno 676, Hotel Palazzo.
Posada Náutica Dos Piratas,
Av. Costanera.

Casa de la Provincia de Chubut (Buenos Aires)
Sarmiento 1172
Tel: 4382-8126

SANTA CRUZ

SANTA CRUZ (capital)
• **Información Turística**
Subsecretaría de Turismo
Roca 863 (9400)
Tel: (02966) 422702
Horario: L a V de 8 a 20hs.
En Internet:
www.scruz.gov.ar
Correo electrónico:
tur@spse.com.ar

SALUD
• **Emergencias Médicas**
Hospital Regional
José Ingenieros 98
Tel: 420025/ 107

TRANSPORTE TERRESTRE
• **Terminal de Omnibus**
Consultar empresas
Av. Eva Perón y RN3
• **Remises**
Cooperativa de Remises
Tel: 420687
Remises Centenario
Tel: 422320
• **Alquiler de Autos**
Localiza Rent a Car
Sarmiento 237
Tel: 424417/ 0169
Eduardo Riestra Rent a Car
Av. San Martín 1508

Tel: 421321/ fax: 421588

TRANSPORTE AEREO
• **Aeropuerto Piloto Norberto Fernandez**
Tel: 442340/ 44

RESTAURANTES
El Palenque, Corrientes 73.
Club Británico, Av. Roca 935.
Cosa Nostra, 9 de Julio 230.

FESTIVIDADES
Fiesta Nacional de la Cueva de las manos, en enero.
Fiesta internacional del folklore, 25 de enero.

EL CALAFATE
• **Información Turística**
En terminal de Omnibus
Julio A. Roca 1004
Tel/fax: (02902) 491090/ 2884
• **Terminal de Omnibus**
Roca 1004 - Tel: 491090
• **Aeropuerto Internacional El Calafate**
Tel: 491230
• **Restaurantes**
La Posta, Bustillo y Moyano.
EL Molino, Gobernador Gregores 1191.
La Brida, Hotel Kau Yatun, estancia 25 de mayo.
• **Festividades**
Fiesta El Calafate, 15 de febrero.

PUERTO SAN JULIAN
• **Información Turística**
Av. San Martín 581 1° piso
Tel: 452871/ fax: 452076
• **Terminal de Omnibus**
Rivadavia y Vieytes
• **Restaurantes**
La Rural, Ameghino 811.
Cantina Muelle Viejo,
9 de Julio y Mitre.
El Fogón,
Av. San Martín 1748.

Casa de la Provincia de Santa Cruz (Buenos Aires)
Suipacha 1120
Tel: 4325-3102/3098
En Internet:
www.scruz.gov.ar
www.patagonia-travel.com
Correo electrónico:
estancias@interlink.com

TIERRA DEL FUEGO

USHUAIA
SALUD
• **Emergencias Médicas**
Sumu - Tel: 421721/900/930
Hospital Regional de Ushuaia
Maipú y 12 de Octubre
Tel: 107

TRANSPORTE TERRESTRE
• **Terminal de Omnibus**
Calle Güemes y Belgrano
Tel: 433871
• **Alquiler de autos**
Avis
Elcano 799
Tel: 422571

TRANSPORTE AEREO
• **Aeropuerto Internacional Islas Malvinas**
Conmutador
Tel: 421245/431212/2587

FESTIVIDADES
Fiesta Nacional de la Noche más larga, 20 de junio. Marcha de los Valles, julio - agosto.

RESTAURANTES
Le Martial, Hotel Las Hayas
Tía Elvira, Av. Maipú 349
Kaupe, Roca 470.

RIO GRANDE
• **Dirección de Turismo**
Elcano 159
Tel: 430790/93
Horario: L a V de 9 a 17hs.
• **Terminal de Omnibus**
Av. Belgrano entre Elcano y Güemes - Tel: 421339
RESTAURANTES
El Comedor de May,
Elcano 839.
Atlántida Hotel,
Av. Belgrano 582.
Araucas, Rosales 566.

Casa de la Provincia de Tierra del Fuego (Buenos Aires)
Sarmiento 745
Tel: 4325-1809/
4322-7324/ 7524
En Internet:
www.tierradelfuego.com.ar
Correo electrónico:
infuebue@satlink.com.ar

Indice de localidades

Abreviaturas: BA: Buenos Aires - **Cat**: Catamarca - **Cba**: Córdoba - **Corr**: Corrientes
Ch: Chaco - **Chu**: Chubut - **ER**: Entre Ríos - **For**: Formosa - **Ju**: Jujuy - **LP**: La Pampa
LR: La Rioja - **Men**: Mendoza - **Mis**: Misiones - **Ne**: Neuquén - **Sal**: Salta - **RN**: Río
Negro - **SC**: Santa Cruz - **SE**: Santiago del Estero - **SF**: Santa Fe - **SJ**: San Juan
SL: San Luis - **Tuc**: Tucumán - **TF**: Tierra del Fuego.

A

Abra Pampa, Ju	33
Aconquija, Cat	72
Aimogasta, LR	84
Alejandra, SF	203
Alpasinche, LR	84
Alta Gracia, Cba	185
Alto Valle del Río Negro, RN	293
Altos Hornos Zapla, Ju	28
Aminga, LR	84
Andalgalá, Cat	71
Angualasto, SJ	169
Anillaco, LR	84
Anjullón, LR	84
Antártida Argentina, TF	330
Antofagasta de la Sierra, Cat	74
Apóstoles, Mis	115
Aristóbulo del Valle, Mis	101
Atuel, Men	154
Avellaneda, SF	203

B

Bahía Blanca, BA	265
Balcarce, BA	263
Barreal, SJ	161
Belén, Cat	72
Bella Vista, Cor	109
Buenos Aires (ciudad)	210
Corrientes y 9 de Julio	235
La Boca	246
La city	225
Palermo	216
Plaza de Mayo	229
Plaza San Martín y Florida	220
Recoleta	212
San Telmo	241

C

Cabo San Pablo, TF	326
Cacheuta, Men	146
Cachi, Sal	41
Cafayate, Sal	45
Caleta Olivia, SC	307
Calilegua, Ju	35
Calingasta, SJ	160
Candelaria, Mis	96
Capilla del Monte, Cba	188
Cariló, BA	257
Casabindo, Ju	33
Caviahue, Ne	272
Chapelco, Ne	277
Chicoana, Sal	40
Chilecito, LR	86
Chusquis, LR	83
Claromecó, BA	265
Clorinda, For	135
Colalao del Valle, Tuc	55
Colón, ER	124
Comandante Luis Piedra Buena, SC	309
Comodoro Rivadavia, Chu	300
Concarán, SL	174
Concepción del Uruguay, ER	122
Concordia, ER	126
Copahue, Ne	273
Córdoba (Capital), Cba	182
Corrientes (Capital), Cor	107

Cosquín, Cba	187		Iberá, Cor	110
Cruz de Piedra, SL	172		Iguazú, Mis	103
Cuesta del Obispo, Sal	40		Ing. Guillermo N. Juárez, For	137
Cuesta del Portezuelo, Cat	70		Ingeniero Jacobacci, RN	286
			Isla del Cerrito, Ch	129
E			Islas Malvinas, TF	330
El Bolsón, RN	292		Itatí, Cor	111
El Cadillal, Tuc	54		Ituzaingó, Cor	111
El Calafate, SC	316			
El Chaltén, SC	316		**J**	
El Impenetrable, Ch	132		Jardín América, Mis	96
El Nihuil, Men	151		Junín de los Andes, Ne	275
El Soberbio, Mis	101			
El Tontal, SJ	162		**L**	
Eldorado, Mis	100		La Banda, SE	59
Embalse, Cba	195		La Cruz, Cor	113
Empedrado, Cor	109		La Cumbre, Cba	188
Esperanza, SF	200		La Cumbrecita, Cba	193
Esquel, Chu	305		La Falda, Cba	187
Esquina, Cor	109		La Plata, BA	253
Estrecho de Magallanes, TF	324		La Quiaca, Ju	33
			La Rioja, LR	80
F			La Toma, SL	173
Famatina, LR	86		Lago Puelo, Chu	302
Federación, ER	127		Laguna Blanca, Cat	75
Fiambalá, Cat	77		Laguna de Pozuelos, Ju	35
Formosa (Capital), For	134		Laguna Paiva, SF	201
Fortín Sargento 1° Leyes, For	136		Lagunas de Yala, Ju	28
Fuerte Esperanza, Ch	133		Las Cuevas, Men	149
			Las Grutas, RN	284
G			Las Lomitas, For	137
Gaiman, Chu	300		Lihué Calel, LP	208
General Acha, LP	208		Londres, Cat	73
Goya, Cor	109		Loreto, Mis	98
Gualeguay, ER	121		Los Antiguos, SC	312
Gualeguaychú, ER	119		Los Cocos, Cba	188
			Los Gigantes, Cba	190
H			Los Molinos, Cba	192
Helvecia, SF	201		Los Reyunos, Men	153
Humahuaca, Ju	31		Luján, BA	251
I			**M**	
Ibarreta, For	137		Malargüe, Men	155

Mar del Plata, BA	257
Mar del Sud, BA	264
Mayorazgo de Huasán, Cat	71
Mendoza (Capital), Men	144
Merlo, SL	173
Miramar, BA	264
Molinos, Sal	43
Monte Hermoso, BA	265
Montecarlo, Mis	97

N

Necochea, BA	265
Neuquén (Capital), Ne	272
Nuestra Señora de la	
Concepción del Bermejo, Ch	132

O

Oberá, Mis	101
Orense, BA	265
Ostende, BA	257

P

Pampa del Indio, Ch	131
Pampa del Leoncito, SJ	160
Paraná, ER	116
Parque Luro, LP	207
Paso de la Patria, Cor	111
Paso de los Libres, Cor	112
Paso de San Francisco, Cat	76
Pasos Malos, SL	175
Payogasta, Sal	41
Pehuen-Có, BA	265
Península Valdés, Chu	298
Penitentes, Men	148
Perito Moreno, SC	311
Piedra Blanca, SL	175
Pinamar, BA	257
Pinchas, LR	83
Pismanta, SJ	165
Polvaredas, Men	148
Posadas, Mis	94
Potrerillos, Men	147
Potrero de los Funes, SL	171

Presidencia Roque Sáenz Peña, Ch	130
Pueblo Liebig, ER	126
Puente del Inca, Men	148
Puerto Argentino, TF	328
Puerto Canoas, Mis	103
Puerto Deseado, SC	307
Puerto Iguazú, Mis	100
Puerto Madryn, Chu	296
Puerto Rico, Mis	97
Puerto San Julián, SC	309
Puerto Santa Cruz, SC	310
Punta Tambo, Chu	294
Purmamarca, Ju	30

Q

Quebrada de Humahuaca, Ju	29
Quebrada del Toro, Sal	46
Quilmes, Tuc	57

R

Rawson, Chu	294
Reconquista, SF	200
Renca, SL	174
Reserva San Guillermo, SJ	167
Resistencia, Ch	128
Río Gallegos, SC	306
Río Grande, TF	324
Río Hondo, SE	60
Río Hua Hum, Ne	278
Río Tercero, Cba	195
Rodeo, SJ	169
Rosario, SF	198

S

Salinas Grandes, Ju	34
Salta (Capital), Sal	36
Salto Grande, ER	127
Saltos del Moconá, Mis	102
San Rafael, Men	151
San Antonio de Areco, BA	252
San Antonio de los Cobres, Sal	48
San Antonio Oeste, RN	283
San Bernardo, BA	257

San Blas, LR	84
San Carlos de Bariloche, RN	285
San Carlos, Cor	114
San Clemente del Tuyú, BA	256
San Fernando del Valle de Catamarca, Cat	68
San Francisco de Laishi, For	136
San Ignacio Miní, Mis	98
San Javier, SF	202
San José del Rincón, SF	201
San José, ER	126
San Juan (Capital), SJ	158
San Lorenzo, SF	204
San Luis (Capital), SL	170
San Martín de los Andes, Ne	275
San Miguel de Tucumán, Tuc	50
San Roque, Cba	186
San Salvador de Jujuy, Ju	26
Sancti Spiritu, SF	204
Santa Ana de las Guácaras, Cor	111
Santa Ana, Mis	98
Santa Fe (Capital), SF	196
Santa Rosa de Calamuchita, Cba	193
Santa Rosa de Conlara, SL	174
Santa Rosa de Tastil, Sal	48
Santa Rosa de Toay, LP	206
Santiago del Estero (Capital), SE	58
Santo Tomé, Cor	114
Susques, Ju	34

T

Tafí del Valle, Tuc	55
Talampaya, LR	85
Tamberías, SJ	164
Tanti, Cba	190
Termas de Reyes, Ju	28
Tigre, BA	249
Tilcara, Ju	30
Tinogasta, Cat	75
Tolhuin, TF	327
Traslasierra, Cba	191
Trelew, Chu	295
Trevelín, Chu	305

U

Uritorco, Cba	189
Ushuaia, TF	320
Uspallata, Men	147

V

Valeria del Mar, BA	257
Valle de Calamuchita, Cba	192
Valle de Huskies, TF	327
Valle de Las Leñas, Men	157
Valle de Los Molles, Men	156
Valle de Punilla, Cba	186
Valle de Traslasierra, Cba	191
Valle Grande, Men	154
Valle Hermoso, Men	157
Valles Calchaquíes, Sal	40
Viedma, RN	282
Villa Alpina, Cba	195
Villa Carlos Paz, Cba	186
Villa General Belgrano, Cba	192
Villa Gesell, BA	257
Villa La Angostura, Ne	280
Villa Marcos Paz, Tuc	53
Villa Nougués, Tuc	53
Villa Ocampo, SF	203
Villa Quila Quina, Ne	278
Villa Río Bermejito, Ch	132
Villavicencio, Men	149
Villavil, Cat	74

W

Wanda, Mis	100

X-Y-Z

Yaciretá–Apipé , Cor	111
Yala, Ju	29
Yapeyú, Cor	113
Zapala, Ne	273

Guía Turística **Argentina**

Créditos fotográficos

Omava, Superstock, César Cichero, Néstor Paz, Federico Norte, Roberto Molinari, Pedro Roth, Marta Salinas, Juan Carlos Toer, María Luz Fiumara, Jerónimo Buitrago, Chrysler Argentina, Secretaría de Turismo de la Nación, Secretaría de Turismo de la Provincia de San Juan, Secretaría de Turismo de la Provincia de Catamarca, Secretaría de Turismo de la Provincia de Santiago del Estero, Archivo General de la Nación.

Fotocromos e impresión

Artes Gráficas Ronor
Tel.: 4252-7110